LIBRE CULTURE

JACQUES RIGAUD

# Libre culture

histoire politique société
le débat
Gallimard

*Pour Marianne*

# Au service des enchanteurs

Qu'on le veuille ou non, l'État se trouve encore, pour quelque temps, au cœur de toute réflexion sur la culture. N'étant ni investi d'une responsabilité publique, ni artiste, je devrais avoir scrupule à intervenir dans le débat. Spécimen hybride de l'action culturelle, j'y figure sous la rubrique des vocations tardives. Énarque, puis membre du Conseil d'État, rien ne me prédisposait à m'occuper de ces affaires ; ce n'est pas un titre suffisant que d'aimer comme tout le monde la peinture, la musique, le théâtre ou le cinéma. C'est par accident que la culture est devenue pour moi action et non plus seulement délectation. Compagnon de Jacques Duhamel, j'ai dirigé son cabinet à partir de juin 1969 au ministère de l'Agriculture. Déjà physiquement éprouvé par la maladie qui devait l'emporter en 1977, Jacques Duhamel souhaita, à la fin de 1970, être déchargé de ce portefeuille lourd et ingrat. Les Affaires culturelles étaient vacantes depuis la mort, en septembre, d'Edmond Michelet, humble et pathétique successeur de Malraux ; Duhamel y fut nommé à la faveur d'un remaniement ministériel.

J'aurai l'occasion de dire ce que furent les vingt-sept mois que Jacques Duhamel passa au ministère des Affaires culturelles et de la marque durable que laissa son séjour rue de Valois. Pour ce qui me concerne, ce fut plus qu'une étape dans une carrière.

Nous autres énarques, juristes, financiers ou plus généralement administrateurs, avons la réputation d'être des spécialistes des généralités, souvent arrogants, ayant des clartés de tout, un jugement prompt, une tendance à en remontrer aux experts en tout domaine, et passant avec superbe de la Santé aux Douanes et du Trésor à la Défense.

Il nous arrive de ressembler à cette caricature, avec nos tics de langage et de comportement, même si l'école qui nous a formés est le contraire d'une institution monolithique et se garde de nous imposer un système de pensée. Elle nous apprend seulement le sens de l'État, ce qui n'est pas condamnable. Mais il est vrai que nous sommes formés pour gérer la chose publique et que cette capacité peut s'exercer indifféremment dans bien des domaines. Il s'ensuit une polyvalence qui n'est pas nécessairement un mal, dans la mesure notamment où elle évite que chaque administration ne soit gérée en circuit fermé par des spécialistes insensibles à tout ce qui ne serait pas sécrété par le corps auquel ils appartiennent. Les administrateurs civils et plus encore les membres de ce que l'on appelle les « grands corps de l'État » ont pour mission de faire prévaloir un esprit et des principes communs à toute l'administration. On n'a pas attendu la création de l'E.N.A. en 1945 pour conférer une telle mission à ces généralistes. L'État leur est redevable d'une bonne part de ce qui a fait son efficacité.

C'est un peu dans cet esprit que je suis arrivé au ministère des Affaires culturelles. Il s'agissait d'appliquer les recettes d'une bonne administration à une maison dirigée pendant dix ans par un personnage d'exception, mais qui n'était pas spécialement réputé pour son sens tatillon de la bonne administration. D'ailleurs, Jacques Duhamel, lui-même homme de goût, très cultivé, était bien conscient des pièges de ce prestigieux portefeuille : être obsédé par la gloire de Malraux ou se prendre pour le super-intendant des théâtres et des musées nationaux. Il arriva donc avec un objectif simple qu'il résuma bien, lors de la cérémonie où André Bettencourt, ministre par intérim, lui transmit mélancoliquement des pouvoirs dont il avoua avec simplicité qu'il les aurait volontiers conservés : « Je ne penserai pas au niveau de Malraux ; je ne vivrai pas au niveau de Michelet ; mais j'essaierai d'administrer cette maison, car c'est cela que je sais faire. » La suite, avec ses succès et ses épreuves, devait montrer que, tout en étant en effet un excellent administrateur, Jacques Duhamel devait, par l'esprit et par le cœur, égaler à sa façon ses devanciers.

Nous avons donc administré la culture. Nous avons bâti des budgets, réglé des conflits sociaux, préparé des lois et des décrets, rendu des arbitrages, nommé des responsables, inventé des procédures, modernisé des structures, bref tout ce qui est l'ordinaire de l'administration.

Si sa santé lui avait permis d'envisager une perspective de carrière politique conforme à sa juste ambition et à sa position de chef de parti, Jacques Duhamel eût sûrement aspiré, dès ce moment ou plus tard, à des postes plus importants (Finances, Affaires étrangères, Défense) où se bâtit une réputation d'homme d'État. Mais, sachant que le destin bornerait là son ascension, il sut, avec sérénité, s'accomplir dans une fonction où d'autres n'auraient vu qu'un tremplin.

Pour moi qui n'avais alors d'autre dessein que de servir mon ministre le mieux possible et qui avais su très tôt que sa carrière gouvernementale serait brève, je m'employai à gérer ce temps compté de façon à créer de l'irréversible dans les avancées de la politique culturelle. Sur un plan personnel, j'éprouvai un bonheur chaque jour renouvelé à exercer mes capacités professionnelles dans ce domaine plutôt que dans tout autre. Je suis, en effet, de ceux pour qui la culture n'est pas une donnée, mais une conquête. Je ne suis pas né entouré de livres, hormis ceux des collections populaires que ma mère vendait dans l'aimable désordre de la « mercerie-bonneterie-papeterie » qu'elle tenait dans le quartier des Épinettes à Paris ; et si mon père gardait de sa jeunesse d'ouvrier du bâtiment à Bordeaux le goût de l'opéra, cela ne m'a conduit qu'au poulailler de l'Opéra-Comique pour entendre *Les Pêcheurs de perles* ou *Lakmé* après de longues heures d'attente, les soirs d'hiver, pendant la guerre. Tout le reste, ma sœur aînée et moi l'avons progressivement découvert en tâtonnant, comme beaucoup d'autres assurément, avec le sentiment confus d'entrer par effraction dans un domaine réservé aux privilégiés. Cette découverte difficile, timide, des joies de la culture a sans doute beaucoup compté lorsque je me suis trouvé impliqué, par les hasards de la vie, dans une action culturelle dont la philosophie était justement de rendre la culture accessible au plus grand nombre.

Lors d'un débat à la radio en 1975, Jean Guéhenno, évoquant son enfance de petit boursier breton, me dit qu'entrant pour la première fois dans une bibliothèque, à l'âge de douze ou treize ans, il avait éprouvé, devant tous ces livres rassemblés, un choc qu'il n'avait jamais oublié. Nous sommes un certain nombre à avoir éprouvé un choc de ce genre, qui a déterminé toute notre vie.

Pendant longtemps et sans doute par manque de générosité, tous ces livres dévorés, ces musiques, ces peintures découvertes au petit bonheur ne furent pour moi qu'un plaisir égoïste et un « bagage », comme on disait, dans une ascension sociale que je voulais avec passion, pour sortir de la médiocrité que j'attribuais — injustement d'ailleurs — à mon milieu d'origine. Études, diplômes, concours étaient à mes yeux un passage obligé. La réussite étant venue, je me glissai dans des habits de bourgeois sous lesquels je dissimulai maladroitement mes complexes jusqu'à ce qu'ils se résorbent sous l'effet conjugué du temps et d'un mariage qui me fit entrer dans une famille d'intellectuels et d'artistes. Mais je serais sans doute resté un fonctionnaire vaguement cultivé si les circonstances que j'ai dites ne m'avaient ouvert d'autres perspectives.

En découvrant les dossiers de la culture, et en fréquentant des gens de théâtre, des musiciens, des écrivains, des peintres, des architectes, je n'ai pas seulement éprouvé de grandes satisfactions professionnelles : j'ai, en quelque sorte, reconnu mon milieu naturel. Et je crois avoir été regardé par eux comme étant, sinon à proprement parler l'un des leurs, du moins quelqu'un avec qui il existait une sorte de connivence. Je me suis toujours gardé de m'identifier aux artistes, aux créateurs, êtres à mes yeux d'une essence supérieure, qui nous apportent ce qui, spiritualité mise à part, donne à la vie tout son sens. J'ai donc choisi de me consacrer, désormais, au service de ces enchanteurs.

Avec un peu de chance, il est rare qu'un choix de vie étant fait, les circonstances n'aident pas à l'accomplir. Après les Affaires culturelles, de retour au Conseil d'État, je me suis tenu à l'écart de responsabilités qui m'auraient rétabli dans la polyvalence ordinaire des « grands commis » de l'État. Je ne conservai pas seulement des liens personnels, souvent amicaux, avec maints acteurs de la vie culturelle ; je continuai à suivre, à titre privé, certaines initiatives que j'avais pu aider rue de Valois, comme cette Chartreuse de Villeneuve-lès-Avignon que Jacques Duhamel avait choisie pour être un centre culturel de haut niveau et dont je pris la présidence en 1977, devenant ainsi un responsable culturel de terrain ; je consacrai tout mon temps libre à réfléchir, en vue de prolonger par l'écrit ce que notre action avait amorcé.

*La Culture pour vivre*[1] fut publiée au moment même où je devenais sous-directeur général de l'Unesco ; je n'en démissionnai, trois ans plus tard, que pour rejoindre un ami, Jean François-Poncet, au Quai d'Orsay, où j'eus notamment à réfléchir sur les orientations de notre politique de relations culturelles extérieures[2]. A la fin de 1979, j'accédai aux fonctions, qui sont encore les miennes à ce jour, d'administrateur délégué de la Compagnie luxembourgeoise de télédiffusion et de président de R.T.L. J'aurai l'occasion d'expliquer en quoi ces responsabilités me paraissent s'inscrire dans la ligne de cet engagement culturel, même si certains regardent de travers ce personnage hybride, voire interlope, engagé d'un côté dans l'action culturelle et, de l'autre, dans les médias commerciaux.

Parallèlement, j'ai eu la chance d'exercer d'autres responsabilités dans le secteur culturel : je préside une association — Admical — qui s'est donné pour tâche de promouvoir le mécénat culturel d'entreprise en France ; à partir de 1981, président de l'établissement public du Musée d'Orsay, j'ai eu la responsabilité de la construction de ce musée. Depuis vingt ans, tantôt au service de l'État, tantôt en dehors, par la réflexion et sur le terrain, la culture sous tous ses aspects occupe donc ma vie.

Je suis loin d'être le seul à avoir vécu cette sorte de conversion à la culture. Nombreux sont les administrateurs qui, à un moment donné de leur existence, ont eu à s'occuper des affaires de la culture. Certains s'y sont voués avec application, mais comme ils l'auraient fait aussi bien ailleurs, pour s'éloigner ensuite du secteur culturel, parfois avec regret mais sans esprit de retour. Pour d'autres, ce fut comme pour moi une révélation. J'ai ainsi connu au ministère des Affaires culturelles un certain

1. Paris, Gallimard, 1975, coll. « L'Air du temps » dirigée par Jean Ferniot.
2. *Les Relations culturelles extérieures de la France,* rapport publié par la Documentation française, Paris, 1980.

nombre de jeunes énarques qui avaient opté pour cette administration de préférence à toute autre : ainsi, Catherine Tasca, Bernard Faivre d'Arcier, Jérôme Clément, José Frèches, qui exercent aujourd'hui des responsabilités majeures dans le domaine de la culture et de la communication. Mais, avant eux, Robert Bordaz, Émile Biasini, Jean-Pierre Angrémy, Thierry de Beaucé, Jean Maheu, Claude Mollard, Raymond Soubie, André Larquié et bien d'autres se sont également « croisés » pour la culture.

Des fonctionnaires ne sont pas seuls à avoir fait ce choix ; des croisés de la culture se sont levés de tous les horizons : Hughes Gall, formé à l'Opéra de Paris, Maurice Fleuret, musicologue et journaliste, Jean-Albert Cartier et Jack Lang, venus du théâtre, Jean Favier, chartiste et universitaire, Michel Guy, homme d'affaires comme Pierre Bergé, sont devenus des acteurs de premier plan de la vie culturelle de ce pays.

Est-il besoin de préciser qu'aucun d'eux ne m'a donné mandat pour parler ? Au reste, il existe entre nous assez de différences pour que je ne puisse prétendre être le porte-parole de personne. Mais je tenais à montrer que je ne suis pas seul de mon espèce, et, surtout, que c'est une chance pour la vie culturelle de ce pays de disposer d'un tel ensemble de vocations et de talents. Certes, il y a toujours eu en France des gérants des arts et des lettres, de Vivant Denon à Jacques Jaujard en passant par Mérimée, Chennevières et Paul Léon. Mais aujourd'hui nous avons affaire à de véritables « managers » culturels venus d'horizons divers, passant du secteur public au secteur privé ou inversement et qui, empiriquement, ont forgé un modèle de gestion de la culture qui oblige à prendre enfin ces affaires au sérieux.

Ces hommes et ces femmes sont une synthèse de géomètres et de saltimbanques. En l'espace de deux générations, nous aurons montré qu'il était possible de gérer la culture sans sacrifier la part de rêve, d'utopie, le grain de folie qui caractérisent ce domaine singulier. Nous n'ignorons pas que les artistes continuent de nous prendre pour des technocrates impénitents et les financiers pour de dangereux rêveurs. Notre destin est d'être considérés comme des hybrides. C'est peut-être une chance pour la culture. C'est sûrement l'honneur des médiateurs que nous sommes.

# I
# Les enjeux de la culture

*Une étrange victoire.*

Comme il est d'étranges défaites, il est parfois d'étranges victoires. Depuis la guerre, deux générations d'artistes, d'animateurs et de gestionnaires ont mené en France un véritable combat pour la culture. Quarante ans plus tard, il n'est pas déraisonnable d'affirmer que ce combat est en partie gagné. Mais les héros sont fatigués.

Le gaullisme et ses avatars plus ou moins fidèles, puis la gauche après 1981 ont réalisé en partie les rêves de quelques-uns. La culture n'a pas seulement son ministre et son budget ; villes et régions ne s'en désintéressent plus ; les entreprises ont découvert le mécénat culturel ; un foisonnement d'initiatives en tout genre s'observe sur l'ensemble du territoire, et Paris n'est plus la référence unique de toute vie artistique ; la fréquentation des lieux de culture va croissant. Le mot de culture ne fait plus peur. Il est même devenu à la mode.

Mais, paraphrasant Malraux, on peut se demander si l'on n'a pas conduit les troupes de la culture au bord du Rubicon, non pour y pêcher à la ligne, mais pour y faire la fête, en plantant la tente du *Zénith* entre deux grands édifices culturels sortis tout armés d'un cerveau présidentiel. Au lieu d'une victoire de la Marne, un bal mi-musette, mi-rock branché mis en scène par Jérôme Savary sur un air de Trenet dans un décor signé Bofill, sponsorisé par Pierre Bergé ! De quoi décourager les grognards de la culture, dont le silence est aujourd'hui patent. A mi-chemin des élans de la Libération et des dévergondages médiatiques d'à présent, 1968 aura été une grande utopie culturelle dont les acteurs sont aujourd'hui des gestionnaires repus de leur réussite ou d'amers théoriciens de leur échec. La culture s'est banalisée. Elle se gère mais ne se rêve plus. On est loin des combats d'antan : longtemps la culture n'a pas fait recette. Ceux qui s'en réclamaient se heurtaient à mille obstacles, dont le simple rappel montre le chemin parcouru.

Occupée d'abord à sa reconstruction, puis lancée dans la course à la croissance et séduite par les attraits tout nouveaux de la société de consommation, la France de 1945 s'est peu souciée des lettres et des arts, dont elle pensait que la floraison naturelle était, comme l'heureux retour des saisons, assurée par quelque Providence.

Prérogative de la bourgeoisie, agrément du savoir, luxe d'un État héritier paresseux d'une longue tradition de mécénat monarchique, la culture fut absente des grands desseins collectifs de l'après-guerre. Ceux qui pouvaient, individuellement, en goûter les délices les vivaient moins comme un privilège que comme une juste récompense, et ceux qui n'y accédaient pas n'en ressentaient guère de frustration. D'ailleurs, les mécanismes de la promotion républicaine étaient là pour donner bonne conscience à tous : boursiers, les fils d'instituteurs devenus agrégés entraient à l'Académie comme Guéhenno et collectionnaient les tableaux abstraits comme Pompidou. Le peuple n'avait vraiment pas à se plaindre et, d'ailleurs, ne se plaignait pas.

Ce consensus tacite et mou cher aux Français aurait été parfait si quelques illuminés n'avaient pas considéré comme un scandale ce système de reproduction des élites, à peine corrigé par l'intégration, à la marge, des méritants. Certes, rien n'interdisait au dernier des prolétaires d'entrer au Louvre ou d'acheter le prix Goncourt, tout comme il pouvait aller et venir, voter et accéder, sur un marché progressivement affranchi de la pénurie et du rationnement, à tout le nécessaire et bientôt au superflu. Mais quelques-uns pensaient qu'il fallait une bonne dose d'hypocrisie bourgeoise ou de fatalisme pour ignorer que des barrières invisibles tenaient le plus grand nombre éloigné de la culture vécue, et cela de la pire manière, puisqu'il ignorait même qu'elle lui fût, en théorie, accessible.

Pour s'insurger contre cet état de fait, il n'était pas nécessaire d'être marxiste ou prêtre-ouvrier. Le souffle généreux du Front populaire, l'élan de la Résistance qui avait fait se reconnaître et se mêler les meilleurs de toutes classes et conditions furent certainement pour beaucoup dans cette prise de conscience. Mais certains opérèrent individuellement, hors de toute idéologie, par générosité ; comme si, ayant reçu ou conquis les clés du royaume, ils ne se consolaient pas d'être du petit nombre des élus, alors que les masses demeuraient à l'écart de la bonne nouvelle. Idéologique ou éthique, dans ses fondements, le combat pour la culture a, d'une certaine façon, été conçu comme une sorte d'évangélisation de l'esprit, d'apostolat laïc. Rien de tel pour susciter méfiance et sarcasmes de la part des esprits forts et des gens installés. De fait, le militantisme culturel ne cessera pas d'être tenu en laisse ou tourné en dérision par ceux qui, mandarins ou dévots de l'institution culturelle, voyaient d'un mauvais œil les portes du temple s'ouvrir à des non-initiés.

C'est bien en des termes quasi religieux que s'est posé le combat pour la culture. Pour permettre au plus grand nombre d'accéder aux joies procurées par les œuvres de l'esprit, il fallait rendre accessible la culture, créer des conditions telles que nul ne puisse se sentir exclu *a priori* de la fréquentation et de la pratique de la culture.

Une aussi vaste ambition est-elle aujourd'hui réalisée ? On pourrait en discuter indéfiniment, tant les faits sont ambivalents. La vitalité d'institutions-phares comme le Centre Pompidou, le Festival d'Avignon ou le Musée d'Orsay, le succès des grandes expositions de peinture, la multiplication des festivals dans tout le pays, le développement des pratiques musicales, la prolifération des troupes théâtrales et chorégraphiques, la fréquentation massive des monuments historiques, un foisonnement d'initiatives culturelles souvent originales, la prise de conscience à peu près générale de la part des élus et des partis, le succès du mécénat d'entreprise : autant de données qui peuvent faire penser que l'objectif est atteint dans son principe et qu'il ne s'agit plus que d'en parfaire l'accomplissement.

Mais on peut voir les choses autrement. S'il est vrai que les pratiques culturelles, aujourd'hui, ne sont plus prisonnières des lieux, des rites et des conventions qui en faisaient l'apanage de la seule bourgeoisie, on ne saurait prétendre que, pour le plus grand nombre, la culture ait changé la vie. L'amélioration générale des conditions et du niveau de vie, du degré d'instruction et d'information, la libération des comportements et les brassages sociaux permettent théoriquement de dire que chacun peut, s'il le souhaite, accéder à une sorte de minimum vital en matière de culture. On trouvera toujours dans les statistiques un pourcentage d'ouvriers et d'agriculteurs pour prouver que la culture est à tout le monde. Mais leur part reste marginale, comme il y a quarante ans ; certes, un plus grand nombre de fils d'ouvriers et de paysans accède à l'instruction et, par voie de conséquence, à la possibilité de culture ; mais, en offrant celle-ci comme une sorte de prime au parchemin, il est clair que l'on n'a guère avancé depuis l'âge héroïque des boursiers de la République. Mais il y a plus : le chômage et son cortège de détresses, les grands ratages de l'urbanisme et de l'habitat, la violence et la drogue, la montée sournoise de l'illettrisme, les défaillances de l'éducation de masse, les aliénations engendrées par la société de consommation, la nouvelle pauvreté : tous ces faits ne proclament-ils pas l'échec de l'ambition culturelle ? Le grand nombre de nos contemporains n'est-il pas confiné dans des loisirs de masse à contenu culturel plus pauvre que jamais, complètement déconnectés d'une culture populaire ancestrale qui ne subsiste plus qu'à l'état de traces folkloriques ? Certes, on essaie de nous démontrer que la bande dessinée, le rock, les clips constituent une nouvelle culture qui aurait inventé ses lieux, ses rites, son langage, avec ses héros, ses prophètes, sa presse et même son ministre. Mais il faut vraiment beaucoup de complaisance ou de démagogie pour y voir un jaillissement, un renouvellement de notre culture. Sans doute y a-t-il place pour un déchiffrage culturel de ses modes. Les grands rassemblements pour les concerts de Michael Jackson, de Bruce Springsteen ou de Madonna sont à prendre en considération, comme la vogue des clips. Mais il est piquant de constater que ceux-là mêmes qui s'extasient devant cette « nouvelle culture » des jeunes sont les premiers à stigmatiser sur d'autres plans la mercantilisation et l'américanisation de la culture, notamment par l'audiovisuel. A Beaubourg, à La Villette, à Avignon, dans les salles de cinéma si souvent désertées pas les adultes, la jeunesse montre qu'elle est plus disponible que jamais pour toutes les formes de culture et pas seulement pour celles d'une « culture jeune » dans laquelle certains voudraient l'enfermer. Il n'est pas indispensable d'être amnésique ou déraciné pour être « branché », comme l'on dit à la Cour.

La société de consommation a imposé des formes de loisirs de masse dont la pratique est par nature passive et dont le mode de fonctionnement est nécessairement marchand. Comme la mauvaise monnaie chasse la bonne, cette culture de masse ne tend-elle pas à prendre toute la place, à monopoliser les pratiques culturelles et à réserver à l'élite cette vraie culture qu'on rêvait justement de généraliser ?

Le débat, on le voit, est capital. Mais a-t-il lieu vraiment ? En quelle enceinte est-il traité ? Les grandes voix — Vilar, Malraux, Pierre Emmanuel — se sont tues ; les vétérans du combat culturel sont devenus des institutions : Planchon, Béjart, Boulez, Mnouchkine, Vitez sont les nouveaux notables de la culture ou ses gourous, et leurs cadets ne cherchent qu'à les imiter, dans ce subtil mélange d'audace créative et de ruse tactique par quoi l'on s'assure durablement les bonnes grâces des ministres éphémères, des bureaux éternels et des journalistes pressés. Quant aux fantassins de la culture, ceux qui, dans les théâtres, les musées, les centres culturels sont au contact du public ordinaire, on les voit avant tout préoccupés par la chasse aux subventions ou aux mécènes et par les contraintes de la gestion. En ces temps de réalisme gestionnaire, qui pourrait le leur reprocher et au nom de quoi ? Préserver les acquis, quand il s'en trouve, saisir les opportunités et soigner son image n'est pas déshonorant.

A défaut d'être prise en charge par ceux qui ont pour vocation d'agir sur le terrain, la réflexion sur la culture peut-elle naître ailleurs, chez les penseurs ou chez les politiques ?

Des premiers, il n'y a pas grand-chose à espérer — soit dit sans les offenser. Des sociologues comme Balandier, Duvignaud, Bourdieu, Baudrillart poursuivent leurs réflexions sur la culture, de façon sérieuse, documentée, mais peu renouvelée ; on ne saurait en attendre la définition d'une nouvelle problématique sociale de la culture, même si l'approfondissement de leurs recherches demeure riche d'enseignements. De nouveaux penseurs appliquent à la réflexion sur la culture un raisonnement de genre postmoderne qui n'est parfois qu'un ingénieux habillage du style « rétro ». Implacables censeurs de la culture de masse médiatisée et du pédantisme élitaire dans lequel ils classent sans appel les nouveaux modes de production et de diffusion de la culture, accablés par « la défaite de la pensée », ils sont jour et nuit à la disposition des médias pour annoncer l'apocalypse culturelle. Leur pensée érudite, bardée de références normaliennes, confère à ces disciples tardifs de Julien Benda un certain crédit, qui s'épuiserait vite s'ils en restaient à ces dénonciations commodes mais stériles.

Du côté des politiques, la situation est ambiguë. Dédouanée par Malraux et Duhamel, médiatisée par Jack Lang, la culture, c'est un fait, est passée dans le discours politique — ce qui est un immense progrès par rapport à ce que fut, en ce domaine, le prosaïsme de la tradition républicaine. Les hommes politiques osent aujourd'hui publier leurs goûts artistiques (et, à l'occasion, s'en inventer), afficher leurs amitiés dans ces milieux et donner à la culture, lorsqu'ils ont des responsabilités locales, une place souvent honorable dans l'échelle des priorités. La classe politique dans son ensemble admet enfin qu'il s'agit d'un vrai sujet et non d'un divertissement d'esthète ou d'un penchant inavouable. Mais si la gauche a fait, dans les années 70, un certain effort de réflexion en ce domaine, une fois au pouvoir elle ne s'est pas comportée très différemment de la droite, les partis laissant les gouvernants avancer seuls dans ce champ complexe et encore mal connu, sans leur apporter un soutien critique ou une impulsion active; de là un certain déficit de la pensée politique de la gauche en matière de culture: entre les idées justes qu'elle a au moins en partie réalisées et les illusions auxquelles elle a dû renoncer, il n'y a guère de place chez elle pour de nouvelles exigences. On aura connu, dans ces dix dernières années, bien des grand-messes culturelles, des hommages éclatants aux créateurs, un soutien avisé des plus hautes autorités de l'État à certaines initiatives novatrices, mais rien qui ressemble à un grand dessein. On traite, et plutôt bien, les dossiers de la culture, non le dossier de la culture.

Quant à la droite, c'est peu dire qu'elle n'a pas trouvé son Malraux ou son Duhamel des années 80. La formule creuse du « mieux-disant culturel » reflétait bien ce flou de la pensée. La culture est comme un ingrédient qui relève le goût du discours politique. Elle est encore loin d'en enrichir la substance, comme elle le devrait.

Ainsi, en cette fin de siècle, nous nous trouvons dans la situation paradoxale d'une vie culturelle profondément renouvelée et plutôt riche, et d'un débat sur la culture assez pauvre. C'est en cela que le succès de la culture est une étrange victoire. Longtemps jardin secret de délectations privées, elle est admise aussi, désormais, comme une dimension de la vie collective. On accepte de voir en elle une composante du sens de la vie et un facteur de rayonnement d'une ville, d'une région, d'une nation. On la reconnaît comme l'une des solutions aux problèmes contemporains les plus aigus, tels l'exclusion, le besoin de dignité, la violence. Elle a sa place reconnue dans les budgets publics comme dans le budgets familiaux. De tout cela, on conclut que la culture a désormais droit de cité. Que demander de plus ?

Tout, car rien n'est vraiment acquis. La bonne conscience collective, à peine troublée par quelques questionnements philosophiques et les périodiques revendications des corporations artistiques, risque de faire croire, à tort, que le problème est résolu.

*Un combat à recommencer.*

Une victoire d'étape n'est pas une course gagnée. Rien ne serait plus démobilisateur que de croire qu'une certaine acceptation du fait culturel par la société contemporaine est un acquis irréversible qu'il suffirait de bien gérer et d'entretenir par quelques coups médiatiques. La création reste une aventure coûteuse, douloureuse et souvent aléatoire ; la diffusion recourt à des méthodes éprouvées, mais qu'il faut sans cesse renouveler ; les pratiques culturelles, si elles se sont répandues, sont en concurrence avec bien d'autres modes d'utilisation du temps libre, plus accessibles et attrayants. Parce que, d'une certaine façon, la culture est à la mode, l'opinion, telle qu'on la sonde, exprime souvent pour elle un engouement apparent : un nombre croissant d'individus réclame des émissions « culturelles » à la télévision, mais les résultats d'audience ne sont pas toujours à la hauteur de cette préférence proclamée. Bref, le combat pour la culture est toujours à recommencer.

Car le contexte évolue. Aux débuts de la Ve République, la cause de la culture a pu opérer une avancée spectaculaire par la conjonction des utopies généreuses de quelques militants et du rêve gaullien de la grandeur française ; dans les années 1970, le réformisme ambiant et quelques inspirations venues du sommet de l'État ont permis de nouvelles avancées ; les années 80 ont été marquées par les efforts un peu désordonnés mais globalement fructueux d'une gauche qui monopolisait la légitimité culturelle. La question est de savoir ce qui peut aujourd'hui, compte tenu de l'impasse des idéologies et des tensions contradictoires d'une société qui se cherche, relancer le débat sur la culture et susciter à son sujet une réflexion collective en profondeur.

Les rapports entre l'État de la société sont, aujourd'hui, un problème central ; la décentralisation, les droits de l'homme, la revendication du « moins d'État », le rôle de l'entreprise et du marché, le néo-libéralisme, l'accent mis sur la société civile : en tous domaines on s'interroge sur ce qu'il faut désormais attendre de l'État, ce dont il doit se décharger sur la société et, à l'inverse, ce qui doit rester dans sa prérogative.

La culture est un des champs d'application privilégiés de ce questionnement. Quoi d'étonnant à cela? Depuis la Renaissance, l'État a toujours joué en France, en matière de culture, un rôle éminent, inconnu dans le reste de l'Occident. Et, depuis une trentaine d'années, l'État est intervenu en ce domaine de façon décisive, spectaculaire, parfois envahissante. Tous les grands débats de société où le rôle de l'État est en jeu trouvent leur écho dans le champ culturel. C'est d'ailleurs cela qui est inquiétant: la culture est moins objet que sujet de débat, comme si on ne la considérait que comme un domaine d'application, parmi d'autres, de solutions générales. Il n'y a pas de grand débat sur la culture en soi. On n'en parle vraiment que par rapport à l'État, qu'il s'agisse de la télévision, des grandes institutions, de ces grands chantiers qui monopolisent l'attention, ou des créateurs et, d'une façon générale, des professions culturelles qui implorent protection, statut, garanties de la puissance publique.

Sans lui attribuer on ne sait quelle extraterritorialité qui la ferait échapper aux modes d'organisation générale de la société, il n'est pourtant pas exagéré de revendiquer pour la culture une position singulière. Non que le problème de la culture soit plus important que celui de la Sécurité sociale, de la création d'emploi ou de l'aménagement du territoire mais il met en jeu d'autres principes et d'autres valeurs. Or on est loin de le traiter ainsi.

Pour ceux qui se réclament du libéralisme et dont le discours, effervescent en 1986, est devenu plus discret, la culture doit être soumise à la loi du marché et les pratiques culturelles procéder uniquement du libre choix des individus. On admet sans doute que l'État doit conserver un rôle normatif et la responsabilité des grandes missions patrimoniales, encore qu'on ait entendu un des technocrates « à la page » exprimer tranquillement l'idée que l'État était lassé d'être depuis trois siècles le mécène de la

Comédie-Française. Mais, pour le reste, on ne conçoit d'autre projet que le laisser-faire, l'initiative locale et le bon vouloir du mécénat.

Ceux qui, à gauche, se font une idée plus volontaire et conséquente des missions de l'État n'ont pas une conception plus inventive de ce que doit être son rôle en matière de culture dans un contexte budgétaire moins favorable qu'au temps de la croissance glorieuse ou de l'euphorie du début des années 80. Parce qu'il faut financer les grands projets d'État, dont la mise en œuvre absorbera une bonne part des moyens disponibles, on voit les responsables se tourner eux aussi vers le marché et le mécénat pour assurer le financement courant du reste.

Cette présentation est peut-être sommaire et donc injuste ; en fait, les majorités de gauche et de droite ont alternativement géré de leur mieux la responsabilité culturelle de l'État et n'ont rien sacrifié d'essentiel jusqu'ici, même si des secteurs entiers de la culture ont souffert d'être délaissés, de ne pas figurer au nombre des priorités circonstancielles, de n'être pas touchés par la faveur d'en haut. Personne ne remet plus en cause la mission culturelle de l'État. On ne verrait d'ailleurs pas un ministre de la Culture, de droite ou de gauche, allant d'un festival à une inauguration et d'un colloque à un vernissage, clamer que l'État n'a rien à voir avec la culture. De ce côté-là, on peut être tranquille. Mais c'est précisément parce qu'il est facile d'exister dans ce domaine si médiatique que l'on peut être tenté de faire semblant d'être ministre de la Culture.

Quand on est sur le front de la culture, devant la toile vierge, ou à la tête d'une compagnie théâtrale ou d'un centre culturel, il ne s'agit pas de faire semblant, mais d'être. Même l'effet médiatique, quand il est recherché, s'attache alors à l'acte, non au discours.

En revanche, en politique, la parole d'État est un acte, surtout pour ces grands naïfs, ces anarchistes respectueux du pouvoir que sont les artistes et, d'une façon générale, les gens de culture. Les médias aidant, le ministère de la Culture est devenu avant tout le ministère de la parole culturelle ; et, pendant qu'un ministre, qu'il soit de droite ou de gauche, s'agite sur le devant de la scène, l'administration peut, en coulisses, rester inerte ou agir à sa guise, en toute impunité.

Le temps semble venu de se soustraire aux sortilèges de cette parole culturelle, souvent séduisante mais, en définitive, irresponsable et vaine. Il faut traiter les vraies questions. Quel rôle doit jouer l'État en matière de culture à l'aube du XXIe siècle ? Si sa mission a été depuis trente ans de donner l'impulsion, puis de soutenir le développement culturel, comment doit-il désormais l'accompagner, alors que tant d'autres priorités le sollicitent et que les moyens financiers seront, en tout cas, plus limités ?

On peut prendre le problème à l'envers : on voit la vie culturelle se développer, à travers mille initiatives qui ne doivent rien à la puissance publique. Dans ces conditions, qu'attendre encore de l'État ? Quelles missions lui incombent, auxquelles il n'a pas le droit de renoncer ?

Nous avons vécu, depuis trente ans, sur un modèle culturel fort et qui a fait ses preuves, fondé sur une intervention multiforme de l'État qui, tant bien que mal, parvenait à la fois à maintenir en les rénovant les missions traditionnelles de la puissance publique, notamment envers le patrimoine, et à soutenir en tout domaine l'innovation et le risque. Ce modèle n'est-il pas épuisé ? Faut-il le réinventer ou se borner à le rajeunir ?

Pendant longtemps, on a confondu culture et politique culturelle. Cette politique, par sa réussite même, ne risque-t-elle pas d'étouffer la culture, ne serait-ce qu'en raison d'une logique permanente qui conduit toujours la culture à trahir la politique et les artistes à s'insurger contre le pouvoir ?

Telles sont les questions qu'il paraît urgent de poser. Il est assurément moins risqué de parler de dossiers précis comme la fiscalité du disque, le prix du livre ou l'Opéra-Bastille, que de traiter de la question culturelle en France dans sa généralité. C'est pourtant à ce niveau qu'il faut se situer si l'on veut que, dans les années qui viennent, les problèmes concrets de la culture trouvent des solutions. Ce n'est plus d'un oracle présidentiel ou d'un discours ministériel qu'il faut désormais attendre la lumière. Puisque l'État semble à court d'inspiration, il lui faut se mettre à l'écoute de la société, qui, par l'effet même des heureuses initiatives qu'il a prises depuis trente ans, commence à distinguer ce que la vie culturelle est en droit d'attendre encore de lui et ce que, même animé des meilleures intentions du monde, il est désormais incapable de lui fournir en termes d'inspiration ou de soutien.

*Un mot encombrant.*

Ce qui frappe aujourd'hui, c'est la difficulté qu'il y a à bien parler de la culture. Certes, nous sommes en progrès par rapport à l'époque où le mot faisait peur et où il était quasiment réservé à une secte d'initiés. Malraux pouvait se permettre des variations étincelantes sur ce thème, mais ses élans mêmes prouvaient bien qu'il n'était pas vraiment un homme politique : on pardonnait des licences à un littérateur. De nos jours, à défaut de chose, tout le monde s'est au moins approprié le mot. Mais cette fortune même fait problème.

Ce mot de culture qui, toutes les trois lignes, va revenir sous ma plume, au risque de lasser le lecteur, voici tout d'un coup qu'il m'embarrasse. N'est-il pas une simple étiquette, commodément plaquée sur des réalités hétérogènes ? Un peintre fait de la peinture, un musicien de la musique, non de la culture.

Dans son acception actuelle, le terme de culture est d'ailleurs d'usage récent. Si Voltaire parle d'esprits « cultivés », ce n'est guère que dans le courant de notre siècle que le mot « culture » a été utilisé, du moins en France, soit pour définir l'ensemble des mœurs, des mentalités, des pratiques qui caractérisent un groupe humain, soit pour englober l'ensemble des activités qui, dans une société donnée, relèvent de l'esprit. Et, dans ce second sens, se pose la question de savoir si la culture ne concerne que ce qui a trait aux lettres et aux arts, ou s'il faut y inclure l'ensemble des disciplines scientifiques. Le fait que l'on parle fréquemment de culture scientifique, ou des rapports entre science et culture, montre d'ailleurs que la question reste ouverte et que, décidément, ce mot de culture est bien incertain et cadre mal avec le caractère élevé et noble de ce qu'il prétend recouvrir. Sans nous en rendre compte, nous l'avons en réalité emprunté à la philosophie allemande. Mais, bien que devenu d'usage courant, il ne s'est jamais complètement acclimaté dans notre langue et suscite encore bien des réactions de rejet. Il ne faut pas pousser beaucoup certains de nos contemporains pour qu'ils avouent que « culture » et plus encore « culturel » évoquent en eux l'ennui, la prétention, le langage initiatique de ceux qui croient détenir un privilège. Ce mot, qui devrait être réconciliateur et exprimer l'adhésion de toute une communauté à un héritage, à un ensemble de valeurs, est en fait un mot qui divise et trop souvent exclut. Et ce n'est pas l'accaparement du terme par la politique qui simplifie les choses : ainsi, en prétendant quantifier la culture dans les cahiers des charges des chaînes de télévision, le langage juridique de l'administration révèle ce qu'il a de réducteur par rapport aux réalités auxquelles il s'applique. Mais, politiquement, le mot peut avoir un sens redoutablement extensif lorsqu'il exprime la volonté d'un pouvoir d'assurer la maîtrise des esprits et d'imposer un ordre intellectuel et moral. Le concept occidental de culture, pourtant innocent à cet égard, n'a pas manqué de souffrir, comme d'une contamination, de cette homonymie scabreuse.

Vague, mal défini, le terme de culture permet des extensions dangereuses. Il est aujourd'hui une mode du « tout culturel » qui voudrait ranger sous cette bannière prestigieuse des activités certes respectables comme la haute couture ou la gastronomie, mais qui ne sauraient, sans abus de langage, être considérées comme des activités artistiques — ou des modes d'expression comme la bande dessinée ou la musique rock qui, sans doute, contribuent à caractériser une époque, mais ne méritent pas davantage cette consécration insolite. On sent ce qu'il y a de choquant, et parfois de démagogique, dans cette mise à plat, et, en même temps, on éprouve quelque gêne à protester en instaurant une sorte de hiérarchie limitant la culture à des activités nobles, inévitablement élitaires et chargées d'un passé glorieux mais parfois encombrant.

Ainsi, aux deux bouts de la chaîne, du côté des artistes créateurs et du côté du public, le mot de culture est rejeté, éludé, ou suscite méfiance ou gêne. Il n'a guère de fortune que chez les intermédiaires, animateurs, gestionnaires, fonctionnaires, et dans les institutions internationales, dont on sait le goût pour les grands mots et les concepts flous. Pourtant, si ambigu soit-il, je ne peux renoncer à employer ce mot de « culture ». Il conserve une indéniable valeur instrumentale et me paraît être le seul terme susceptible de soutenir la réflexion dans deux directions.

En effet, comment se fait-il qu'en dépit de la différence des langages, de la singularité des démarches, de l'incommunicabilité même des expériences entre les différentes disciplines intellectuelles et artistiques, il y ait, à un moment donné, une certaine unité de la culture ?

Peut-être le regard historique que nous portons sur des civilisations disparues ou sur des périodes passées de notre propre culture est-il trompeur en ce qu'il recompose artificiellement une unité qui n'a été ni voulue, ni pensée, ni même peut-être ressentie en son temps ? Et cependant, qu'il s'agisse du siècle de Périclès, du XIII$^{e}$ siècle européen, du Siècle d'or espagnol ou du romantisme, il est clair que des artistes, des penseurs solitaires ont contribué aux mêmes remises en cause, concouru à l'invention de nouvelles formes et de nouveaux langages. Le grand public européen, et notamment français, a eu la révélation récente de la fabuleuse explosion culturelle qui s'est produite à Vienne entre les dernières années du XX^e^ siècle et les années 20 : d'Otto Wagner et de Freud à Richard Strauss, de Schnitzler et Hofmannsthal à Mahler, Schoenberg ou Klimt, partout dans l'architecture, les arts du spectacle, la littérature et la philosophie, on voit apparaître ce qui va déterminer l'art et la pensée de notre temps ; à peu près au même moment, Joyce, Proust, Claudel, Kandinsky, Mondrian, et encore Picasso, Varèse, Duchamp, Eisenstein, aux quatre coins de l'Europe, plaquent les accords fondamentaux d'un art neuf et qui résonnent encore en cette fin du siècle qui connut cette prestigieuse aurore. Aucun ministère, aucune organisation internationale, aucun mécène, nulle loi du marché n'ont commandé ni inspiré ce tumulte fécond des années 1895-1925. Là est le mystère de la culture ; quand on aura, de la façon la plus scientifique possible, étudié les sources communes, mis en lumière les correspondances, les jeux d'influence, bref tout ce qui peut expliquer objectivement une communauté d'inspiration, on aura fait reculer les limites du mystère sans le faire disparaître. Et l'on est encore plus troublé quand on étend la réflexion aux sciences : la théorie de la relativité apparaît avec Einstein, et la radioactivité est découverte par les Curie au moment où explosent le langage musical avec Schoenberg et Berg, et le langage de la peinture avec les cubistes. Au même moment Freud, Proust et Joyce font reculer les limites de la connaissance intérieure des êtres, Bergson conçoit une nouvelle philosophie de l'énergie et de la matière. Ces coïncidences sont proprement vertigineuses. La marche de l'esprit humain fait penser à ces vols d'oiseaux migrateurs où quelques-uns, qui constituent la flèche, la pointe avancée de l'ensemble, tracent le chemin. Mais il ne s'agit pas ici d'un instinct imprimant sa marque et dictant son programme à des êtres interchangeables. Rien n'est plus farouchement individualiste, et singulière dans sa tension toujours dramatique, que la démarche du génie créateur, rebelle plus que tout autre aux contraintes, aux directives et même aux modes, et le plus souvent insensible ou indifférente aux recherches des autres.

Le déterminisme a échoué dans sa tentative d'expliquer l'éclosion du génie créateur par les conditions économiques et sociales ou par la conjonction d'une race, d'un milieu et d'un moment. A certaines époques, quand les centres de la vie intellectuelle et artistique étaient peu nombreux, et chacun d'eux à taille humaine, l'influence d'un monarque, d'un pontife, de grands mécènes, l'atmosphère d'une cour ou de salons ont pu créer le climat propice à une éclosion simultanée et harmonieuse dans diverses disciplines. Mais voilà longtemps que de telles situations ont disparu : nulle puissance, de quelque ordre qu'elle soit, ne peut de nos jours inspirer le cours de la création intellectuelle et artistique et façonner son unité. Si elle s'y hasarde, comme on l'a vu dans les pays totalitaires, et notamment dans les pays d'obédience marxiste, ce ne peut être qu'au prix de désastreuses mutilations de l'esprit et d'une soumission complète, mais vaine à la longue, de la culture au politique.

On rejoint ici le second sens dans lequel il faut bien, faute d'un autre mot, parler de culture. Dans nos sociétés démocratiques, le libre accès au patrimoine intellectuel, littéraire et artistique est au moins un idéal que nul ne récuse, au moins ouvertement, même si certains le regardent comme une utopie. Mais du cinéma à l'archéologie, de la pratique d'un instrument de musique à la visite des musées, le choix est si large et la gamme des comportements si étendue que seul un terme générique peut recouvrir l'ensemble. A ce titre, le mot de « culture », si vague et si rébarbatif qu'il apparaisse, est bien le seul dont l'usage s'impose. Quand on identifie ce que dépensent une ville, une région dans le domaine en question, ou ce qui, dans le mécénat d'une entreprise, ne relève pas de l'action humanitaire, de la recherche ou du sport, quand on veut souligner la vocation des médias dans l'ordre de la qualité et du niveau des programmes, il faut bien parler de culture, en laissant de côté tous les débats philosophiques auxquels ce mot peut donner lieu.

Ne serait-ce que pour ces deux raisons, je revendique ici le droit de parler innocemment de « culture ».

On ne saurait pour autant oublier les malentendus que ce mot suscite. Les gens de mon espèce sont bien placés pour les percevoir. Quand les politiques parlent de culture, leur inspiration est souvent courte. Quand les technocrates s'en occupent, c'est toujours de façon décalée et sans prendre en compte ce qui distingue la culture de tout le reste. Si les artistes prennent la parole, le corporatisme perce vite sous les propos les plus idéalistes. Quant aux gens d'entreprise à qui le mécénat a fait heureusement découvrir la culture, ils n'échappent pas toujours aux tics des managers. Et nous autres, les gérants de la culture qui sommes au carrefour de ces différents catégories, nous nous sentons partagés entre le désir d'être entendus de chacune d'elles en employant son langage propre et une exigence d'honnêteté qui nous fait refuser les facilités verbales.

Le débat récurrent sur la vocation culturelle de la télévision offre le meilleur exemple de ces malentendus. Les hommes politiques multiplient sur ce sujet les déclarations édifiantes ; les technocrates les traduisent en contraintes, quotas et autres instruments de mesure qui finissent par donner de la culture une vision purement quantitative et formaliste ; les créateurs font entendre un langage corporatif dissimulé sous l'invocation des droits sacrés de la création ; quant aux entreprises, elles croient qu'il ne s'agit en définitive que de sponsoriser Chancel ou Sabatier ou les émissions haut de gamme qu'on ne peut plus financer autrement. Le vrai problème de la dimension culturelle de tout programme de télévision est ainsi éludé par ce débat faussé où chacun rivalise de préjugés et de bonne conscience.

On comprend que, dans ces conditions, la réflexion sur la culture n'avance guère au moment même où, pourtant, chacun commence à admettre qu'il s'agit d'un élément central de notre avenir. Il faudrait trouver les mots, les références, les modes d'approche qui permettraient à tous, gouvernants et politiques, fonctionnaires, créateurs et animateurs, dirigeants économiques et syndicaux, de parler un langage commun et de progresser ensemble dans la recherche des solutions. Il fut un temps où le Plan servait précisément à cela, et certains progrès de la culture dans ce pays sont dus à ce qui a été pensé et dit, entre le IIIe et le VIe Plan. Mais, aujourd'hui, on ne sait plus très bien ce qu'est le Plan, et ce qu'il en reste fait soigneusement l'impasse sur la culture ; le Xe Plan n'y consacre qu'un mince paragraphe spécifique et quelques hommages verbaux, du genre le plus conventionnel. Signe de cette étrange victoire qui fait croire, selon un travers bien français, que le problème est résolu parce que le mot est admis ?

Nous, les hommes-carrefours, les entrepreneurs culturels, nous ne pouvons prendre notre parti de ces malentendus et de l'inertie de la pensée qu'ils révèlent. Certes, notre petite corporation n'a pas une légitimité particulière qui l'habiliterait à dicter la pensée et le discours des uns et des autres. Mais, dans une société en mutation, traversée de courants de renouveau mais alourdie de multiples résistances au changement, tous ceux qui sont en position de médiation et de synthèse doivent prendre la parole, pour tenter d'unifier les langages et de faire converger les comportements.

Pourtant, j'ai longtemps hésité avant de reprendre la plume. Il était plus facile d'écrire il y a quinze ans, même si j'avais alors peu de chances d'être entendu dans l'indifférence générale et n'ayant que la mince notoriété d'ancien collaborateur d'un ministre estimé mais retiré. Aujourd'hui, mêlé à bien des combats de la culture et de la communication, je ne suis plus un simple observateur, et les liens que j'ai avec toutes les catégories concernées pourraient m'inciter à la prudence, aux ménagements que peut dédaigner un polémiste, ou m'affranchir du réalisme dont un philosophe n'a pas à s'encombrer.

J'écris ce livre pour toucher ceux qui croient à la culture et qui ne se retrouvent ni dans les afféteries de la gauche mondaine, ni dans la langue de bois des technocrates et pas davantage dans la vision anecdotique et bavarde que les médias donnent de la culture quand, par chance, ils s'y intéressent. Je l'écris aussi pour ceux qui ont trop attendu de la politique et qui ont pensé, en 1981, qu'une nouvelle ère commençait : la République allait consacrer tous ses efforts à la culture. Ceux-là ont vu avec ravissement un jeune et brillant ministre prendre les choses en main sous le haut patronage du président de la République. Un nouveau style, un discours généreux, une volonté d'élargir le champ de la culture, un budget en hausse, de grands projets, une manière de coller à l'événement et de saupoudrer de culture toute l'actualité : tout cela n'a pas seulement plu à l'opinion, mais a suscité une espérance. On fera plus loin un bilan de cette gestion. Toutefois, depuis le retour de la gauche au pouvoir, comment ne pas percevoir des symptômes de répétition et de lassitude, un manque d'élan, d'idées neuves ? Si la droite n'avait pas poussé aussi loin qu'elle l'a fait, entre 1986 et 1988, la médiocrité et l'absence d'imagination, on se demanderait vraiment ce qui confère aujourd'hui tant de mérites à la politique culturelle de la gauche. Heureusement pour elle, par comparaison, elle est de toute façon plus relevée et un peu mieux dotée en argent que la politique antérieure. Mais, sur le fond, où est la différence ?

Le fait même de poser cette question pourrait sembler réconfortant : si l'on ne parvient plus à discerner de différences entre une politique culturelle de droite et de gauche, ne serait-ce pas que la culture échappe enfin à l'esprit partisan et à ses effets réducteurs ?

Ce n'est malheureusement vrai qu'en partie. Certes, le jeu des alternances, qui oblige des majorités successives à assumer les continuités dictées par l'intérêt national, a opéré en matière culturelle comme dans d'autres domaines, fort heureusement. Les avancées incontestables que la gauche a accomplies après 1981 n'ont pas été, pour l'essentiel, remises en cause par la droite après 1986. Mais, mis à part une relance budgétaire bienfaisante, on attendait de la gauche revenue aux affaires un nouvel élan. Il ne s'est pas encore produit, ni au parti socialiste, ni au gouvernement. La gauche gestionnaire semble avoir perdu en route sa part de rêve en matière culturelle.

*Des illusions perdues.*

Tous ceux qui, sur le terrain, sont confrontés à l'incompréhension, à l'indifférence, aux financements aléatoires et à un public insaisissable ont besoin d'être stimulés et tirés vers le haut par une exigence qui les dépasse. Comparé au militantisme des débuts de l'action culturelle et au lyrisme parfois sommaire des grandes exhortations de Malraux, les fantassins de la culture ont perdu beaucoup d'illusions. La maturité est à ce prix. Mais à perdre trop d'illusions on passe vite de la maturité au vieillissement et à la stérilité.

La première de ces illusions perdues est la conviction que la culture pouvait et devait vivre dans une sorte d'état d'apesanteur économique. Il y avait quelque chose de franciscain dans cette croyance que la culture n'avait pas à se soucier de son financement ; la manne inépuisable des subventions d'État y pourvoirait. Il est vrai que l'effort public partait de si bas que sa progression pouvait sembler illimitée. Pour tous ces gens de culture imprégnés d'un marxisme plus ou moins diffus qui a conditionné plusieurs générations, l'argent, diabolique et pervers par définition, était en quelque sorte blanchi par son origine publique. Toute logique de rentabilité pouvait être bannie, et l'on rêvait même d'une culture totalement gratuite, l'idée de faire payer le public du théâtre, de la musique ou des expositions passant pour une survivance bourgeoise. Loin d'être ressenti comme une servitude, un financement exclusif par les fonds publics était jugé comme un authentique affranchissement. Un peu d'ingratitude et d'irrévérence par rapport aux pouvoirs nourriciers suffisait à préserver la sainte indépendance des subventionnés.

Depuis une quinzaine d'années, ces confortables certitudes se sont effritées. Il n'y a guère que Jack Ralite, homme de culture authentique, mais communiste de vieille souche, pour dénoncer le règne de l'argent et l'emprise du grand capital sur la culture. Imprécateur inlassable et dialecticien besogneux, il se taille un certain succès parmi les artistes qui, de temps à autre, aiment à se faire peur. Mais ces « États généraux » semestriels n'entravent en rien l'évolution des esprits. Les responsables culturels ont peu à peu reconnu ce qu'il y avait de malsain à dépendre des seuls fonds publics à mesure que les dispensateurs de ces fonds devenaient des comptables uniquement soucieux de vérifier l'usage et le bon emploi des ressources qui leur étaient confiées. Dans le même temps, a émergé l'idée que la culture ne perdrait rien de sa noblesse en soumettant sa gestion à une certaine rationalité. On en est même venu, dans les années 70, à utiliser le concept d'« industries culturelles » dont la gauche s'est d'abord scandalisée, avant de s'en emparer dans la fièvre moderniste qui l'a saisie une fois arrivée aux affaires. C'est maintenant le concept d'entreprise culturelle qui commence à s'imposer. On mesure ainsi le chemin parcouru, mais on porte peu d'attention à l'aspect psychologique de cette conversion. Sincère, elle n'en est pas moins désenchantée et porteuse d'une nostalgie. Devenus des gestionnaires, les responsables culturels n'ont nullement le sentiment de s'être reniés ; ils assument avec sérénité les exigences d'une gestion rigoureuse dont ils savent bien qu'elle n'est pas imposée par le seul malheur des temps mais répond à une nécessité permanente. Ils voient même avec lucidité les bienfaits d'un financement plus diversifié. Mais ils aimeraient que ces concessions qu'ils ont dû faire à l'esprit de l'époque soient reconnues et trouvent quelque part un écho en forme de sympathie ou de générosité. Or ce n'est en aucune matière du côté de l'État que vient aujourd'hui ce type d'attitude. Si l'État n'est plus paternaliste, il n'est pas devenu fraternel. Ses représentants à tous les niveaux affichent plutôt envers les responsables culturels la rigueur sèche et l'ennui distingué du créancier patient. De plus en plus lente et empêtrée dans ses procédures, l'administration adopte le profil le plus capable d'exaspérer des gestionnaires qui ne sont plus des rêveurs. C'est paradoxalement du côté des entreprises mécènes, au moins de certaines d'entre elles, qu'on trouve parfois cette chaleur, cet enthousiasme et aussi cette rapidité de décision que les gens de culture ont besoin de rencontrer pour se sentir des partenaires plutôt que des assujettis.

Au chapitre des illusions perdues figure également cette idée que le développement culturel était une sorte d'évangélisation, un moyen de changer la vie. Même si l'on a cessé de prendre les maisons de la culture pour des cathédrales et les animateurs pour les frères prêcheurs d'une foi nouvelle, comme le rêvait Malraux, il est resté quelque chose de cette vision apostolique. Après avoir prétendu s'adresser au peuple, puis au « non-public », on s'est progressivement contenté du public en général, puis des publics ciblés, inventoriés par les statistiques. Le public tout court a été en quelque sorte perdu en route ; les gens de culture constatent avec mélancolie qu'il n'existe que pour la télévision de masse et qu'il a déserté les temples qu'on avait édifiés pour lui. Les derniers à croire à la culture de masse sont ceux qui, comme Maurice Fleuret à la direction de la musique de 1981 à 1986, ont pris au pied de la lettre, non sans panache, l'idée qu'une créativité généralisée, symbolisée par la fête de la musique, de toutes les musiques, depuis le rock sauvage dans une H.L.M. jusqu'à la musique sacrée dans une église romane, donnait quelque consistance au credo de la culture pour tous. Plus malin, car plus dialecticien, Antoine Vitez a trouvé une formule magique en définissant sa mission à la tête du Théâtre national de Chaillot : « élitaire pour tous ». Il y a du jansénisme dans cette façon subtile de justifier socialement l'abandon de la culture pour le plus grand nombre et de frapper de suspicion tous ceux qui persistent à vouloir jeter les plus vastes filets dans l'océan d'un public sans limite.

Autre parade : le dogme du « tout culturel ». Lancé au début des années 80, il donne déjà des signes d'usure. La gauche avait bien senti que l'accès du plus grand nombre aux œuvres capitales de l'humanité était un thème philosophiquement irrécusable, mais trop marqué par Malraux pour pouvoir être repris par ceux qui prônaient pourtant la justice distributive et l'égalité des chances, mais qui annonçaient d'un ton prophétique le passage de l'ombre à la lumière. Alors que certains, non sans courage, on l'a vu avec Vitez, sortaient de l'impasse par le haut, si l'on peut dire, la gauche culturelle, dans sa majorité, en est sortie par le bas. Il suffisait de recourir à une affirmation commode et seyant particulièrement au genre « branché », tout en restant d'une certaine manière fidèle à ce qui fut la grande pensée du parti socialiste dans les années 70, sous l'influence de Bernard Pingaud et de quelques autres : la contestation du concept même d'œuvre. Opter pour le « tout culturel », c'était, par une sorte de mise à plat, revendiquer une égale dignité pour toute pratique mettant en jeu, même au niveau le plus élémentaire, les mécanismes de l'entendement et de la sensibilité : de la bande dessinée et de la musique d'amateur à la couture et à la gastronomie, tout serait donc proclamé culture au même titre que l'archéologie, la danse classique et la tragédie en cinq actes et en vers. Cette conception extensive permettait, en outre, de satisfaire à bon compte un ouvriérisme qui, de temps à autre, fouaille la mauvaise conscience de la gauche intellectuelle. Je l'ai vu à l'œuvre au Musée d'Orsay, après 1981, sous l'influence de l'excellente Madeleine Rebérioux, qui rêvait, sinon, comme on l'a prétendu, de transformer Orsay en musée des luttes sociales, du moins d'en faire un temple de la culture ouvrière du XIX^e^ siècle et, à tout le moins, de donner de l'art une lecture avant tout historique au sens marxiste le plus pur. Le « tout culturel », alors à la mode, était bien éloigné d'un tel archaïsme militant. En englobant tout dans la culture, on se dispensait d'avoir à la définir et à inventer des mécanismes, des institutions ouvrant la voie à sa diffusion de masse.

Il suffisait de décréter culturels tous les comportements. Avec quelques « Zénith », nouveaux temples de la culture à la mode, on pouvait, au demeurant, démontrer que les grands projets palatiaux — Orsay, Grand Louvre et autres Bastille — n'étaient pas l'alpha et l'oméga de la politique culturelle.

Cette conception ingénieuse de la culture en « prêt-à-porter » était trop commode pour résister longtemps à l'épreuve des faits. Ce n'est pas qu'il soit illégitime, en termes sociologiques, de rechercher le sens culturel des pratiques populaires et des formes les plus répandues du loisir de masse. Mais la gauche s'est trouvée prise à son propre piège lorsque la droite est revenue au pouvoir en 1986. Non que les nouveaux dirigeants aient été assez fins pour voir le parti qu'ils pouvaient tirer de la légèreté idéologique de leurs prédécesseurs. Mais, en entrant avec allégresse dans la logique de la privatisation tous azimuts, y compris dans l'audiovisuel, et en reconnaissant par là le primat au divertissement de masse, y compris le plus racoleur, ils obligeaient la gauche à redevenir regardante sur le chapitre de la qualité et de la création. La farce du « mieux-disant culturel » fournissait d'ailleurs un bon argument à la gauche pour embarrasser les responsables du moment. Mais elle ne s'est pas rendu compte qu'en donnant des leçons d'exigence culturelle à coup de « cahiers des charges », elle ruinait sa propre doctrine du « tout culturel ». Car on ne peut à la fois exiger de la télévision qu'elle passe moins de séries et prétendre que la bande dessinée est d'avant-garde ; pas davantage imposer aux chaînes des retransmissions d'opéra et de ballets ou des quotas d'« œuvres originales d'expression française » et voir dans le rock et le clip l'âme même de la jeunesse. C'est par là que les créateurs en tout domaine ont pris en douceur leur revanche contre le laxisme d'une doctrine qui ne pouvait au fond les satisfaire et dont ils s'étaient faits les complices du bout des lèvres. A travers les polémiques et la prise en compte des droits des créateurs, la gauche s'est refait une sorte de virginité, sacrifiant au passage les cent fleurs éphémères du « tout culturel ». Encore une illusion perdue..

La théorie de la polyvalence, quoique mieux fondée, a connu le même sort. La conception initiale de l'action culturelle, dans les années 60, reposait sur l'idée qu'en termes de diffusion la distinction entre les différentes disciplines artistiques (théâtre, arts plastiques, musique, danse, cinéma, livre) était archaïque. Sans contester que chacune d'elles ait son public, on a pensé que le nouveau public, ce « grand nombre » qu'on rêvait d'attirer, serait d'autant plus séduit qu'on lui proposerait, dans un même lieu, toutes ces disciplines ou , en tout cas, plusieurs d'entre elles. C'est le postulat à partir duquel ont été conçues les maisons de la culture. Avant que cette polyvalence eût fait naître des polyvalents, on eut recours à des hommes de théâtre, dont Malraux pensait, non sans raison, qu'ils étaient les meilleurs « communicateurs », ceux qui, en tout cas, avaient par profession le plus sûr instinct du rapport au public. Le calcul s'est révélé juste au-delà de toute espérance. Si certains hommes de théâtre ont joué loyalement le jeu de la polyvalence et ont offert au public des maisons de la culture, autour du pôle théâtral, des manifestations diverses, le manque de moyens et les contraintes des lieux ont conduit progressivement à réduire la part de ces activités, et bientôt à les marginaliser. On en est même venu, dans certains cas, à l'aboutissement logique de la démarche, comme à Nanterre, où la maison de la culture est devenue purement et simplement, avec Patrice Chéreau et Catherine Tasca, le Théâtre des Amandiers ; excellent théâtre au demeurant, et qui a gardé de son origine un sens aigu de l'accueil du public et une exigence sans concession en matière de qualité et d'originalité. Mais, dans l'ensemble, chaque discipline a réclamé son budget, ses lieux propres et ses réseaux de diffusion. L'administration n'est d'ailleurs pas étrangère à cette vision segmentée, car elle n'a jamais pu mettre en place une structure crédible pour faire prévaloir et bien gérer la polyvalence. Des directions du théâtre, de la musique, des arts plastiques, etc., ont pris le pas sur les structures précaires qui ont été successivement responsables d'une conduite d'ensemble de l'action culturelle.

Il subsiste encore des institutions polyvalentes. C'est en premier lieu, le cas du Centre Pompidou, bien qu'il juxtapose plus qu'il ne conjugue des entités aussi différentes qu'un musée, une bibliothèque et deux centres de recherche spécialisés ; mais les grandes expositions font coopérer ces différents départements, et de façon fort brillante, comme on l'a vu en 1985 avec « Vienne » ; mais il s'agit là moins de polyvalence que d'interdisciplinarité. C'est également la ligne directrice du Musée d'Orsay : à travers les expositions et une politique d'animation culturelle qui proposent, par différents événements, de montrer comment des disciplines autres que les arts plastiques proprement dits, l'architecture, la musique, la littérature, le théâtre, le cinéma, les médias ont pu traiter le même thème ou se faire l'écho des mêmes courants. L'interdisciplinarité est un concept solide, dont les fondements intellectuels sont sérieux : si elle n'est pas facile à concevoir et encore moins à mettre en œuvre, elle a du moins ses références et sa logique. C'est pourquoi elle semble promise à un avenir plus assuré que cette sympathique polyvalence dont on voulait faire un principe. Pourtant, elle était généreuse, cette idée de proposer à un public très motivé une offre de culture aux aspects multiples, lui permettant de trouver dans un même lieu un concert, du théâtre, une conférence et une exposition. C'est ce que nous essayons de faire, chaque été, à la Chartreuse de Villeneuve-lès-Avignon, et nous avons la preuve qu'il y a un public disponible pour une semblable proposition. Mais à en juger par la difficulté que nous connaissons, comme les autres « centres culturels de rencontre », à trouver des financements et même parfois des interlocuteurs dans l'administration, il est permis de se demander si nous sommes une avant-garde ou une survivance.

On trouvera ce catalogue désenchanté : dans tous les domaines, dans tous les métiers, dans toutes les disciplines, les vingt ou trente dernières années ont obligé à des révisions déchirantes des mentalités, des références, des méthodes. Ce n'est pas parce qu'elle revendique un statut spécial que la culture pourrait échapper à l'impératif de changement qui gouverne aujourd'hui toutes les activités humaines.

A cet égard, les gens de culture n'ont pas été plus éprouvés que les autres. Puisque la culture est à la fois l'écho des angoisses d'une époque et l'un de leurs remèdes, il est même plutôt sain que ceux qui en font profession connaissent d'expérience ces épreuves et soient eux aussi secoués par les vagues du changement. Il est insupportable d'imaginer les gens de culture comme un clergé nanti au milieu de fidèles désemparés.

Mais leur situation actuelle est vulnérable. Or, ni les cercles officiels du pouvoir, ni la machine administrative ne semblent avoir pris conscience de leur condition précaire.

J'avais déjà décidé d'écrire ces lignes quand j'ai reçu de Jean Hurstel un petit livre[1]. A Montbéliard, puis dans le bassin houiller lorrain, Hurstel est un de ceux qui, depuis de longues années, se vouent à l'action culturelle en milieu ouvrier. Je partage les impatiences et les lassitudes qui transparaissent dans ces « chroniques barbares », même si je n'approuve pas toutes ses idées.

Je préférerais que retentisse la voix de quelque prophète, pour secouer la tranquillité des esprits et pour poser les questions dérangeantes.

Je ne suis ni un prophète, ni un ancien combattant de la culture. Témoin des opportunités saisies et des occasions manquées depuis vingt ans, je ne peux prendre mon parti d'une routine gestionnaire entrecoupée de quelques coups d'éclat médiatiques. Je ressens aujourd'hui le besoin de faire le point et de relancer le débat, conscient de n'être pas le seul à souffrir d'un déficit d'idées et d'un affaissement des exigences. Parvenu à l'âge où l'on est plus qu'à mi-parcours entre le projet et le bilan, j'ai, sans prétendre donner des leçons, deux ou trois choses à dire sur la culture et, au-delà des doutes, des lassitudes et parfois des colères, de la ferveur à partager.

Quand, voyageant à travers la France en témoin de la culture, on observe tant d'initiatives passionnantes, de vocations désintéressées qui, faute d'écho et de soutien, risquent d'être bientôt découragées et lorsqu'on est convaincu que, sans une culture

1. Jean Hurstel, *Chroniques culturelles barbares*, Paris, Syros / Alternatives, 1988.

vraiment vivante et diffusée dans l'ensemble du corps social, ce pays et l'Europe entière risquent de perdre leur âme, on se sent tenu de parler, avant que, pour autrui et pour soi-même, il soit trop tard.

## II
# Du système des Beaux-Arts à la politique culturelle

*Un modèle classique.*

L'intervention de l'État dans le domaine de la culture porte un nom : politique culturelle. C'est une réalité récente, qui date de la V^e^ République. Mais on aurait tort d'en conclure qu'auparavant l'État se désintéressait de ces problèmes. Son rôle en ce domaine est caractéristique de la continuité française, en dépit d'une histoire politique agitée. On ne peut comprendre la part importante et souvent spectaculaire que l'État prend de nos jours dans la vie culturelle de ce pays, et qui étonne nos amis étrangers, même les plus proches, si l'on ne prend en compte cette continuité.

Un modèle, que l'on appellera ici le « système des Beaux-Arts », s'est progressivement construit à partir de Napoléon ; parvenu à maturité vers la moitié du XIX^e^ siècle, il prospérera sans grands changements pendant un siècle, jusqu'à la V^e^ République. Mais ce modèle lui-même n'est pas sorti tout armé du cerveau de Napoléon ; comme la plupart des éléments de la construction impériale que Taine a nommée « le régime moderne », il est une synthèse de l'Ancien Régime et de la Révolution. Bien des aspects institutionnels du paysage culturel français contemporain ne peuvent s'expliquer que par ce legs de notre histoire. L'acte de naissance d'institutions qui comptent aujourd'hui parmi les plus vivantes date de l'Ancien Régime ou de la Révolution et procède exclusivement d'une volonté d'État. C'est François I^er^ qui a créé le Collège de France et le dépôt légal pour les livres ; l'Académie française vit encore, pour l'essentiel, sur le statut que lui a donné son fondateur Richelieu ; si l'Institut de France, dont elle est l'élément le plus prestigieux, a été organisé par la Convention, trois des quatre autres académies qui la composent sont l'œuvre de Mazarin et de Colbert. L'Académie royale de musique, protégée par Louis XIV, est en ligne directe l'ancêtre de l'Opéra : la Comédie-Française, dont on a fêté en 1980 le tricentenaire, est aussi une création du Roi-Soleil et le décret de Moscou, pris par Napoléon en 1812 pendant la campagne de Russie, la régit encore. L'Académie de France à Rome, installée depuis 1803 à la villa Médicis, date également du règne de Louis XIV, comme les manufactures des Gobelins, de Sèvres et de Beauvais. Le Mobilier national est le nom moderne du Garde-Meuble royal. Il n'est pas exagéré de voir dans la surintendance des Menus Plaisirs et dans celle des Bâtiments du Roi l'ancêtre de l'administration culturelle.

Il y a encore une servitude Choiseul à l'Opéra-Comique, les héritiers de cette grande famille bénéficiant d'une loge depuis le don qu'elle avait fait du terrain où fut construite la salle Favart. Partout, l'institution culturelle vit dans la familiarité des siècles. Lorsque, dans les années 50, fut restauré l'Opéra royal de Versailles sur la base de tous les plans et devis de Gabriel qui avaient été conservés, la salle put être tapissée du velours bleu frappé fabriqué par la manufacture d'Amiens qui, deux siècles auparavant, l'avait fourni et en avait conservé les matrices. Dans toute l'institution culturelle l'histoire est présente, non à l'état de traces, mais comme réalité vivante.

L'influence de la Révolution est tout aussi visible dans nos structures culturelles d'aujourd'hui. S'attaquant aux symboles de la monarchie et aux privilèges de la noblesse et du clergé, la Révolution a beaucoup détruit, mais elle est aussi à l'origine d'une gigantesque expropriation. Quand les collections d'art, de mobilier, de manuscrits, de livres et d'archives n'ont pas été incendiées ou dispersées, elles ont été saisies ; des grandes institutions culturelles comme le « Muséum », premier nom du Musée du Louvre, la Bibliothèque nationale, les Archives nationales furent alors créées en vue de leur conservation ; les fonds les plus prestigieux de nombre de musées et bibliothèques de nos villes proviennent des châteaux et monastères alors vendus comme biens nationaux. Bref, l'essentiel de ce qui, dans la tourmente révolutionnaire, a subsisté des richesses artistiques accumulées au cours des siècles est devenu alors propriété de la nation, confiée à la gérance de la puissance publique. Alors qu'en Angleterre, en Belgique, en Italie, en Espagne, les familles royales ou princières et les ordres religieux ont pu conserver leurs trésors, au moins jusqu'à une époque récente, en France voilà deux siècles au moins que l'État est en charge d'une bonne part du patrimoine national. On comprend dès lors qu'aucun régime politique, même le plus libéral, n'ait seulement imaginé remettre en cause la prérogative de l'État en matière culturelle, qui procède de cette responsabilité patrimoniale.

Napoléon n'a pas organisé la culture comme il l'a fait pour l'enseignement, l'administration territoriale ou la justice. Tout soucieux qu'il fût de contrôler les esprits, et en dépit de ses relations ombrageuses avec les Chateaubriand, Germaine de

Staël et autres Benjamin Constant, il ne manquait pas de considération pour les artistes, et l'on a des textes de lui, une lettre à Fouché notamment au sujet de la censure du théâtre, où il refuse avec violence qu'« un commis tyrannise le génie ». Le temps lui a sans doute manqué pour mettre sur pied une administration de la culture ; cependant bien des institutions portent sa marque ; par d'éclatantes initiatives d'urbanisme et d'architecture et de multiples commandes à des artistes, l'Empereur a, à la fois, assumé l'héritage révolutionnaire et rétabli en la modernisant la prérogative royale.

C'est sous son règne que s'amorce ce système des Beaux-Arts, modèle classique et durable de la gestion de la culture à la française. Au centre, une administration des « Beaux-Arts » savante, conservatrice dans tous les sens du mot, cloisonnée et placée de façon subtile mais efficace sous la tutelle des Académies qui composent l'Institut de France. C'est particulièrement vrai pour l'architecture, les arts plastiques et la musique, où l'Académie des Beaux-Arts exerce une véritable régence, à travers les relais que sont l'École des Beaux-Arts, le Conservatoire, le système des prix de Rome et les grandes institutions comme l'Académie de France à Rome, les salons et, dans le domaine de la musique, l'Opéra et l'Orchestre des concerts du Conservatoire ; dans tous ces domaines, le choix des responsables et la procédure des commandes publiques d'œuvres aux artistes permettent à l'État de gouverner les carrières et d'officialiser le goût. Avec le Conservatoire d'art dramatique et la Comédie-Française, un système analogue s'applique au théâtre. De grandes institutions comme les Archives nationales, la Bibliothèque nationale, le Musée du Louvre, en relations très étroites elles aussi avec les Académies (Inscriptions et Belles-Lettres notamment), forment des corps de spécialistes éminents qui gèrent le patrimoine. À partir de Mérimée, sous la monarchie de Juillet, se constitue, sous forme d'une commission d'experts assistée d'un secrétariat, l'embryon d'une administration des monuments historiques qui impose progressivement le concept et la doctrine d'un patrimoine architectural à protéger, à restaurer et à mettre en valeur ; la décision symbolique de Louis-Philippe de faire de Versailles un musée dédié « à toutes les gloires de la France » est le premier regard moderne sur le patrimoine, si l'on entend par là une volonté délibérée de sauvegarder comme « lieu de mémoire », pour reprendre l'expression de Pierre Nora, un édifice qui a perdu sa fonction originelle.

Parallèlement, les restaurations, même intempestives, de Viollet-le-Duc ou d'Abadie expriment une attitude nouvelle à l'égard de l'art roman et surtout gothique ; depuis la Renaissance, seul l'art antique paraissait digne d'être copié ou réinterprété ; et l'on n'hésitait guère à abattre ou à défigurer bien des édifices médiévaux. Mais, à partir du romantisme, c'est tout l'héritage que l'on s'applique à inventorier, à réapproprier et à copier, au point d'étouffer souvent l'élan créateur. La tentation de l'académisme pénètre tous les domaines artistiques jusqu'à dominer l'institution culturelle dans son ensemble. De Berlioz à Debussy, de Manet à Cézanne, d'Antoine au Cartel, le système des Beaux-Arts rejettera les novateurs et consacrera un art officiel qui, sauf quelques brillantes exceptions, détournera peu à peu l'État et l'élite dirigeante de leur mission séculaire d'encouragement à la création.

Toutefois, cette stérilisation des élites dans l'académisme et le conformisme est tardive et partielle. Le XIX^e siècle est aussi l'époque du capitalisme triomphant ; tout ce qui, dans la vie artistique, peut échapper à la double tutelle des Académies et de l'administration s'épanouit, sous l'impulsion des éditeurs, des directeurs de théâtre, des propriétaires de galeries et des mécènes. Grâce à eux, avec tous les aléas du goût, du snobisme et de la fortune, naissent, prospèrent et s'imposent les courants nouveaux. C'est en dehors de l'institution culturelle et souvent contre elle qu'émergent les impressionnistes, l'art nouveau, le cubisme, les Ballets russes, la Tour Eiffel, le Théâtre des Champs-Élysées, puis le surréalisme, les arts décoratifs, le groupe des Six, bref tout ce qui imprime à la culture française, entre le Second Empire et la Seconde Guerre mondiale, son extraordinaire vitalité. Les rôles étaient en quelque sorte partagés : à l'administration, la gestion de la culture institutionnelle, à l'initiative privée et au public éclairé la fonction de découverte et de protection des artistes novateurs. Cette fonction passait notamment par le mécénat des grandes fortunes ou par les relations marchandes entre les artistes et leurs commanditaires professionnels, dont les éditeurs, de Poulet-Malassis et Calmann-Lévy jusqu'à Gaston Gallimard et Bernard Grasset, ou, à partir du début de ce siècle, les propriétaires de galeries, de Kahnweiler à Aimé Maeght, sont les plus brillants exemples. Il faut aussi noter des résurgences de la tradition du mécénat monarchique, notamment sous le Second Empire ; par réaction, la République bourgeoise répugna à jouer ce rôle, à l'exception des commandes publiques d'œuvres d'art, qui ont peuplé nos rues, nos places et de nombreux édifices officiels de statues, de fresques et de tableaux ; gérée de façon très administrative et de plus en plus académique, la commande laissait toutefois peu de place aux audaces, aux coups de cœur qui ont souvent illustré le grand mécénat à travers l'histoire.

L'État, au demeurant, n'était pas le seul acteur de la culture officielle. Il faut rappeler le rôle si méconnu des communes devenues, avec la loi de 1884, des collectivités locales procédant du suffrage universel et s'administrant librement. Quiconque parcourt la France peut faire l'inventaire de tous les lieux de culture, théâtres, musées, opéras, bibliothèques édifiés par les villes au XIXe siècle, sans concours financier ni directives de l'État, pour offrir principalement à la bourgeoisie triomphante le cadre de son épanouissement artistique et mondain. De grandes institutions comme l'Église d'avant la séparation de 1905, le Parlement ou l'Université ont joué aussi, à l'égard des architectes, des sculpteurs, des peintres, des musiciens, un rôle de mécène grâce auquel Delacroix, Puvis de Chavannes, Carpeaux, Fauré, César Frank ont réussi à s'imposer. De grandes initiatives officielles associant les pouvoirs publics et les milieux d'affaires comme les expositions universelles ont été aussi de puissants incitateurs par le biais de commandes d'œuvres et de manifestations artistiques de haut niveau. À cette époque, le rapport entre économie et culture était beaucoup plus fécond que de nos jours.

On n'a pas fait état jusqu'ici d'un ministère de la Culture pour la simple raison qu'il n'y en avait pas. Autant l'institution culturelle, notamment dans sa composante académique, jouissait d'une position éminente dans la hiérarchie protocolaire des « corps constitués », autant la « culture » en tant que telle n'occupait qu'une place modeste dans l'appareil gouvernemental, sous la forme d'un secrétariat d'État, voire d'un sous-secrétariat d'État aux Beaux-Arts rattaché au ministère de l'Intérieur sous Louis-Philippe, à la Maison de l'Empereur sous Napoléon III, puis, à partir de la Troisième République, au ministère de l'Instruction publique. Placé bas dans l'ordre des préséances gouvernementales et confronté à des administrations très conscientes de leur valeur et sourcilleuses sur le chapitre de leur autonomie, le ministricule chargé des Beaux-Arts n'avait guère la possibilité de s'imposer[1]. De fait, à part l'excellent Dujardin-Beaumetz, avant la Première Guerre mondiale et Anatole de Monzie dans les années 30, l'histoire n'a guère retenu le nom des titulaires de ce portefeuille, attribué souvent à de jeunes

1. Il y eut à deux reprises, mais de manière très éphémère, un ministère à part entière : ministère des Arts, des Lettres et des Sciences dans le cabinet Émile Ollivier en 1870 et ministère des Arts dans le cabinet Gambetta de 1881.

parlementaires comme André François-Poncet et Jean Mistler, ou à des notables obscurs qu'on faisait entrer dans les gouvernements pour de subtiles raisons de dosage. La culture, reconnaissons-le, ne s'en portait pas plus mal.

Ce modèle, finalement assez harmonieux, reflétait bien une répartition des tâches conforme à ce que l'on pouvait attendre d'une République bourgeoise et libérale à qui Anatole France pardonnait de gouverner mal parce qu'elle gouvernait peu. Certes, à partir du moment où sont apparues les ruptures dont tout l'art du XX^e siècle est sorti, l'institution culturelle s'est enfoncée dans l'académisme et a manqué à ce rôle novateur que l'initiative privée, elle-même désemparée par des changements aussi profonds, n'a pas toujours relayé. Malgré tout, il faut reconnaître un immense mérite à l'institution culturelle : composées dès l'origine de savants dans les domaines de l'histoire de l'art, de l'archéologie, de la paléographie et, d'une façon générale, de toutes les disciplines scientifiques qui ont l'art pour objet, ces administrations ont élaboré des principes, des méthodes, des doctrines par lesquels toutes les ressources du savoir, enrichies de génération en génération, ont été mises au service d'un objectif considéré comme noble entre tous : conserver, enrichir et transmettre le patrimoine de la nation. Un exemplaire sens de l'État, un réel désintéressement, une indépendance sourcilleuse, un niveau d'expertise inégalé, un esprit de corps tournant souvent au particularisme mais assurant efficacement la transmission du savoir et la relève des générations : telles sont les vertus de ce système dont le conservatisme est critiquable dans ses excès, non dans son principe. Ces grands corps savants auront joué un rôle majeur, avec l'Université dont ils étaient proches tout autant que des Académies, dans la construction de la mémoire nationale. Musées, monuments historiques, archives, bibliothèques : autant de domaines où la France s'est dotée, avant les autres pays de niveau culturel comparable, d'équipes de haut niveau, que l'État trouvera à sa disposition lorsqu'une politique culturelle ambitieuse sera enfin engagée.

Au total, et en dépit de ses pesanteurs, ce modèle classique d'administration de la culture a bien fonctionné ; il n'est pas très différent de celui qui subsiste dans des pays fort proches de nous comme la Grande-Bretagne, l'Allemagne fédérale, les Pays-Bas, la Suisse ou les États-Unis. Dans ces pays sans ministère de la Culture, l'État intervient peu ; les entités territoriales, les grandes institutions, les fondations, les entreprises, avec la participation active du « public éclairé » font vivre la culture sous toutes ses formes classiques et novatrices d'une manière jugée satisfaisante.

D'où vient donc qu'en France ait surgi, dans la seconde moitié de ce siècle, un système complètement différent, marqué par une intervention délibérée, massive et universelle de l'État, et qui semble ne laisser qu'une part résiduelle aux autres pôles d'initiative et de financement ?

Au-delà de circonstances particulières tenant aux personnalités du général de Gaulle et d'André Malraux, la création d'un ministère des Affaires culturelles en 1959 ne peut se comprendre que si on analyse l'état de la culture en France après la Seconde Guerre mondiale. Deux réalités contrastées apparaissent : un affaissement manifeste du modèle ancien, que nul pourtant ne songe à remettre en cause, et l'émergence timide d'approches nouvelles du phénomène culturel. Dans cette perspective, la création gaullienne d'un grand ministre des Affaires culturelles transcende la conjoncture particulière qui l'a fait naître, et l'on peut alors s'expliquer pourquoi ce ministère a survécu à ses fondateurs.

## *DE 1945 à 1958*
### *usure et renouveau.*

Dans une France détruite, appauvrie, déchirée, le modèle ancien de la culture, déjà usé à la fin de la Troisième République, ne fonctionne plus. Dans une atmosphère de pénurie, de règlements de comptes, de luttes partisanes et d'instabilité gouvernementale, l'esprit public ne s'occupe guère de culture, ni même de qualité. La politique de reconstruction et d'urbanisme en est la meilleure preuve : la qualité architecturale, si révélatrice de la vitalité d'une culture, est quasiment absente, même des tentatives de reconstitution historique (il n'est que de comparer le moins mauvais exemple, Saint-Malo, à ce qui fut fait à Varsovie ou à Nuremberg) ; le résultat n'est pas meilleur quand on veut innover comme au Havre, où un Perret sur le déclin lance des perspectives d'un genre presque stalinien. Certes, on redresse les cathédrales comme Strasbourg, Reims et Rouen ; mais on en avait fait tout autant après la Première Guerre. À Tours, Marseille, Amiens, Orléans, le cœur détruit des villes anciennes est reconstruit sans beaucoup d'invention. Les esprits sont ailleurs, et notamment ceux des politiques ; la culture n'est toujours qu'un secrétariat d'État « aux Arts et Lettres », rattaché au ministère de l'Éducation nationale, mais qui ne s'occupe ni du cinéma, lequel relève, comme le livre, du ministère de l'Industrie, ni de radiotélévision, placée sous la coupe très politique d'un ministère de l'Information[1]. La culture n'est guère à la mode, dans la République. Elle est absente des préoccupations de ceux qui, au commissariat au Plan, ont pour tâche de concevoir et d'organiser la reconstruction et la modernisation du pays, comme elle sera oubliée lorsque, dans les années 50, commencera la construction européenne.

Les grandes institutions comme l'Église et l'Université délaissent leur responsabilité culturelle, tout comme les municipalités, submergées par les problèmes de la vie quotidienne sous leurs formes les plus prosaïques. Du côté des élites, domine la nostalgie de l'avant-guerre, considéré comme une seconde Belle

1. À la seule exception du ministère de Pierre Bourdan en 1947, qui regroupait les Arts et Lettres, la Jeunesse, le Cinéma, l'Architecture et l'Information.

Époque ; on vit sur cette lancée, avec le retour d'ailleurs heureux et éclatant des Picasso, Léger, Braque, des Cocteau, Jouvet, Dullin, Barsacq, des Auric, Poulenc et Milhaud, des Cuevas et Lifar, des Gide, Claudel, Giraudoux et Morand. Il y a dans l'air, pendant un certain temps, une atmosphère de restauration où les Académies font le dos rond, partagées qu'elles sont entre le souci d'expulser ceux de leurs membres qui se sont compromis avec l'occupant et la volonté de retrouver leur position clé au cœur du dispositif culturel dont elles discernent mal les mutations. Toutefois, sous ces apparences de retour à l'avant-guerre et de traditions renouées, vont bientôt percer les signes d'une nouvelle vitalité dans tous les domaines. Et l'appareil d'État saura saisir quelques occasions d'interventions intelligentes et d'appui éclairé à quelques-unes des formes nouvelles de la culture.

Un fourmillement d'idées brillantes et fortes agite les milieux intellectuels et littéraires autour de la nébuleuse Sartre — Beauvoir — Camus — Merleau-Ponty, mais aussi des Mounier, Queneau, Lévi-Strauss, Braudel. De nouvelles maisons d'édition naissent comme Le Seuil, Laffont, Julliard, qui reprennent la vocation de découvreurs qu'avaient illustrée leurs aînés. Le théâtre privé ne se confine pas dans la tradition du « boulevard », mais révèle Anouilh, Marcel Aymé et surtout Ionesco et Beckett, en même temps qu'il consacre Claudel et Sartre. Le cinéma, organisé par Vichy sur une base corporative associant professionnels et fonctionnaires, parvient à conserver cette structure en l'adaptant au goût du jour ; il se donne par là les moyens d'un développement qui fait de cette période une des plus riches de son histoire, avec la superbe promotion que lui assure le Festival de Cannes, dont la guerre avait retardé le lancement ; Cannes mérite d'être cité non seulement comme premier et magistral exemple d'événement culturel à forte portée médiatique, mais aussi comme laboratoire expérimental de collaboration entre une industrie culturelle et les pouvoirs publics. Dans d'autres domaines, on voit naître ainsi, à partir d'initiatives individuelles ou locales, de nouvelles institutions qui prospéreront, certaines jusqu'à nos jours, par la conjonction d'efforts privés et publics (État et villes bien souvent): ainsi du Théâtre des Nations, du Festival d'Aix-en-Provence, du Mai musical de Bordeaux et, bien entendu, du Festival d'Avignon, dont il ne faut pas oublier qu'il est antérieur de quelques années à la nomination de son fondateur Jean Vilar à la tête du T.N.P. On pourrait citer dans le même ordre d'idées une initiative maintenant abâtardie et galvaudée, les « son et lumière », dont le prototype a été réalisé à Chambord dès 1952, à l'initiative du préfet Sudreau, et qui ont permis un nouveau regard sur le patrimoine monumental, inspiré par la volonté de faire accéder les masses, sous des formes attrayantes, aux trésors de l'héritage.

On pourrait encore mentionner, en matière de musique, une initiative exemplaire, car complètement extérieure à l'institution culturelle: Jean-Louis Barrault et de Madeleine Renaud, portant à bout de bras une compagnie privée à qui l'on doit certaines des plus belles soirées de théâtre de 1950 à nos jours, ont offert à leur jeune directeur de la musique la possibilité de faire entendre ses œuvres, celles de ses compagnons d'aventure et de leurs devanciers complètement méconnus alors, qu'il s'agisse de Schœnberg, de Berg ou de Varèse ; il s'appelait Pierre Boulez, et le Domaine musical, discrètement soutenu par des mécènes comme Suzanne Tézenas, est un signe annonciateur de la modernité.

En présence de ces initiatives révélatrices de profondes mutations de la culture, l'institution culturelle ne réagit guère: les administrations spécialisées dans la gestion du patrimoine, placées, comme avant la guerre, sous la houlette débonnaire et discrète du secrétaire d'État aux Arts et Lettres, nouvelle appellation des « Beaux-Arts », restent immuables. C'est plutôt dans d'autres secteurs que se produisent des changements: ainsi à l'Éducation nationale où ce qui reste des espérances du Front populaire et de la Résistance conduit à l'émergence d'un concept d'éducation populaire et d'équipes convaincues d'animateurs socio-éducatifs et socioculturels ; ainsi se constitue l'armature d'une administration dite « de la jeunesse et des sports » où, plus tard, l'action culturelle puisera ses premiers hommes de terrain. De même, au ministère des Affaires étrangères est créée après la guerre une direction générale des Relations culturelles qui amplifiera l'action menée depuis de longues années déjà par le service dit « des œuvres » et l'Association française d'action artistique, grâce à un réseau sans cesse plus étendu de conseillers culturels et d'instituts français dans le monde entier. On ne saurait trop insister sur l'importance de cette création ; d'abord parce que cette direction générale des Relations culturelles, conduite par des diplomates d'envergure en même temps qu'hommes de culture : Roger Seydoux, Bourbon-Busset, Joxe, fera beaucoup pour le rayonnement international de la France, mais aussi parce que, comme son titre l'indique, c'est la première fois qu'une administration d'État adopte explicitement l'étiquette « culturelle ».

Si les structures administratives ne changent guère, on discerne néanmoins des signes d'éveil ; il ne s'agit certes pas de rupture, mais d'un surcroît d'exigence et d'ambition dans l'exercice des missions traditionnelles. C'est le cas des grandes administrations comme les Musées de France avec Georges Salles, les Archives de France avec Charles Braibant, la direction générale des Arts et Lettres avec Jacques Jaujard, mais aussi des grandes institutions marquées par des directions brillantes comme celles de Maurice Lehmann à l'Opéra, Pierre-Aimé Touchard à la Comédie-Française, Jean Cassou au Musée d'art moderne et, à la Bibliothèque nationale, Julien Cain, chargé, par ailleurs, de la direction des Bibliothèques. Il faut également citer le rôle joué par celui des secrétaires d'État qui aura bénéficié dans ce domaine de la plus grande longévité ministérielle, André Cornu, en ce qui concerne la restauration du château de Versailles. Certes, il ne s'agit que d'un monument, même s'il est le plus prestigieux de tous ; mais les méthodes utilisées, l'appel à l'opinion publique, l'insistance sur le rôle de Versailles dans la mémoire collective, l'orchestration d'événements très médiatiques (son et lumière, film de Sacha Guitry, réception de souverains), l'ambition des restaurations entreprises comme celle de l'Opéra royal de Gabriel, tout cela préfigure la politique du patrimoine que Malraux et ses successeurs mettront en œuvre.

Ce n'est cependant pas là que s'opère l'action la plus novatrice, celle que les générations suivantes jugeront prophétique : c'est dans une modeste division de la direction générale des Arts et Lettres, la sous-direction du Théâtre menée par une personne qui aurait pu n'être qu'un honnête fonctionnaire comme on en connaît tant, mais qui fut bien davantage. Patiemment, obstinément, Jeanne Laurent imposa, à travers ce que le jargon administratif appellera la « décentralisation dramatique », quelques idées nouvelles encore vivaces aujourd'hui : Paris ne doit plus être le seul lieu de l'accès d'un public nouveau à la culture ; l'État ne doit pas se borner à subventionner quelques théâtres nationaux à statut public, mais aider des compagnies privées ; il doit oser choisir, avec ce qu'il faut de subjectivité, des hommes de métier qui seront les relais d'une action culturelle novatrice dans le cadre d'une relation humaine intense et passionnée, à mille lieues de la froideur cérémonieuse et abstraite qui caractérise généralement les rapports entre les administrés et les administrations dites « de tutelle ». Avec Maurice Sarrazin, Jean Dasté, Michel Saint-Denis, Hubert Gignoux, Jean Danet et bien d'autres, à Toulouse, à Saint-Étienne, à Nancy, à Strasbourg, Jeanne Laurent fera lever une moisson nouvelle. Menant son monde à la baguette, cette institutrice de l'action culturelle, qui imposa aussi Jean Vilar au T.N.P., est pour nous tous « la patronne ». Dans toute l'administration française, on connaît peu de personnes dont le rôle propre ait été aussi décisif.

Jusqu'à sa disparition récente, nous aurons vu souvent la silhouette menue, un peu cassée, de Jeanne Laurent au théâtre, les soirs de générale. Tous, critiques, gens de théâtre, fonctionnaires, nous avons pour elle quelque chose qui s'apparente à de la vénération. C'est un phénomène unique, qui s'explique non seulement par le charisme de M^lle^ Laurent, mais aussi parce que nous autres, gens de culture, ne sommes pas des administrés ou des administrateurs comme les autres : il y a, dans ce que nous faisons, une telle charge affective, une telle passion, que, même enserrés dans les règles froides du service public, nos comportements sont décidément atypiques. L'État a l'habitude de traiter avec des catégories abstraites qu'il baptise de noms poétiques comme administrés, assujettis, redevables, usagers. Le milieu culturel ne vit pas ainsi sa relation à l'État. C'est sans doute pourquoi les géomètres de l'administration prennent les gens de culture pour des saltimbanques. Depuis Jeanne Laurent, ce n'est plus une injure ; c'est un signe de reconnaissance.

*De Gaulle et Malraux*
*les fondateurs.*

Tel est donc le paysage culturel français à la fin de la IV^e^ République. Si la culture n'est pas une priorité nationale, la vie culturelle est loin d'être en sommeil ; ici et là, dans divers secteurs de l'appareil d'État, des pionniers inventent de nouveaux modes d'approche et d'intervention. Ce n'est pas minimiser le rôle historique du général de Gaulle et d'André Malraux que de souligner cette préparation de terrain, ces actes annonciateurs sans lesquels la création d'un ministère des Affaires culturelles aurait pu n'être qu'un de ces expédients comme on en connaît lors de la constitution toujours hâtive et improvisée d'un gouvernement.

Il n'est d'ailleurs pas sûr que, dans l'esprit des fondateurs de la Vᵉ République, il y ait eu une volonté délibérée d'édifier en la matière une construction durable. Il s'agissait de donner à André Malraux, entré au gouvernement dès juin 1958 sans portefeuille précis, une position plus relevée. Michel Debré rapporte dans ses *Mémoires* le conseil du général de Gaulle quand il le nomma Premier ministre au début de 1959 : « Il vous sera utile de garder Malraux. Taillez pour lui un ministère, par exemple en regroupant des services que vous pourrez appeler "Affaires culturelles" Malraux donnera du relief à votre gouvernement »[1]. Et c'est pour lui, « l'ami génial », que fut constitué laborieusement un ministère à part entière reprenant les missions et les services de l'ancien secrétariat d'État aux Arts et Lettres en y incluant aussi le Centre du cinéma, mais non les bibliothèques, ni la radiotélévision et pas davantage, malgré la demande instante de Malraux, les relations culturelles extérieures. Ce nouveau ministère a une vaste tâche à accomplir ; mais les moyens financiers qui lui sont alloués sont modestes et le resteront à tel point que l'un des principaux reproches que font à Malraux certains des acteurs et des témoins de son règne de dix ans, rue de Valois, est de n'avoir pas su profiter de son accès direct et privilégié auprès du général de Gaulle pour obtenir de lui une priorité budgétaire qui ne lui eût certainement pas été refusée pour peu qu'il consentît à la demander. De même, on peut regretter que, par pur amour-propre, Malraux ait renoncé à revendiquer la tutelle de la radiotélévision. En effet, lors du retour du général de Gaulle aux affaires, en juin 1958, Malraux s'était vu confier le portefeuille de l'Information, qui lui fut retiré quelques semaines plus tard à la suite de déclarations intempestives sur des élections en Algé-

1. Michel Debré, *Mémoires*, III : *Gouverner*, Paris, Albin Michel, 1988, p. 13.

rie. Vexé, Malraux ne voulut plus s'occuper de la radio-télévision, qui, dès lors, resta sous la coupe du ministère de l'Information. On peut le regretter à deux titres : le ministère de l'Information resta longtemps l'instrument d'une mainmise politique sur les médias, et le ministère des Affaires culturelles n'eut aucune influence sur la conception même du principal instrument de la culture de masse.

André Malraux était un visionnaire, non un gestionnaire. Il n'était pourtant pas dépourvu d'esprit pratique, et ses vastes connaissances n'étaient pas seulement théoriques ; maints témoignages permettent de déceler son influence directe, son goût personnel, son sens de l'initiative et du détail dans de multiples domaines. Sans lui, sans son prestige et l'audace impatiente qu'il pouvait mettre dans le choix des causes dont il s'éprenait, sans cette passion romanesque mais combien vivante de l'histoire, pas de lois-programmes permettant de planifier sur plusieurs années la restauration de grands monuments, pas de création de secteurs sauvegardés dans le cœur ancien des villes, pas d'inventaire des richesses artistiques de la France, ni de relance des fouilles archéologiques, pas d'encouragement de l'État à la création artistique dont l'administration s'était désintéressée depuis de longues années, pas de maisons de la culture, pas d'amorce d'une politique d'animation des monuments historiques, pas de cinémas d'art et d'essai. Malraux ministre, ce n'est pas seulement le ravalement des monuments de Paris, quelques grandes expositions et de superbes discours, même si c'est cela surtout que l'on retient. En dépit d'un entourage dévoué mais falot, d'une fin de règne recluse, assombrie par les épreuves personnelles, et d'une méthode saccadée, imprévisible, où l'hésitation alterne avec la brusquerie, fascinant et décourageant tour à tour des collaborateurs de grand style comme Picon, Moinot, Biasini, et malgré de spectaculaires ratages comme l'affaire de la Cinémathèque et la rupture avec l'insupportable et irremplaçable Henri Langlois, comme aussi l'Opéra où Malraux ne sut pas retenir l'étincelant trio Vilar-Boulez-Béjart, malgré aussi une rupture délibérée, vindicative et somme toute assez mesquine du lien ombilical qui reliait encore l'institution culturelle aux Académies, notamment à travers les Prix de Rome, l'époque Malraux fut un grand moment de l'histoire culturelle de ce pays.

Le plus important et le plus durable des legs de cette période est peut-être le plus méconnu. Il faut se souvenir que, dans les années 60, les luttes politiques nées de la création de la V^e^ République et de la guerre d'Algérie étaient vives ; les milieux intellectuels, majoritairement ancrés à gauche, étaient hostiles au « pouvoir personnel » et à un État jugé autoritaire qui affichait sans retenue sa mainmise sur l'audiovisuel considéré comme « la voix de la France ». Pourtant, dans ce contexte tendu, l'État fit preuve, en matière culturelle, d'un étonnant esprit de tolérance et d'un pluralisme exemplaire. Qu'il s'agisse des nominations dans les théâtres ou les maisons de la culture, des subventions ou des aides de toute nature aux artistes, on serait bien en peine de voir dans les choix du pouvoir la marque du sectarisme ou de quelque esprit partisan. La majorité de l'époque ne s'est d'ailleurs pas privée d'accuser le gouvernement de laxisme et même d'aveuglement, comme en témoigne un débat au Parlement, resté célèbre, sur l'affaire dite des *Paravents*, pièce de Jean Genet montée à l'Odéon, théâtre national, par Jean-Louis Barrault. Le discours de Malraux en cette circonstance est un morceau d'anthologie[1].

J'avance ici une hypothèse dont il faut reconnaître qu'elle est invérifiable selon les canons de la critique historique mais dont maints témoignages me portent à penser qu'elle est au moins plausible. Si pénétré qu'il fût personnellement, comme artiste,

1. Voir Annexe I.

des droits de l'esprit, il n'est pas évident que Malraux, baron du gaullisme mais marginal du parti, eût pu porter, à lui tout seul, la responsabilité politique de cet esprit de tolérance, de ce pluralisme culturel d'autant plus délicat que jamais l'État n'était intervenu de manière aussi forte et même spectaculaire dans le soutien à la création la plus audacieuse, la plus provocante. Seul le soutien peut-être tacite, voire maugréant, du général de Gaulle en personne a pu rendre ce comportement possible, et constant, au moins jusqu'aux événements de 1968. On peut se demander pourquoi de Gaulle, homme de bien des audaces, mais de culture très classique, a pu approuver et soutenir une attitude aussi ouverte. Probablement à cause de l'idée que le général se faisait, non de la culture — expression qu'il employait peu — mais de la « pensée française », et aussi d'une tradition séculaire de protection des artistes par l'État. Bien au-delà des luttes politiques et des querelles idéologiques, il y avait pour lui « la France », dans la diversité de ses courants et de ses tempéraments. De Gaulle se souvint toujours qu'aux heures les plus sombres « la résistance, c'est-à-dire l'espérance nationale, s'est accrochée, sur la pente, à deux môles qui ne cédèrent point. L'un était un tronçon d'épée, l'autre, la pensée française »[1]. La nation et l'État avaient une sorte de dette envers elle. Aux yeux du général, pourvu qu'ils n'agissent pas à l'encontre de l'intérêt national, tous les créateurs, tous les cerveaux, tous les artistes avaient droit, quels que fussent leurs engagements politiques, à la considération de l'État et, le cas échéant, à son soutien. Sans esprit d'enrôlement et même de conformisme, la culture sous toutes ses formes avait donc droit à une certaine forme de respect public, sans contrepartie ni arrière-pensée, dès lors que la grandeur de la France en bénéficiait.

Je pense qu'on peut attribuer au général de Gaulle et à lui seul

1. Voir Annexe II.

la responsabilité de cette philosophie que les rois de France n'eussent pas désavouée et qui est peut-être la justification fondamentale du rôle étonnant, et sans égal dans toute autre démocratie, que l'État exerce chez nous en matière de culture. Il est clair que, sans un principe aussi fort et d'autant plus indiscuté qu'il n'est jamais explicitement formulé, cette prérogative de l'État en matière de culture perdrait toute légitimité. Après de Gaulle et Malraux, tous ceux qui, dans l'État, ont eu à s'occuper de culture, chacun avec sa sensibilité propre, ont suivi généralement cette ligne de conduite. Là est sans doute l'apport décisif de la V^e^ République dans sa phase gaullienne. De même, l'influence personnelle du général de Gaulle a eu un autre effet, bien qu'indirect et totalement méconnu ; c'est parce qu'ils ont compris que de Gaulle voulait une politique culturelle que des maires de droite, comme ceux de Bourges, de Nevers, de Caen, de Thonon, de Reims, de Chambéry, acceptèrent d'accueillir dans leur cité une maison de la culture dont ils n'auraient jamais eu l'idée spontanément. Il reste que l'édifice était fragile, comme le montrent les derniers temps du règne de Malraux et son attitude devant les événements de 68 : l'artiste comprit plus vite et mieux que d'autres, mais le ministre réagit peu et mal, comme le montre sa rancune à l'égard de Barrault, otage désemparé, à l'Odéon, de cette révolution de théâtre.

L'effacement de Malraux en 1969, l'interrègne digne mais anodin de Michelet auraient pu compromettre toute la suite. D'où vient que la culture n'a pourtant pas cessé, à travers les changements d'homme et les alternances de majorité, d'être une priorité nationale ?

Indépendamment du rôle décisif de tel ou tel dirigeant politique, à partir de Malraux, un certain nombre de phénomènes ont ancré la culture et le fait culturel dans le projet d'État. De même que la politique culturelle n'a pas surgi magiquement du képi du général, sa pérennité et son développement ne sont pas le fait d'une simple piété envers un héritage, et encore moins d'une vitesse acquise. Les coups d'éclat de Malraux et ses fulgurantes intuitions auraient pu laisser dans les mémoires un souvenir brillant, mais sans postérité, si un travail en profondeur ne s'était opéré, parfois à son insu, pendant son long séjour rue de Valois.

En France, l'administration passe pour routinière et conservatrice. Elle l'est souvent. Mais il lui arrive d'être novatrice et féconde, d'inscrire dans la longue durée des principes de changement et de transformer une impulsion politique momentanée en continuité d'action. Quand elle y parvient, elle joue pleinement son rôle. C'est ce qui s'est produit dans le domaine culturel. Les structures n'avaient guère évolué dans les cent ans qui précèdent la Ve République, même si, après la dernière guerre, apparaissaient des ferments de modernité. Avec Malraux, s'est constitué un vrai ministère autonome, avec notamment une direction de l'administration générale et un service des études qui, sous l'impulsion durable d'Augustin Girard, jouera un rôle majeur dans la réflexion sur le fait culturel. De nouveaux services se créent, à côté des grandes directions classiques ; les organigrammes varieront, mais des secteurs comme le théâtre, les lettres, l'action culturelle, les arts plastiques, l'archéologie auront désormais leur base administrative, leurs « répondants » en quelque sorte. La spécificité de la culture, qui n'est guère justiciable des méthodes ordinaires d'analyse, de réglementation et d'intervention auxquelles les bureaux sont habitués, sera progressivement reconnue.

On n'y serait pas parvenu si ce ministère avait été exclusivement dirigé par les corps savants des Archives, des Musées et des Monuments historiques, et plus encore par des fonctionnaires méritants mais peu charismatiques que l'Éducation nationale déléguait jusqu'alors dans ces tâches jugées subalternes. Une des chances de la politique culturelle fut de pouvoir disposer d'une ressource humaine d'exceptionnelle qualité. Avant l'arrivée au ministère, à la fin des années 60, d'une nouvelle génération d'administrateurs culturels, notamment issus de l'E.N.A. une circonstance inattendue servit André Malraux : la décolonisation rendait disponibles les administrateurs de la France d'outre-mer ; beaucoup d'entre eux furent affectés dans des administrations qui avaient besoin de se renforcer, comme les Affaires étrangères et les Affaires culturelles, où ils firent preuve d'une capacité d'adaptation et d'un sens de l'État qui donnèrent à l'administration de la culture un nouveau style.

Chacun des ministres qui se sont succédé rue de Valois a compris qu'il disposait d'une véritable administration, certes faible par endroits, mais dans l'ensemble apte à traduire une politique en actes de gestion. D'autres responsables gouvernementaux dans des secteurs importants comme l'environnement ou la communication, ministères sans troupes constitués de bric et de broc, n'eurent pas cette chance. La lignée des ministres de la culture s'est d'ailleurs attachée, de Jacques Duhamel à Jack Lang, à étendre les attributions de ministère (bibliothèques, lecture et livre du temps de Michel Guy, Bibliothèque nationale avec Jack Lang). Une véritable armature territoriale avec des directions régionales et des délégués spécialisés a été mise en place. Les effectifs et les moyens budgétaires ont augmenté. Le domaine des arts plastiques, auquel Malraux s'est intéressé le premier, est enfin devenu, dans les années 80, un secteur à part entière de l'activité du ministère. Une seule amputation, mais déplorable, en 1978 : l'architecture passe au ministère de l'Équipement, la Culture ne conservant que les monuments historiques, comme si seules les vieilles pierres avaient une valeur culturelle. On a vu le résultat. La Culture étant devenu un ministère digne de ce nom, tourné aussi bien vers la création que vers le patrimoine et ayant vocation à faire prévaloir partout un concept de qualité, il serait temps de l'investir à nouveau de la responsabilité de l'architecture dans son ensemble.

À cette exception près, c'est à partir du moment où l'idée de Culture s'est imposée dans l'appareil d'État qu'il a été possible de faire prendre conscience à d'autres administrations que la culture les concernait. Le gouvernement Chaban-Delmas et Jacques Duhamel réalisa cette nouvelle avancée. Une commission du Plan, présidée par Pierre Emmanuel, fut exclusivement consacrée à la culture ; de ses réflexions est issu un fonds d'intervention culturelle, mis en place par Duhamel. Il avait pour objet d'inciter, par l'octroi de crédits complémentaires, d'autres administrations à participer à des projets à finalité ou à composante culturelle dans les domaines relevant de leur compétence. Des liens étroits furent également établis avec l'Aménagement du territoire et la collaboration fut renforcée avec les Affaires étrangères. Mais ces mesures internes à l'appareil gouvernemental n'auraient pas suffi à faire prendre au sérieux la politique culturelle si d'autres facteurs, de natures très diverses, n'y avaient aussi contribué.

Le tissu social est devenu plus réceptif. A la fois cause et effet de la politique culturelle, l'intérêt nouveau de l'opinion publique envers la culture (même si le mot est resté longtemps rébarbatif) a, en quelque sorte, légitimé la politique culturelle aux yeux des gouvernants. Les hommes politiques, en tout cas les meilleurs, aiment aller de l'avant, pressentir les besoins nouveaux, devancer l'opinion ; mais ils veulent s'assurer qu'en ouvrant des voies nouvelles ils agissent en pionniers, non en solitaires. Tant que les pratiques culturelles se limitaient à une élite, l'impact de la vie artistique ne dépassait guère le cercle des initiés et était donc politiquement sans portée. Or la politique culturelle est née au moment précis où les moyens de communication de masse se sont développés. Il s'en est suivi une « médiatisation » de la culture qui, par l'anecdote et le vedettariat, a sûrement eu des effets déformants, mais qui a certainement contribué à donner aux grands événements artistiques, aux créateurs, à la vie des institutions culturelles, un retentissement jusque-là inconnu. On sait les reproches que les gens de culture font aux médias. Mais on ne peut nier que ceux-ci ont puissamment contribué à diffuser les pratiques culturelles : la fréquentation des expositions, la complète transformation du paysage musical français en sont les preuves indiscutables. Un ministre qui sait exploiter cette faveur du public pour l'événement culturel en tire une force enviable. De Malraux qui avait donné son prestige à la politique culturelle à Jack Lang qui lui a conféré sa popularité, le progrès n'est peut-être pas évident dans la substance ; il l'est assurément dans le retentissement.

Mais ce n'est pas seulement au niveau des réactions instantanées d'une opinion avide d'événements spectaculaires et constamment sollicitée par les médias, eux-mêmes gourmands d'images choc et d'effets massue que la culture s'est imposée dans la conscience collective. Dans l'état de nos mœurs et de l'évolution contrastée de notre société, la culture est un concept, une réalité sensible que l'on trouve au carrefour de bien des interrogations, des aspirations, des angoisses mêmes de ce temps. N'est-ce pas d'ailleurs le sujet de ce livre ? Le sentiment que la croissance n'est pas une fin en soi, que la qualité de la vie n'est pas seulement une vision décorative de notre environnement, que le bagage dont il faut se munir pour traverser une vie professionnelle que ne manqueront pas de bouleverser les changements technologiques ou les nécessités économiques n'est pas seulement un réservoir de connaissances bientôt périmées, mais un viatique culturel constamment renouvelé qui est comme une boussole de l'homme moderne dans sa traversée de l'existence, tout concourt désormais à faire considérer la culture, non comme un divertissement facultatif, mais comme une dimension de la vie.

Une perception confuse de cette vérité commence à percer dans l'esprit public. Ni les intellectuels, ni les partis politiques ne l'ont encore vraiment intégrée. Mais les médias, à leur façon, l'ont pressentie, car c'est leur fonction de humer l'air du temps et de capter les signes du changement.

De multiples facteurs ont ainsi contribué à donner de la consistance et du crédit à la politique culturelle, au-delà des circonstances fortuites qui avaient présidé à sa naissance. Par l'effet des structures mises en place et des équipes chargées de les animer, par la diffusion du thème culturel dans tout l'appareil d'État, par l'émergence de la culture dans les attentes et la sensibilité de l'opinion publique, le concept de politique culturelle a en quelque sorte cristallisé, trouvant tout à la fois sa légitimité politique, son assise sociale et son ancrage administratif. Il est ainsi devenu, en moins de trente ans, une donnée majeure de la vie publique.

Mais les choses n'auraient pas pris aussi vite un cours aussi assuré si n'avait pas joué, et fortement, l'influence de quelques-uns. Il faut bien reconnaître le rôle décisif joué en ce domaine par les présidents de la République et les ministres chargés de la Culture. Une des spécificités de notre vie politique est de reconnaître aux individus, dans la singularité de leur tempérament, un rôle plus important que dans les autres sociétés démocratiques. Il n'est pas évident que ce soit une tare: la démocratie-spectacle est aussi une démocratie plus humaine, même si elle prend parfois des airs monarchiques et emprunte au théâtre le goût des formules, du vedettariat et des mises en scène, comme on le voit précisément en matière de culture où, par définition, ces particularités peuvent se donner libre cours.

### *Les Présidents et la culture.*

Qui aurait l'idée, même dans la plus fouillée des recherches historiques, de s'interroger sur l'idée que MM. Fallières, Poincaré ou Vincent Auriol se faisaient de la culture? Si un président de la République a été assassiné au cours d'une vente de livres, ce n'est pas en se portant à la défense des lettres en danger. Dans l'État républicain, la culture n'était qu'une affaire de protocole, et les ministres s'intéressaient plus aux danseuses de l'Opéra et aux dames sociétaires du Théâtre-Français qu'aux dossiers des arts et des lettres.

On étonnerait les Américains ou nos voisins européens si on leur demandait quelles sont les positions de leurs gouvernants en matière de culture, et plus encore leurs goûts artistiques. La question serait jugée déplacée, et une improbable réponse friserait les limites de l'indécence.

La forte intervention de l'État républicain en matière culturelle révèle le mieux en quoi la V^e^ République renoue avec la tradition monarchique: on ne peut s'empêcher de songer aux deux Napoléon et à Louis XIV quand on observe l'attitude des présidents de la V^e^ République envers la culture.

Le général de Gaulle fut à cet égard un personnage de transition. Fondamentalement littéraire par sa formation et par ses goûts, il manifesta une certaine réserve au sujet des affaires culturelles. On lui doit, certes, la création d'un ministère de plein exercice, mais il se reposa entièrement sur Malraux et la culture n'entra vraiment dans son champ de préoccupation que pour autant que la grandeur de la France lui paraissait en jeu. Pour le reste, de Gaulle fut en matière de culture un président aussi protocolaire que ses prédécesseurs, manifestant envers les artistes une considération appliquée, mais distante. En revanche, ses rapports avec les écrivains étaient beaucoup plus naturels. Grand lettré, le général était à l'aise dans ce domaine. Il émettait, du moins en privé, des jugements forts sur les écrivains; il ne laissait jamais sans réponse un envoi de livre. Sans jamais rien abandonner de la majesté de sa fonction, il s'engageait là davantage qu'il ne le faisait pour les autres domaines de la culture, traitant les écrivains — les plus grands en tout cas — en pair plutôt qu'en souverain. La culture est sans doute, avec la religion, le domaine où de Gaulle se montre humble — ce qui est peut-être le signe le plus subtil de sa grandeur, comme si, en se reconnaissant de rares limites, il faisait voir toute l'étendue de ses dons.

Il est toutefois un secteur où de Gaulle fit preuve d'un interventionnisme qui nous paraît aujourd'hui choquant : il ne se privait pas de critiquer les programmes de la télévision, de façon parfois péremptoire et sommaire. Dans son esprit il s'agissait là d'un service public placé sous l'autorité de l'État, et dont ses ministres avaient à répondre devant lui. Pour tout le reste, musique, arts plastiques, architecture, il est resté étonnamment discret et peut-être indifférent. Tout porte à penser que sa culture personnelle ne le portait guère vers ces aspects de la création. Mais, comme écrivain et orateur, il est un tel artiste que l'on peut se demander s'il ne cachait pas son jeu, et en tout cas sa sensibilité. Il serait vain toutefois d'épiloguer sur les débats intérieurs de Charles de Gaulle. Seul nous importe en définitive son comportement objectif, c'est-à-dire sa neutralité artistique et la rareté de ses interventions dans les affaires de la culture en général. Il lui suffisait que Malraux, qu'il admirait et à qui il faisait totale confiance, fût là. Au demeurant, il estimait n'avoir nul besoin d'imposer sa mémoire par quelque monument ou un style de mobilier. Sa postérité était autrement assurée.

C'est avec Georges Pompidou que tout change. Le Centre Beaubourg, qu'il voulut « passionnément », fonde la nouvelle République culturelle. Pour avoir pendant près de trois ans suivi le dossier, rue de Valois, je puis témoigner que c'était vraiment son affaire. Toute la marge qu'il consentait à laisser, dans bien des domaines, au gouvernement était réduite à presque rien lorsqu'il traitait directement du Centre avec les responsables opérationnels qu'il avait choisis lui-même. Les ministres concernés (Affaires culturelles, Éducation, Finances) étaient bien sûr associés, mais davantage comme exécutants que comme décideurs. Je me souviens d'un conseil restreint présidé par lui fin mars 1973 à l'Élysée, juste un an avant sa mort, au cours de cette sorte d'interrègne qui sépare les élections législatives et la réunion de la nouvelle Assemblée. Je ne compris que plus tard le caractère testamentaire de cette réunion où Georges Pompidou entra dans les moindres détails, comme s'il voulait verrouiller cette opération avant qu'il ne fût trop tard. Ce fut en invoquant sa volonté expresse et en menaçant de démissionner que Jacques Chirac, Premier ministre, arracha au président Giscard d'Estaing la poursuite de ce projet menacé.

Beaubourg devait servir de précédent. Les deux successeurs de Pompidou ont agi de même pour ce que l'on appelle désormais les « grands projets ». Et personne ne s'est étonné, le 14 juillet 1988, d'entendre le président Mitterrand annoncer la création d'une très grande bibliothèque dont il est à peu près sûr qu'aucun de ses ministres n'avait entendu parler auparavant. Une sorte de nouvelle tradition républicaine est née, plus proche assurément de la prérogative royale que des pratiques du régime parlementaire.

L'intérêt de Georges Pompidou pour la culture ne s'est pas limité au Centre qui porte aujourd'hui son nom. Pendant tout son mandat, les actions de l'État dans le domaine des arts plastiques ont porté sa marque ; il fit entrer l'art contemporain à Matignon puis à l'Élysée ; il s'occupa personnellement — et peut-être trop ostensiblement — de l'exposition 72 qui devait être un bilan de l'art contemporain. Elle devait fournir un prétexte à quelques artistes parmi les plus engagés pour contester, à travers quelques amalgames hâtifs, la politique culturelle et le président lui-même, qui en conçut une secrète amertume, vite et noblement maîtrisée. Pour le reste, Pompidou suivait avec une sympathie parfois inquiète ou bougonne les initiatives souvent audacieuses et, en tout cas fort libérales qu'avec l'appui total de Chaban-Delmas Jacques Duhamel prenait dans maintes directions[1]. Celui-ci lui dit un jour combien il regrettait de ne pas lui voir manifester dans d'autres domaines l'ouverture d'esprit qu'il témoignait pour les arts plastiques. Là est l'énigme de Pompidou, le signe de contradiction de ce terrien basaltique, méfiant, réservé, conservateur sur bien des points, doublé d'un normalien caustique, non conformiste, converti sur le tard en banquier moderniste puis en homme d'État sans illusion sur les hommes mais fidèle à des principes et à une « certaine idée de la France ». Pour ce visuel, les arts plastiques, comme d'ailleurs la poésie, autre art d'images, était le domaine réservé de l'imagination créatrice, un champ d'audace, la porte ouverte sur l'infini des possibles. Il mettait dans la possession des œuvres d'art, quand elles étaient à sa portée, une gourmandise paysanne. Il prenait un réel plaisir à la fréquentation des artistes, des écrivains ou de vieux camarades restés à l'Université ; c'était pour lui une détente qu'il pratiquait avec discrétion, comme s'il voulait éviter tout reproche de récupération politique. S'il fit paraître dans *Le Monde* deux entretiens sur les problèmes culturels — ce qui ne s'était jamais vu —, Pompidou se garda de tout interventionnisme systématique. Mais il y avait Beaubourg. Et là, il ne lui déplaisait pas de se prouver à lui-même qu'il pouvait user de la prérogative présidentielle, dans son domaine d'élection, comme si ce suprême plaisir pouvait compenser ce qu'a d'ingrat l'exercice du pouvoir.

C'est sans doute ce qu'avec des caractères bien différents ses successeurs ont dû éprouver. Dans l'écrasante responsabilité du pouvoir suprême, on doit mesurer vite que la marge des choix est beaucoup plus limitée qu'on l'imaginait ; les décisions que

1. Voir Annexe III.

l'on prend sont soumises à la fois au choc des polémiques et à l'érosion, voire aux déviations d'une mise en œuvre par un gouvernement et une administration que le zèle rend maladroits, quand leur inertie n'engendre pas l'enlisement. Par contraste, les dossiers culturels sont pour un président une bien douce consolation. Là, il peut décider vraiment, et seul, avec la certitude que ministres et bureaux exécuteront ; il établit un rapport direct, tangible, sensuel même avec un projet ; il peut en revendiquer sans ambages la paternité ; il s'assure une postérité en inscrivant son nom sur un lieu de mémoire. C'est une des voluptés du pouvoir.

Chaque président cherche ainsi à marquer son règne, ou plus exactement son septennat, puisque nous avons vu François Mitterrand, à peine réélu, annoncer en juillet 1988 le lancement d'un nouveau grand projet, après avoir confirmé et mené à terme, avec une constante sollicitude, les trois projets de son prédécesseur (Orsay, La Villette, l'Institut du monde arabe) et imposé ses propres initiatives (Grand Louvre, Bastille) jusque dans les durs moments de la cohabitation. Une tradition s'est ainsi créée ; et si l'expression de « domaine réservé », juridiquement controversée, correspond à une réalité, c'est bien sur ce chapitre des grands projets. Depuis Georges Pompidou, le pli est pris ; l'administration, le gouvernement même exécutent, avec une marge plus ou moins grande selon les cas, mais l'initiative, les grandes options, les choix des personnes, la garantie du financement, le statut de l'institution qui prendra en charge le projet une fois réalisé : c'est l'affaire du président, qui, par là, entre dans des détails de conception ou de gestion qu'il n'évoquerait jamais dans des domaines où la Constitution lui confère pourtant des prérogatives propres comme la défense, la diplomatie ou la justice. Les grands projets sont décidément une résurgence monarchique au cœur de l'État républicain.

Il est frappant, en effet, que des hommes aussi différents dans leurs options comme dans leur style que Valéry Giscard d'Estaing et François Mitterrand aient recouru pratiquement aux mêmes méthodes en ce qui concerne les grandes opérations. Et pourtant il est difficile d'imaginer deux hommes politiques plus éloignés dans leur conception de la culture.

Il n'est guère au monde de produit de civilisation plus raffiné que M. Valéry Giscard d'Estaing. S'il est des fées qui ont été tenues à distance de son berceau, ce sont bien la Laideur, la Vulgarité, l'Ignorance et la Bêtise. Demeures, décors, objets : son regard n'a jamais rencontré que de la beauté. Sa sensibilité si vive a dû très tôt lui faire ressentir toute dysharmonie, toute brutalité, toute rupture de ton, comme une offense à l'ordre naturel des choses et comme une douleur intime, mêlée d'étonnement et d'indignation. D'un classicisme à toute épreuve, sa formation de grand bourgeois l'a tôt accoutumé aux exercices les plus pointus de l'intelligence, au doute méthodologique, au refus des idées toutes faites. Et, de fait, Valéry Giscard d'Estaing est, dans bien des domaines, un des esprits les plus rigoureux et les plus subtils de ce temps, l'un des moins encombrés de préjugés que l'on connaisse dans le monde politique.

Sauf dans le domaine culturel. Indifférent, voire méfiant pour tout ce qui a trait à la culture comme pratique sociale de masse, Giscard n'est pas le seul de sa génération ou de son milieu à considérer que la musique s'arrête à Ravel, la peinture à Dufy et la sculpture à Maillol. Il est loin d'être le seul de son monde à avoir un regard nostalgique qui lui fait regarder le XVIIIe siècle en musique, en arts décoratifs, en architecture même et le XIXe siècle de Maupassant comme l'apogée de la création humaine, toute la suite ne pouvant s'analyser qu'en termes de déclin, d'affadissement, de dévergondage. Parmi les hommes politiques, il est de ceux pour qui la culture est une affaire de choix personnel et qui considèrent qu'à part la gestion de quelques grandes institutions léguées par la tradition, l'État n'a pas à intervenir, tout discours sur la politique culturelle étant de l'ordre de la gesticulation verbale dont un esprit distingué doit se garder. Il a pourtant marqué un intérêt réel pour ces questions entre 1966 et 1969, quand, n'étant plus aux affaires, il était redevenu parlementaire ; il suivit alors de près le budget de la Culture. Peut-être a-t-il eu alors, comme souvent, le pressentiment qu'il s'agissait d'un dossier d'avenir. Mais la suite ne confirma pas cette juste intuition.

Je puis témoigner cependant que là où son goût le porte, comme la musique et l'opéra, Valéry Giscard d'Estaing fait preuve d'une réelle attention, d'une finesse de bon aloi, et sait mettre toutes les ressources de son intelligence au service de sa sensibilité. Il faut reconnaître aussi qu'au début de son septennat il a su laisser Michel Guy agir et prendre des initiatives d'avant-garde dans bien des domaines ; mais, après l'euphorie des premiers temps du septennat, la politique culturelle menée par les trois successeurs de Michel Guy fut beaucoup plus classique, avec une priorité marquée pour le patrimoine et des moyens budgétaires stabilisés, voire réduits. Mis à part les projets d'inspiration présidentielle comme Orsay, La Villette, l'Institut du monde arabe, on n'a guère le souvenir d'une implication personnelle du président dans les affaires culturelles, et l'on ne peut que regretter la place bien mince faite à la culture dans son livre *Démocratie française*, dont les vues sont pourtant amples dans d'autres domaines.

Là est une des énigmes giscardiennes. Cette intelligence pointée de façon si aiguë sur les problèmes de notre temps, qui a pressenti et analysé avant beaucoup d'autres bien des changements de notre société, sera passée à côté du phénomène culturel. Est-ce la limite d'un esprit polytechnicien, la pudeur d'un grand bourgeois pour qui la culture, comme l'argent, la santé ou le sexe, doit rester affaire privée, secrète même, ou l'effet d'une idéologie libérale qui répugne à classer la culture parmi les affaires publiques ? Ou encore la conséquence d'une conception de la culture qui la confine en accompagnement mineur d'un art de vivre dont il est de bon ton de ne pas faire trop de cas, en le savourant sans commentaire ? Aucune de ces explications n'est à rejeter a priori. On ne peut toutefois s'empêcher, à propos d'une telle personnalité, de regretter ce grand rendez-vous manqué... jusqu'à nouvel ordre, puisqu'il faut toujours laisser sa chance à un destin non achevé.

On ne se pose pas les mêmes questions au sujet de François Mitterrand, non seulement parce qu'il est l'un des hommes politiques les plus cultivés et les plus lettrés de l'après-guerre, mais parce qu'il a prouvé avec éclat la place qu'il assignait à la culture dans son métier de président. Sans être à proprement parler un domaine réservé, les affaires culturelles sont un de ses thèmes préférés, l'un de ceux sur lesquels son attention se mobilise volontiers et où il n'hésite pas à intervenir directement, qu'il s'agisse d'arbitrages budgétaires, de nominations ou de gestion de grands projets. C'est lui, et lui seul, qui a décidé la poursuite d'Orsay, ce projet « giscardien », « hyper-classique », « passéiste » au goût de bien des membres de son entourage ; le président a eu tôt fait de balayer ces objections politiciennes après s'être informé personnellement. Il a approuvé et confirmé le projet, au prix de quelques infléchissements propres à l'intégrer dans la perspective de sa propre politique culturelle : aucun de ces changements n'était de nature à altérer un projet encore malléable, puisqu'en 1981 la gare d'Orsay, immense bâtisse encore ouverte à tous les vents, était à peine en chantier. Moins directif, sur ce dossier en tout cas, que Georges Pompidou au sujet de Beaubourg, François Mitterrand a fait preuve pour Orsay d'une constante et discrète disponibilité, facteur déterminant de la réussite généralement reconnue de cette grande opération.

Son attitude à l'égard du Grand Louvre, qu'il a imposé avec une inflexible énergie en dépit des traverses, est du même ordre, avec peut-être encore plus d'implication personnelle que pour des projets, plus controversés, comme l'Opéra-Bastille et la Grande Arche de la Défense qu'il aura cependant imposés et soutenus.

Avec François Mitterrand, ce sont des chantiers plus nombreux et plus ambitieux que ceux qu'avaient conçus ces deux prédécesseurs immédiats qui bénéficient d'un traitement privilégié par rapport à tous les autres dossiers culturels de l'État. On peut d'ailleurs se demander si, avec le temps, la politique culturelle n'a pas tendance à se concentrer sur ces grandes opérations, le reste devenant subsidiaire.

François Mitterrand montre cependant des signes d'intérêt pour l'ensemble de la politique culturelle, même s'il est difficile de discerner sa part d'influence dans bien des initiatives de son ministre Jack Lang, dont il n'est pas sûr qu'elles correspondent toujours à ses goûts personnels. Mais il semble qu'il voie dans tout cela les éléments d'une action dynamique, brillante, propre à séduire les jeunes et à donner de l'État une image moins engoncée. En outre, le président a toujours veillé, contre l'avis parfois de ses Premiers ministres et de ses ministres des Finances, à garantir à la Culture une progression budgétaire modeste, sauf les premières années, mais qui la classe parmi les priorités, du moins quand des crédits ne sont pas gelés ou annulés en cours d'année. De tous nos présidents, François Mitterrand est aussi celui qui est le plus sensible à la dimension culturelle des relations internationales et le plus porté à prendre des initiatives, dans les relations bilatérales ou au plan européen, afin de développer le rayonnement de la France dans le domaine des idées et des arts. Notons également son extrême attention à toutes les innovations scientifiques et technologiques propres à transformer le travail de l'esprit et à modifier en profondeur les conditions de transmission des connaissances et de diffusion de la culture.

Tout cela est-il bien socialiste ? L'attitude de François Mitterrand à l'égard de la culture est peut-être révélatrice de certains aspects de sa personnalité complexe que l'analyse politique même la plus aiguë ne parvient pas à cerner entièrement.

François Mitterrand a été un humaniste bien avant d'être un socialiste ; il n'est pas sûr que la fréquentation de Marx, d'Engels ou même de Jaurès et de Blum, ait beaucoup ajouté à sa culture, qui est de bonne souche classique et chrétienne. Avant tout littéraire et familier de l'histoire, il est par là assez proche du général de Gaulle. Pas plus que ce dernier, on ne lui connaît de penchant particulier pour la musique. Mais il est un œil, et fort exercé. Ce promeneur charentais, ce paysan ami des arbres, ce piéton de Paris et de bien des villes d'Europe, ce voyageur infatigable est sensible à l'architecture de tous les temps, des chefs-d'œuvre jusqu'à l'humble église de campagne. Tout ce qui dessine, souligne, exalte un paysage, ce qui donne à une ville son air et sa saveur, ce qui, dans les pierres, touche la sensibilité et interpelle la mémoire est pour lui fête des sens et de l'esprit, matière à réflexion et à enseignement, cet enseignement qu'il aime à prodiguer depuis des lustres à ceux qui l'accompagnent et dont les airs de courtisans appliqués le flattent ou l'amusent au cours de ces pèlerinages rituels ou improvisés. Mais il parle bien de ce qu'il aime, avec ce sens de la ferveur, du partage qui caractérise les vrais hommes de culture. Plus discret et, en tout cas, moins disert en matière de peinture et de sculpture, il est cependant fort averti en ces matières, et très ouvert sur ce qui est le plus contemporain, bien qu'on le sente, là aussi, très classique dans ses goûts profonds.

Ce solitaire est paradoxalement convivial. Il aime être entouré d'acteurs, d'écrivains, de créateurs, et même de chanteurs. Mais, si les fastes de l'Élysée lui permettent de faire avec un visible plaisir les honneurs de l'État aux gens de culture, français ou étrangers, il faut reconnaître qu'il n'a pas attendu ce sommet de sa vie pour leur porter attention. Depuis longtemps, et au-delà du cercle des amis personnels que cet homme de culture a toujours comptés parmi les écrivains et les artistes, il accepte que son entourage lui organise des rencontres avec des personnalités culturelles ; c'est de là que date la faveur de Jack Lang. Comme premier secrétaire du parti socialiste, M. Mitterrand fut très attentif aux problèmes des créateurs et veilla à ce que son parti ait en ce domaine des positions marquées, souvent inspirées des revendications corporatives et des utopies des intellectuels de gauche qui, au temps de l'« oppression culturelle » d'une droite « obscurantiste », voyaient dans le parti socialiste à la fois un mur des lamentations et une terre promise, le parti communiste ayant perdu, à partir de 1956, le monopole de ce rôle de composition où il excella après la Libération.

Mais quelque chose comme une distance s'est creusé entre François Mitterrand et les intellectuels, depuis qu'il est au pouvoir. Il a même, à un moment, fait souligner et déplorer leur silence. C'est peut-être là le cœur de l'énigme de cet homme si connu et si mystérieux à la fois. Il révère les valeurs de l'esprit ; il a une estime sincère pour les métiers de la culture, sans aucune exclusive ; il a le bon goût, ayant lui-même une plume excellente, de ne pas poser à l'écrivain ; il accepte de bonne grâce le soutien des gens de culture. Mais lui qui recherche la compagnie des artistes et aime convoquer, dans des colloques, parfois hâtivement organisés, la fine fleur mondiale de la pensée et de l'art conserve au fond d'une mémoire vivace quelques restes de méfiance d'un homme longtemps solitaire et brocardé — on l'a oublié — par les intellectuels de son pays. S'il ne lui déplaît pas de les voir s'engager dans les voies qu'il a tracées, il se défie des leçons et des admonestations dont ils sont prodigues, surtout à gauche. Et, pour peu qu'ils écrivent dans les journaux, ils ont droit à son attention vigilante, à la sévérité pointilleuse de ses remontrances et parfois à sa rancune.

François Mitterrand doit sentir que ce monde de la culture, dont il se veut si proche, n'aura jamais un rapport simple avec les hommes de pouvoir. Attentif aux réactions de ce monde-là au point d'être plus sensible à ses ingratitudes et à ses réserves qu'aux coups des politiciens, il a pour lui des égards particuliers ; mais, s'il est trop démocrate pour prétendre le dominer, il a trop vécu pour espérer le séduire. Peut-être est-il parfois hanté par le reproche que personne n'ose lui faire : si, au contact des réalités, la gauche a dû renoncer à ses utopies dans les domaines de la stratégie, de l'économie, de la redistribution des richesses, que n'a-t-elle entretenu sa part de rêve, non seulement pour bâtir de nouveaux palais, mais pour susciter l'aspiration à la culture dans le cœur des plus humbles ?

*Une galerie de ministres.*

Si les présidents successifs ont joué un rôle décisif dans l'affirmation du rôle culturel de l'État, on ne saurait pour autant sous-estimer la part qui revient aux ministres.

Il ne s'agit ici ni d'établir un palmarès, ni de faire l'historiographie des dix ministres qui ont succédé à Malraux depuis vingt ans, avec des fonctions et des titres divers. Car, si le département ministériel de la Culture est demeuré, il a eu des rangs variables, de ministère d'État à simple secrétariat d'État ; il s'est vu mêlé une fois à l'Environnement pendant le court séjour d'Alain Peyrefitte, en 1974, et à la Communication, de 1978 à 1981, avec Jean-Philippe Lecat et depuis 1986. Le titre aussi a changé, et il est permis de le regretter. C'est le général de Gaulle en personne qui l'avait choisi, et ce n'était certainement pas au hasard ; en retenant « Affaires culturelles », il soulignait que si la culture en soi n'était pas l'affaire de l'État, il y avait cependant des affaires de l'État qui concernaient la culture. Ce n'est pas la gauche, contrairement à ce que l'on pourrait croire, qui a créé un ministère « de la Culture », titre en vogue dans les pays sous-développés. Ce sont MM. Giscard d'Estaing et Chirac en 1974, pour des raisons bien étrangères à toute réflexion sur la politique culturelle ; il s'agissait seulement, à l'heure des gadgets qui a marqué ce début d'un grand règne, de raccourcir les titres des ministres, comme le protocole de l'Élysée bannit alors les titres de noblesse. L'Éducation nationale est devenue Éducation, comme on a parlé en ce temps de ministère de la Défense, de la Santé, etc. Dans la foulée, le département des Affaires culturelles est devenu celui de la Culture, sans penser à mal. Mais personne ensuite n'a pensé au bien, qui serait évidemment de revenir à ce titre, modeste et précis, d'Affaires culturelles.

C'est un métier très particulier que celui de ministre de la Culture. Il y faut d'abord toutes les qualités requises pour exercer, en général, la fonction ministérielle ; là comme ailleurs, il s'agit d'incarner l'État dans un secteur de la vie nationale, de diriger une administration, d'obtenir et de gérer un budget, de procéder à des choix d'hommes, de préparer des lois. Mais, dans ce secteur particulier, il faut, en outre, avoir assez de rayonnement et de poids pour convaincre tout un gouvernement que la culture n'est pas seulement un secteur parmi d'autres, mais une dimension de tout projet politique, et que la préoccupation culturelle doit être présente bien au-delà de l'administration spécialisée chargée de l'assumer. Il s'agit d'être assez persuasif pour peser au moment des grands arbitrages, afin que la culture soit prise en compte à sa juste place, ce qui est toujours difficile, même dans les contextes les plus favorables ; car les esprits les mieux disposés sont eux-mêmes écartelés entre ce qui est important, comme la culture, et ce qui est urgent, c'et-à-dire tout le reste. La culture paraît futile aux technocrates, et son coût est toujours exorbitant pour les comptables qui feignent d'oublier la relativité des masses qui sont en jeu. Jacques Duhamel, passant en 1971 du ministère de l'Agriculture à celui des Affaires culturelles, observait drôlement : « On parle des mêmes sommes qu'à l'Agriculture, mais ici il s'agit d'anciens francs » ; et j'ai moi-même désarmé bien des critiques en expliquant que la construction du Musée d'Orsay équivalait au coût de 3,5 km d'autoroute en banlieue parisienne. Il n'empêche que l'investissement culturel apparaît toujours lourd et que le franc dépensé par l'État en subventions ou en frais de fonctionnement dans ce secteur passe toujours pour plus coûteux qu'ailleurs. Cela est si vrai qu'aujourd'hui encore, malgré la force de conviction de Jack Lang et les bonnes dispositions du président, le budget de la Culture n'atteint toujours pas le niveau symbolique de 1 % du budget de l'État tant réclamé par le parti socialiste quand il était dans l'opposition ; signe parmi d'autres de la difficulté à intégrer la culture dans un projet politique où tout est froid calcul, rapport de forces, prise en compte des contraintes, ainsi que des pesanteurs électorales. Dans ces balances, la valeur ajoutée impondérable de l'esprit, de l'imagination, est fatalement vulnérable. Il faut à un ministre de la Culture bien du talent et de la constance pour la faire prévaloir.

Il lui en faut aussi pour incarner le pouvoir d'État aux yeux des gens de culture. Artistes, créateurs, animateurs et autres professions culturelles ont envers l'État un rapport complexe d'attraction-répulsion. Le pouvoir les fascine ; ils voient en lui, alternativement ou cumulativement, un tuteur bienveillant et un oppresseur, une mécanique froide et un recours, le dispensateur de grâces et de faveurs tantôt convoitées, tantôt honnies. Un ministre doit à la fois respecter ces contradictions et ne point en être dupe ou prisonnier, se faire l'écho de ces sensibilités particulières sans en être le porte-parole.

J'ai été témoin d'un épisode particulièrement révélateur de la complexité des relations entre l'État et les artistes. Cela s'est passé en avril 1973, lorsque Maurice Druon a succédé à Jacques Duhamel. D'un texte très étudié, tiré par Jean Mauriac d'un long entretien en Gironde avec Maurice Druon, on n'a guère retenu que cette phrase : « Les gens qui se présentent aux portes du ministère avec une sébile dans une main et un cocktail Molotov dans l'autre devront choisir. »

Un écrivain, même devenu ministre, résiste rarement au plaisir d'un mot d'auteur, alors qu'un homme politique sait d'instinct ce que le cardinal de Retz a formulé en termes brutaux : « Il sied encore plus mal à un ministre de dire des sottises que d'en faire. » C'est l'éternel malentendu qu'engendre le choix de personnalités très médiatiques pour des fonctions politiques : on leur offre un pouvoir, ils s'emparent d'une tribune.

L'affaire de la sébile et du cocktail Molotov était-elle une sottise ou, du moins, une gaffe ? Rien n'est moins sûr. Maurice Druon savait parfaitement ce qu'il faisait. Si l'ampleur du psychodrame suscité par cette phrase l'a peut-être surpris (et d'ailleurs, d'une certaine façon, flatté), c'est bien ce genre d'effet qu'il recherchait. Car, en s'exprimant ainsi, Druon reflétait bien une opinion commune de la droite : « Nous (c'est-à-dire l'État, dont, en ces temps sans alternance, la droite s'estimait propriétaire), nous aidons des gens qui passent leur temps à nous injurier ; nous faisons ainsi la politique de nos adversaires ; à quoi bon aider des gens qui ne voteront jamais pour nous ? » Voilà ce qu'on entendait depuis des années dans les partis de droite, et il a fallu à Malraux et à ses successeurs immédiats, comme aux Premiers ministres de l'époque, un certain courage pour laisser dire, et agir selon leur conscience.

Avec sa sébile, Maurice Druon était sûr d'exprimer les vues de la majorité silencieuse, mal résignée à ce qu'elle estimait être une faiblesse coupable. Et Georges Pompidou, assombri par la maladie, déçu par les rebuffades des milieux artistiques et inquiet de la montée du laxisme, n'était peut-être plus très éloigné de cette position. Je crois même pouvoir dire qu'il a expressément approuvé, jusque dans ses termes précis, la prise de position de son ministre, qui eut l'élégance d'assumer seul la tempête qu'il avait délibérément déclenchée.

L'effet à la fois spectaculaire et dérisoire de ces paroles montre bien qu'en France on s'enflamme volontiers pour des mots, la rhétorique l'emportant toujours sur la dialectique. On protesta, on défila avec en tête Ariane Mnouchkine en grande prêtresse de la culture militante et quelques autres consciences blessées ; ce fut drôle et bon enfant ; le milieu culturel, en réalité, était bien heureux qu'on lui fournît ainsi, sur un plateau, l'occasion d'entonner le grand air de l'indépendance et de la non-compromission avec un pouvoir « réactionnaire ».

Parallèlement, on interpella le ministre au Parlement. La gauche vertueuse, protectrice des arts et des lettres, prit à bon compte la défense de l'esprit contre l'obscurantisme. Et Druon, enchanté de l'aubaine, fit à la tribune de l'Assemblée des débuts gaillards, applaudi par une droite qui crut un instant prendre sa revanche sur mai 68.

Tout cela, en définitive, ne coûta rien à personne. Si l'on veut raconter la suite de l'histoire en prolongeant la métaphore, le cocktail Molotov se transforma en feu de Bengale et la sébile continua à se remplir des deniers d'un État débonnaire. En France, décidément, tout finit par des chansons. Maurice Druon, homme de droite convaincu, mais profondément libéral dans toutes ses fibres d'écrivain, n'enleva pas un centime aux centres, compagnies et autres maisons subventionnés, même aux plus sulfureuses à son goût. Bien au contraire, pendant les quelques semaines de notre collaboration, je suggérai au ministre de tirer argument de cette crise pour obtenir que le budget de 1974, alors en préparation, marquât une accentuation de l'effort de l'État pour la culture, ce qui fut fait, et ce budget fut le meilleur que l'on eût connu depuis la création du ministère.

Tout en demeurant, dans l'immédiat, solidaire d'un ministre auprès duquel Georges Pompidou m'avait demandé de rester, et dont la sincérité, et le sens de l'État m'étaient sympathiques, j'étais au fond chagriné et même, d'une certaine façon, scandalisé par ce qui était sous-jacent à la phrase fameuse. Si, dans cette affaire, tout le monde s'est joué la comédie, je restai un des seuls à ne pas rire. D'où mon départ discret de la rue de Valois, quelque temps après. Maurice Druon fit avec moi, très calmement, le constat de nos divergences; un directeur de cabinet n'existant, par définition, que par et pour son ministre, la conclusion naturelle était de m'effacer, à notre mutuel soulagement. Nous fîmes en sorte que cette séparation n'altérât en rien la cordialité de nos rapports personnels.

Mais il n'empêche... je ne lui ai pas passé sa sébile et son cocktail Molotov. Certes, on pourrait m'objecter qu'il n'avait fait là que dire tout haut ce que chacun, au fond de soi, pensait et que, simplement, toute vérité n'est pas toujours bonne à dire. Là serait son seul crime; mais au fond l'inconséquence, voire l'arrogance de ces gens de culture qui, de fait, quémandent ou exigent l'argent d'un État qu'ils insultent méritaient bien d'être publiquement dénoncées.

C'est bien ce que je conteste. Non pour défendre à tout prix ces gens dont je sais d'expérience qu'ils sont difficiles à vivre, susceptibles, narcissiques, et qu'ils s'obstinent à marquer leurs distances, voire leur ingratitude, par rapport aux autorités qui les subventionnent. Il faut en prendre son parti. On n'a jamais vu les agriculteurs couvrir de fleurs les gouvernements qui les inondent de crédits; on les voit même plus souvent incendier des camions, saccager des perceptions ou envahir des préfectures sans que ces enfantillages nuisent à leur statut d'interlocuteurs valables. On ne leur a jamais fait, à eux, le coup de la sébile et du cocktail. Bien au contraire, les hommes politiques de droite comme de gauche s'aplatissent à l'envi devant eux dans les comices. Les gens de culture méritent aussi de la considération, même si leur poids électoral, bien que faible, penche plutôt vers la gauche, envers laquelle d'ailleurs ils ne sont guère plus accommodants quand elle est au pouvoir, à l'exception de quelques courtisans. Mais le fait de les subventionner n'implique pas un contrat politique, encore moins une allégeance personnelle à un ministre. C'est la consécration d'un talent, la reconnaissance d'une mission. C'est une aide pour une action d'intérêt général, non un recrutement dans la fonction publique, avec devoir de réserve subséquent. Il s'ensuit des engagements, mais de caractère culturel, professionnel à titre de contrepartie de l'aide publique. Ce sont là des choses fort sérieuses et pratiquées depuis longtemps avec exactitude, y compris par les plus remuants de ces gens de culture. Laisser entendre qu'on attendrait d'eux, en échange de ces subventions, de la docilité, de la déférence, voire une complicité politique, n'était pas seulement inconsidéré et désobligeant, mais humiliant. Cela situait d'un coup les relations par nature compliquées entre l'État et les créateurs sur un plan tel que seule une dramatisation délibérée pouvait conjurer l'impression d'une connivence de mauvais aloi. Et quelle exagération que d'appeler « cocktail Molotov » les déclarations vaguement gauchisantes ou les petites lâchetés oratoires de subventionnés ingrats ! Parce qu'ils refusent l'emploi de courtisans, les gens de culture ne sauraient être assimilés à des ennemis du pouvoir. D'ailleurs, de quel pouvoir sauraient-ils être durablement et ouvertement les amis ?

L'incident Druon fut d'ailleurs vite oublié. Il eut le mérite d'inciter tous les successeurs de l'académicien à la prudence oratoire et à un grand soin dans la gestion de leurs rapports avec le monde de la culture, et notamment avec les ayants droit du budget du ministère. Comme s'il fallait rétablir le charme un instant rompu.

Si j'ai insisté sur cette affaire, mineure en elle-même mais symbolique, c'est qu'elle en dit long sur les rapports entre le pouvoir et les artistes. Comme les traités diplomatiques selon Valéry, ces rapports traduisent des accords entre des arrière-pensées. Les artistes ne veulent pas que l'argent public soit humiliant à recevoir. Le pouvoir n'aime guère passer pour un mécène masochiste, qui offrirait des verges d'argent pour se faire battre. Un peu de décence de part et d'autre et un accord mutuel pour admettre que ces subventions ne sont pas des fonds secrets distribués sous le manteau, mais un concours à des missions culturelles d'intérêt général : voilà la formule d'une relation saine entre le pouvoir et les gens de culture. Elle impose au ministre de la Culture d'avoir des nefs d'acier, une grande ouverture d'esprit et un cœur sans illusions.

Le ministre est confronté à un autre problème, j'allais écrire : un piège. Pour peu qu'il soit lui-même cultivé — ce qui n'est pas forcément à exclure —, il peut être tenté de faire prévaloir ses goûts personnels dans les choix qui lui incombent en tant que ministre ou de se prendre pour un surintendant des arts et des spectacles. Il y a là un risque d'entraînement ou de déviation presque inévitable, car il est plus tentant d'inventer la culture ou de la mettre en scène que de la gérer. C'est pourtant cela, et cela seul, qui est demandé à un ministre ; et c'est la raison pour laquelle les meilleurs ministres de la Culture sont des hommes politiques cultivés, plutôt que des hommes de culture tentés par la politique. Quand, au terme des procédures et toutes consultations faites, il doit choisir en tenant compte de ses préférences personnelles sur le plan esthétique, un ministre politique sait au moins qu'il est à la limite de sa compétence, et le vertige qui le saisit alors est souvent salutaire.

Après ces généralités, venons-en aux protagonistes. On en compte dix après Malraux. L'auteur de *La Voie royale* resta dix ans en fonction, de 1959 à 1969. Après lui, le séjour le plus long est celui de Jack Lang (cinq ans de 1981 à 1986, et depuis mai

1988), suivi de Jean-Philippe Lecat (trois ans de 1978 à 1981) et pratiquement ex aequo Jacques Duhamel, Michel Guy et François Léotard (un peu plus de deux ans de 1971 à 1973 pour le premier, de 1974 à 1976 pour le deuxième et de 1986 à 1988 pour le dernier). Les séjours les plus courts furent, dans l'ordre décroissant, ceux d'Edmond Michelet (1969-70), de Michel d'Ornano (1977-78), Françoise Giroud (1976-77) et Alain Peyrefitte (quelques mois en 1974). La première constatation à faire est que, si les bilans respectifs de ces titulaires du portefeuille sont inégaux, aucun de ces responsables ne fut médiocre, si plusieurs furent anodins. Dans l'ensemble, ils font plutôt bonne figure dans le personnel gouvernemental. La seconde observation, et sans doute la plus importante, est qu'en dépit des différences de personnalités, d'orientations et de contexte politique, une grande continuité prévaut. Tel a pu mettre l'accent sur un aspect particulier de la politique culturelle, changer de style, remettre en cause une priorité ou un choix précis ; mais sur l'essentiel, la permanence des orientations a été assurée. Même les déclarations fracassantes de Maurice Druon n'ont pas substantiellement modifié la politique culturelle. Si Jack Lang a cru voir en mai 1981 « le passage de l'ombre à la lumière », il n'a pas pour autant bouleversé la politique de ses prédécesseurs. Il y a plus ajouté qu'il n'en a retranché et il s'est souvent réclamé de Malraux et parfois de Duhamel.

Le rôle des présidents de la République, qui, tous, ont manifesté de l'intérêt pour la culture, est une des explications de cette continuité dynamique. Il faut aussi mentionner le rôle, méconnu en ce domaine, des Premiers ministres, au moins de certains d'entre eux. Michel Debré a activement soutenu et peut-être inspiré les initiatives de Malraux concernant le patrimoine, avec la première loi de programme sur les monuments historiques et la création des secteurs sauvegardés, même si, pour le reste, il a dû se résigner à sa vision romantique de la politique, ainsi qu'à la relation directe que ce ministre hors normes entretenait avec le général. Georges Pompidou, à Matignon, est fort peu intervenu dans le domaine culturel, comme s'il se réservait pour la suite ; ayant pour André Malraux une profonde et déférente amitié, il s'accommodait fort bien de sa relation particulière avec le chef de l'État. Jacques Chaban-Delmas a activement soutenu Jacques Duhamel dans ses initiatives les plus novatrices et libérales et joué ainsi un rôle utile de contrepoids par rapport aux influences conservatrices qui s'exerçaient sur Georges Pompidou à l'Élysée. Pierre Messmer, dont on attendait peu dans ce domaine, a certainement calmé le jeu au temps de Druon et, sous l'influence avisée de Sabouret et Clermont-Tonnerre, membres de son cabinet, veillé à ce que soient évitées d'irréparables ruptures. Si Jacques Chirac s'est peu occupé de ce dossier pendant son premier séjour à Matignon, l'expérience qu'il a acquise depuis comme maire de Paris particulièrement attentif à la culture est certainement pour beaucoup dans l'intérêt qu'il a manifesté, de 1986 à 1988, pour ces affaires, intérêt redoublé par le désir de ne pas laisser François Léotard évoluer seul dans ce domaine sensible. Raymond Barre, homme de culture classique, a joué un rôle actif en ce qui concerne en tout cas le patrimoine (musées et monuments), qui fut la priorité du septennat giscardien après le ministère de Michel Guy, plus tourné vers la création. Les Premiers ministres de la gauche, en revanche, ne paraissent pas avoir personnellement beaucoup marqué la politique culturelle, ce qui tient sans doute au circuit direct que, comme naguère Malraux, Jack Lang a organisé et entretenu avec opiniâtreté avec le président. Cependant l'enthousiasme populiste du professeur qu'est resté Pierre Mauroy et le raffinement normalien allié au modernisme économique de Laurent Fabius ont pu influencer certains choix. Quant à Michel Rocard, il est sans doute de tous les hommes politiques vivants celui qui a, de la politique et de la société, la vision la plus authentiquement culturelle. S'il sait accorder à la « culture cultivée » l'importance qu'il reconnaît à tout ce qui est générateur de progrès et de dignité et si le temps lui est accordé, on peut espérer qu'il pèsera dans le bon sens.

Il existe un autre facteur de continuité : c'est cette administration de la culture dont on a déjà dit que, constituée à l'origine de pièces et de morceaux, elle avait pris progressivement de la consistance et de l'envergure. Si la position des hauts fonctionnaires est aujourd'hui moins forte et plus instable qu'il y a encore vingt ans, un certain nombre de grands directeurs ont fortement marqué le ministère de la Culture par de longs et brillants séjours, en dépit des changements de ministres et des alternances politiques. Ainsi, de Moinot et Biasini sous Malraux, de Marcel Landowski pour la Musique de 1966 à 1974, de Pierre Viot pour le Cinéma de 1973 à 1985, de Robert Abirached pour le Théâtre de 1981 à 1988, d'Hubert Landais aux Musées de 1976 à 1986, de Jean Favier aux Archives depuis 1975. Mais des séjours plus courts ont été également fructueux, comme celui de Maurice Fleuret à la Musique ou d'Emmanuel de Margerie aux Musées. Hauts fonctionnaires issus d'autres corps, universitaires, artistes, journalistes parfois : la diversité de leurs origines et de leurs expériences a beaucoup enrichi le ministère, où d'autres agents plus modestes, mais profondément motivés et compétents, ont su faire bénéficier ces directeurs de l'expérience et de la mémoire accumulées. La chance de l'administration culturelle est de n'avoir jamais été refermée sur elle-même, ni verrouillée par des grands corps techniques imperméables à tout changement autre que ceux qu'ils sécrètent eux-même. Il y a eu des directeurs médiocres et des cabinets légers. Mais, dans l'ensemble, ce ministère a été à la hauteur de sa tâche difficile.

Ainsi s'explique cette continuité qui marque trente ans de politique culturelle. Des hommes de qualité recevant un héritage sans cesse préservé et enrichi et se trouvant successivement dans la situation d'avoir à le défendre et à l'accroître, alors qu'au-delà des discours toujours bienveillants ils devaient faire face aux dures réalités des arbitrages et des compromis. Prisonniers des mêmes impératifs, ils ont tous réagi de façon similaire, privilégiant la référence à la continuité plutôt que la tentation d'imposer leur différence.

Et pourtant, une grande diversité caractérise le profil de ces ministres. Il y a d'abord les politiques à l'état pur, c'est-à-dire ceux qui ont été nommés en fonction de leur poids politique propre et qui ont été en situation d'en tirer parti pour faire prévaloir leurs vues. Ce fut évidemment le cas de Duhamel et de Léotard, l'un et l'autre chefs d'une des composantes politiques de la majorité de leur temps. Jean-Philippe Lecat est aussi à ranger dans cette catégorie, bien qu'ayant une position nettement moins influente sur l'échiquier politique. Edmond Michelet est, une fois de plus, un cas à part : homme politique chevronné et de grand rayonnement, il semble avoir été choisi pour démontrer qu'il était impossible de succéder à Malraux (« C'est François Coppée succédant à Pindare », disait-il de lui-même avec humour) ; mais ainsi la place était-elle exorcisée par cette mission de sacrifice. Si leur mandat avait été plus long, d'Ornano et Peyrefitte, qui appartiennent aussi à cette catégorie, auraient pu jouer de ce type d'influence, que Michel d'Ornano a cependant eu le temps de prouver sur quelques dossiers.

Une seconde catégorie est celle des ministres dont le poids politique réel a moins tenu à leur position dans un parti ou dans une majorité qu'à leur rapport personnel au chef de l'État. C'est le cas de Malraux et de Lang, en dépit de leur profil très différent.

La troisième catégorie est celle des personnalités issues de la société civile : Maurice Druon, Michel Guy et Françoise Giroud. Des trois, celui qui a le plus durablement marqué le poste est Michel Guy, non seulement parce qu'il est resté plus de deux ans en fonction, mais parce que, s'il était le plus étranger à la carrière politique, il se trouvait, par son expérience et par ses goûts, le plus familier des réalités culturelles. Amateur au sens noble du mot légué par le XVIII^e siècle, sensible à toutes les innovations bien que familier de la culture classique, cosmopolite comme on ne l'est plus guère, avec un côté délibérément snob, voire dandy, tranchant sur la grisaille du personnel politique, cet homme d'affaires avisé, familier de Georges Pompidou, avait fait accepter par ce dernier, faute d'obtenir la direction de l'Opéra, l'idée du Festival d'automne. Il acquit alors, sans le vouloir vraiment, la stature d'un mécène d'un genre inconnu jusqu'alors: le mécénat d'idées qui consiste à offrir l'idée d'une initiative originale, à financer exclusivement sur fonds publics. Une sorte de mécénat sur notes de frais, qu'il serait dangereux de multiplier trop, mais qui, lorsque l'idée est bonne et qu'elle est mise en œuvre avec brio, comme en l'espèce, apporte un plus à la politique culturelle. Nommé secrétaire d'État, Michel Guy adoptera la même démarche et fera jouer à l'État le rôle de mécène soutenant les nouveaux talents, les initiatives prometteuses. Mais il révéla aussi, comme Maurice Druon d'ailleurs, un sens de l'État qui lui fit prendre goût à l'exercice du pouvoir et aux devoirs de la charge ministérielle, en dépit de ce qu'ils ont de pesant pour qui est accoutumé à vivre à sa fantaisie. Ce que l'on a dit précédemment sur la continuité de la politique culturelle trouve son application la plus sympathique avec ces néophytes du pouvoir qui ont su, après quelques faux pas, s'élever à la hauteur de leur mission et assumer les exigences de sa continuité. Mais l'insuffisance, voire l'absence de poids politique propre aura été leur principale limite. Quand on ne peut mettre dans la balance les votes de son parti ou le risque politique d'une démission, que l'on doit sa carrière ministérielle à la seule faveur d'un président qu'il serait inélégant de contrarier, l'influence que l'on exerce est inévitablement limitée et précaire. Michel Guy n'en a que plus de mérite à avoir orienté la politique culturelle sur un certain nombre de voies nouvelles, en donnant durablement à la démarche de l'État en matière de culture un air plus décontracté et une plus grande ouverture aux influences internationales.

Au total, les clés de la réussite d'un ministre de la Culture résultent de la combinaison de son poids politique, de la confiance particulière et du soutien du chef de l'État et d'un ensemble de qualités et d'expérience qui assure au titulaire du portefeuille un rayonnement personnel. Selon ces critères, Malraux, Duhamel, Lang et Guy apparaissent à l'évidence comme ceux qui auront le plus marqué.

*La fin d'un âge d'or?*

Ces trente années auront sans doute été l'âge d'or de la politique culturelle. Avec toutes les nuances qui peuvent distinguer les majorités ou les ministres successifs, la continuité l'aura emporté sur les ruptures. C'est la meilleure preuve que la politique culturelle aura bénéficié d'un assentiment général, dans son principe même, mais aussi dans ses grandes orientations ; elle aura été ce que les Américains appellent une politique bipartisane. Ayant à leur disposition une administration compétente et un budget qui, sans être mirifique, a presque toujours été convenable, les ministres de la Culture auront eu la possibilité d'orienter et d'enrichir la vie culturelle du pays. La tutelle effective des grandes institutions nationales, un arsenal juridique et des moyens financiers au service de la sauvegarde et de l'enrichissement du patrimoine national dans toutes ses composantes, la responsabilité de la formation aux métiers artistiques, la gestion des crédits de commandes publiques d'œuvres, la maîtrise administrative et financière d'un système très élaboré de subventions permettant de soutenir de multiples initiatives d'animation culturelle et, par là, d'encourager l'innovation, l'expérimentation dans toutes les formes de diffusion de la culture dans le grand public ou auprès de publics spécialisés : tels sont les moyens que les ministres ont eus à leur disposition pour définir et mettre en œuvre une politique culturelle. En ce sens, l'intervention de l'État n'a fait l'objet d'aucune controverse, elle a même été fortement souhaitée non seulement par les professions culturelles, mais aussi, et progressivement, par les collectivités locales et l'opinion dans son ensemble.

Quand on sait la place modeste qu'occupe la culture dans les structures et les budgets de nombreux pays développés, on mesure ce que peut avoir d'enviable le statut dont elle bénéficie en France depuis trente ans. On peut, bien sûr, rêver à ce qu'il aurait été possible de faire avec des moyens supérieurs, par exemple dans le domaine des bibliothèques, si délaissées, des monuments historiques où, malgré de réels efforts en de nombreux lieux, la dégradation s'accélère, de l'éducation artistique à l'école, si défaillante en dépit de l'annonce périodique d'excellentes résolutions, de l'animation culturelle qui s'essouffle quand elle subsiste... Malgré tout, la politique culturelle peut revendiquer un bilan impressionnant.

Les initiatives publiques ont profondément modifié et enrichi le paysage culturel français. Avec Beaubourg, Orsay, La Villette, le musée Picasso, bientôt l'Opéra-Bastille et le Grand Louvre, Paris est, de toutes les grandes capitales du monde, celle dont le parc de grandes institutions culturelles s'est le plus développé depuis la guerre. Le réveil des musées de province, la vitalité des théâtres, des orchestres, des festivals répandus sur tout le territoire, la mise en valeur souvent inventive du patrimoine monumental, y compris dans ses aspects les plus humbles : autant de réalisations tangibles qui sont à mettre sans discussion au crédit de la politique culturelle. Et quand je dis « de la politique culturelle », il ne s'agit pas, dans mon esprit, d'un de ces tics de langage qui consiste à attribuer à l'État, en bien ou en mal, la responsabilité de ce qui arrive et qui est souvent le fruit du hasard ou le produit de tant de facteurs divers qu'il faut bien de l'arbitraire ou de la complaisance pour y voir toujours l'effet direct d'une volonté délibérée de l'État. En la circonstance, et dans tous les exemples cités, ces résultats sont bien le fruit d'une politique consistant à rassembler les initiatives, les équipes et les moyens autour d'objectifs définis par l'État.

La question, aujourd'hui, est de savoir si, à l'avenir, le développement de la vie culturelle dépendra au même degré de la volonté de l'État s'exprimant, comme par le passé au travers d'une structure gouvernementale articulée sur un appareil administratif sophistiqué et performant. Il peut paraître surprenant de poser cette question. Personne ne conteste la légitimité des interventions de l'État dans ce domaine, et les acteurs de la vie culturelle sont plutôt portés à réclamer un plus grand soutien, c'est-à-dire, encore et toujours, plus de crédits. Et pourtant, on ne saurait échapper à cette interrogation.

La politique de l'État a renouvelé le paysage culturel. Les acteurs de la vie culturelle se sont multipliés. La demande sociale en matière de culture s'est développée et diversifiée. Mais il y a plus de choses dans la culture que n'en peut contenir une politique culturelle. Par l'action des collectivités locales, du mécénat d'entreprise, du tissu associatif, des industries culturelles, on voit naître partout des initiatives qui ne correspondent à aucun dessein préétabli des ministres et des services, et que ceux-ci seraient bien en peine, souvent, de soutenir, de contrôler ou d'orienter, pour autant qu'ils les connaissent et qu'ils veuillent les aider. Parallèlement, les grandes institutions culturelles, émanation directe de la puissance publique, s'émancipent et supportent de plus en plus difficilement la tutelle d'une administration centrale aux projets imprécis ou changeants.

Dans le même temps, les contraintes budgétaires pèsent de plus en plus. Même lorsque, comme en 1988, la culture reste une priorité on reste en deçà du niveau symbolique du 1 % du budget (0,86 % en 1989). À l'intérieur de l'enveloppe ainsi définie, la marge d'initiative des responsables est de plus en plus réduite : pris entre le financement des « grands projets », en investissement d'abord, puis en fonctionnement, et la lourde masse des dépenses obligées que représentent les moyens nécessaires pour faire vivre les institutions culturelles classiques et tous les bénéficiaires des grandes subventions au théâtre, à la musique, à la danse notamment, un ministre de la Culture s'aperçoit qu'il a de moins en moins de liberté pour financer les innovations, sauf à réaliser ce que l'on appelle pudiquement des « redéploiements ».

Cet essoufflement de la politique culturelle était déjà sensible à la fin du septennat de Valéry Giscard d'Estaing, où les budgets furent maigres et où la priorité décidée en faveur du patrimoine masquait à peine un manque d'inspiration ou de conviction dans les actions en faveur de la création et de la diffusion. 1981 et les années suivantes marquèrent une relance si spectaculaire que l'on put croire à une nouvelle jeunesse de la politique culturelle. Un véritable bond en avant du budget, en 1982 et 1983, est à mettre au crédit du gouvernement de la gauche et de Jack Lang en particulier. Dans un certain désordre, on ouvrit de nouvelles pistes grâce auxquelles on put croire que la politique culturelle, restée dans l'ensemble assez élitaire, allait évoluer dans un sens égalitaire. Toutefois, en dépit d'un partenariat plus actif avec les collectivités locales, que reflètent les contrats de plan, on restait dans le cadre d'une politique « verticale » décidée d'en haut par l'État.

La cohabitation, de 1986 à 1988, a révélé au grand jour l'usure de la politique culturelle, dissimulée par l'euphorie des années antérieures. Le président s'est trouvé, en ce domaine comme dans les autres, sans vraie prise sur les processus de décision et a concentré l'autorité qui lui restait reconnue sur la sauvegarde de ses grands projets menacés de remise en cause ou d'étouffement, comme le Grand Louvre ou l'Opéra-Bastille. Quant au gouvernement Chirac, il avait d'autres priorités, et le ministre en charge, François Léotard, assez peu préparé à cette fonction, n'eut guère la possibilité de marquer fortement son passage rue de Valois, en dépit de sa bonne volonté et d'une position politique qui aurait pu lui permettre de peser ; mais, pour cette raison même, Jacques Chirac et Édouard Balladur s'appliquèrent à récupérer à leur profit les initiatives les plus intéressantes du ministre en matière de patrimoine, de mécénat et de fiscalité des biens culturels (disque notamment). Et François Léotard eut, en outre, l'infortune de ne pouvoir faire un pas, au cours de ces deux années, sans rencontrer sur son chemin un Jack Lang omniprésent, véritable contre-ministre de la Culture, prolixe et narquois.

La politique culturelle était dans l'impasse. Les acteurs de la vie culturelle ont fait le dos rond, et l'administration s'est surpassée en jargon et en procédés technocratiques, comme elle le fait chaque fois qu'elle ne sent pas sur son échine la pression d'une forte volonté politique.

Après les échéances électorales de 1988, la relance attendue ne s'est pas produite si l'on excepte les initiatives présidentielles concernant la « Grande Bibliothèque » et le projet d'un programme européen pour l'audiovisuel baptisé « Eureka ». Le discours d'investiture de Michel Rocard ne comporte que peu d'idées sur la culture. Et beaucoup pensent que l'on a rendu un mauvais service à Jack Lang en le nommant à nouveau, un peu contre son gré d'ailleurs, dans un ministère où il avait peut-être donné précédemment le meilleur de lui-même et où il paraît manifester, bien qu'il s'en défende, la lassitude un peu distraite d'un redoublant. Le seul effet positif de cette nouvelle alternance, en dehors de la relance des grands projets, est certainement une attention plus soutenue au patrimoine. S'il était définitivement admis dans ce pays que le patrimoine n'est pas plus « de droite » que la création « de gauche », ce serait toujours cela de gagné pour la cause de la culture.

On ne peut taire ce constat un peu désenchanté. Ce qui est désormais en question, c'est la capacité de l'État à penser la culture et à en orienter le développement. On en vient à se demander si l'État n'est pas victime de son propre succès. Quand la culture était livrée à elle-même et que l'État se bornait à quelques actions institutionnelles, personne ne songeait à l'accuser. Quand l'État a pris les choses en main et décidé d'avoir une politique de la culture, on a pu discuter ses choix et ses façons, mais il s'est trouvé en situation d'agir avec une souveraine liberté. Ayant suscité à la fois une immense demande sociale et une multitude d'organismes, d'équipes, de lieux de culture, l'État est en quelque sorte dépassé. Qu'il agisse, et l'on juge qu'il en fait trop, ou pas assez. Qu'il n'agisse pas, et voilà que l'on stigmatise sa carence. Au cours de ces trente ans, l'État aura souvent fait preuve d'esprit pionnier, d'audace créatrice, dans un foisonnement d'initiatives dont la générosité et la fertilité masquaient ou compensaient parfois la forte teneur technocratique. Désormais assagi, manquant de ressort pour secouer des pesanteurs administratives plus sensibles, l'État semble moins inventif au moment même où la société civile multiplie les initiatives, qu'elles viennent des opérateurs culturels, des professions de la culture, des villes et des régions, ou de ce nouveau venu qu'est le mécénat d'entreprise.

Cela signifie-t-il qu'il n'y a plus de place pour une politique culturelle d'État? On en vient à se poser la question. Au minimum, cette politique est sans doute à redéfinir complètement dans ses termes et dans son esprit, comme dans ses objectifs et dans ses méthodes. De déterminante qu'elle était, peut-être doit-elle devenir subsidiaire, au sens plein du mot.

La vie intellectuelle et artistique s'est longtemps accommodée d'une administration de la culture modeste, relevant d'un simple secrétariat d'État au rayonnement politique limité. Je crois avoir assez montré ce qu'avait eu de positif la création d'un vrai ministère capable de donner une impulsion à la politique culturelle pour n'être pas soupçonnable de préconiser maintenant une régression. La culture n'est pas assez durablement ancrée dans les priorités nationales pour qu'on puisse courir le risque de se priver d'un responsable politique de haut niveau qui, dans l'État et devant l'opinion, réponde effectivement des affaires publiques de la culture.

Mais on exagère l'importance du ministre et du ministère ; les titulaires du portefeuille ont d'ailleurs tout fait pour qu'il en soit ainsi. Les affaires dont ils traitent intéressent directement l'opinion, et plus encore les médias. Chacun se croit en droit d'avoir sur elles un avis et, dès lors, tout paraît dépendre des humeurs et des faveurs d'un ministre. Mais la grande continuité de la politique culturelle menée depuis trente ans ne tient qu'en partie à la volonté et au sens de l'État des ministres successifs ; elle s'explique aussi par le fait que leur liberté, leur capacité d'initiative ne s'exercent qu'à la marge.

La réalité de la vie culturelle ne se situe pas au niveau du ministre et du ministère, mais partout où s'opèrent l'alchimie de la création et le précipité de la diffusion. Vu de ces lieux de culture, le ministère n'est qu'une superstructure, importante certes puisqu'elle est la centrale de flux financiers qui irriguent tout le tissu culturel, et parfois aussi le pôle d'impulsion et le siège d'une autorité normative ou protectrice ; mais à la base on sait bien qu'un mauvais ministre ou un ministre insignifiant ne sont, pourvu qu'ils ne durent pas trop, que des épiphénomènes.

En écrivant cela, je ne cherche pas à faire croire qu'un ministre ne sert à rien. J'ai vécu de trop près l'exercice de la fonction ministérielle rue de Valois pour ignorer quelle responsabilité pèse sur le ministre de la Culture, ce qu'il peut opérer par son rayonnement, son influence et son arbitrage: le budget, les nominations, les réformes dépendent de lui: le choix des priorités aussi. Sa méthode, son style peuvent influer sur la vie des institutions et, partant, de la culture elle-même. Jacques Duhamel, quand on lui demandait de définir l'idée qu'il se faisait de sa fonction, répondait par l'anecdote de ce majordome d'un manoir anglais dont le rôle intriguait un visiteur français, impuissant à situer ce personnage omniprésent qui semblait n'exercer aucune fonction précise: « Sir, je suis là pour créer l'ambiance », répondit-il avec gravité. En reprenant à son compte cette phrase, Duhamel montrait avec humour que le rôle d'un ministre chargé de la Culture se définit moins en termes de prérogative que d'influence. C'était reconnaître que le pouvoir ministériel, même s'il emprunte les formes courantes de l'autorité hiérarchique et de la gestion administrative, relève ici, en profondeur, d'une autre nature.

Cette fragilité du rôle du ministre de la Culture, ce caractère potentiel et variable de son influence, cette part déterminante de la personnalité du titulaire prouvent bien qu'il ne s'agit pas d'un secteur gouvernemental comme les autres et qu'il n'y a rien d'extravagant à s'interroger sur l'avenir de ce ministère et, au-delà, sur la pérennité d'une politique culturelle d'État.

Mais, à ce stade, nous laisserons la question en suspens. Il y aura sans doute, dans les années qui viennent, une croissante « difficulté d'être » pour ceux qui se hasarderont à exercer cette fonction périlleuse et qui sera de plus en plus difficile, à proportion même des succès de la politique culturelle. Car plus celle-ci aura réussi, plus cela signifiera que l'État n'a plus à être directif mais que son rôle essentiel sera de favoriser l'autonomie de toutes les entités où se vit la réalité de la culture. Leur orientation, leur contrôle et même, plus modestement, leur mise en cohérence deviendront de plus en plus malaisés. Il faudra au ministre de la Culture un charisme plus fort que jamais pour orchestrer ce monde fourmillant, rebelle par nature à la hiérarchie et aux directives. Peut-être est-il condamné à n'y plus réussir. À terme, et pour user d'un concept marxiste, la conséquence même du succès de la politique culturelle sera peut-être le dépérissement de la politique culturelle. Ce jour-là, il faudra transférer au Panthéon les cendres d'André Malraux, car son triomphe posthume sera d'avoir à terme rendu inutile ce qu'il avait démontré comme nécessaire en son temps.

Nous n'en sommes pas encore là ; mais si une telle perspective de dégénérescence peut germer même dans l'esprit de ceux qui ont cru à la politique culturelle, c'est bien que l'essentiel n'est pas dans un ministère. Il n'y a que les fonctionnaires qui pourraient s'en affliger. Et encore ! Car il est possible que les plus avisés d'entre eux admettent la contingence de leur mission.

La vraie vie est ailleurs, comme disait le poète.

Elle est dans tous ces lieux où la culture se fait, s'offre et se vit. Nous avons passé beaucoup de temps dans les palais nationaux depuis le début de ce livre. L'État ayant joué jusqu'ici un rôle décisif dans les affaires de la culture, on ne pouvait se dispenser de commencer par là.

Il faut maintenant porter notre regard dans d'autres directions et faire l'inventaire de ce nouveau paysage culturel qui se dessine sous nos yeux. Nous pourrons ensuite nous interroger sur l'avenir de la politique culturelle.

III

# Lieux de culture

Ce que nous appelons aujourd'hui la culture a toujours eu ses lieux. La culture, pédagogie du sacré, flamboyait aux vitraux des cathédrales ; divertissement des grands, elle animait, grâce aux troubadours, comédiens et musiciens, les châteaux et palais des rois et des princes ; exaltation de la conscience nationale, elle s'incarnait dans les fêtes, célébrations, monuments commémoratifs. Il ne faudrait oublier ni les monastères ni les universités, dont les bibliothèques furent, pendant près d'un millénaire, le refuge du savoir.

Avec la laïcisation et la démocratisation de la culture, caractéristiques des temps modernes, une transformation s'est opérée : des bâtiments ont été construits pour permettre au public de fréquenter les œuvres de l'esprit. À partir du XVII^e^ siècle, et plus souvent au XVIII^e^ et au XIX^e^, sont nés théâtres, opéras, bibliothèques, musées. Un certain nombre d'édifices, détournés de leur fonction originelle, religieuse, politique ou militaire, furent convertis à d'autre usages, voire conservés en raison de leur intérêt historique ou de leur valeur architecturale. La vie culturelle moderne a ainsi bénéficié d'un cadre physique adapté.

Au carrefour de la sociologie, de la géographie humaine, de l'architecture et des techniques de gestion, il y a place pour une réflexion systématique sur les lieux de culture, guère entreprise jusqu'ici.

On voudrait l'amorcer, en partant de la constatation suivante : les progrès économiques et techniques de notre temps ont eu un double effet sur la diffusion de la culture. D'une part, avec la radio, la télévision, le disque, le livre à bon marché et la presse, la culture à domicile a été facilitée ; aujourd'hui, on peut dire qu'elle est, physiquement, à la portée de tous. D'autre part, avec les progrès du niveau de vie et le développement des communications de toute nature, l'ensemble de la population est devenu plus mobile : les incessants mouvements migratoires ne sont pas tous dictés par la nécessité ; la recherche de la détente, du dépaysement et de la découverte joue un rôle croissant.

Devant cette double évolution, l'action culturelle doit tendre à la fois à enrichir autant que possible l'offre de culture à domicile, moyen incontestable de réaliser l'égalité d'accès aux œuvres de l'esprit, mais elle se doit également de rendre plus attractive et diversifiée l'offre de culture à l'extérieur. Si l'on ne peut nier la valeur d'une pratique individuelle ou familiale de la culture à domicile, la culture ne prospère que par la confrontation des œuvres avec le public. Quelles que soient leurs différences d'approche et de mentalité, gens de théâtre et musiciens, cinéastes, conservateurs de musées et de monuments, écrivains, danseurs, responsables de galeries d'art ou de bibliothèques partagent cette attente et cette sanction : la rencontre imprévisible et irréversible avec un public est l'égal d'une rencontre amoureuse. Le trac qui les étreint à l'approche de ce moment, la perception qu'ils ont des réactions de ce public, le bonheur qui les saisit quand ils ont l'impression que « c'est gagné » définissent bien le sortilège qui habite les lieux de culture. C'est si vrai que la radio et la télévision, qui, par définition, s'adressent à l'audience la plus vaste mais aussi la plus fragmentée, cherchent, pour nombre de leurs émissions, à reconstituer dans une salle ou à l'extérieur les conditions physiques et humaines d'une rencontre avec le public.

En écrivant ces lignes, je suis tombé par hasard sur un texte où étaient cités ces vers du *Tao-tö-king* de Lao-tseu :

*Trente rayons se rejoignent au moyeu,*
*Mais c'est le vide qui les sépare qui fait l'essence de la roue.*
*Les récipients sont fabriqués avec de l'argile,*
*Mais c'est le vide à l'intérieur qui fait l'essence du récipient*

Il en va aussi des lieux de culture dont la forme circonscrit un vide que la culture et son public viennent emplir et consacrer. Ce sont ces lieux qu'il nous faut maintenant visiter. Un lieu de culture, c'est d'abord l'organisation d'un espace en vue d'aménager au mieux le contact entre une offre de culture et un public ; c'est aussi la constitution d'une équipe ordonnée autour d'un projet. Ces deux aspects — l'espace et la fonction — sont interdépendants.

J'ai eu par deux fois cette chance : au Musée d'Orsay et à la Chartreuse de Villeneuve-lès-Avignon, ayant pris part, dans les deux cas, à la naissance de l'idée, à l'élaboration du projet, puis à sa mise en œuvre. J'ai participé d'assez près, à d'autres titres, à la naissance du Centre Pompidou et du Grand Louvre, et à l'aménagement aux fins d'animation culturelle de plusieurs monuments historiques, pour vérifier que ces deux aventures vécues à Orsay et à la Chartreuse sont assez conformes à la problématique générale des lieux de culture.

Leur création ne se décide pas de la même façon que pour les équipements publics de type classique. Ainsi, dans le cas d'une centrale nucléaire, d'un hôpital, d'une université, on est en présence d'un besoin économique ou social clairement identifié : il s'agit, au moment opportun, de trouver un lieu adéquat où construire un équipement élaboré à partir de données types et de normes générales.

En matière culturelle, une telle rationalité des choix n'existe pas. Certes, on a fixé des normes techniques pour des théâtres ou des centres culturels, mais ce genre d'équipements se prête mal à l'application en série d'un même modèle. Chaque lieu de culture est une aventure singulière ; sa naissance est souvent fortuite ; le hasard, les circonstances y ont autant de place que la volonté, et encore celle-ci ne sort-elle parfois que lentement des brumes de l'improvisation, du rêve. Hasardeux et complexe est le cheminement du projet exposé à toutes les embûches dans un domaine où aucune exigence clairement formulée du public, aucune étude de marché ne démontrent l'évidence du choix. Comme il s'agit, en outre, dans la plupart des cas, de projets complexes, originaux, dont la mise en œuvre a valeur de prototype, la gestation est particulièrement lente ; l'hostilité des financiers, les calculs des politiciens à l'affût des alternances et les changements d'humeur des futurs utilisateurs se donnent libre cours. Il s'ensuit une vulnérabilité extrême de ces projets. Beaucoup se sont perdus dans les sables ou, contestés en cours d'élaboration, n'ont connu qu'une existence précaire ou dérisoire. Seule la volonté d'un homme ou d'une équipe peut triompher de ces obstacles.

*Orsay.*

L'histoire d'Orsay offre une bonne illustration de ces multiples difficultés. Les quatorze années qui se sont écoulées entre l'apparition de l'idée et l'ouverture du Musée représentent une course d'obstacles révélatrice des épreuves de l'enfantement culturel.

Lorsque, à peine arrivé au ministère des Affaires culturelles en janvier 1971, Jacques Duhamel s'opposa au projet de démolition des bâtiments d'Orsay pour y construire un complexe hôtelier, il ne céda à aucune mode, à aucune campagne (seul *Le Figaro* s'était un peu ému) ; il agit dans l'exercice de sa prérogative de protection des monuments historiques, en l'espèce le palais de la Légion d'honneur et le pavillon de Flore, qu'il jugeait offensés par l'architecture que Gillaume Gillet, mieux inspiré antérieurement, avait conçue en la circonstance. Le projet d'hôtel étant ainsi bloqué, il ne se passa plus rien pendant une année. Il ne fut pas question une seule seconde de musée, lors de ce coup d'arrêt, ni même de classement de la gare et de l'hôtel d'Orsay au titre des monuments historiques ; j'avais seulement lancé, par bravade, un « Pourquoi pas ? » au préfet de Paris qui, pris à contre-pied par la position de Duhamel et croyant me provoquer, m'avait apostrophé sur cette affaire, lors d'une réunion d'arbitrage à l'hôtel Matignon, en me disant : « Vous n'allez tout de même pas classer ça ? » Fort rares étaient à l'époque ceux qui considéraient que cette gare méritât d'être sauvée.

Ce n'est qu'un an après — ayant dans l'intervalle, je l'avoue, complètement oublié ce dossier dont nous n'avions été saisis qu'incidemment — que le problème se posa à nouveau. En 1972, le directeur des Musées de France, Jean Chatelain, s'enquit auprès de moi du sort d'Orsay, qu'il savait convoité par plusieurs administrations. Il exposa alors l'idée d'un musée qui regrouperait dans un lieu à peu près contemporain les arts de la seconde moitié du XIX^e^ siècle et de la « Belle Époque » en présentant sous un même toit les courants artistiques qui s'étaient trouvés radicalement séparés : l'impressionnisme et ses suites, l'académisme et sa postérité. L'hôtel d'Orsay lui paraissait particulièrement propre à cette présentation ; restaient la gare et son immense nef où Chatelain rêvait vaguement d'un grand jardin d'hiver, d'une salle des machines façon « Exposition universelle ».

Séduit par l'idée, je convainquis sans mal Jacques Duhamel, et nous nous prîmes à regarder d'un autre œil cette immense bâtisse dont la masse, l'emphase et l'inutilité avaient failli entraîner la condamnation dans l'indifférence générale. Les premières visites effectuées par les conservateurs du Louvre lancèrent notre imagination : le charme nostalgique des grands salons de l'hôtel, le délire piranésien de la grande nef, la lumière zénithale régnant sur les combles, tout disait que, dans sa folie même, l'idée de transformer en musée d'art cette gare déchue avait toutes les caractéristiques d'un superbe défi. Nous ne croyions pas si bien dire, car l'aventure devait se révéler d'une incroyable complexité sur tous les plans. À part le fait qu'une gare comme un musée est conçue pour recevoir des flux importants de public, presque tout les oppose l'une à l'autre : espace ouvert ici, là rigoureusement clos, débauche de volumes où il faudrait plutôt une surabondance de surfaces, lieu de passage utilitaire qui prépare à la vitesse qu'il faut transformer en un foyer d'attention, voire de recueillement. Et que dire de la difficulté de concevoir un musée qui a l'ambition de présenter toutes les formes d'expression artistique d'une période déterminée, dont le début et la fin ne peuvent être fixés qu'arbitrairement, et dont les expressions divergentes s'accommodent, *a priori*, assez mal d'une confrontation ! Et, pour couronner le tout, il faut mentionner le défi que représentait, dans ce monde fermé et alors assez statique des musées, la création d'un musée vraiment nouveau qui ne soit ni une annexe du Louvre, un « Louvre-rive gauche », ni un enfant mal-aimé que rejetterait le corps hypersensible des conservateurs, déjà traumatisé par la création hors de son sein du « Centre Beaubourg ». Mais c'est peut-être l'accumulation de ces difficultés entrecroisées qui a rendu nécessaire la constitution d'une équipe à peu près homogène de bout en bout, très fortement motivée et stimulée par la perspective d'avoir à faire germer l'innovation non pas en marge, mais au cœur même de l'institution culturelle.

Avant d'en arriver là, encore fallait-il que fût décidée une opération qui, par son ampleur, excédait de loin les moyens budgétaires de la direction des Musées de France et même la marge d'initiative du ministre des Affaires culturelles. Dans un premier temps, Jacques Duhamel ne parvint à convaincre ni le ministre des Finances, Valéry Giscard d'Estaing, ni le président Pompidou, décidés à concentrer sur Beaubourg l'essentiel de l'effort exceptionnel que le budget de l'État pouvait consentir pour la culture. C'est par hasard qu'en février 1973, au cours d'une conversation privée avec Georges Pompidou, j'eus l'occasion de lui parler du projet d'Orsay et de lui confier mon regret de son indifférence. Fut-il convaincu par mon plaidoyer pour le projet ou par l'argument selon lequel il ne serait pas sain que le courant novateur se concentre sur le seul Beaubourg et délaisse le monde des musées ? Quoi qu'il en fût, sa réaction fut positive ; il m'autorisa à en faire état auprès de mon ministre. Mais le temps pressait : six semaines plus tard, Jacques Duhamel devait inexorablement quitter le ministère ; il fallait donc utiliser ce bref délai pour créer l'irréversible, ce qui fut fait de deux façons : la gare et l'hôtel furent inscrits sur l'inventaire supplémentaire des Monuments historiques, première étape du classement et obstacle déterminant à toute démolition d'un édifice qui appartenait encore à la S.N.C.F. ; une mission d'études destinée à élaborer un projet muséographique fut créée. Trois précautions valant mieux que deux, nous proposâmes à Jean-Louis Barrault, évincé alors du théâtre Récamier où ce perpétuel errant avait fait escale, d'installer un chapiteau sous la voûte d'Orsay ; ainsi une présence culturelle mettrait le lieu hors de portée des faiseurs de parkings et autres squatters de l'administration, et le public s'habituerait-il à considérer déjà Orsay comme une machine à rêves — ce qu'il ne tarda pas à faire.

Cependant, rien n'était vraiment acquis lorsque Jacques Duhamel et les siens quittèrent la rue de Valois. Mais le dossier était en de bonnes mains ; la direction des Musées et l'équipe de conservateurs animée par Michel Laclotte, d'où venait l'idée devaient la mûrir en attendant qu'une nouvelle conjonction favorable permît de lancer vraiment le projet.

C'est ce qui se produisit en 1977 : un projet de loi de programme sur les musées, soutenu avec conviction par Michel d'Ornano, alors en charge de la Culture, et Raymond Barre, Premier ministre, ouvrait la voie au renouvellement des grands musées de Paris et de province ; mais surtout Valéry Giscard d'Estaing, qui venait de présider sans grande conviction à l'ouverture du Centre Pompidou, en janvier 1977, avait compris à cette occasion qu'un président peut inscrire durablement sa marque dans la mémoire collective par un grand édifice culturel. Il se prit d'intérêt pour le projet d'Orsay, le fit sortir des limbes et rendit possible sa réalisation dans le contexte de cet effort ample et de longue durée en faveur des musées. Et si, comme on l'a déjà signalé, François Mitterrand confirma en 1981 un projet qui n'avait pas encore atteint le point de non-retour, ce fut sans doute en raison de son appréciation positive du dessein lui-même, mais certainement aussi par sens de la continuité présidentielle bien symbolisée par ce chantier d'Orsay, auquel trois présidents de la République se seront successivement intéressés. Ces grands chantiers, par leur ampleur et leur complexité, soulèvent des problèmes dont la solution passe, dans le système français, par l'implication personnelle du chef de l'État. Aucun d'eux ne peut tenir, depuis l'inspiration initiale jusqu'à l'achèvement, dans l'intervalle pourtant long des sept années d'un mandat présidentiel. Seule la conjonction de deux obstinations, celle de présidents successifs et celle de la direction des Musées, a pu triompher de tous les obstacles, y compris de l'hostilité sournoise que toute idée vraiment neuve suscite dans ce pays et dans cet État. Que l'une de ces deux volontés vienne à manquer ou qu'un projet soit trop fragile, mal pensé pour les justifier durablement, et il se délite quand il n'est pas purement et simplement abandonné : l'effondrement du projet de Carrefour de la communication, les crises successives de l'Opéra-Bastille s'expliquent ainsi, alors que l'idée très forte du Grand Louvre aura triomphé des traverses agencées de 1986 à 1988 par un ministre d'État qu'on a connu mieux inspiré.

Orsay n'est le produit ni d'une conspiration des bureaux, ni d'un caprice présidentiel. Il s'agit, réellement, d'une idée collective longuement mûrie et qui a pris, en termes de politique culturelle, une cohérence suffisante pour triompher des alternances et du risque d'usure consécutif à une gestation inévitablement longue. Certes, on peut s'étonner, à l'étranger notamment, qu'il faille encore recourir, dans un pays démocratique comme la France, à ces procédés d'Ancien Régime, à cette prérogative régalienne pour réaliser de grands projets culturels, démarche impensable partout ailleurs que chez nous. Mais c'est peut-être pourquoi tant de pays évolués, richement dotés comme l'Allemagne en théâtres municipaux et où les Länder sont capables de financer des musées aussi novateurs que ceux de Stuttgart ou de Düsseldorf, ont du mal à passer au cran supérieur et à créer des institutions de plus grande ampleur, comme le montrent les difficultés du Barbican Center de Londres ou les déboires de l'Opéra de Sydney. Quand s'édifient des ouvrages de grande audace comme le centre Reine-Sophie à Madrid ou la future British Library de Londres, il s'agit précisément de cas où une volonté politique s'est affirmée fortement. Quels que soient les développements prévisibles du mécénat d'entreprise, jamais le secteur privé, si ambitieux soit-il, ne pourra se charger d'aussi vastes desseins qui relèvent, traditionnellement, de la volonté exprimée et tenue, contre vents et marées, au plus haut niveau de l'État.

Mais cette volonté ne suffit pas à garantir le succès d'un grand ouvrage ; encore faut-il qu'elle s'ancre dans un projet assez ambitieux pour justifier un engagement politique. Là encore, l'expérience d'Orsay paraît assez démonstrative.

À l'origine, dans l'esprit des conservateurs du Louvre, il ne s'agissait que de trouver des surfaces supplémentaires pour un musée qui semblait irrémédiablement confiné dans ses limites physiques traditionnelles, l'idée que le ministère des Finances puisse un jour quitter l'aile du palais qui l'abritait depuis un bon siècle paraissant irréalisable. Mais on va voir comment une idée au départ assez classique peut s'enrichir quand une équipe de qualité sait en faire germer toutes les potentialités. Deux prémisses marquaient, pourvu qu'on en tirât avec rigueur toutes les conséquences, l'intuition initiale ; d'une part, l'idée d'un rapport entre le lieu et les collections : une architecture témoin d'une fin de siècle et qui maîtrise pleinement les techniques industrielles, exprimant à sa façon triomphante la foi dans le modernisme ; des arts en pleine fusion, écartelés entre l'académisme et les courants novateurs, mais se réconciliant dans la recherche formelle, l'« art nouveau » des premières années du XX^e^ siècle étant probablement la synthèse la plus achevée de ces deux tendances. L'autre idée était de confronter tous ces courants artistiques qui, compte tenu de l'esprit de guerre de religion symptomatique de notre vie artistique, ne s'étaient jamais trouvés réunis dans nos musées nationaux. Personne ne s'étonne de voir se côtoyer dans les musées de New York, de Hambourg, de Munich ou de Bruxelles, Cabanel et Manet, Bouguereau et Cézanne. En France, c'était impensable. Fermé du fait de la guerre, le Musée du Luxembourg, réceptacle de l'art officiel de la Troisième République, ne fut jamais reconstitué. Ses collections furent dispersées dans les palais officiels et les réserves, l'État se préoccupant de rattraper son retard en créant après la guerre un Musée national d'art moderne, mal installé au Palais de Tokyo, mais ouvert aux courants si longtemps ignorés par ce que nous avons appelé le « système des Beaux-Arts ».

Toute l'originalité du projet d'Orsay se déduit de ces deux postulats, exploités avec une grande rigueur intellectuelle par l'équipe réunie sous l'autorité de Michel Laclotte. En assumant pleinement le lieu qu'était Orsay, sans se borner à le considérer comme un volume banal à clore et à emplir de cimaises, l'équipe d'Orsay s'obligeait à choisir un projet d'architecture et d'aménagement capable de mettre en valeur les formes inventées par Laloux et l'esprit de l'époque dont elles étaient l'expression. Mais cette reconnaissance d'un rapport entre le lieu et les collections engageait à fixer précisément la période que le musée devrait prendre en compte. On imagine la difficulté : des dates évidentes pour la peinture (1863 : salon des « refusés », 1907 : naissance du cubisme) n'avaient aucun sens pour les autres arts ; même dans le cas de la peinture, la chronologie était redoutablement complexe ; l'impressionnisme ne naît pas d'un coup de baguette magique ; il ne se comprend pas sans l'école de Barbizon et, plus encore, sans Courbet ; s'agissant des débuts du XXe siècle, le cubisme n'est pas toute la peinture, et sa naissance est sans influence directe sur l'évolution d'autres courants, notamment celui des Fauves. Ce n'est donc pas seulement par commodité, ou pour éviter de trancher des querelles d'historiens d'art, que furent, en définitive, retenues deux dates extrêmes, 1848 et 1914, peu significatives pour l'art, mais qui marquent de grandes ruptures historiques pour la France, et aussi pour l'Europe. En les choisissant, au terme de débats ardents, l'équipe fondatrice écartait délibérément toute perspective exclusivement nationale ou privilégiant la seule peinture. L'Histoire, comme telle, se trouvait ainsi conviée aux fonts baptismaux du Musée. Certains, plus tard, en tirèrent des conséquences hasardeuses parce que dogmatiques, oubliant qu'un musée a pour fonction de donner à voir et n'est pas un lieu de colloques, et encore moins de soutenances de thèses, et qu'il ne saurait se plier à une lecture militante de l'histoire. Ces excès faillirent faire revenir l'équipe de conservateurs sur leur disposition à assumer la dimension historique du projet. Il est vrai que, dans un musée d'art, tout doit procéder des œuvres et ramener à elles. Le discours, le commentaire, la démonstration doivent y accompagner le regard sans le forcer, soutenir la réflexion sans la conduire, et s'effacer devant le rapport singulier qui s'établit enfin entre l'œuvre et le visiteur, et qui n'appelle que le silence. Mais il fallut veiller à ce que la dimension historique de l'époque fût cependant perceptible ; si elle ne l'est pas autant que je l'ai rêvé, ce n'est pas par mauvaise volonté, mais en raison de la difficulté même qu'il y a à accrocher le regard, que des œuvres authentiques sollicitent de tous côtés, par des documents qui ne sont jamais que signes ou évocations. Mais on a déjà inventé et on inventera encore bien des moyens de rendre l'histoire présente à Orsay sans ostentation ni didactisme. Ainsi, en choisissant de présenter l'ensemble des modes de production ou d'expression artistiques de la période de référence, sans se limiter aux sections habituelles de la peinture, de la sculpture, des arts graphiques et décoratifs, mais en s'étendant à l'architecture, à la photographie, au cinéma, à l'affiche, à la presse, et en s'ouvrant même, par une politique d'expositions très élaborée, à la musique, à l'art lyrique, à la danse, à la poésie, au théâtre, à la littérature en général, le Musée d'Orsay fait prendre conscience de l'unité de l'époque qu'il retrace. Il ne s'agit pas d'une unité intellectuelle ou morale, surtout pour soixante années aussi contrastées que celles des grandes mutations politiques, intellectuelles, économiques, sociales et artistiques qui ont marqué cette moitié du XIXᵉ siècle et ces premières années du XXᵉ siècle où Daniel Halévy sut, le premier, percevoir cette « accélération de l'histoire ». Il s'agit de montrer comment tous ces événements, ces courants, ces actes, ces œuvres ont été vécus ou produits ensemble, révélant des interactions, superposant des ondes de choc qui forgent la conscience d'une génération et révèlent l'identité d'une époque. J'ai souvent pensé que nous aurions atteint notre objectif si le visiteur, en sortant, éprouvait le besoin non seulement de consulter un catalogue ou de lire un ouvrage d'histoire de l'art, mais aussi un roman de Zola ou de Huysmans, un livre sur la Commune, sur l'affaire Dreyfus, l'épopée coloniale ou la vie de Clemenceau. C'est bien pourquoi Orsay fut doté, non d'un simple comptoir de vente de catalogues, affiches et cartes postales, mais d'une vraie librairie consacrée à la période 1848-1914, en tous domaines : histoire de l'art, mais aussi l'histoire tout court, littérature générale, essais etc. Tant il est vrai qu'un lieu de culture n'est pas fait pour rassasier un besoin, mais pour renouveler et enrichir des curiosités et des aspirations.

L'autre postulat dont partait le projet concerne la volonté délibérée de confronter les courants et, sans les mélanger à plaisir, de rendre visible leur simultanéité. Il n'est pas indifférent que la *Naissance de Vénus* de Cabanel, achetée par Napoléon III pour le compte de l'État, soit contemporaine de l'*Olympia* de Manet, qui, grâce aussi à l'Empereur, put être montrée en 1863 au Salon des « refusés ». Il est tout aussi important, pour l'histoire du goût et, peut-être, pour une pédagogie de la tolérance, de rappeler que la première a reçu toutes les faveurs du public dit éclairé tandis que la seconde faisait scandale. Ce qui a choqué certains, à Orsay, c'est précisément cette confrontation ou, pour mieux dire, cette cohabitation. Certains, parmi les esprits les plus élevés de notre temps — comme Claude Lévi-Strauss et Pierre Soulages — se sont émus de voir ainsi mises sur un pied qu'ils jugeaient d'égalité la « bonne » et la « mauvaise » peinture, craignant même qu'un public non initié s'éprenne de ces œuvres faciles qui osent raconter une histoire de façon accessible au premier venu.

Nous attendions ces polémiques, et les conservateurs, avec un brin de masochisme, mirent même dans la présentation des œuvres ce qu'il fallait de provocation pour les alimenter. Ils le firent d'autant plus tranquillement que, pour la plupart, ils n'avaient aucune indulgence pour cette peinture officielle. C'est d'ailleurs ce que leur reprochent les zélateurs — il s'en trouve — de cet art académique. À défaut d'une apothéose, il méritait sûrement une réhabilitation: il témoigne d'un temps, d'une époque, et marque l'aboutissement d'une tradition qui, à l'exception d'une indéniable maîtrise formelle, n'avait plus grand-chose à dire ni à transmettre.

Nous savions bien que, d'un côté, on nous reprocherait d'oser confronter — ce qui, encore une fois, est courant dans la plupart des grands musées du monde qui présentent des œuvres françaises du XIX^e siècle — les « damnés » et les « élus », et que, de l'autre, on nous ferait grief de ne pas exalter suffisamment l'art académique et pompier. Nous savions aussi que ces polémiques ne compromettraient en rien, bien au contraire, le succès du musée. Mais, devant l'origine — ô combien respectable — et la violence de certaines de ces critiques, les conservateurs et tous ceux de l'équipe qui, comme moi, en étaient solidaires, avons été non pas ébranlés, mais, comme on dit aujourd'hui, « interpellés ». Même si bon nombre de critiques de fond ont été aiguisées par le style de l'aménagement intérieur imaginé par Gae Aulenti — et à quoi nous avons aussi adhéré —, cela ne nous a pas, sur le moment, consolés. Au contraire. Nous avons vécu cette période d'ouverture avec le trac d'une troupe de théâtre lors d'une générale, et une susceptibilité à fleur de peau. Mais, avec le temps, tout s'est stabilisé. Les critiques se sont tues, et le succès public est si éclatant que personne ne discute plus guère Orsay.

À ces idées de base dont tout le projet est issu, il faut ajouter deux éléments constitutifs qui, pour n'être apparus qu'en cours de route, n'en ont pas moins été déterminants. L'un est formel : peut-on qualifier ainsi l'élément architectural d'un projet ? Certes, il s'agit bien de traiter des volumes, des surfaces, des flux ; les mots de syntaxe et de vocabulaire qui viennent fréquemment sous la plume lorsque l'on parle d'architecture témoignent bien de cette fonction expressive, de ce jeu des formes qui la caractérisent. Mais l'architecture n'est un problème de formes qu'en apparence ; elle renvoie incessamment aux questions de fond, qu'elle oblige à bien formuler et qu'elle conduit parfois à remettre en cause lorsque les solutions qu'elle y apporte apparaissent insatisfaisantes. La force d'un projet, le mérite d'une architecture se mesurent à l'intensité, parfois à la violence du rapport entre le maître d'ouvrage, auteur et responsable du projet, et le maître d'œuvre, l'architecte. Que l'un des deux soit déficient, et c'est toute l'opération qui risque d'échouer. On connaît des cas où l'architecte livré à lui-même propose un bel objet, une forme séduisante mais qui ne correspond à aucun projet, à aucun « programme », pour employer l'expression appropriée ; peut-on alors parler d'architecture, ou s'agit-il seulement de sculpture monumentale ou de prouesse technologique ? Ainsi, l'Arche de la Défense, objet splendide, était une proposition pour un « Carrefour de la communication » que personne n'a jamais pu définir avec précision et qui s'est évanoui dans l'indifférence générale ; le grand cube plaqué de marbre demeure, n'échappant au désastre que parce qu'il a fasciné par sa beauté formelle, par la prouesse technique qu'il représente ou encore par l'élégance de la solution qu'il a apportée à l'éternelle question de la perspective de la Défense : fallait-il qu'elle soit ouverte ou fermée ? Mais personne ne s'est apparemment rendu compte que cette solution ouvrait sur le vide : l'absence d'un vrai programme. Ce « monument » ne comporte que des mètres carrés de bureaux, comme un banal siège social ; ce n'est pas la présence d'un ministère et d'une Fondation des droits de l'homme qui suffira à rehausser son prestige. On est là devant un cas limite où l'architecture, réduite à sa propre logique, n'exprime qu'une splendeur formelle. À ce compte, on peut préférer la tour Eiffel, pur poème géométrique de métal, architecture du vide mais qui s'affirme comme telle.

La clarté du programme qui régissait le Musée d'Orsay a permis d'éviter ce genre d'impasse. Il s'agissait de construire un musée dont les collections furent rapidement définies, même si leur rassemblement demanda des années. L'équipe a longtemps travaillé sur une maquette du musée où chaque œuvre était représentée au format d'un timbre-poste ; c'est dire la force du concept que l'architecture avait à mettre en espace. Ce n'est pas le lieu de raconter dans le détail le dialogue complexe qui s'est étendu sur six années au moins entre l'équipe d'Orsay et celle d'Act-Architecture (Bardon, Colboc et Philippon), ainsi qu'avec l'architecte d'intérieur, Gae Aulenti, dialogue passionné, parfois tendu à l'extrême, mais toujours de haut niveau. Quelques-uns de ces débats sont révélateurs pour une réflexion sur les lieux de culture.

Il est plus facile de construire un musée *ex nihilo* que de le loger dans un bâtiment ancien. Des palais comme l'Ermitage à Leningrad ou le Louvre sont des lieux prestigieux, mais fort contraignants, qui se plient difficilement aux données modernes de la muséographie, au prix d'aménagements complexes et coûteux. On imagine les sujétions qu'imposent de tels monuments en ce qui concerne, par exemple, l'éclairage et la climatisation. Le problème d'Orsay était intermédiaire entre la construction du musée neuf et l'aménagement d'un édifice monumental. Par leur immensité et par leurs fonctions utilitaires désormais révolues, la gare et l'hôtel n'offraient, en principe, aucune résistance à une véritable création architecturale ; cependant, la force de cette composition métallique, son originalité expressive, ses trouvailles nombreuses se sont progressivement imposées aux architectes comme des éléments incontournables. Certaines parties très typiques et préservées, imposaient à l'évidence une stricte conservation, notamment la salle des fêtes et la salle à manger de l'hôtel. Architectes et aménageurs se sont donc trouvés confrontés à une architecture qu'il fallait respecter et mettre en valeur non seulement dans ses grands volumes (la nef en particulier), mais aussi dans maints détails ingénieux et révélateurs de l'esprit du temps. Pour le reste, une marge très étendue était laissée à la création. Ce mélange tonique de liberté et de contraintes a poussé l'équipe d'Act-Architecture à adopter un parti global qui résout au mieux ce qui était presque la quadrature du cercle : exalter, en le préservant au maximum, le volume géant de la nef, tout en y construisant les espaces intérieurs nécessaires pour un musée qui est avant tout un ensemble de cimaises. Leur projet a été fortement amendé par l'impitoyable dialectique de Gae Aulenti, qui a su traiter cet immense espace comme un volume urbain couvert plutôt que comme un intérieur, et qui s'est confrontée à l'architecture de Laloux avec une liberté critique pleine d'audace et presque de ressentiment. Il s'en est suivi des choix originaux qui, pas plus que le parti muséographique, ne pouvaient échapper aux polémiques. À cet égard, nous avons été servis, à ceci près que nous avons pu mesurer les insuffisances de la critique architecturale en France ; le plaisir de la formule, le jugement d'humeur, la subjectivité considérée comme un des beaux-arts, y sont fort répandus. C'est de la presse anglo-saxonne et allemande que sont venues les appréciations les plus pertinentes, dont la sévérité était à la fois justifiée et tempérée par une appréhension honnête de la complexité du problème et de justes hommages à l'originalité de la conception. Mais toute l'équipe était solidaire dans cet hommage rendu à la grande architecture industrielle de la fin du XIX$^{e}$ siècle et dans son refus de ces musées-cliniques ou boîtes à chaussures où le fonctionnalisme poussé à l'extrême fait flotter les œuvres dans un espace abstrait sans consistance.

Responsable de la maîtrise d'ouvrage avec Jean Jenger, qui a suivi le projet de bout en bout en sa qualité de directeur de l'établissement public, j'ai eu à exercer des arbitrages pour tout ce qui n'avait pas été définitivement arrêté avant mon arrivée en 1981. J'ai cherché à les rendre dans la fidélité aux principes d'un projet qui conjuguait le respect des œuvres, la mise en valeur d'un lieu exceptionnel et les besoins du futur public. J'ai éprouvé en cette circonstance combien une autorité est nécessaire pour mettre un terme définitif aux débats de conscience des futurs utilisateurs et aux efforts des architectes pour faire triompher leur point de vue. Autant que possible, j'ai cherché le consensus, le durcissement des positions étant souvent tactique ; à défaut, j'ai tranché dans le respect de l'esprit d'ensemble du projet, qui n'était jamais un moyen terme entre les positions des uns et des autres. En architecture, le moyen terme est presque toujours une solution bâtarde. Il faut que quelqu'un puisse imposer un choix sans appel. À cet égard, une épreuve m'a été épargnée, dont des responsables d'autres grands projets n'ont pu ou voulu s'affranchir : j'avais obtenu de Jack Lang et de l'Élysée d'être seul maître à bord et de n'avoir à rendre compte que du résultat. L'engagement a été tenu et je me suis toujours senti pleinement responsable, sans aucune interférence des « entourages ».

Mais un musée à construire, ce n'est pas seulement une architecture à mettre en œuvre et des collections à rassembler ; c'est une institution à créer. Les textes confiaient à l'établissement public la tâche de mettre le musée « en état de fonctionnement », ce qui signifie armer le paquebot pour qu'il puisse prendre la mer avec ses passagers dès son inauguration, qui marquait le terme de ma mission. J'étais bien décidé à exercer pleinement ma prérogative dans ce domaine encore très ouvert.

Si novatrices que fussent les vues des conservateurs en matière de collections, ils n'envisageaient pas autre chose qu'un musée au sens le plus classique du mot. Ce corps d'élite, sûr de lui-même et pénétré à juste titre de la noblesse de sa mission, n'acceptait sur ce plan que le jugement d'une seule autorité supérieure : la communauté internationale des conservateurs des grands musées du monde, dont les liens sont très étroits, tissés de complicités, de rivalités, mais aussi de respect mutuel. Combien de fois ai-je senti, devant certaines suggestions extravagantes, nos conservateurs frémir à l'évocation de ce qu'en penseraient, non l'Élysée, l'Académie des Beaux-Arts ou la presse, mais leurs confrères de New York, de Londres ou de Hambourg ? J'étais bien décidé à respecter ce système de références non écrites, mais intangibles. C'est bien un musée conforme aux canons internationaux de cette fin du XX$^{e}$ siècle qu'il s'agissait d'édifier.

Mais au-delà de cet aspect, sur lequel je n'avais donc, en principe, que peu de prise, deux thèmes arrêtés en plein accord avec Jack Lang ont guidé ma conduite pendant les cinq années qui ont précédé l'ouverture du musée : faire de celui-ci plus qu'un simple musée, un pôle culturel, et lui conférer, dans toute la mesure du possible, le statut d'une véritable entreprise culturelle.

Il serait excessif de prétendre que, pour les conservateurs, un musée est un temple dont ils seraient les grands prêtres et où le peuple des fidèles ne serait admis qu'avec parcimonie et parce qu'on ne peut faire autrement. Pénétrés de leur mission de service public, ils savent bien que les trésors dont ils sont les gardiens vigilants appartiennent à la nation et doivent donc être mis à la disposition du public. Mais, conscients de la fragilité extrême des œuvres qui leur sont confiées (quelle que soit la période : tel tableau de Matisse conservé dans un grand musée de province est plus fragile que bien des peintures sur bois du

XIV^e siècle), ils donnent une priorité légitime à la mission que leur confère leur titre même : conserver. C'est un fait que les foules qui, lors des grandes fêtes carillonnées et, pour le Louvre ou Versailles tout au long de l'année, prennent d'assaut les musées représentent, pour les œuvres, un danger plus grand que le vol ou l'incendie. Les conservateurs conçoivent donc leur mission d'accueil du public avec beaucoup de conscience mais aussi de vigilance, et en faisant en sorte que rien ne vienne distraire les visiteurs de l'essentiel, qui est la fréquentation des œuvres. Cette conception rigoureuse ne les a pas empêchés d'inventer des modes d'accueil adaptés à certaines clientèles, comme les enfants ou les groupes d'amateurs éclairés, et de recourir, notamment par l'audiovisuel, à des formules de préparation didactique aux collections et aux expositions. L'équipe d'Orsay était spontanément disposée à utiliser et même à développer ces procédés. Elle y fut évidemment encouragée ; mais à cela ne se bornait pas mon attente.

On a déjà relevé qu'au printemps 1981 le chantier d'Orsay n'avait pas atteint le point de non-retour et que c'est contre l'avis de certains de ses proches que François Mitterrand confirma le projet. Quand on se rappelle l'euphorie d'une bonne part du monde culturel qui, ministre en tête, croyait passer « de l'ombre à la lumière », on comprend que certains aient cru qu'Orsay devrait payer le prix de son salut en se convertissant à l'idéologie du moment. On vit même à l'époque Jean-François Revel donner du crédit à cette tendance en vouant Orsay, comme dans une vision d'épouvante, à se changer en musée des luttes sociales sur fond de locomotives.

Le président de la République se garda bien de cautionner ces outrances ; dans nos conversations d'alors, je crus comprendre que, dans son esprit, continuer Orsay était moins la confirmation d'un projet en cours qu'un arbitrage dynamique et novateur. M. Mitterrand, en effet, n'a pas dit qu'il fallait simplement poursuivre ce qui était engagé. Ayant bien assimilé le dossier, son verdict fixait le sort des questions en suspens : l'enveloppe budgétaire initiale, calculée en 1978 sans bases sérieuses, apparaissait insuffisante dès le début 1981 ; il en prescrivit la révision en demandant qu'on s'en tînt autant que possible au milliard de francs (l'objectif fut atteint, en francs constants) ; M. Giscard d'Estaing avait décidé que le musée commencerait en 1830 avec Delacroix, au grand dam des conservateurs ; M. Mitterrand revint à 1848, date initialement choisie ; il exprima quelques réserves sur les projets d'aménagement intérieur de Gae Aulenti, mais sans imposer un quelconque réexamen. Quant au fond, trois orientations émanaient de ses propos : consacrer à l'histoire une place suffisante pour que le public trouve à Orsay une grande leçon de mémoire collective ; tout mettre en œuvre pour que la fonction interdisciplinaire du musée soit pleinement remplie, si difficile que soit, de son aveu même, la confrontation des arts plastiques et des autres modes d'expression artistique ; enfin, et peut-être surtout, faire en sorte que le public du musée soit aussi divers et renouvelé que possible.

Je ne suis pas spécialiste du décodage de la pensée de François Mitterrand ; s'il m'a été donné de l'approcher à maintes reprises, et dans des contextes variés, tantôt officiels, tantôt familiers, depuis vingt-cinq ans, je ne suis pas de ses intimes. Mais j'en sais suffisamment sur lui, sur sa culture, sur ses façons, pour savoir que, dans son langage, coexistent la directive claire et sans réplique, la suggestion, l'interrogation à voix haute, le piège dialectique, la fleur de rhétorique et la feinte de l'escrimeur. François Mauriac racontait, après sa première rencontre avec de Gaulle, en 1944 : « Je me suis trouvé devant un cormoran, et qui parlait cormoran. » Le « mitterrand » que parle le président n'est pas du français basique, et il y a toujours quelque risque à l'interpréter. Considérant que le plus grand risque était, en la circonstance, l'interprétation courtisane qui ne décode que pour tenter de plaire, je choisis de partir de la confiance qui m'était faite pour interpréter librement la pensée présidentielle à partir de ce que je savais de son idée de la culture. C'est là que des souvenirs de conversations privées avec lui, au cours des dix années précédentes, me furent utiles pour optimiser, comme disent les économistes, les risques que je prenais en me livrant à une glose dont seule la suite confirmerait ou non la pertinence.

J'ai tenté, dans le chapitre précédent, une analyse de l'attitude de François Mitterrand envers la culture. Je n'y reviendrai pas, sauf pour y trouver ce qui permettait d'éclairer son propos. Esprit de facture classique, ayant du goût pour l'institution, il était clair que le président voulait un musée au sens plein du terme et qui eût l'aveu de conservateurs qu'il connaît et estime. Il souhaitait sûrement que ce musée portât sa marque, non de façon anecdotique et encore moins ostentatoire, mais en profondeur ; de là l'évidence d'une ouverture du musée sur l'histoire, d'une approche inventive de nouveaux publics et d'une animation culturelle du musée qui, sans compromettre ou gêner en rien sa fonction primordiale de présentation des collections, ferait d'Orsay un lieu vivant, un siège d'événements en rapport avec l'époque et les œuvres, mais sans se limiter à l'accompagnement didactique des collections et des expositions. Par là, Orsay serait pleinement un musée, mais plus qu'un musée, et il attirerait un public autre que celui qui fréquente ordinairement ce genre d'institutions, sans décourager pour autant la fidélité respectable des habitués.

De façon très progressive, et d'autant mieux reçue par l'équipe que je pus lui présenter mes vues comme des compromis raisonnables par rapport aux positions enflammées qu'un zèle militant assez maladroit formulait tout près de moi, l'idée d'Orsay comme pôle culturel s'est imposée. Un service culturel d'envergure fut pour la première fois créé dans un musée français ; il se chargea notamment d'une approche systématique de nouveaux publics, via les syndicats, les comités d'entreprise, les centres culturels, tandis qu'une relation suivie avec le monde enseignant permettait de renouveler assez sensiblement les modes d'accueil du public jeune. Des procédés de fidélisation du public le plus motivé (Carte blanche, réseau de correspondants, informations périodiques) furent mis en place. Dans le musée même, un programme audiovisuel très novateur, trop ambitieux peut-être au départ, devait offrir au public l'occasion d'une relation moins passive, plus attentive, avec le patrimoine. Des projections thématiques de cinéma, souvent liées aux expositions, des concerts dans l'auditorium et dans la salle des fêtes, des cycles de conférences très suivies, notamment le samedi matin, le tout rigoureusement axé sur la période et le programme du Musée : voilà ce qui fut fait, grâce à une coopération de plus en plus confiante entre le service culturel et la conservation. On peut donc dire, sans exagération, qu'Orsay est un musée, mais aussi un grand centre culturel. Si la pensée du président de la République avait été, ce faisant, travestie, j'ai tout lieu de supposer qu'on me l'aurait fait savoir. Mais le fait que le Grand Louvre s'oriente dans la même direction permet de penser que nous avons inventé une formule d'avenir.

L'autre objectif était de faire d'Orsay une véritable entreprise culturelle. De toutes les administrations françaises, l'administration des Musées nationaux est sans doute, avec la conservation des hypothèques, celle qui, jusqu'à une époque toute récente, restait le plus conforme au modèle napoléonien : extrême centralisation, statut rigide et uniforme s'appliquant aussi bien à des monstres comme le Louvre et Versailles qu'à la maison natale de Clemenceau, au musée Gustave-Moreau et au Musée franco-américain de Blérancourt. J'aurais voulu qu'Orsay fût un établissement public, doté d'une véritable autonomie juridique et financière, tout en restant dans la mouvance de la direction des Musées de France et sans porter atteinte à l'unité des collections nationales, ainsi qu'aux procédures nécessairement centralisées d'acquisition des œuvres. Un arbitrage présidentiel me donna tort sur ce point, ce qui prouve bien l'attachement du chef de l'État à la tradition institutionnelle des Musées nationaux. Mais je fus autorisé à concevoir une formule où la plus grande autonomie possible serait donnée au directeur du musée. Il faut reconnaître que l'administration des Musées de France joua loyalement le jeu sur ce terrain, soulagée qu'elle était d'avoir obtenu par de discrètes interventions le rejet de ma proposition d'un établissement public dans lequel elle voyait, avec la perspective du Grand Louvre, le risque de son propre éclatement. Aujourd'hui, en tout cas, je crois que l'on peut dire qu'Orsay a un patron en la personne d'un directeur, Françoise Cachin, pleinement responsable de l'institution qui lui est confiée, sans être soumise par trop à cette tutelle universelle et tatillonne qui est la passion des administrations centrales. Des progrès sont encore possibles, mais nous aurons rapproché Orsay de ce statut d'entreprise culturelle dont on reparlera plus loin.

Ce résultat n'aurait peut-être pas été possible si, avec Jean Jenger, vieux routier comme moi de l'administration, nous n'avions pas utilisé une méthode dont je livre la recette aux futurs responsables d'équipements, culturels ou autres. Avant même mon arrivée en 1981, soit plus de cinq ans avant l'ouverture du musée, une petite cellule destinée à préparer l'esquisse d'un futur budget de fonctionnement avait été mise en place. Progressivement, nous avons systématisé et approfondi cette tactique en vue de définir par approches successives un véritable modèle de fonctionnement du musée, en prévoyant dans le détail ses besoins en effectifs et en crédits. Ce modèle nous a permis d'avancer dès 1983 une hypothèse chiffrée pour le budget du musée après son ouverture ; en plusieurs estimations successives, de plus en plus fines, nous avons communiqué au ministère de la Culture et au ministère des Finances l'analyse complète de ce budget prospectif. Par là, nous les avons familiarisés à l'avance avec le futur musée et nous n'avons pas eu trop de peine à obtenir pour la dernière année active de l'établissement public — 1986 — des crédits offrant au musée, globalement, la possibilité de fonctionner en vraie grandeur. En outre, ce modèle financier, et l'état d'esprit qu'a suscité son élaboration, nous ont permis en cours de route de modifier des choix d'investissement pour tenir compte, par anticipation, des contraintes et des coûts du fonctionnement futur.

Voilà, à grands traits, ce qu'il y a lieu de retenir de la genèse d'un grand lieu de culture. On voit qu'il ne s'agit pas seulement d'une belle aventure intellectuelle et artistique, et que se posent bien des problèmes de gestion et de procédure, dont on a pu constater par ce récit ce qu'ils avaient d'ingrat ou, en tout cas, d'austère. Mais « le service des enchanteurs » dont on parlait au début de ce livre est à ce prix. On pourrait transposer à la culture la distinction que font les théologiens entre les trois Églises triomphante, militante et souffrante, et l'on devine que la culture gestionnaire occupe la place la plus humble dans cette trilogie. Mais ceux qui gèrent la culture ne cherchent pas la compassion ; même dans les temps d'épreuve, ils préfèrent encore gérer la culture plutôt que tout autre secteur, car la fonction est exaltante.

Ce que je retiens de cette aventure tient en trois mots : défi, équipe, ferveur.

On a vu ce qu'était le défi. Les musées sont souvent installés, tant bien que mal, dans des palais dont la splendeur est censée exalter la beauté des œuvres exposées, mais souvent la gêne ou la concurrence, en même temps qu'ils limitent ou compliquent la « fonctionnalité » du musée. A l'inverse, et par réaction souvent, on a construit des lieux neufs pour permettre à la fonction de régner en souveraine : d'où ces musées aseptisés, mornes agencements de salles interchangeables, dont on commence à se lasser. C'est peut-être parce que le lieu qui nous fut confié était, dans son vide apparent, formidablement complexe et présent qu'il nous a obligés à voir et à vouloir plus fortement que nous ne l'aurions autrement osé.

L'équipe: architectes, conservateurs, gestionnaires, techniciens ont concouru à ce grand dessein avec leur sensibilité propre, leurs exigences, leurs passions; la cohabitation fut parfois difficile et, si souhaitable que fût en tout domaine le consensus, il fallut parfois trancher dans le vif. Le partage d'une grande ambition permit de conserver aux débats leur dignité et au projet sa cohérence. Je veillai à constituer l'équipe qui prendrait en charge le musée suffisamment à l'avance pour que, pendant plus d'un an, elle cohabite avec celle qui, conduisant le chantier, se disperserait après l'ouverture: ce passage progressif et serein du relais est sans doute l'une des clés du succès de l'opération.

La ferveur enfin: nous avons tous cru à la grandeur de la mission qui nous était confiée. Ce n'est pas si souvent qu'on a la chance de créer, d'offrir à son pays un nouveau lieu de culture, porteur d'un projet original. Dans les moments de doute, de difficulté, d'affrontement, dans l'angoisse des débuts et les impatiences de la fin, c'est la force du projet qui nous a fait tenir debout, unis dans une sorte de dépassement.

*La Chartreuse.*

J'ai eu la chance de participer à l'édification d'un autre lieu de culture. Il peut paraître étrange de parler de naissance au sujet d'un monument du XIVe siècle. C'est pourtant de cela qu'il s'agit, et c'est un autre type d'aventure que celle qui consiste à redonner vie à un haut lieu délaissé du patrimoine.

La Chartreuse du Val-de-Bénédiction a été fondée en 1356 à Villeneuve-lès-Avignon par le pape Innocent VI, lorsqu'il coiffa la tiare, sur le lieu même où il avait sa « livrée », sa résidence de cardinal de la curie avignonnaise. Placée et maintenue jusqu'à Louis XV sous la haute protection des rois de France, cette Chartreuse fut un foyer spirituel, intellectuel et artistique de grand prestige ; la *Pietà* dite à tort « d'Avignon », qui est au Louvre, et le non moins remarquable *Couronnement de la Vierge* d'Enguerrand Quarton qu'on voit encore au musée de Villeneuve, lui étaient destinés. Les chartreux ayant pris le chemin de l'exil en 1792, la Chartreuse fut vendue comme bien national, puis dépecée, lotie, défigurée, comme tant d'autres monuments. Mérimée, qui la visita en 1835 en sa qualité d'inspecteur des Monuments historiques, sauva du désastre ce qu'il put, sans parvenir à restituer le monastère dans son intégrité. Il fallut attendre le début de ce siècle pour que l'État se préoccupe de restaurer ce qui subsistait de l'église, dont le chœur s'était effondré vers 1820, et de l'un des cloîtres. Mais, pour le reste, la Chartreuse — la plus vaste de France — devait demeurer pour un bon demi-siècle encore une Cour des Miracles, un village dans le village, où Aragon, Elsa Triolet, Pierre Seghers, Pierre Emmanuel, pendant la Résistance, bénéficièrent de l'hospitalité d'Hélène Cingria, journaliste suisse qui vécut jusqu'à sa mort récente dans deux maisons de chartreux aménagées à sa façon riante et rustique, à l'opposé des taudis qui, ailleurs, défiguraient le monument.

Ceux qui ont pu visiter la Chartreuse avant le début des années 70, comme Gérard Philipe qui, traversant le Rhône, venait dire des vers seul dans un des trois cloîtres, ou Vilar qui joua *La Seconde Surprise de l'amour* dans le réfectoire des moines — le Tinel — à ciel ouvert, le toit s'étant effondré, ont connu un lieu magique. Si maltraitée qu'elle fût par des occupations turbulentes et des aménagements intempestifs qui en rompaient l'unité, la Chartreuse conservait son aura. La blondeur des pierres, le jeu des ombres sur les galets ronds des calades, la fraîcheur de l'air sous ce qui restait des voûtes, l'étonnante perspective du Fort Saint-André apparaissant dans la fracture du chœur effondré et qui donne à la Chartreuse un aspect de Terre sainte, sur fond de rocaille et de prairie aux herbes jaunes et odorantes : tout tirait le visiteur hors de ce temps pour le plonger à la fois dans les songes de l'histoire et dans les cimes d'une spiritualité qui, accumulée par des siècles de prière, semblait encore rayonner des murs patinés et meurtris..

Avons-nous su préserver ce charme et ce mystère, nous qui, depuis quinze années, travaillons à redonner vie à cette Chartreuse ? Je le pense, même s'il se trouve toujours des esprits nostalgiques pour regretter une beauté à l'abandon magnifiée par leur mémoire. À l'origine de la restauration, on trouve ici encore Jacques Duhamel. Désireux de développer mais aussi de diversifier les lieux de création et de diffusion de la culture, il n'était pas favorable par principe aux équipements compliqués, lourds, coûteux, dont la capacité d'adaptation à l'évolution future des goûts et des besoins lui paraissait douteuse. En même temps, il avait à cœur de développer la politique de sauvegarde et de restauration du patrimoine amorcée par André Malraux par quelques actions spectaculaires sur des monuments majeurs. Selon lui, il fallait rééquilibrer cette politique par des actions complémentaires d'aussi vaste portée, mais d'une autre nature : assurer le sauvetage minimal du plus grand nombre possible de monuments, même modestes, et justifier l'effort de la collectivité nationale en adaptant ces édifices aux besoins contemporains, afin de les « recycler », de favoriser leur réappropriation par la société des vivants.

La conjonction de ces deux éléments : diversification pragmatique des équipements culturels et réhabilitation active du patrimoine monumental, conduisait à redécouvrir des édifices anciens pour en faire des lieux d'animation culturelle. Cette recherche était d'autant plus ardente que Duhamel et son équipe étaient convaincus de la nécessité de réconcilier patrimoine et création. Il y a toujours une tentation passéiste du patrimoine qui, d'un respect légitime, conduit à la dévotion, puis à la stérilité. En sens inverse, et surtout à notre époque, le créateur peut être tenté de refuser l'héritage en bloc et prétendre tout réinventer. Il n'est pourtant de vraie création qu'enracinée et d'héritage que dynamisé par un projet. L'État joue tout à fait son rôle lorsqu'il s'efforce de rapprocher ceux qui ont en charge le legs de la culture ancienne et ceux qui ont vocation à enrichir cet héritage. Propriétaire d'une partie importante du patrimoine national, il a une vocation légitime à susciter ce genre de rapprochements, voire à tenter lui-même des expériences dans les monuments dont il a la garde et qu'il veut faire revivre.

C'est ce qui fut fait à la Chartreuse de Villeneuve, à la demande de Jacques Duhamel, qui, ayant visité le monument, avait été frappé à la fois par sa splendeur et par son abandon. Je chargeai Jean Salusse, alors directeur de la Caisse nationale des monuments historiques, de mettre au point cette formule expérimentale. D'autres monuments s'offrant à une animation du même type, un concept de centre culturel de rencontre s'appliqua, non seulement à la Chartreuse, mais aux abbayes de Fontevraud, de Royaumont, de Sénanque et de Saint-Maximin, aux Prémontrés de Pont-à-Mousson, à la Saline d'Arc-et-Senans et à l'Écomusée du Creusot, avec des variantes dues aux particularités de statut de chacun de ces lieux ; mais, dans tous les cas, une association de gestion réunissant des représentants de l'État, des collectivités locales et des personnalités culturelles devait assurer la gestion du monument, qu'une équipe d'animation, placée sous la responsabilité du conseil de l'association, avait pour tâche de faire vivre.

Mais l'essentiel n'est pas dans une formule juridique ; il est dans le projet, c'est-à-dire dans un faisceau d'idées simples propres à mobiliser une équipe en vue d'un effort de longue haleine.

C'est le lieu qui a conditionné le projet, et non l'inverse. En se mettant à l'écoute du monument, Bernard Tournois, chargé d'une première étude dès 1973, eut les intuitions à partir desquelles a été conçu le C.I.R.C.A. (Centre international de recherche, de création et d'animation), qu'il dirigera pendant plus de douze ans et que je préside depuis 1977. Encore aujourd'hui, ces intuitions originelles demeurent valables.

La réhabilitation d'un monument ancien et son adaptation à des fonctions nouvelles ont ceci de captivant : la marge de liberté dont on dispose est beaucoup plus étroite qu'on ne le pense *a priori* et ce, indépendamment des contraintes techniques ou matérielles, ou des sujétions juridiques et architecturales liées au statut de monument historique classé. Toutes ces données, si sévères qu'elles soient, pèsent moins que l'esprit du lieu même, surtout quand il a été, à l'origine, fortement pensé et qu'il a servi au long des siècles un grand dessein. On ne se comporte pas envers un monument historique comme un résident secondaire qui retape une fermette, même si chacun sait d'expérience que les vieilles pierres savent se défendre et ne supportent pas durablement n'importe quelle fantaisie.

Une chartreuse, avant d'être un monument, est d'abord l'affirmation d'un ordre et la mise en espace d'une règle, une des plus austères et rigoureuses du monde monastique, celle de saint Bruno. Ordre hiérarchique avec des pères peu nombreux (ici trente-cinq à l'apogée du monastère), disposant chacun d'une cellule de trois pièces et d'un jardin clos de murs, mais ouvert sur le ciel, et de forts bataillons de frères et de serviteurs. Règle rigoureuse où le temps est partagé entre la prière, le travail intellectuel et manuel et le repos, la solitude ne s'interrompant que pour de rares rassemblements à l'occasion de certains offices et du repas dominical. Les prières, les chants, les lectures saintes interdisent la conversation, sauf le dimanche ; une seule détente, une promenade du joli nom de « spaciement » qui fleure bon, sous ces cieux méditerranéens, le thym, le miel et la lavande. Un espace rigoureusement clos, des cellules réparties autour de trois cloîtres, dont l'un, servant de cimetière aux moines, plaçait la mort au cœur de la communauté vivante, une église et un réfectoire; autour, hors clôture, des bâtiments utilitaires (four à pain, boulangerie, hôtellerie), habitations des frères, ateliers, caves, bref tout ce qu'implique la vie d'une communauté. Tel est l'ensemble dont nous avons hérité, en théorie du moins, car il a fallu patiemment rétablir la Chartreuse dans son intégrité, racheter au nom de l'État ce qui était devenu échoppes d'artisans, logements, ateliers, détruire clôtures de briques et constructions adventices, labeur ingrat mais nécessaire et qui s'achève à peine. Mais nous n'avons pas attendu ce terme pour restaurer et réhabiliter le monument, en fonction d'une démarche originale qui tranche avec les pratiques courantes de l'administration des monuments historiques. Souvent, en effet, une restauration a un objectif archéologique : restituer un édifice dans l'état où il se trouvait à une date précise de son histoire, choisie plus ou moins arbitrairement comme référence ; c'est ce qui a été fort bien fait à Versailles, à Vincennes, à Compiègne, à Fontainebleau ou encore pour les cathédrales ; la vocation de ces lieux illustres à être des musées ou à servir au culte justifie leur restauration intégrale. À la Chartreuse, il ne s'agissait ni de créer un musée ni de réinstaller les moines. L'État se trouvait propriétaire d'un monument désaffecté dont il avait décidé de faire non pas un hôtel de luxe ou une école d'apprentissage, mais un centre culturel. C'est ce choix même qui justifiait la décision de le restaurer en lui rendant son unité juridique et foncière et ce qui subsistait de sa cohérence architecturale. Le parti initial, maintenu vaille que vaille jusqu'à présent, fut de mener parallèlement restauration et animation, les deux démarches s'instruisant mutuellement : les expériences d'animation entreprises dès le début permettant de vérifier l'adéquation des lieux et de faire apparaître les aménagements nécessaires. L'objectif n'était donc pas de restaurer la Chartreuse comme elle était à la fin du XIVe siècle ou du XVIe siècle, mais de lui conférer une vocation contemporaine et de la relever, de l'équiper dans la stricte mesure imposée par cette nouvelle mission. Deux principes complémentaires guidèrent notre action : d'une part, sauvegarder l'intégrité du monument, préserver les lieux sacrés et respecter l'architecture originale, et, d'autre part, garantir la réversibilité des aménagements modernes. Dans un avenir même lointain, ces transformations ne devraient pas faire obstacle à la restauration intégrale de l'ancienne architecture, inconcevable aujourd'hui.

On ne racontera pas ici dans le détail toutes les aventures de ce chantier si particulier, ni les obstacles qui compliquèrent son financement et sa gestion. Après quinze ans d'efforts, nous n'avons réalisé qu'environ la moitié des travaux de restauration et d'aménagement. Mais la Chartreuse revit ; dès le début de sa nouvelle histoire, elle s'est prêtée avec indulgence à nos essais parfois aventureux ou maladroits ; elle a offert son mystère aux visiteurs qui, impressionnés par tant d'austère beauté, ont su comprendre que chaque pas, dans ces cloîtres et sous ces voûtes, résonnait tantôt comme un poème, tantôt comme une prière ou comme les deux à la fois.

Mais la Chartreuse nous réservait une étonnante leçon, à nous qui avions eu la témérité de prétendre la faire revivre. Elle nous a enseigné que nous n'avions pas grand-chose à inventer, qu'elle nous dictait en silence — ce silence chartreux, aussi dense qu'une parole inspirée — notre programme, et que notre seule tâche consistait à transposer dans le domaine culturel ce qui avait été conçu à des fins spirituelles. Belle leçon d'humilité, qui nous a d'autant plus marqués que toutes les erreurs que nous avons pu commettre sont dues à des écarts par rapport à cette ligne de conduite fixée par le monument lui-même.

Faire des cellules des lieux de résidence pour artistes et chercheurs qui trouveraient là, comme les moines de jadis, la solitude mais aussi l'appartenance à une communauté ; transformer le lieu le plus profane du monastère — le réfectoire — en salle de spectacles et de colloques ; réutiliser dans leur vocation originelle l'hôtellerie, les espaces d'accueil et les ateliers ; affecter les espaces les plus neutres, les moins marqués par le sacré, à des expositions ou à des stages ; rétablir les circuits qui furent ceux des chartreux : tout cela s'est présenté à nous avec une sorte d'évidence. Quand des polyphonies de la Renaissance anglaise ou des chants sacrés d'Orient résonnent sous les voûtes mutilées d'une église qui abrite le tombeau et les restes authentifiés du pape-fondateur Innocent VI, quand Messiaen ou Boulez enseignent leurs élèves dans les hautes pièces de l'hôtellerie, quand les Troyennes éplorées descendent dans la nuit du Fort Saint-André pour faire entendre leur chant de mort dans le cloître du cimetière, quand les danseurs d'Alvyn Nikolaïs ou de Merce Cunningham ou les acteurs de Patrice Chéreau, de Jean-Pierre Vincent ou de la Comédie-Française s'exercent dans le chœur béant de l'église, ou quand, dans le froid des nuits d'hiver, les ombres des résidents traversent le silence de l'allée des Mûriers, je n'ai pas le sentiment que nous trahissons la Chartreuse, ni que nous blessons ce qu'elle a laissé de sacré dans ces pierres.

Notre aventure est imparfaite, inachevée ; il nous arrive d'être impatients, tant les difficultés les plus prosaïques freinent l'achèvement du projet ; peut-être avons-nous été, à certains moments, trop ambitieux pour ce lieu et, à trop vouloir embrasser, nous avons mal étreint. Mais, sur l'essentiel, nous ne transigeons pas. Située comme elle est, au sommet du delta rhodanien qui est l'une des clés de voûte de la Méditerranée, dans cette vieille terre de culture où se sont confrontés jadis l'Empire et le Royaume, la Tiare et la Couronne, entre Provence et Languedoc, la Chartreuse, avec son héritage prestigieux d'art et de spiritualité, ne peut être un foyer socioculturel de chef-lieu de canton. En pleine terre des festivals, proche de la fourmilière et de la fournaise d'Avignon, elle n'est pas qu'une halte d'été, même si l'on y trouve alors plus de calme et de fraîcheur que de l'autre côté du Rhône ; partenaire amical du festival d'Avignon, dont elle est complémentaire sans se confondre avec lui, la Chartreuse est un centre permanent de recherche, de création et d'accueil qui se reconnaît une vocation de haute référence et au niveau international ; on n'oublie pas pour autant le rôle qu'elle peut jouer pour l'animation locale au profit de la ville, du département, de la région, qui d'ailleurs apportent un concours déterminant à son financement, concours d'autant plus précieux qu'il n'a rien d'obligatoire, s'agissant d'un monument appartenant à l'État. Nous accueillons des créateurs pour des séjours plus ou moins longs, en leur offrant à la fois la solitude protégée d'une cellule et la possibilité de participer aux activités culturelles de la Chartreuse. Viennent aussi des troupes de théâtre et, du monde entier, des musiciens qui depuis quelques années bénéficient chez nous des leçons des grands maîtres qu'invitent nos amis du Centre Acanthes. La danse, le théâtre, la poésie trouvent également à la Chartreuse le siège d'exercices de haute école mais qui doivent déboucher sur la présentation de spectacles au public. Des colloques littéraires ou philosophiques, des expositions, des concerts s'y déroulent également, et pas seulement en été. Notre objectif, après bien des tâtonnements, est de faire de la Chartreuse un lieu de formation, de ressourcement et de confrontation internationale pour les artistes et interprètes de haut niveau. Mais une part au moins de leurs travaux doit pouvoir être présentée au public, qui a accès à la Chartreuse et qui doit pouvoir y trouver l'occasion d'un contact convivial avec la culture en train de se faire. Vouloir assumer conjointement toutes ces missions, avec des moyens limités et toujours précaires, n'est pas chose facile. Mais, dans les moments où le découragement menace, c'est la Chartreuse elle-même qui nous raffermit : sans parler du public qui goûte généralement son charme, je ne connais pas un artiste qui n'ait ressenti un choc en ce lieu. Ce n'est pas qu'il impose d'emblée une formidable présence, comme le palais des Papes d'Avignon, ou qu'il découvre subitement, comme l'abbaye de Sénanque au fond de son vallon, son ordonnance sublime et austère. La Chartreuse se dissimule. Contrairement à toutes ses sœurs, elle n'a pas été construite dans un désert, mais près d'un bourg qui, avec les siècles, l'a rejointe et englobée, devenant lui-même une petite ville. Elle se signale à peine au passant, dans une rue assez étroite, par un porche donnant, au-delà d'une première cour pavée, banale, sur un superbe portail XVIIe siècle ; de là part une allée, dite « des Mûriers », bordée de cellules surélevées, chacune agrémentée d'un jardin ; déjà le charme opère, car on se sent ailleurs : le bruit des pas qui résonnent l'emporte déjà sur la rumeur de la ville. Franchi un autre seuil, la cour de l'église commande la suite des cloîtres ; dès lors la Chartreuse s'empare de vous : la nef déchirée s'ouvrant sur le Fort Saint-André, le cloître Saint-Jean avec sa fontaine XVIIe siècle et son aspect de place villageoise, le rythme des toits, le miel des pierres, tout, dans un circuit complexe dont la logique est loin d'être évidente, surprend et bientôt enchante ; on est sous le charme de la Chartreuse avant qu'il soit sensible, comme si ordre et beauté infusaient dans l'âme du visiteur une paix, une joie sereine qui dictent au pas son rythme et au regard sa profondeur.

Orsay, la Chartreuse : une gare devenue musée, un monastère changé en centre culturel. D'avoir joué un rôle dans cette double transformation m'autorise-t-il à les réunir ? Je crois que ces deux métamorphoses illustrent l'une des plus belles manifestations de la politique culturelle des trente dernières années. On parlera assez, dans ce livre, de ses échecs, de ses erreurs et de ses insuffisances pour ne pas souligner ses réels mérites. J'aurais pu citer cent autres exemples : ceux des autres centres culturels de rencontre, déjà mentionnés ; l'entrepôt Lainé de Bordeaux, dont les voûtes piranésiennes abritent, grâce à Chaban-Delmas, un centre d'art contemporain, la Vieille Charité de Marseille sauvée de la lèpre par Gaston Defferre, l'Abbaye-aux-Dames de Saintes, la Corderie royale de Rochefort, le château de Duras, Écouen, le Carmel de Saint-Denis : partout en France des édifices délaissés sont revenus à la vie parce que la culture s'en est emparée sous une forme ou sous une autre. Ailleurs, c'est une gendarmerie, une école, un centre de vacances, voire un hôtel qui ont permis le sauvetage et la régénération d'un monument : même si le dessein est alors utilitaire, la démarche reste culturelle dans son principe. Tant que la culture vivante saura prendre racine dans le patrimoine, y inventer de nouvelles approches de notre passé ou y loger des activités de création, la politique culturelle aura un sens. Il faut, bien sûr, qu'une culture s'affirme par des expressions entièrement neuves, et il est sain que l'on construise *ex nihilo* des musées, des théâtres, des salles de concert ; une société qui se bornerait au remploi de lieux anciens témoignerait d'un manque de confiance alarmant dans ses capacités créatrices, de même que si elle entourait son patrimoine d'une déférence figée qui la ferait renoncer à tout ce qui ne serait pas reconstitution stricte et retour aux usages anciens. L'abbaye de Sénanque a été sauvée par Paul Berliet et ceux qui, après lui, ont fait de cette abbaye abandonnée un centre culturel de haute tenue. Les moines sont revenus dans ce monastère rendu à la vie et ont souhaité l'arrêt des activités culturelles ; c'était leur droit, et l'équipe culturelle s'en est allée avec une mélancolique sérénité. Mais, quand il n'y a plus de chartreux pour prier dans les chartreuses, de malades à laisser mourir dans les lazarets, d'artilleurs ou de sapeurs à cantonner dans les forts de Vauban, faut-il laisser dépérir ces lieux désaffectés ou les vouer uniquement à abriter une évocation inerte des anciens usages ? La piété filiale n'a jamais interdit qu'un héritage soit une réappropriation, et donc une réinvention. Nos ancêtres ont eu, jusqu'au XIXe siècle, un comportement fort libre, et même allégrement destructeur, envers le legs des générations précédentes, et bien des chefs-d'œuvre ont ainsi disparu pour des raisons politiques, économiques, esthétiques ou de simple commodité. Parce que nous sommes mieux informés de la valeur intrinsèque de chacun des lots de l'héritage, dont nous nous sentons responsables envers les générations futures, nous n'avons pas le droit d'agir de même. Il y a vingt ans encore, des maires épris de modernisme ont détruit, avec une bonne conscience égale à celle d'Haussmann, des quartiers anciens qui, comme à Metz, eussent mérité d'être réhabilités. Ce genre de forfait est devenu plus difficile à commettre. Mais, pour autant, nous ne devons pas être paralysés et tout subordonner à une piété archéologique qui, poussée à l'extrême, serait un aveu d'impuissance.

L'état d'une société se juge notamment à la façon dont elle se comporte à l'égard de ses lieux de culture, ceux dont elle a hérité et qu'elle doit faire vivre, ceux qu'elle édifie pour répondre à des besoins actuels et ceux qu'elle sait aménager pour faire revivre des édifices morts ou désaffectés : héritage, création, métamorphose sont ainsi les trois axes de développement des lieux de culture.

### *Quatre clés pour les lieux de culture.*

C'est surtout de métamorphose que l'on a parlé jusqu'ici. Il s'agit de l'approche la plus complexe : transformer un lieu en conjuguant le patrimoine et la création, et en évitant les deux pièges du repli sur le passé et de la fuite en avant. Il est moins difficile, en principe, de faire vivre un lieu de culture existant ou d'en créer un de toutes pièces ; les vertus de l'expérience et de la tradition dans le premier cas, la liberté de la page blanche dans le second sont des atouts qui manquent lorsqu'il s'agit de faire du neuf avec du vieux ; même si cette aventure de la métamorphose est stimulante par les confrontations qu'elle opère entre les âges et par les mystères dont elle est porteuse.

Mais écartons ces distinctions et considérons les lieux de culture en eux-mêmes, indépendamment des circonstances de leur éclosion, qu'ils datent d'un siècle ou d'un an. Dans tous ces lieux, la culture est exposée, à tous les sens du terme. Tous les discours, tous les montages juridiques et financiers, toutes les études n'ont de sens que si, dans ces endroits vastes ou exigus, somptueux ou modestes, anciens ou neufs, il y a la volonté ardente de réaliser au mieux les conditions d'accès du public à une offre de culture. Tous les efforts tendent vers ce but, sans quoi les gardiens de ces lieux ne seraient que des scribes ou des montreurs d'ours.

La réussite de ces lieux de culture réside dans quatre mots clés: projet, enracinement, réseau, structure.

*Projet:* on a déjà rencontré ce mot, à propos d'Orsay ou de la Chartreuse. Un projet, c'est d'abord un concept, qui définit une offre de culture faite pour rencontrer une demande dans des conditions favorables. Pas de lieu de culture vivant et durable sans un projet solide: nombre d'échecs s'expliquent par la banalité ou le flou du projet initial. À Orsay, l'originalité du projet lui a permis de triompher de tous les obstacles. Beaucoup des difficultés de l'Opéra-Bastille tiennent à ce que, improvisé dans l'euphorie de l'année 81, sans analyse sérieuse des besoins de l'art lyrique en France, il comporte depuis l'origine des germes de faiblesse que dissimulait l'idée sympathique d'opéra populaire. Cela ne signifie pas qu'un projet doive être pensé dans les plus petits détails avant d'être décidé. Une telle précaution est évidemment indispensable pour les projets lourds et coûteux comme un grand musée ou un opéra. Pour des lieux de culture moins ambitieux, ce qui importe avant tout, c'est la dynamique de l'idée ; il est des cas où l'expérience seule permet de donner un contenu précis à une intuition initiale ; ainsi à la Chartreuse de Villeneuve, où tout ce qui fut accompli était virtuellement contenu dans le projet d'origine ; c'est le monument et le public qui nous ont enseigné progressivement ce qui était de l'ordre du possible, ou, à l'inverse, de la chimère ou de l'erreur. Il est vrai que, lorsque le lieu de culture préexiste comme monument, même à l'abandon, l'œuvre des hommes peut s'adapter plus aisément que dans les cas — vertigineux quand on y pense — où il faut tout inventer et partir de rien.

Mais le projet n'est pas un simple concept. Encore faut-il qu'il s'incarne, c'est-à-dire que soient créées les conditions de sa mise en œuvre. Là encore, on peut distinguer trois composantes: l'équipe, la volonté et la durée.

Rien de plus banal, en apparence, que cette affirmation. Il n'est pas d'œuvre humaine, qui n'exige d'être fortement voulue par un groupe organisé, solidaire et responsable, ayant du temps devant lui. Mais, dans une société complexe où les structures et les mentalités, notamment dans le secteur public, ont une grande rigidité, on n'imagine pas la virulence des forces d'inertie qui s'opposent à toute idée neuve, depuis son simple énoncé jusqu'à sa réalisation complète. Volonté, équipe, durée: ce ne sont pas de simples modalités de mise en œuvre ; ce sont les éléments constitutifs du projet lui-même. C'est ce que Georges Pompidou avait compris lorsqu'il décida la construction du Centre qui porte aujourd'hui son nom ; très vite il imposa son vœu comme volonté d'État ; autour de Robert Bordaz, homme d'imagination et d'enthousiasme, fut constituée une équipe d'architectes, d'ingénieurs, de programmateurs, de conservateurs, d'administrateurs, qui porta le projet de bout en bout, passant du statut initial de simple association de préfiguration à celui d'établissement public chargé de la construction. Cette équipe fut, en quelque sorte, la matrice du Centre, les futurs responsables de ce dernier s'y agrégeant progressivement. L'établissement public de construction disparut à son tour pour donner naissance à un établissement de gestion, comme la chrysalide s'ouvre sur le papillon. Quant à la durée, elle était garantie non seulement par ce qui précède, mais par la fixation d'un calendrier très strict qui, à peu de chose près, fut respecté. Tous ces éléments se retrouvent dans la genèse d'Orsay ; le projet n'a pris vraiment corps que grâce à la volonté expresse de Valéry Giscard d'Estaing ; une ligne budgétaire et un établissement public furent mis en place, et un calendrier défini. Si ce dernier dut être révisé en raison des retards pris dans la conception même du projet, c'est en toute connaissance de cause que j'ai pu prendre en 1982, envers le président et le gouvernement, un double engagement au nom de l'équipe d'Orsay : livrer Orsay avant la fin 1986 et dans le respect d'une enveloppe d'un milliard quatre-vingts millions.

D'autres grands projets se sont inspirés de cette formule. L'établissement public de construction, bon exemple de ce que l'on appelle l'administration de mission, est une formule efficace pour dépasser les querelles de compétence entre les administrations classiques, pour conférer une responsabilité effective à une équipe pluridisciplinaire qui se sent vraiment investie d'une mission.

Les cas d'échec, de retard ou d'abandon de grands projets s'expliquent tous par l'absence ou l'insuffisance d'un ou plusieurs des éléments précités : succession accélérée de responsables, compétences mal définies, hésitations du pouvoir politique, remises en cause plus ou moins sournoises du projet, absence de lien organique entre ceux qui sont chargés de concevoir le lieu de culture et ceux qui auront la charge de le faire vivre. Qu'une de ces faiblesses apparaisse, et l'on voit s'engouffrer dans la brèche toutes ces forces d'inertie qui sont les anticorps du progrès : objections des comptables, crispations des corporatismes, y compris syndicaux, horreur administrative du précédent, scepticisme dissolvant de la presse et des beaux esprits. Certes, ces difficultés ne sont pas particulières au secteur culturel ; mais on peut construire assez tranquillement la bombe à neutrons, un satellite ou des hôpitaux, car la technicité du sujet ou l'évidence du besoin désarment *a priori* les critiques ou entretiennent l'indifférence générale. Le handicap des équipements culturels est qu'à l'inverse de bien des équipements d'infrastructure ou d'intérêt social, ils sont rarement perçus comme indispensables et urgents, et qu'en outre, dans cette matière, tout le monde croit avoir son mot à dire... et le dit sans se faire prier.

Ce qui est évident pour les équipements neufs l'est aussi pour tous les lieux de culture qu'il s'agit, non de construire mais de relancer ou de réformer. L'action de Jacques Duhamel à propos de l'Opéra de Paris en fournit un exemple. Une politique musicale cohérente avait été conçue par Marcel Landowski ; elle prévoyait à la base, notamment à travers l'enseignement, le développement des pratiques musicales, mais aussi une sorte d'aménagement du territoire musical avec la création ou le renforcement d'orchestres, d'opéras et de ballets dans les régions : le couronnement de l'édifice était déjà en partie réalisé avec l'Orchestre de Paris ; mais, sur le plan lyrique, l'Opéra était en pleine dégénérescence, après avoir jeté ses derniers feux du temps de Georges Auric. Un statut vétuste, des conditions de travail archaïques, des équipes démobilisées, mais aussi un budget lourd qui risquait, à terme, d'étouffer le développement voulu du paysage musical. Le raisonnement de Jacques Duhamel fut qu'en remettant tout à plat, y compris les conventions collectives applicables aux personnels, et pourvu qu'une volonté claire — on y revient — fût exprimée, le « coût marginal » d'un opéra de haute tenue et de référence internationale ne serait pas beaucoup plus élevé que celui de cette lourde machine condamnée à la sclérose, et aurait, au surplus, un effet d'entraînement. Encore fallait-il un homme et une équipe pour relever le défi. Je n'ai jamais su si Marcel Landowski a, sur le moment, imaginé que le nom qu'il lança comme une réponse idéale eût la plus petite chance d'être retenu. Rolf Liebermann était à Hambourg pour près de deux ans encore, en fin de carrière et étranger de surcroît (même pas ressortissant de la Communauté européenne, mais suisse). Sollicité, Liebermann ne cacha pas que Paris et cette nouvelle aventure le tentaient. Rencontrant Jacques Duhamel, il fut séduit. Convaincu de la volonté du ministre, il énuméra avec précision les conditions nécessaires, selon lui, à la réussite du projet. Le président Pompidou, le Premier ministre Chaban-Delmas, le ministre des Finances Giscard d'Estaing donnèrent leur accord. Soutenu par nous, Liebermann établit un projet, recruta une équipe (Solti, Gall, Daydé entre autres). Il fallut surmonter mille obstacles juridiques, sociaux, administratifs, et les réactions de xénophobie, à peine imaginables aujourd'hui, exprimées par une partie de la presse contre cet étranger qui prétendait donner à la France des leçons d'opéra. Je dirai seulement l'étonnement amusé de Liebermann, accoutumé, comme intendant de l'Opéra de Hambourg, à traiter avec le Sénat de la ville, de constater que l'Opéra était en France une véritable affaire d'État, qui entrait tout naturellement dans les préoccupations des plus hauts dignitaires de la République. Il sut d'ailleurs, avec son talent et son charme, les mettre dans son jeu.

Le dernier acte officiel de Jacques Duhamel, que l'état de sa santé allait éloigner des affaires, fut le premier spectacle de l'ère Liebermann : *Les Noces de Figaro,* mises en scène par Giorgio

Strehler avec Georg Solti au pupitre, lors d'une soirée de gala à l'Opéra royal de Versailles. Tous ceux qui ont assisté à cette soirée l'ont encore en mémoire chaque fois qu'ils entendent ne serait-ce que trois mesures des *Noces*. Pour toute l'équipe Duhamel, ce fut en outre, avec la douce satisfaction du travail accompli par les obscurs que nous nous devions d'être, la mélancolie du rideau qui tombe...

Avec des moments parfois difficiles, voire douloureux, Liebermann sut pendant six ans maintenir l'Opéra de Paris au niveau d'excellence où d'emblée il l'avait situé, conformément à notre attente et à ses vues. Le projet était d'une telle force, avec cette volonté, cette durée, cette équipe dont on a parlé plus haut, qu'il put s'imposer en dépit des changements politiques, des critiques pas toujours bienveillantes et de l'inévitable usure. Que la suite n'ait pas été à la hauteur de cette résurrection est notoire ; on peut penser que la faute n'en incombe pas aux hommes, mais au fait que les conditions n'étaient peut-être plus réunies pour qu'un projet, au sens où nous l'entendons ici, puisse réussir.

*Enracinement:* Un lieu de culture n'est pas un concept abstrait, mais quelque chose de situé sur un sol, en un endroit bien déterminé, et où l'on va. Ce n'est pas nécessairement un édifice. Tous ceux qui ont vu près d'Avignon le *Mahabharatâ* présenté par Peter Brook dans la carrière Callet savent quelle magie peut s'opérer, à ciel ouvert, dans un lieu aussi insolite, mais qu'un homme de théâtre a transfiguré. On y montait comme à Mycènes dans la stridence d'une nuit d'été, pressentant qu'on allait à une rencontre fabuleuse. Des aménagements ingénieux mais, somme toutes, rudimentaires donnaient à cette carrière un aspect étonnamment théâtral. Lorsque, en 1988, Pierre Boulez est venu y donner la version définitive de *Répons,* on s'est rendu compte que le miracle pouvait se répéter et que ce lieu industriel avait décidément vocation à être aussi un lieu de culture, pourvu qu'un enchanteur s'en emparât.

Mais, en dehors de ces cas exceptionnels, les lieux de culture sont des bâtiments, parmi lesquels il faut inclure les théâtres antiques, comme ceux du triangle sacré Orange-Arles-Nîmes, ou tous ceux qui, de Châteauvallon à Carcassonne ou à Lyon, ont été imaginés à notre époque dans l'esprit de la grande tradition gréco-romaine. Si ouverts qu'ils soient sur le ciel, ces lieux imposent par leur architecture, leurs volumes, un mode d'occupation de l'espace qui induit une manière d'être ensemble : dans un théâtre à l'italienne, l'obscurité et la relation frontale entre la scène et la salle rendent possible un rapport singulier, intime, du spectateur au spectacle. Mais, à Orange, chaque membre de l'auditoire est une pierre de cette falaise vivante et multicolore qui fait face au grand mur : le public est le théâtre, et chacun des êtres qui le composent a plus ou moins conscience d'être un élément du spectacle. Les termes si commodes de « participation » ou d'« Opéra populaire » trouvent là une application concrète.

Le problème majeur des lieux de culture est de se faire accepter, au point de devenir familiers et de faire partie du paysage. C'est ce qu'il faut entendre par enracinement. Il y a des racines verticales, les fondations qui arriment la maison culturelle dans le sol, non seulement physique mais social, d'une cité, et des racines horizontales qui relient le lieu de culture à la communauté des vivants, qui attirent vers lui la sève de ce public dont il tire sa raison d'être.

Le principal souci de ceux qui ont en charge un lieu de culture est de s'assurer que la greffe a pris, que la maison est bien ancrée dans le sol, que portes et fenêtres lui confèrent un visage suffisamment avenant pour que le public, c'est-à-dire cette multitude de visages à la fois inconnus et reconnaissables, ait envie de franchir le seuil et de jouer le jeu.

Une bonne part de la culture d'aujourd'hui se joue là : tout autant que du contenu artistique, de la valeur propre des événements et des œuvres qui y prennent place, la réussite dépend de la façon dont ces lieux de culture ont été conçus, dont ils s'enracinent dans une cité en devenant un foyer de vie, une référence familière.

Les questions de localisation sont essentielles en matière culturelle. Il est des lieux — quartiers ou régions — qui sont naturellement porteurs en ce domaine : le centre des grandes villes, les quartiers anciens, ou des terres de vieille culture ou de fort dynamisme comme la Provence, Grenoble, l'agglomération lyonnaise ou lilloise. À l'inverse, les banlieues des grandes villes, où il faut justement affirmer une présence culturelle, sont des terres ingrates : seule une politique d'animation intense et très inventive comme celle que Pierre Debauche mena pendant des années au théâtre des Amandiers de Nanterre, à titre de préfiguration d'une maison de la culture, peut conjurer le mauvais sort. On ne dira jamais assez l'action inlassable de ces animateurs chargés d'apprivoiser une population souvent méfiante ou hostile, pour la faire venir à la culture.

La preuve est faite qu'un lieu de culture peut transformer un quartier. Les plus jeunes d'entre nous ne peuvent imaginer ce qu'était le quartier Beaubourg, entre le désordre des Halles et la torpeur du Marais, il y a encore trente ans. Le Centre Pompidou a littéralement transformé ce secteur de la capitale. Il constitue d'ailleurs un des meilleurs exemples d'enracinement d'un lieu de culture. Si contestée qu'ait pu être son architecture, délibérément provocante et qui joue ouvertement de la rupture avec le tissu urbain environnant, personne ne conteste la réussite de la greffe. Sur ce plan, les auteurs du projet ont tenu leur pari.

D'abord celui de l'insertion urbaine. Georges Pompidou, habitant de l'île Saint-Louis et familier des lieux, avait compris que seul un projet culturel d'envergure était capable de combler ce grand vide au cœur de la cité. Le Centre est né de la fusion entre un projet de bibliothèque, initialement prévue aux Halles, et un projet errant de musée d'art du XX^e siècle que Malraux rêvait d'installer à la Défense. Au concours d'architecture, en 1971, il apparut vite au jury que, sur les quelque six cents projets présentés, il en était un qui se signalait par l'audace de sa conception mais qui, surtout, différait de tous les autres par le fait qu'il n'occupait qu'environ la moitié de ce qu'on appelait encore le « plateau Beaubourg ». Ce fut un élément décisif du choix, puis du succès du Centre Pompidou, que cet espace de transition aménagé entre l'édifice et la ville, cet appel au mouvement, au brassage ; si, avec ses cracheurs de flammes, ses jongleurs et ses baladins, cette place a pu choquer certains, il faut reconnaître qu'elle n'a pas altéré la vie du Centre lui-même, mais que, plus encore, elle a puissamment contribué à le faire adopter par le peuple de Paris, jeunes en tête.

Une autre caractéristique du Centre Pompidou est qu'il est le contraire d'un palais des Beaux-Arts comme ceux que la bourgeoisie triomphante du XIX^e siècle aimait à édifier dans un esprit d'autocélébration. À cette époque, les pratiques culturelles étaient avant tout des signes de reconnaissance sociale ; elles ont façonné un visage mondain de la culture qui imposait ces vastes espaces, ces lieux surchargés où la bourgeoisie se donnait en spectacle à elle-même. De cette « culture de parade » l'Opéra de Garnier est un bel exemple, tout comme les musées des Beaux-Arts construits par les bourgeois de Lille, d'Amiens, de Nantes ou de Marseille, les théâtres ou les opéras de bien des villes. La pompe de ces lieux et l'impression d'ennui qu'ils provoquent souvent aujourd'hui les font apparaître, surtout aux jeunes générations, comme de véritables repoussoirs ; il faut toute l'ingéniosité de ceux qui en ont la charge pour persuader un public plus décontracté et plus averti d'en retrouver le chemin. Mais, il y a vingt ans, cette séduction eût été encore inopérante ; la culture, enfermée comme la Belle au bois dormant dans ces palais, fût restée délaissée. Peut-être y a-t-il eu quelque chose de racoleur, voire de démagogique, dans la démarche de ceux qui ont pensé que la culture devait présenter un visage plus simple et se faire plus accessible dans ses formes et dans ses lieux. Mais c'est précisément par ces nouveaux modes d'accès que le public a pu adopter des comportements plus actifs, et en tout cas moins inhibés, grâce auxquels il hésite moins à franchir ensuite le seuil plus austère ou plus impressionnant des lieux classiques de la culture. Beaubourg, à ce titre, aura joué un rôle déterminant, en offrant ce que l'on pourrait appeler la culture de plain-pied. On a cru faire injure aux architectes en comparant le Centre à un supermarché ou à une aérogare ; c'est précisément ce qu'ils ont voulu. Rien ne ressemble moins au portail de bronze d'un palais que ces banales portes de verre qui font passer sans transition et sans ticket d'accès du pavé de la place à la moquette de quatre sous du Centre ; que tout, sauf le musée, y soit accessible librement, que le forum du rez-de-chaussée offre une animation multiforme, que le visiteur soit sollicité de toutes parts et que la façade transparente utilise les mouvements du public comme élément d'animation : tout cela est une des plus belles réussites de ces trente ans de combat pour la culture. On peut critiquer le Centre Pompidou, sa structure compartimentée et sa lourdeur ; nul ne conteste sa vitalité et ce qu'il a apporté durablement de novateur dans les pratiques culturelles. Ce succès tient pour une grande part à sa conception révolutionnaire de lieu de culture ouvert, immédiatement accessible. La culture y perd sans doute de son aura et peut faire oublier la part d'ascèse qu'implique la fréquentation des œuvres de l'esprit. Mais il est bon qu'en un lieu majeur toute barrière semble abolie. Il reste bien assez d'endroits dont la porte demeure étroite, et l'atmosphère feutrée.

Le Centre a transformé le quartier ; après plus de dix ans de vie, et au-delà des effets de mode liés à l'engouement des débuts, la présence de galeries d'art, de librairies, de cafés-théâtres, de boutiques de modes, est devenue l'environnement stable du Centre. L'église Saint-Merri elle-même a trouvé dans cet environnement une nouvelle vocation, un peu tumultueuse parfois, mais qui la fait échapper au morne silence de tant de nefs désertées. Avec le théâtre de la Ville et le Châtelet rénovés, et le Forum des Halles, en dépit de sa pauvreté architecturales, un véritable pôle culturel a été créé là. Si le Centre Pompidou a un rayonnement national et international, il l'assume d'autant mieux qu'il est installé au cœur de Paris. Ce grand vaisseau illuminé qui, la nuit, semble prêt à appareiller est solidement amarré au port.

Beaubourg n'est qu'un exemple ; mais parce que le pari était très risqué, en raison de l'énormité du bâtiment, de la nouveauté de sa fonction et du caractère provocant de ses formes, la réussite est d'autant plus probante. Il est bien d'autres cas qui prouvent qu'un lieu de culture ne peut vivre sans racines et sans une préparation de terrain : ainsi le théâtre de la Criée de Marcel Maréchal, sur le Vieux-Port de Marseille, a été adopté par la ville, comme la Halle aux grains de Toulouse, lieu désormais investi par la musique, après l'avoir été par le sport, le T.N.P. à Villeurbanne, le Musée d'art moderne de Grenoble ou celui de Saint-Étienne. Dans tous ces cas, et dans bien d'autres, il ne s'agit plus seulement d'un équipement culturel, mais d'un lieu d'échange, relié à une population, à une cité, qui se le sont appropriés et en font un objet de fierté.

Ces exemples montrent que l'enracinement n'est pas seulement physique ou urbanistique, il est également civique. Quels que soient le statut du lieu de culture et son mode de financement, il ne peut vivre sainement que s'il entretient un rapport étroit avec la ville, le département, la région où il se trouve. Même dans le cas d'équipements dont la tutelle et le financement relèvent uniquement de l'État, il est indispensable que le lieu de culture soit ressenti par ces communautés locales comme n'étant pas un comptoir de la culture parisienne ou un fief jacobin. Cela n'est pas toujours aisé, surtout lorsque l'institution en question est, par son importance et l'ambition de son projet, disproportionnée par rapport à la commune où elle est située.

Parce que l'on a compris que la culture vivante devait s'incarner dans des lieux appropriés, les collectivités locales, et notamment les villes, ont pris conscience depuis une vingtaine d'années de leur responsabilité culturelle. Jusqu'alors, à quelques exceptions près, comme, notamment, Bordeaux et Strasbourg, et les quelques villes qui avaient tenté l'expérience des maisons de la culture, les municipalités se bornaient à entretenir leur patrimoine culturel, souvent en renâclant. Aujourd'hui, tout a changé. La plupart des villes grandes ou moyennes consacrent plus de 10 % de leur budget à la culture (et même plus de 20 % à Lyon, Strasbourg et Avignon). Les maires sont des bâtisseurs, et ils sont attentifs aux aspirations du public. Ils n'ont pas construit uniquement des piscines et des centres sportifs ; ils ont réalisé des équipements culturels, soit en réhabilitant des bâtiments anciens comme l'Arsenal à Metz ou l'Abbaye-aux-Dames à Saintes, soit en édifiant des musées comme à Grenoble ou à Caen, des salles de spectacle ou de concert comme à Nice ou à Lyon. La renaissance des musées de province, celle des opéras, parfois des bibliothèques, la prolifération des festivals qui, à l'exemple de ce pionnier que fut le Festival du Marais, permettent de redécouvrir et de réhabiliter des quartiers anciens, tout contribue à impliquer pleinement les villes dans cette grande aventure des lieux de culture. Et ces lieux, nés d'une volonté locale, s'enracinent souvent mieux que ceux qui procèdent d'une volonté d'en haut.

Le lieu de culture doit être en rapports étroits avec le tissu associatif, le milieu scolaire, l'industrie touristique, les entreprises, sans oublier les autres institutions culturelles voisines, même si elles concernent des disciplines différentes. Car rien n'est plus antinomique de la culture que la vie en vase clos. Cela nous conduit tout naturellement à la troisième clé des lieux de culture.

*Réseau:* il est des lieux de culture qui appartiennent à des catégories connues, ayant leur définition, leur statut, leurs règles ; ainsi des musées, des maisons de la culture. L'administration, qui a l'esprit géométrique, excelle à inventer des systèmes dans lesquels elle force à entrer les assujettis que sont pour elle les bénéficiaires de la manne publique. Une telle mise en ordre n'a pas que des inconvénients, et l'établissement de règles communes garantit plus d'objectivité, parfois même une plus grande cohérence des concepts culturels à mettre en œuvre. La création de « centres dramatiques nationaux » a permis d'assurer la pérennité de l'effort entrepris depuis de longues années pour susciter une vraie vie théâtrale en province. De même en matière de musique, avec les orchestres de région. Ces catégories ont aussi le mérite de rendre possible une coopération entre leurs différentes composantes. Ce besoin est tellement évident que, même en dehors de toute impulsion administrative, les institutions culturelles de même nature se fédèrent ou créent des structures de concertation et de coopération.

Parfois ces rapprochements s'opèrent au niveau des personnes, comme le prouve la très dynamique association des conservateurs des musées du Nord et du Pas-de-Calais. Une structure créée en 1974, sous l'impulsion de Michel Guy, l'Office national de diffusion artistique (O.N.D.A.) aura joué un rôle déterminant, non seulement dans la circulation des spectacles ou des concerts dans tout le réseau culturel, mais aussi dans l'information et les échanges entre les responsables disséminés sur tout le territoire.

Quant aux lieux de culture originaux inclassables par nature, il n'échappent pas pour autant à la nécessité d'appartenir à des réseaux, le plus souvent de portée internationale. Les grandes scènes lyriques du monde, comme les grands musées, entretiennent ainsi des relations étroites. Il n'est plus possible aujourd'hui d'organiser une exposition de quelque envergure sans le concours des principaux musées d'Europe et d'Amérique. De même, les productions lyriques de plus en plus coûteuses associent fréquemment plusieurs Opéras. Dans ces domaines et dans quelques autres, on voit ainsi se constituer des communautés professionnelles généralement informelles, mais d'autant plus dynamiques. Le monde des musées, que l'on croit replié sur lui-même, est extraordinairement ouvert sur le plan international. Lorsque, grâce au concours d'Air France, nous avons pu inviter à l'inauguration d'Orsay les conservateurs des principaux musées du monde, j'ai cru assister à l'un de ces mariages princiers rassemblant tout le Gotha. On comprend alors que la diversité des systèmes institutionnels et des politiques culturelles, ainsi que le formalisme des relations diplomatiques, n'aient que peu de prise sur ces communautés internationales de la culture qui naissent et s'organisent librement.

*Structure* est la quatrième et dernière clé qui permet d'approcher les lieux de culture dans leur réalité vécue ; il faut ici dire un mot de la gestion culturelle.

Du point de vue juridique, l'expression « lieu de culture » est neutre ; elle permet de mettre l'accent sur une réalité sensible accessible à chacun dans un des endroits où lui sont proposés la musique, le théâtre, la peinture ou d'autres expressions de la pensée artistique. Il est normal que le public ne se préoccupe pas de l'intendance ; la climatisation ou le régime financier ne le concernent pas. La diversité des statuts, leur complexité importent peu pour celui qui fréquente les lieux de culture, et c'est fort bien ainsi.

À ceci près que les dysfonctionnements, les déficiences de la machinerie culturelle ont nécessairement des conséquences sur le plaisir du public et sur la qualité de ce qui lui est offert. Dans cet itinéraire à travers le paysage culturel, on ne peut donc faire l'économie d'une réflexion, même succincte, sur ces problèmes de structure et de gestion.

Le statut des lieux de culture est d'une grande diversité ; toute la panoplie des formules juridiques s'y rencontre : service extérieur d'administration centrale, établissement public, association, fondation, société civile ou commerciale, et même coopératrice ouvrière. Des raisons d'opportunité politique ou de logique administrative plutôt qu'une approche purement culturelle commandent le choix de l'une ou de l'autre. La culture n'a pas engendré un droit original ; elle a dû puiser dans un arsenal juridique qui n'a pas été conçu pour elle. On découvre par là que la gestion de la culture est une affaire qui, longtemps, est passée pour secondaire, voire marginale. Dans une société soumise, selon les cas, à la logique étatique du service public ou à celle du commerce, l'activité culturelle a dû se couler tant bien que mal dans l'un ou l'autre de ces moules. On commence seulement à s'apercevoir qu'elle a sa logique propre et qu'à la considérer comme une activité administrative ou commerciale, on la réduit ou on la dénature.

Il existe pourtant un précédent historique illustre, qui montre que l'activité culturelle mérite un traitement spécifique. Ce n'est pas un hasard si, pour l'essentiel, la Comédie-Française est encore régie par le décret dit « de Moscou » pris en 1812 par Napoléon. Notre théâtre national a la forme d'une société de comédiens à qui sont affectées des « parts » (d'où l'expression de sociétaire « à part entière » qui est passée dans le langage courant) et qui se partagent, en sus d'une rémunération fixe, des « feux » provenant de la recette des spectacles. Les sociétaires sont choisis, par cooptation, parmi les pensionnaires, qui sont des comédiens salariés ordinaires. La Comédie-Française est, d'une certaine façon, l'ancêtre de l'autogestion, où la tutelle de l'État est symbolisée par la présence d'un administrateur général nommé par le gouvernement ; il est à la fois le représentant de l'État et le chef de la maison. Cette formule complexe permet toutes les interprétations : si l'administrateur général est un haut fonctionnaire, ambassadeur ou même préfet (cela s'est vu), s'il est un écrivain ou un homme de théâtre, ou s'il est enfin un comédien de la maison, le pouvoir réel sera réparti différemment entre lui-même et le comité, émanation des sociétaires. Chacune des formules a connu ses échecs, mais elles auront toutes été marquées par des succès éclatants qu'illustrent, au cours de ce siècle, des noms comme ceux de Pierre-Aimé Touchard, fonctionnaire, Édouard Bourdet, écrivain et homme de théâtre, Maurice Escande et Pierre Dux, comédiens-français, qui furent tous de vrais « patrons » de la grande maison. Et, bien que la subvention de l'État soit depuis longtemps la principale ressource du théâtre, qui dépend aussi du budget public pour ses équipements, la personnalité autonome de la Comédie-Française n'a jamais été remise en cause. Ce subtil mélange de gestion publique et de gestion privée, cet équilibre entre l'esprit de corps d'une communauté d'artistes et les principes du service public, cette structure complexe combinant l'autorité d'un seul et la participation d'une troupe composent une institution culturelle exemplaire. Lorsqu'elle fut réorganisée au début du XIXe siècle, la Comédie-Française héritait d'une tradition remontant à Louis XIV ; elle a traversé depuis bien des crises ; aujourd'hui, placée sous la direction d'Antoine Vitez, elle nous offre l'image d'une jeunesse triomphante. Il n'est pas indifférent que Vitez, homme des avant-gardes, ait été séduit par le prestige de l'institution et le système de pouvoir qui la régit.

Par comparaison avec la maison de Molière, la plupart des structures de gestion des institutions culturelles ou des lieux de culture plus récents paraissent pauvres, étriquées, fragiles. Tout semble ordonné pour satisfaire la tranquillité des comptables ou l'arbitraire des tuteurs, et pour créer les conditions d'un choix impossible entre le pilotage de ces institutions par un gestionnaire dépourvu de sens artistique et un artiste insouciant des exigences de la gestion. Pourtant, le problème majeur des structures culturelles réside dans la combinaison de ces deux impératifs. Au-delà de la diversité des statuts et de la variété des finalités, il faut doter ces lieux de culture d'un véritable statut d'entreprise culturelle.

Le mot peut choquer. Il semble impliquer l'esprit commercial et la recherche du profit. Tel n'est pourtant pas notre propos. Nous parlerons dans le prochain chapitre des rapports délicats entre l'économie et la culture. Ici, ce n'est pas de cela qu'il s'agit. Si tout, dans cette réflexion à propos des lieux de culture, nous conduit à parler de projet, d'équipe, d'initiative et de risque, il est clair que l'entreprise, entendue comme un ensemble humain solidaire et responsable de l'objectif qu'il s'est fixé, résume bien l'esprit qui doit animer l'organisation des lieux de culture.

Longtemps, la gestion culturelle a été un sujet tabou, dont il était malséant de parler. Sans doute existait-il des entrepreneurs culturels, comme les éditeurs, les propriétaires de galeries ou de théâtres, les producteurs de cinéma ; mais on feignait de penser qu'il ne s'agissait que de commerces nobles, jusqu'à ce que l'on ose parler, à partir de 1970, d'industries culturelles. Quant aux activités culturelles d'intérêt général, elles étaient régies par les procédés ordinaires de l'action administrative, y compris par la concession de service public, comme pour l'eau, le gaz ou l'électricité. On a oublié, par exemple, que l'Opéra de Paris jusqu'à la guerre et le T.N.P. de Vilar et de Wilson étaient des concessions, exploitées à leurs risques et périls financiers par leurs titulaires, avec ou sans subvention publique. On commence seulement à liquider ces archaïsmes.

La culture ne peut vivre ni en état d'apesanteur économique, ni sous un régime d'assistance publique ou d'administration régalienne. Si désintéressée soit-elle par bien des côtés, l'activité culturelle, c'est aussi des salaires à verser, des investissements à faire, des résultats quantifiés à atteindre. L'aide publique ne saurait être inconditionnelle : les élus ont des comptes à rendre à leurs mandants, comme lorsqu'ils aident l'agriculture ou l'industrie ou financent les services sociaux. Rien ne justifierait que les gens de culture soient les seuls à être soustraits aux contreparties des aides publiques qu'ils réclament.

Ainsi, de quelque côté que l'on envisage les choses, la culture n'échappe pas aux exigences d'une bonne gestion. Même si sa finalité est désintéressée, elle est soumise à ce qu'il faut oser appeler une contrainte de rentabilité, si l'on entend par là l'emploi le plus rationnel possible des ressources affectées à un objectif précis. Pendant longtemps, le milieu culturel s'est refusé à regarder ces réalités en face, la proclamation d'une mission sacrée et du droit à la subvention se suffisant à elle-même. L'État, d'ailleurs, entrait dans ce jeu, et l'on se flattait de part et d'autre de mimer Louis XIV et Molière. Le psychodrame de la sébile et du cocktail Molotov, évoqué plus haut, aura été le dernier acte de cette comédie. Depuis lors, un certain esprit d'entreprise, et donc de responsabilité, gagne de proche en proche tout le milieu culturel.

Toute la question est d'appliquer à la culture une exigence désormais générale de rationalité de gestion, sans pour autant lui faire perdre son âme. On est encore loin de compte, mais, sur ce plan, l'état d'esprit des gens de culture a davantage progressé que celui des fonctionnaires avec lesquels ils traitent. L'administration, qui excelle à prêcher le changement, la rigueur et la modernité à la société civile, oublie souvent d'appliquer elle-même ces excellents principes. Son formalisme juridique, sa crainte du précédent, son goût du contrôle et de la tutelle, sa proverbiale lenteur ont de quoi faire enrager tous ceux qui agissent sur le terrain. Il n'est pas un responsable culturel qui n'ait son lot de doléances : dossiers de subvention perdus, à refaire trois fois en dix exemplaires, promesses non tenues, contrôles superposés, procédures inutiles, questions sans réponse. Si l'on voulait agir en stricte conformité avec les règles administratives, les Rencontres d'été de la Chartreuse de Villeneuve auraient lieu à la Toussaint. Le pire est que tout le monde, ministre en tête, reconnaît l'absurdité de ce système, mais qu'on semble impuissant à le corriger.

Il est vrai que de nombreux progrès ont été réalisés. Bien des statuts ont été modernisés. Des systèmes contractuels, de portée pluriannuelle, ont été mis en place dans certains secteurs, permettant de donner aux responsables culturels, une perspective à moyen terme, en dépit du dogme de l'annualité budgétaire, et de conférer à leurs engagements un caractère moins unilatéral et colbertiste que dans l'archaïque régime des « cahiers des charges ». L'exemple du Musée d'Orsay montre qu'on évolue vers la reconnaissance d'un lieu de culture comme unité de gestion, avec des responsables dotés d'une certaine autonomie d'initiative. On voit des normes communes s'imposer progressivement, en dépit de la diversité des statuts juridiques, l'unité fondamentale des lieux de culture finissant par prévaloir. Il serait vain dès lors de chercher un modèle idéal, de revendiquer pour la culture un droit particulier, un type de structure entièrement nouvelle. Le droit français est assez riche pour fournir une gamme adaptée à la diversité des situations. À la Chartreuse de Villeneuve, le centre culturel s'accommode assez bien du statut d'association de la loi de 1901, qui permet de rassembler des représentants de l'État, des collectivités territoriales et des personnalités culturelles dans un conseil d'administration compétent pour voter un budget et fixer les grandes orientations, mises en œuvre par un directeur et son équipe. Mieux vaut une prolifération législative capable de répondre à des situations multiples que la belle ordonnance d'un jardin juridique à la française. Que d'autres décrets de Moscou ou de Latché inventent au coup par coup de nouvelles structures de gestion, et la culture ne s'en portera que mieux.

L'activité culturelle doit se plier autant que possible aux exigences de la rigueur de gestion, mais sans perdre son identité. Car un impératif de rentabilité mal formulé conduit à sacrifier la qualité à la recette, et si les responsables culturels sont accaparés par les soucis de la gestion, ils en viennent à perdre toute créativité.

Sur ces différents points, l'État a une responsabilité déterminante. Dans tout ce chapitre sur les lieux de culture, on a peu parlé de l'État. Il s'agissait précisément de montrer que la culture ne se réduit pas à une politique culturelle et à une machinerie gouvernementale, qu'elle est surtout dans ces lieux où elle se crée et se diffuse. Mais, si les lieux de culture doivent exister en eux-mêmes et non comme de simples rouages de l'appareil d'État, celui-ci n'en a pas moins un rôle à jouer. La plupart des grands lieux de culture ne peuvent exister que par sa volonté et par les moyens importants que lui seul, pratiquement, peut fournir. Il lui appartient aussi de fixer la règle du jeu mettant les lieux de culture en mesure de prouver leur fertilité.

Ce qui rend l'activité culturelle irréductible à toute autre, c'est qu'à tout moment elle impose un arbitrage entre la rigueur et la folie. Il n'y a pas de culture sans une part reconnue au rêve, à l'impossible. On peut vouloir réduire cette part, non l'abolir. C'est elle seule qui rendra possible l'œuvre jamais encore dite, jouée, chantée, montrée ; c'est elle qui nous portera, les soirs de grâce, au-dessus de nous-mêmes et qui gravera dans nos mémoires un souvenir aussi ineffaçable que nos plus beaux moments d'amour. Rendus responsables, les gens de culture ne doivent pas être culpabilisés au point de renoncer à l'avance à ce grand saut dans l'inconnu. Car, si l'on veut à toute force établir une comparaison avec l'industrie et son management, il faut admettre que la culture est une industrie de prototypes, où aucune méthode ne garantit à coup sûr le succès ; le risque est toujours démesuré, les critères de réussite par nature indéfinissables. On est là plus proche de l'activité de recherche scientifique que de la production de biens et de services pour un marché. Ce que l'on accorde normalement au chercheur, la part du risque et le droit à l'erreur, qu'on le concède donc aux créateurs et aux médiateurs qui font connaître leurs œuvres au public des lieux de culture.

Ces lieux ne sont ni des temples, ni des marchés. On n'y impose nulle croyance, et s'il arrive qu'on y acquitte un droit d'entrée, on n'y vend rien. Chacun vient librement puiser à la source commune l'eau vive d'une certaine ferveur.

Fragiles, écartelés entre la permanence des valeurs qu'ils offrent et la précarité des formes qui les portent, soumis aux lois, à peine adoucies pour eux, d'une société calculatrice, cherchant à tâtons au-delà des aspirations connues de leur public ce qui engendrera la surprise et peut-être l'émerveillement, les lieux de culture sont, parmi nous, tout à la fois familiers et lointains, inutiles et indispensables. Notre ressentiment envers leurs échecs est plus vif que ne l'est notre gratitude quand ils nous comblent.

Pour ceux qui en ont la charge, la mission est ardue. Laissons à l'un des plus brillants d'entre eux, Patrice Chéreau, le dernier mot : « Notre vocation est de remplir les salles. Il faut savoir jusqu'où on peut aller trop loin — jusqu'à l'endroit où il n'y a pas encore de public. Là, il faut se retourner, attendre, voir si ça suit. Et parfois rebrousser chemin »[1].

1. Patrice CHÉREAU, interview au *Figaro Magazine*, 8 décembre 1988.

# IV

# La culture vue de l'entreprise

*Brèves considérations*
*sur les rapports*
*entre la culture et l'économie.*

Associer culture, économie et questions d'argent semble toujours incongru, comme si les affaires de l'esprit devaient être affranchies de considérations aussi prosaïques. On n'ose parler d'argent, en ce domaine, qu'à propos de fabuleux cachets d'artistes ou des prix phénoménaux qu'atteignent certains tableaux, comme si, en tirant la culture du côté des Mille et une nuits, on la libérait des pesanteurs ordinaires de l'économie. L'artiste paraît n'être dans son emploi que lorsqu'il est famélique comme Van Gogh ou fastueux comme Rubens. Mais Molière consultant fébrilement le registre de La Grange pour connaître la recette, ou Balzac obsédé par ses créanciers, ceux-là gênent comme si ce genre de préoccupations n'était pas digne d'eux.

Rien ne justifie cet angélisme. La culture ne vit pas de l'air du temps. Les grands mots dont on use volontiers à son sujet — patrimoine, création, droits du créateur — n'ont de réalité concrète que si, à l'égal d'une monnaie, ils sont convertibles. Convertibles en bon argent qui rémunère un travail, consacre une valeur, rend possible une liberté. Certes, les valeurs dont la culture est porteuse ne se réduisent jamais à leur aspect matériel. Un tableau vaut toujours plus que le coût de la toile, du châssis, de la peinture, et même que la valeur-travail qui y est incorporée. La « valeur ajoutée » que représentent l'idée de l'artiste, sa mise en forme, la présence même du créateur dans son œuvre et qui la rend unique, peut varier à l'infini, en fonction du goût, de la mode, mais aussi, et plus profondément, de l'idée qu'une société se fait du rapport entre cette œuvre et toutes les autres. De ces variations naissent les mouvements spéculatifs dont vit le marché de l'art ; mais, en laissant de côté cet aspect mercantile, il faut voir que les valeurs culturelles ont une double nature. D'un côté, les œuvres d'art et, d'une façon plus générale, les biens culturels sont éminemment précieux en raison de leur fragilité, de leur caractère unique ; comme tels, ils sont littéralement inappréciables. Mais, d'autre part, ils ont un prix, qui les rapproche de tous les autres biens, à ceci près que cette valeur dépend dans une large mesure de considérations étrangères à la rationalité économique courante et qui tiennent au regard culturel que nous portons sur eux. En d'autres termes, les valeurs culturelles peuvent être « traduites » en termes économiques ; mais elles conservent leur originalité et ne se réduisent jamais complètement à une valeur vénale.

L'art n'a de valeur économique que s'il existe un marché, c'est-à-dire un système d'échanges organisé permettant d'établir la valeur de l'œuvre et de reconnaître les droits du créateur en un sens patrimonial et non seulement moral.

Il y a toujours eu chez l'homme une volonté d'appropriation des œuvres d'art, même dans les cas où elles avaient été conçues comme l'expression collective de tout un peuple, de ses rêves et de ses angoisses ; leur caractère magique, sacré ou précieux, a constamment attiré les amateurs de « curiosités », comme on disait au XVIIIe siècle. Les rapports de forces, ceux de la guerre, du pouvoir, de l'argent ont, dans toutes les sociétés, et depuis la plus haute antiquité, commandé la circulation des œuvres d'art. Rome, dans ses conquêtes, a amassé des butins que de riches amateurs, et non seulement les consuls, les empereurs et les généraux, s'arrachaient ; un véritable marché de l'art existait dans la capitale de l'Empire. Mais l'artiste était le plus souvent absent de ces transactions.

Les droits des artistes, qui sont pour nous une évidence, n'ont, en effet, été reconnus qu'assez récemment. L'économie de la culture a été pendant des siècles, des millénaires même, une économie de transactions et d'appropriation, non une économie de production. Bien qu'à l'origine de tout, le « producteur » qu'est le créateur y tenait une place fort réduite. Longtemps, dans nos sociétés occidentales, il n'a eu sur son œuvre qu'un droit théorique, ou pas de droit du tout. Jacques Attali fait remarquer que Watteau est mort pauvre, alors que les graveurs faisaient fortune en reproduisant ses tableaux[1]. La propriété littéraire et la propriété artistique, qui reconnaissent aux artistes des droits propres (droit d'auteur, droit moral, droit de suite, droits dits « voisins ») ne sont apparues dans nos systèmes juridiques qu'à partir de la fin du XVIIIe siècle. Il faudra attendre 1886 pour que la convention de Berne amorce une extension de ces droits au plan international.

Ce retard s'explique aisément. L'économie de la culture a toujours été dominée par la commande et par le service. On

1. Jacques ATTALI, *Au propre et au figuré*, Paris, Fayard, 1988, p. 371.

payait l'artiste pour ce retable, cette cantate, cette ode qu'on lui commandait ; ou bien on l'attachait à son service, qu'on fût roi, prince ou évêque, comme maître de chapelle, peintre ou comédien ordinaire appointé, à qui l'on payait des gages. L'artiste était effectivement rémunéré, parfois fort bien, et souvent honoré. Mais personne ne concevait qu'il eût un droit sur l'œuvre livrée en exécution de son service ou d'une commande souvent assortie de directives précises sur le sujet et la manière de le traiter.

C'est dans les Flandres, semble-t-il, qu'apparaît au XVI^e^ siècle l'artiste ne travaillant pas à la commande, mais à son gré ; on voit alors s'organiser à Anvers des corporations d'artistes qui pratiquent l'exposition et la mise aux enchères de leurs œuvres. Un peu plus tôt, à Florence, Jean Favier signale les transformations qu'opère l'irruption des banquiers et des hommes d'affaires dans la commande aux artistes, réservée jusque-là à l'Église, aux princes et aux cités. Des collections privées se constituent, et les premiers concours apparaissent, comme celui dont Ghiberti sortira vainqueur pour les portes du Baptistère. De seigneuriale qu'elle était, la commande tend à devenir commerciale. « L'homme d'affaires entend faire jouer la concurrence, savoir ce que coûte l'œuvre et ce qu'il aura pour son argent »[1].

Dans toute l'Europe, à partir du XVIII^e^ siècle, s'organise progressivement un marché de l'art, avec des salons, des expositions et une critique professionnelle qui guide le jugement des amateurs. Grâce aux « cabinets d'antiques » ou « de curiosités », les œuvres anciennes pénètrent le cycle de la valeur marchande. Cette appréciation nouvelle des œuvres du passé rend familière l'idée qu'une œuvre contemporaine peut acquérir de la valeur, ouvrant ainsi la voie à une démarche spéculative.

L'œuvre, qu'elle soit artistique ou littéraire, change de statut.

1. Jean FAVIER, *De l'or et des épices*, Paris, Fayard, 1988, p. 439.

Accédant au marché, elle devient une valeur d'échange. S'opère alors la reconnaissance du créateur comme sujet juridique et comme agent économique détenteur d'un vrai droit de propriété sur son œuvre, d'un droit moral destiné à en garantir l'intégrité contre le plagiat ou l'altération, et enfin d'un droit de transmission patrimoniale aux héritiers.

Il faudrait ici faire une distinction, capitale sous l'angle philosophique, mais aussi pour l'économie de la culture, entre les œuvres plastiques et architecturales, tout entières contenues dans un objet qui exprime leur caractère unique (sous la réserve des estampes et de certaines sculptures dont on peut tirer, selon la volonté de l'artiste, un nombre limité d'exemplaires à partir d'un modèle qui, lui, est unique par définition) et les autres œuvres, principalement littéraires et musicales. Ces dernières ont, elles aussi, un caractère unique par essence, matérialisé par un manuscrit qui a sa valeur intrinsèque; mais elles n'existent culturellement que par la multiplication et la diffusion, c'est-à-dire en étant éditées ou interprétées. Les œuvres plastiques ont été progressivement alignées sur le sort juridique et économique de tous les biens mobiliers ou immobiliers, sous réserve du droit moral du créateur, et se transmettent indéfiniment d'un patrimoine à l'autre. Les œuvres littéraires et musicales ont un statut bien différent: au terme d'une certaine période, elles tombent dans le domaine public, qui consacre, pour l'essentiel, un libre usage. Si la *Madone de Foligno* de Raphaël appartient toujours au Vatican et tel tableau de Vermeer à la couronne d'Angleterre, la *Passion selon saint Matthieu*, *Hamlet* ou *La Divine Comédie* sont la propriété de l'humanité, et n'importe qui peut les éditer ou les interpréter à ses risques et profits. Plus l'œuvre se détache d'un support matériel, plus elle sort de la logique ordinaire de l'appropriation privée, de la transmission patrimoniale et de la valeur spéculative. Mais elle n'échappe pas pour autant à la logique économique; si l'on peut librement et gratuitement éditer Stendhal, représenter un drame de Schiller, monter *Carmen* ou la *Tétralogie*, encore faut-il financer cette initiative. On entre alors dans une économie d'entreprise culturelle.

Là aussi, les données générales de l'économie de marché ont pénétré la vie culturelle. Dans l'Antiquité, le théâtre était une fête collective offerte par la cité à tous les citoyens, et les plus pauvres, en Grèce, étaient même défrayés pour pouvoir y participer. Les mystères du Moyen Âge représentés sur le parvis des cathédrales, les cantates composées par Bach pour Saint-Thomas de Leipzig, les opéras-ballets offerts par Louis XIV à sa sœur ou les quatuors de Haydn dont le prince Esterhazy honorait ses invités, étaient liés à l'exercice du culte ou à des pratiques sociales ou mondaines. La charge économique qui en résultait pour le commanditaire échappait à toute préoccupation de rentabilité. C'est avec l'imprimerie et l'édition pour la littérature, avec le théâtre du Globe en Angleterre, l'hôtel de Bourgogne en France, et, d'une façon générale, tout ce qui est représentation ouverte à un public anonyme et payant, qu'apparaissent les pratiques culturelles modernes. Un marché de la culture naît alors : il implique en principe le libre accès de tous au livre, au spectacle, au concert ; il engendre aussi un risque et une perspective de profit pour le créateur, pour l'interprète et, plus encore, pour l'entrepreneur de spectacles, l'éditeur, bref tout médiateur qui, s'interposant entre l'œuvre et le public, assume la responsabilité d'une offre de culture.

C'est donc de manière très progressive que la culture, comme production d'œuvres, d'événements, de valeurs, s'est dégagée du cérémonial des cours, des églises, des cités et des corporations pour devenir objet de propriété, matière à investissement, libre choix de consommation individuelle ayant son prix sur un marché et ses règles de transmission et d'échange plus ou moins inspirées des normes habituelles de l'économie. Tout en conservant, à bien des égards, un caractère irréductible, la culture n'est entrée dans le cycle de l'économie générale que depuis moins de deux siècles.

Cette originalité est à la fois manifeste et insaisissable : si l'on s'explique qu'un grand vin prenne de la valeur en vieillissant, rien ne justifie objectivement que le rapport de valeur se soit radicalement inversé, en moins d'un siècle, entre Bouguereau et Van Gogh, sinon l'évolution du goût, c'est-à-dire de l'idée proprement culturelle que nous nous faisons de ces artistes et de leur œuvre. Il est facile d'ameuter l'opinion au sujet du cachet d'un chef d'orchestre ; il n'est pourtant pas plus déraisonnable que la rémunération de telle vedette du tennis ou du football. Il correspond pourtant à une logique économique. Si l'on admet l'existence d'un marché compétitif où la valeur est fonction de la rareté, le « prix » d'une personnalité artistique n'est pas identifiable à un salaire : il est la rémunération d'un capital humain d'autant plus précieux qu'il est unique, c'est-à-dire fragile et non renouvelable.

Hautement spéculative, aberrante même par rapport à d'autres échelles de valeurs vénales, la culture, en s'installant sur le marché et en se pliant en apparence au jeu de l'économie, apporte avec elle une charge de passion, d'irrationnel qui fait frémir les financiers. Mais on reconnaîtra qu'elle met un peu d'humanité dans la science économique ; même si elle va jusqu'au grain de folie, cela a plus d'allure qu'une panique boursière.

Les rapports entre économie et culture doivent être étudiés froidement. Il faut bannir aussi bien cet angélisme culturel qui voudrait faire l'économie de l'économie en s'affranchissant de ces considérations vulgaires, que le cynisme qui prétendrait tarifer le génie et enrôler la culture sous la bannière de la spéculation et du profit. Il convient aussi d'écarter ce syncrétisme à la mode qui, mélangeant tout, ne résout rien ; on vise ici ce slogan facile « culture-économie, même combat » ressassé par une gauche qui veut montrer que rien ne l'arrête dans sa conversion au réalisme et au modernisme. Il est bon que chacun admette que la culture peut et doit s'analyser en flux financiers, en investissements, en consommation des ménages, qu'il y a des industries culturelles et que la culture crée ou supprime des emplois, influe positivement ou négativement sur la balance des comptes[1].

Il y a une économie de la culture et une dimension culturelle de l'économie. Mais l'une ne se confond pas avec l'autre. Malraux allait sans doute trop loin, dans sa vision désespérée d'une condition humaine errant sous un ciel abandonné des dieux, où la culture se substituait aux anciennes transcendances et flottait au-dessus des contingences. Mais on ramenant la culture à une forme supérieure du loisir de masse ou à la frange ludique de l'économie, on tomberait dans l'excès inverse. Dans une société par bien des aspects matérialiste, il est réconfortant que la culture demeure perçue comme porteuse de valeurs autres que mercantiles.

Les rapports nécessaires entre l'économie et la culture seront donc d'autant plus féconds que l'on aura conscience à la fois de ce qui les rend irréductibles et cependant complémentaires. C'est ce qui est en train de se produire. Nous avons déjà noté les progrès de la gestion culturelle, qui s'inspire désormais, dans une certaine mesure, de la rationalité de l'entreprise. On assiste symétriquement à une prise de conscience de la dimension culturelle de l'entreprise, à travers notamment le mécénat.

*Métamorphoses du mécénat.*

Un certain nombre de clichés jettent de l'ombre sur ce phénomène à la fois familier et mal connu qu'est le mécénat.

1. Le Service des études du ministère français de la Culture a joué un rôle de pionnier dans l'analyse économique de la culture. L'Unesco et, depuis quelque temps, la Communauté européenne ont aussi travaillé en ce sens de manière utile.

Multiple dans ses formes, il est aussi ancien que l'art. Commander des œuvres, faire vivre les créateurs, les encourager par divers moyens : des princes de l'Antiquité aux cours allemandes, des banquiers florentins aux couturiers parisiens, l'histoire offre maints exemples de ces rapports de fascination mutuelle, d'amitié ombrageuse ou de soumission plus ou moins acceptée qui font la légende sombre et dorée du mécénat. À la limite, on pourrait presque faire passer toute l'histoire de la culture sous la rubrique du mécénat. Ce que Jean Favier[1] baptise « mécénat pieux » de ces corporations qui offrent à la cathédrale de Chartres quarante-deux verrières où les gens de métier se montraient fièrement avec les outils et les gestes de leur travail, et qui font pendant aux quarante-quatre verrières offertes par souverains et barons, ou le « mécénat publicitaire » d'un Jacques Cœur montrant ses ambitions maritimes dans le décor de son palais de Bourges, est-ce bien du mécénat ? A moins de dénaturer le sens du mot, il ne suffit pas d'avoir avec un artiste un rapport financier pour être un mécène ; et, comme le terme redevient à la mode, il faut se garder d'une conception tellement extensive qu'elle en perdrait toute consistance.

Ce n'est pas un hasard si Gaius Maecenas, conseiller de l'empereur Auguste, est resté dans l'histoire comme le protecteur exemplaire des belles-lettres. À première vue, la notion de protection semble induire une dépendance peu compatible avec la souveraine liberté qui doit être celle de l'art et des créateurs. Mais quand on sait la vulnérabilité qui caractérise les œuvres de l'esprit et leurs auteurs, on comprend que les protéger n'est pas nécessairement les assujettir, mais plutôt les affranchir. Même reconnus et célébrés, l'art et l'artiste ont besoin de protection. La loi, le droit peuvent y pourvoir, encore que, on l'a vu, il ait fallu attendre longtemps pour que des textes confèrent un statut

1. Jean FAVIER, *op. cit.*, p. 439 sq.

au créateur et à son œuvre ; mais cette protection juridique, quand elle existe, ne suffit pas. Le créateur a besoin de considération, de confiance, de soutien moral. Aux époques où toute la production artistique et littéraire résultait de la commande ou du service, c'est l'intention et l'attitude du commanditaire, du donateur envers le créateur et son œuvre qui caractérisaient le mécénat. À travers les âges et la diversité des structures sociales, le mécénat est avant tout l'hommage que la fortune et la puissance rendent au génie. À l'époque moderne, le mécénat doit être distingué de tous les autres rapports de caractère commercial ou administratif que les créateurs peuvent avoir avec ceux qui s'intéressent à leur œuvre. Le mécénat est toujours plus qu'un simple rapport d'argent. Il ne peut exister de mécénat obligatoire ni pour celui qui donne, ni pour qui reçoit. Le mécénat est un soutien, une relation qui comporte nécessairement une part affective et donc un rapport interpersonnel. Parce qu'il est dans une large mesure une affaire d'intention, qu'il comporte à la fois une dimension éthique et une part de délectation, le mécénat est un concept difficile à cerner. On peut aider les artistes à s'exprimer et, sous les apparences d'une commande marchande ou d'une subvention publique, leur apporter, au-delà d'un soutien matériel, cette protection qui leur permet de créer en se libérant des servitudes inhérentes à leur condition. Le créateur sait toujours discerner, fût-ce intuitivement, s'il a devant lui un client ou, dans le sens le plus noble du mot, un protecteur, c'est-à-dire un mécène.

Se pose alors la question de savoir si le mécénat implique le désintéressement absolu. À cette question de portée philosophique, il n'est pas de réponse simple. Le souci de la gloire ou de la réputation, le calcul politique, le goût de l'influence ont été de tout temps des ressorts du mécénat, au même titre que l'admiration envers les artistes, la dévotion à l'art et le souci du bien commun. Jean Favier montre bien les raisons qui conduisirent les hommes d'affaires toscans à imiter les princes de l'Église et de la cité dans la protection des arts ; il s'agit d'une « nouvelle approche des richesses accumulées, voire d'une vocation nouvelle du riche dans l'organisation du monde ». Par là, le monde des affaires pousse « jusqu'au désintéressement sa volonté d'insertion dans la société aristocratique », et le soutien aux arts est conçu « comme une manifestation du succès ». On voit comment le mécénat ne saurait se réduire au froid calcul d'un rapport marchand, mais n'est pas non plus une activité désintéressée : la considération sociale, le prestige, l'affirmation de la puissance sont au cœur même de la démarche. Pour la société féodale, Georges Duby évoque la « largesse », vertu obligée des seigneurs tenus de faire de leur cour une fête permanente, sacrée ou profane. Pour la Renaissance italienne, André Chastel met l'accent sur la « magnificence » comme mobile et expression de l'action des mécènes[1]. En vérité, tous les ressorts jusqu'aux plus subtils de l'âme humaine peuvent intervenir dans cette aide à l'art et aux créateurs : la fascination du génie, la reconnaissance du pouvoir magique de l'artiste qu'illustre le mot de Diaghilev à Cocteau : « Étonne-moi », l'admiration qu'éprouvent ceux qui ont vaincu tous les obstacles dans les batailles des affaires ou de la politique, mais dont les lauriers sont périssables, pour ceux qui gravent des triomphes d'une autre nature dans la mémoire des hommes : tels peuvent être les mobiles du mécénat, tout comme la volonté de se survivre en attachant son nom à la pérennité d'une œuvre ou de se justifier en concourant au bien commun. Bref, c'est toute la psychologie humaine qui est en jeu dans cette relation à l'art. À son degré le plus achevé, le mécénat peut manifester un désintéressement total : comment qualifier autrement le geste connu

1. Colloque « Le mécénat dans l'histoire », Fondation E. D. F., 21.3.89.

seulement de quelques-uns et dont j'ai été personnellement témoin, de telle personne fortunée versant anonymement plusieurs millions au Centre Pompidou pour lui permettre d'acquérir une œuvre capitale ? La passion de l'art, le sens civique et moral sont des mobiles où n'entrent aucun calcul d'intérêt, nulle vanité et encore moins d'ostentation. Mais il s'agit d'un cas limite ; on ne saurait repousser dans les ténèbres de l'intérêt sordide et de l'hypocrisie calculatrice toute forme de soutien à l'art et à la culture dont les auteurs attendent légitimement quelque retombée. Là encore, méfions-nous de l'angélisme.

Multiple dans ses mobiles et dans ses formes, le mécénat n'est pas une catégorie scientifique autorisant des appréciations univoques et des classements irréfutables : investissement artistique ou geste totalement désintéressé, il comporte toujours la part de risque inhérente à toute aide à la création. En ce sens, il est bien l'une des modalités de la « protection » de l'art, sans donner à ce terme une signification de domination ou de condescendance. Protéger l'art, c'est reconnaître que les mécanismes ordinaires de son expression et de sa diffusion ne peuvent assurer son épanouissement, voire le contrarient. Cette attitude n'est pas une mise en tutelle ou une assistance ; elle est une coopération libre et spontanée de part et d'autre. Exclusif de toute contrainte, le mécénat est un choix et même un élan. Il peut aller jusqu'à la passion et passe souvent par le coup de cœur. De Charles Quint se baissant pour ramasser le pinceau de Titien jusqu'aux dures batailles de Durand-Ruel et d'Ambroise Vollard pour imposer les peintres novateurs de leur temps, le mécénat, c'est toujours le pouvoir qui s'incline devant l'esprit ou prend des risques pour lui. Sous les apparences d'une protection, il y a la reconnaissance que les valeurs de l'esprit prévalent en fin de compte sur celles du pouvoir et de la fortune. C'est en cela que le mécénat est une démarche intellectuelle et sensible qui sublime les rapports de force sur lesquels est bâtie toute société. Ce n'est pas un hasard s'il éclôt de préférence dans les phases les plus raffinées des civilisations, là où l'affrontement brutal des intérêts de toute nature cède le pas à des relations plus élevées.

Par la démarche qu'il implique, par le type d'adhésion intellectuelle, sensible et affective qu'il engendre, le mécénat est consubstantiellement lié à l'art et, plus généralement, à la culture. Par extension, on parle aussi, à notre époque, de mécénat social et humanitaire, ou de mécénat dans les domaines de la recherche, de l'environnement, voire du sport. Toute forme de contribution volontaire à une cause d'intérêt général se réclame désormais de ce terme de « mécénat » redevenu à la mode. On peut admettre que, d'une certaine façon, tous les concours apportés librement à une cause collective qui ne trouve pas un financement suffisant par les voies ordinaires de l'économie de marché ou des fonds publics relèvent du mécénat. Il serait peu élégant de réserver à l'art et à la culture, même s'ils en sont les héritiers légitimes, l'exclusivité de ce mot redevenu prestigieux. On ne chicanera donc pas sur ces extensions de sens, d'autant plus que toutes ces causes d'intérêt général aspirent à la reconnaissance d'un statut officiel assorti de mécanismes d'incitation, notamment fiscale. Mais qu'il soit dit une fois pour toutes que, dans sa plénitude, le terme de mécénat ne s'applique authentiquement qu'à l'art et à la culture, car il ne prend tout son sens que dans ce rapport de respect, d'adhésion profonde aux valeurs de l'esprit et à ceux qui prennent tous les risques pour les créer, les promouvoir et les défendre.

Ajoutons que si, aux temps anciens, le mécénat s'est porté exclusivement sur les créateurs, il s'est étendu progressivement aux artistes interprètes et aux institutions culturelles qui, à l'ère des masses, sont les médiateurs de toute pratique culturelle. De protection hyperpersonnalisée des artistes, il est devenu soutien généralisé à la culture tout entière à travers l'aide apportée non seulement à ceux qui la créent, mais à tous ceux qui contribuent à sa conservation, à sa mise en valeur et à sa diffusion. Cette extension, inévitable, est heureuse, du point de vue de la société en général. Mais le mécénat doit rester prise de risque, encouragement à l'innovation et donc soutien à la création.

Appoint ou contrepoint, élément d'équilibre, agent correcteur, catalyseur, le mécénat moderne apparaît comme un « tiers secteur » du financement de la culture. Il ne peut en aucun cas pourvoir à lui seul aux besoins de la culture, et il n'y prétend d'ailleurs pas.

*Le mécénat d'entreprise*
*une réalité nouvelle.*

Jusqu'ici, nous n'avons pas évoqué le rôle des entreprises en tant que mécènes ; et pour cause : leur intervention est toute récente, même dans des pays qui, comme les États-Unis, ont une pratique ancienne et répandue de ce mode de financement de la culture. On oublie trop souvent que lorsque le mécénat se rattache à des noms illustres de l'industrie américaine, comme ceux des Ford, Rockfeller et Mellon, il concerne le patrimoine propre de ces familles, investi pour des raisons à la fois éthiques, civiques et fiscales dans des fondations qui portent généralement le nom de la firme mais qui, dans leur capital comme dans leur gestion, sont indépendantes. Il en va de même pour certaines grandes fondations européennes, comme l'Institut Courtauld en Angleterre, ou les fondations Volkswagen, Bosch ou Cini. Fort heureusement, ces pratiques subsistent et, si l'on n'a pas connaissance d'un mécénat de la banque Lazard, il est réconfortant de penser que son principal associé-gérant, Michel David-Weill, continue à titre personnel la tradition de son père et d'un des plus illustres de ses devanciers, André Meyer. L'investissement personnel et familial dans le mécénat artistique, illustré aussi par plus d'un membre de la famille Schlumberger, ainsi que des Prouvost, des Masurel, est un atout indiscutable pour la culture. Souvent discret, toujours éclairé et aimant l'audace, ce type de mécénat apporte à la culture occidentale une touche irremplaçable, dans la grande tradition des mécènes de jadis. Le mécénat d'entreprise, au sens strict, ne saurait se substituer à ce mécénat des grandes fortunes ; il est d'une autre nature.

En effet, il procède de l'entreprise elle-même, en tant que personne morale. Il consiste à affecter des sommes, ou des biens figurant dans les actifs de l'entreprise, ou encore des prestations en nature, au soutien de la culture ou à d'autres causes d'intérêt général. Les entreprises se sont toujours réservé, de façon plus ou moins transparente, la possibilité de faire des versements à titre de don à des œuvres philanthropiques, pour ne pas parler d'opérations moins avouables comme le financement des partis politiques. Les règles de la comptabilité ont des subtilités qui permettent, plus ou moins facilement, de donner à ces pratiques un tour régulier. Depuis assez longtemps, la législation fiscale autorise d'ailleurs les versements à des œuvres d'intérêt général. Ils donnent droit, pour les entreprises comme les particuliers, à une exonération d'impôt dans des limites assez strictes et à condition que ces versements soient effectués sans contrepartie. On a pu croire un temps que l'extension de ce type d'avantages pourrait favoriser le mécénat d'entreprise. C'était une erreur. Ce type de mécénat ne vise pas avant tout la « contrepartie », il l'inclut nécessairement dans ses motivations et dans sa gestion. En effet, il est fondé sur l'idée qu'en intervenant ouvertement dans la vie culturelle et en « signant » d'une façon ou d'une autre cette intervention, l'entreprise ne fait pas une charité, mais agit dans le cadre de sa vocation propre et conformément à son intérêt bien compris.

Cette simple affirmation soulève aujourd'hui encore de multiples questions. Bornons-nous, pour l'instant, à évoquer deux des plus importantes.

Le fait que l'entreprise recherche son intérêt ne disqualifie-t-il pas la démarche de mécénat ? À cette objection, la réponse est double : d'une part, toute l'histoire du mécénat prouve que, si le désintéressement caractérise ses formes les plus nobles, il n'en est pas l'essence même. Les actes de mécénat les plus généreux ont, le plus souvent, servi l'intérêt de leurs auteurs. D'autre part, dans l'entreprise moderne, les responsables, qui doivent des comptes à leurs actionnaires, à leur personnel et au fisc sont soumis à une règle simple et impérative : n'utiliser les fonds qui leur sont confiés que dans l'intérêt de l'entreprise, toute infraction à cette règle s'analysant en abus de biens sociaux, délit passible de sévères sanctions pénales. Si donc on estime que le mécénat d'entreprise est par nature coupable ou impur en raison même de l'intérêt qu'il représente pour l'entreprise, il n'en faut plus parler et, surtout, n'y point recourir.

La seconde question consiste à se demander si la vocation de l'entreprise peut s'étendre au-delà de son objet social strictement délimité ; et si tout ce qui n'a pas pour finalité de fabriquer et de vendre des automobiles, des machines à laver ou des ordinateurs ne doit pas être banni de son horizon. Cette objection est sérieuse : elle s'appuie sur un principe fondamental du droit occidental, la spécialité des personnes morales. En effet, elles n'accèdent à l'existence juridique que pour l'accomplissement d'un objet précis qui est leur « raison sociale » et doivent se maintenir dans les limites de cette spécialité.

Le mécénat d'entreprise ne va donc pas de soi et, d'une certaine façon, par rapport à la mentalité collective qui prévalait en France il y a peu d'années encore, il est même contre nature et va, en tout cas, à contre-courant. Car, malgré toutes les analyses historiques, l'idée que le mécénat ne saurait être que désintéressé est fortement ancrée dans les esprits, et si l'on admet, à la rigueur, que l'intérêt soit un sous-produit aléatoire de l'acte de mécénat, on renâcle à reconnaître qu'il puisse en être un ressort avoué et même un objectif affiché. Quant à l'idée que l'entreprise doit se limiter à son objet direct et que toute initiative qui ne s'y rattache pas manifestement ne peut être qu'un caprice de patron de droit divin ou une extravagance de gestion, elle était, en France, jusqu'à une époque récente, une opinion couramment reçue.

Le fait que l'entreprise choisisse désormais de se manifester sur le terrain de la culture en s'inspirant de la démarche classique du mécène — libre soutien à la création, protection des arts, appui éclairé à l'activité culturelle sous toutes ses formes —, tout en veillant à la conformité de ces initiatives par rapport à sa raison sociale et à leur cohérence avec les choix stratégiques qui orientent son activité, ne peut s'expliquer qu'à la lumière de changements en profondeur de la société et des mentalités collectives.

L'idée que les entreprises pourraient jouer un rôle en matière culturelle chemine depuis une trentaine d'années. Du temps d'André Malraux et à sa demande, une réflexion approfondie avait été menée par un membre du Conseil d'État aujourd'hui disparu, Michel Pomey, dont les travaux ont abouti à un utile traité des Fondations d'utilité publique[1]. Esprit élevé et sincère mais systématique, portant très haut le sens de l'État et de l'intérêt général, Michel Pomey était convaincu qu'en France la culture est, par essence, l'affaire de l'État : si la nécessité conduisait à recueillir des fonds auprès des entreprises, il ne pouvait être question de leur confier fût-ce une part de l'initiative culturelle. Dans l'ouvrage concis mais fort clair qu'il a consacré au mécénat[2], Guy de Brébisson a critiqué cette conception qui tendait davantage à enrôler les entreprises dans les initiatives publiques qu'à les éveiller à leur responsabilité cultu-

1. Presses universitaires de France, Paris, 1980.

2. Guy DE BRÉBISSON, *Le Mécénat*, Paris, Presses universitaires de France, 1986. Voir notamment p. 74 sq.

relle propre. Héritier des légistes d'Ancien Régime qui, depuis Philippe le Bel, pourchassent les biens de mainmorte et revendiquent pour l'État le monopole de l'intérêt général, Michel Pomey préconisait des fondations au statut rigide, à l'esprit très institutionnel. Émanation de la puissance publique plus que de la société civile, elles étaient destinées à drainer des fonds privés sous le strict contrôle du Conseil d'État. De ses réflexions et propositions est issue la Fondation de France, institution respectable et utile, « instrument fort original de collecte, de gestion par délégation et de redistribution des fonds philanthropiques », selon Brébisson[1], mais dont il n'est pas injuste de dire qu'au moins jusqu'à présent elle a peu marqué la vie culturelle de ce pays par des initiatives originales.

L'effort considérable de documentation et de réflexion mené pendant près de vingt ans par Michel Pomey n'aura conduit ni au développement de fondations d'entreprise, ni à l'intervention des entreprises dans le domaine culturel. Mais, en dépit de sa foi dans le rôle de l'État, son administration et ses experts, seuls juges qualifiés pour dire le beau, le bon et le bien en matière culturelle, et de son attachement inconditionnel aux formes rigides de la fondation d'utilité publique, Michel Pomey aura été un pionnier et, à sa façon, un visionnaire. Si le mécénat d'entreprise s'est affirmé par d'autres voies que celles qu'il avait proposées, on peut rendre à sa mémoire l'hommage de penser qu'il aura contribué à faire évoluer les esprits.

Pendant le ministère Duhamel, au début des années 70, nous n'avons pu que constater la carence des entreprises dans le domaine culturel. À part la Fondation Singer, déjà en difficulté, et les actions originales de Paul Berliet, de Paul Ricard, de Pierre Lévy, et la Fondation de la vocation de Marcel Bleustein-Blanchet dont la notoriété était déjà acquise, le mécénat d'entre-

1. *Op. cit.*, p. 80.

prise était inexistant, ou tout à fait marginal et comme honteux. Les conversations que Jacques Duhamel eut à l'époque avec des chefs d'entreprise ou des représentants du C.N.P.F. furent révélatrices : quand nous parlions de mécénat d'entreprise, on nous répondait en invoquant les charges écrasantes qui pesaient sur l'économie. Poussés dans leurs retranchements, nos interlocuteurs finissaient par avouer que, décidément, la culture était l'affaire de l'État et que, de toute façon, le moment était mal choisi pour parler de ces futilités, bien que l'on fût encore en période de forte croissance.

C'est à la fin des années 70, alors que la crise et le chômage secouaient rudement notre pays, que se produisirent les premiers frémissements, à l'initiative notamment de quelques multinationales américaines ; leur maison mère leur prescrivait des actions dites institutionnelles destinées à favoriser l'acceptation de ces entreprises par une opinion qui n'était pas nécessairement bienveillante à leur endroit. Mais, dans un contexte plutôt hostile ou, dans le meilleur des cas, indifférent, ces firmes ne pouvaient que s'aventurer timidement dans un domaine culturel considéré comme une chasse gardée de l'État.

L'État, justement, s'avisa alors que le mécénat d'entreprise pouvait venir à la rescousse de ses propres efforts. C'est sans doute l'approche la plus pernicieuse du problème. Mais l'appel fut lancé avec tant de bonne grâce par Jean-Philippe Lecat, ministre de la Culture, dont le budget était soumis à un régime draconien, autour du thème sympathique et réconciliateur de l'« Année du patrimoine », que quelques entreprises se dévouèrent et y allèrent de leur obole. Cela ne les engageait guère et fut, d'ailleurs, vite oublié.

Qu'on me pardonne le ton personnel de ce qui va suivre. Mais il faut bien dire les choses comme elles se sont passées, à partir d'une rencontre inattendue.

*Naissance d'Admical.*

Axel Leblois, Patrick d'Humières et Pierre-Antoine Huré avaient à peine trente ans et étaient depuis peu engagés dans la vie professionnelle, dans des métiers qui les mettaient tous les trois au contact des problèmes de la communication. Un voyage récent aux États-Unis leur avait fait prendre conscience de l'implication nouvelle des entreprises dans la vie culturelle et de l'impact de ce type d'initiatives sur le style et les méthodes de la communication des entreprises. Ils avaient appris qu'à partir de quelques sociétés d'Atlanta qui, les premières, s'étaient lancées de façon délibérée dans ce mouvement, une organisation — le « Business Committee for the Arts » — s'était constituée avec le soutien actif des Rockefeller en vue d'être l'instrument de promotion et le groupe de pression du mécénat d'entreprise. Ils étaient rentrés d'Amérique avec quelques idées simples ; bien que peu familiers de nos structures publiques, ils savaient la part envahissante de l'État et la timidité, pour ne pas dire l'absence, des entreprises dans le champ culturel. Il fallait donc changer tout cela, et ils avaient décidé bravement de créer une « Association pour le Développement du Mécénat Industriel et Commercial » — Admical — qui tiendrait tous les ans des « Assises » où seraient décernés des « Oscars » du mécénat. On voit déjà que, si leur doctrine était un peu courte, leur approche était très réaliste, puisqu'elle reposait sur la simplicité du message et la création d'événements.

Mais ces garçons étaient isolés et fort démunis. C'est peut-être ce qui m'incita à les recevoir quand ils me demandèrent rendez-vous, en cette fin 1979, aux Affaires étrangères où j'achevais une mission d'un an auprès du ministre, Jean François-Poncet. J'étais à mille lieux d'imaginer ce qu'ils me voulaient, sinon me parler de « mécénat d'entreprise ». J'avais écrit à ce sujet quelques pages très convaincues, trois ans auparavant, dans *La Culture pour vivre*, et j'achevais un rapport sur *Les Relations culturelles extérieures de la France*[1] où je soulignais notamment le rôle que les entreprises pourraient jouer pour la diffusion de la culture française en s'associant à des événements artistiques : notre présence économique et notre présence culturelle à l'étranger s'épaulant ainsi mutuellement, comme l'ont compris, bien avant nous, les Américains, les Japonais, les Allemands et aussi les Italiens.

Mes interlocuteurs avaient lu *La Culture pour vivre* et recherchaient des conseils pour la préparation de ces « Assises du mécénat » prévues pour le printemps 1980. Leur conviction et leur désintéressement firent que je ne regrettai pas de leur avoir ouvert ma porte, tant il est vrai que, lorsqu'on est doté d'une parcelle de pouvoir ou d'influence, on se doit de conserver toujours un peu de disponibilité de temps et d'esprit pour ceux, notamment les jeunes, qui, dépourvus de toute recommandation, ne sont riches que d'une attente ou d'une promesse. Ce que la sagesse populaire appelle « la part du pauvre » doit être transposé dans l'agenda de ceux que l'on nomme les décideurs et être la part laissée à l'inconnu, à l'improbable. On court le risque, ce faisant, de perdre parfois un peu de temps, mais il arrive qu'une pépite d'or brille dans le sable gris du temps perdu.

C'est ce qui se produisit lors de cette rencontre, suivie de quelques autres où je mesurai la détermination de ces garçons et leur sens des techniques modernes de la communication. Ils me proposèrent la présidence de l'association qu'ils avaient fondée, réunissant pour la circonstance leurs quatre sous d'économies, détail qui ne fut pas étranger à mon envie de les accompagner dans cette aventure bien incertaine. En même temps, je vis comme un signe du destin dans cette rencontre ; au moment où

1. Publié en 1980 à la Documentation française.

le serviteur de l'État que j'avais été depuis vingt-cinq ans se préparait à endosser les habits du chef d'entreprise et où, après dix années d'activités culturelles, j'allais me consacrer à la communication audiovisuelle, cette proposition m'offrait à la fois la possibilité de mettre en pratique des idées exprimées dans un livre et de prolonger sur un nouveau terrain mon engagement au service de la culture.

C'est ainsi que je devins président d'Admical. Dix ans après, je le suis encore. Les trois fondateurs, de plus en plus absorbés par leur vie professionnelle, m'ont confié le pilotage de l'association, mais je veille à les associer aux grands choix et me réfère toujours à leur inspiration initiale. Car, si j'ai pu jouer un rôle dans la mise en œuvre d'une initiative, je n'oublie pas que je n'en suis pas l'auteur. Jacques Duhamel aimait à citer cette phrase de Mark Twain: « Des innocents ne savaient pas que la chose était impossible; alors ils l'ont faite »: la formule sied à l'aventure d'Admical. Parce que je manque sans doute d'innocence, je n'aurais jamais eu l'idée de créer ce mouvement; je n'ai fait qu'en gérer le développement, et s'il m'arrive de réclamer pour elle une antériorité dans l'idée aujourd'hui prospère du mécénat d'entreprise, ce n'est pas pour pousser mon avantage; c'est par fidélité envers mes trois jeunes utopistes, dont le regard clair m'a éveillé, un soir d'automne sous les lambris du Quai d'Orsay.

Avec beaucoup d'improvisation et plus encore de bonne volonté, nous avons tenu notre pari en organisant en juin 1980 nos premières Assises du mécénat et décerné nos premiers « Oscars »: les entreprises qui commençaient à s'aventurer dans le mécénat culturel étaient présentes, rejointes par quelques amis industriels mobilisés pour la circonstance, dont Jean Riboud, président de Schlumberger, qui, en ce domaine comme en beaucoup d'autres, m'aura apporté un soutien lucide et exigeant. Vinrent aussi de nombreux responsables culturels curieux, voire intrigués comme François Billetdoux. Ils étaient partagés entre l'idée de l'ouverture d'une nouvelle voie de financement et les fortes préventions que suscitait alors l'entreprise. Enfin, la presse et les médias en général rendirent compte de l'événement et, dès ce moment, accompagnèrent notre démarche avec une attention sans complaisance mais sympathique. Sans les médias, nous en serions encore, aujourd'hui, à des colloques confidentiels et à des exercices théoriques ; leur rôle aura été décisif dans la diffusion du concept.

Une fois lancée par ce coup d'essai, qui aurait pu être un échec sans appel, Admical s'est consacrée à la promotion de l'idée de mécénat d'entreprise. Nous avions conçu l'association comme un club d'entreprises pratiquant le mécénat ou s'y préparant, mais aussi comme un carrefour entre le monde économique et le monde culturel, et comme un groupe de pression destiné à peser ouvertement sur les pouvoirs publics et à informer les médias pour faire reconnaître l'idée de mécénat culturel d'entreprise. La légitimité de l'association ne pouvait être fondée que sur l'adhésion d'entreprises qui, en lui assurant par leurs cotisations sa totale indépendance, lui permettrait de se prévaloir d'une représentativité indiscutable et d'une vocation d'intérêt général. Car Admical n'est ni un organisme de collecte de fonds, ni un opérateur de mécénat, et pas davantage une agence commerciale. C'est un lieu de réflexion où les responsables d'entreprises échangent leurs expériences, s'informent sur les réalités de la vie culturelle et décident ensemble des initiatives propres à promouvoir le mécénat d'entreprise. Nous ne revendiquons aucune exclusivité et nous avons toujours accueilli de façon positive toutes les autres initiatives destinées à promouvoir le mécénat sous une forme ou sous une autre. Rien n'oblige une entreprise qui pratique le mécénat à être notre adhérent, et nous sommes loin de les regrouper toutes. Mais la centaine d'entreprises qui, avec une remarquable fidélité, figurent parmi nos membres sont en fait, celles qui, avec le plus de constance et d'imagination, font du mécénat une réalité devenue indiscutable. Par la diversité de leur taille, de leur statut, de leur objet et de la nature de leurs actions culturelles, elles constituent davantage qu'un échantillon représentatif.

On ne racontera pas ici l'histoire interne d'Admical ; elle se confond d'ailleurs largement avec le développement du mécénat d'entreprise en France. Admical ne revendique pas la paternité de tout ce qui s'est fait depuis. Mais si le mécénat d'entreprise a acquis dans ce pays droit de cité, s'il est devenu plus qu'une mode, une pratique entrée, de façon sans doute irréversible, dans la vie de bon nombre d'entreprises, notre association n'y est pas étrangère. Elle a défini une approche, fixé un cap, orienté les esprits d'une façon décisive. Si j'ai insisté sur la naissance de ce qui n'est, après tout, qu'une association parmi d'autres, c'est que, venue au bon moment avec une idée simple, elle a réussi à modifier le cours des choses dans un domaine qui paraissait figé.

*Un discours novateur.*

Quelle était la situation, dans les faits et dans les esprits, en cette fin des années 1970 ? L'État était toujours maître du jeu en matière culturelle ; convaincu de sa légitimité exclusive en ce domaine, il donnait quelques signes d'essoufflement en termes budgétaires, commençait à faire appel aux entreprises, non pour les inciter à des prises d'initiatives, mais pour faire d'elles des relais ou des supports d'actions publiques en mal de financement. Des entreprises, il n'est pas exagéré de dire qu'à part quelques brillantes exceptions, leur philosophie en matière de communication se résumait à l'adage : « Pour vivre heureux, vivons cachés. » Elles réduisaient de ce fait leur communication au strict nécessaire (le terme de « société anonyme » convenait vraiment), n'imaginaient pas l'initiative culturelle autrement que comme une fantaisie, une obole ou une obligation parafiscale. Les actionnaires et les syndicats étaient étrangement unis dans la conviction que toute somme distraite des objectifs directs de l'entreprise était autant de bénéfices en moins, indûment dépensés. Les responsables culturels, accrochés aux subventions publiques nourricières, identifiaient le mécénat d'entreprise à l'image d'Épinal du « grand-capital-étouffant-le-génie-créateur ». Les médias enfin manifestaient une grande suspicion à l'égard d'entreprises dont on n'imaginait pas qu'elles puissent intervenir dans la culture pour d'autres motifs que d'obtenir des citations gratuites dans leurs colonnes ou à l'antenne. Décrire ainsi l'ambiance, c'est à peine forcer le trait, et, rétrospectivement, on se dit qu'il fallait en effet beaucoup d'innocence pour entreprendre une croisade contre tant de préjugés convergents si profondément ancrés dans la conscience et, plus grave encore, dans l'inconscient collectif.

Pour renverser le courant, il n'y avait pas d'autre voie qu'une réflexion capable d'englober tous les points de vue et d'attaquer à la racine toutes ces idées reçues qui, jusqu'alors, avaient rendu impossible en France toute tentative sérieuse de mécénat culturel d'entreprise.

Nous devions d'abord nous adresser aux entreprises, et de façon telle que notre message fût reçu comme légitime et, si possible, pertinent. Mais si elles étaient, par définition, notre cible privilégiée, nous devions aussi tenir un langage omnidirectionnel et toucher également les partenaires habituels de l'entreprise: actionnaires, personnel, syndicats, organisations patronales, ainsi que les responsables culturels, l'État et les médias. On devine la difficulté de l'exercice. Chacune de ces catégories, murée dans ses préjugés hostiles ou, au moins, dans l'indifférence, était peu disposée à entrer dans une démarche de réflexion et de proposition. Il fallait donc tenir à chacune un discours spécifique, mais en veillant à la cohérence d'ensemble du message, faute de quoi nous eussions perdu bientôt toute crédibilité.

Cultiver la plante fragile du mécénat comme une fleur de serre dans quelques entreprises-laboratoires ne nous intéressait pas. C'est une culture de plein champ, exposée à tous les vents, que nous voulions. Cela n'était possible qu'en considérant le mécénat d'entreprise, non comme une innovation raffinée réservée à des firmes performantes, mais comme un moyen au service d'une finalité beaucoup plus large et ambitieuse.

Il s'agissait bel et bien de transformer les données de la vie culturelle de ce pays. Casser le monopole d'initiative qui, de fait, revenait à l'État ; susciter des partenaires en face de lui ; créer de nouveaux pôles d'initiative affranchis à la fois des contraintes du service public et de celles du marché, et, enfin, réconcilier le monde économique et le monde culturel dont l'ignorance mutuelle atteignait, dans la France contemporaine, un degré inégalé par rapport à d'autres périodes de notre histoire et par comparaison avec les autres pays occidentaux. Notre objectif était aussi de faire prendre conscience aux entreprises qu'elles ne se réduisent pas à un ensemble de comptes, de flux financiers, de capital investi. Nous voulions les convaincre qu'elles étaient, à leur façon, des communautés porteuses d'une culture, au sens ethnologique du terme ; qu'un ensemble de rites, de références, de valeurs et de mémoire cimentait leur groupe humain et dans leurs rapports avec tout leur environnement et la cité en général, elles avaient, qu'elles le veuillent ou non, un impact culturel positif ou négatif par leur présence, leur activité, la diffusion de leurs produits et services. Il s'agissait de leur faire prendre conscience de cette dimension culturelle méconnue de l'entreprise, de la transformer en un atout, de l'utiliser comme un facteur de la stratégie de l'entreprise. Autrement dit, d'en faire un élément déterminant de son identité et même de son projet.

Dans une aussi vaste perspective, nous concevions le mécénat comme un moyen au service d'une fin plus ambitieuse encore. Pour l'entreprise, il s'agit de prendre conscience de sa dimension culturelle ; pour la culture, de s'affranchir, au moins en partie, de la double tutelle de l'État et du marché. Pour la société enfin, l'objectif suprême est de réconcilier l'économie et la culture, car l'histoire nous montre que les plus belles réussites de civilisation sont le fait de sociétés qui ont su conjuguer la prospérité matérielle et l'épanouissement intellectuel et artistique. Conjuguer et non seulement juxtaposer. La culture ne peut être ni l'alibi, ni le sous-produit de la richesse économique, mais sa justification, peut-être même son aboutissement.

Afficher ouvertement des objectifs aussi ambitieux eût été suicidaire. Rien ne nous qualifiait au demeurant pour mener une semblable entreprise dont l'annonce n'eût pas manqué de cristalliser les blocages que nous prétendions précisément dissoudre, sans parler du ridicule auquel nous nous serions exposés dans les temps blasés où nous vivons. Il fallut donc s'en tenir au discours le plus directement centré sur le mécénat d'entreprise, mais sans renoncer à rien de ce qui le sous-tendait. Les plus ouverts de nos interlocuteurs, les responsables économiques les plus engagés dans une réflexion sur la nature de l'entreprise et sur son rôle dans la cité virent une convergence entre leurs propres idées et notre approche. Car ces entrepreneurs intelligents, qui étaient aussi des hommes de culture, comprenaient que l'ignorance mutuelle des milieux économiques et des milieux culturels aboutissait à un appauvrissement général et privait en tout cas l'entreprise du stimulant de créativité, du rapport à l'insolite que peut engendrer le contact avec ceux dont c'est le métier d'inventer et de diffuser les formes et les courants de la sensibilité moderne dans tous les domaines de l'art et de la culture. C'était l'état d'esprit d'hommes comme Jean et Antoine Riboud, de Gilbert Trigano, d'Yvon Gattaz, des dirigeants d'I.B.M., de Michel Albert, d'Yves Malécot, de Bernard Hanon et de quelques autres. Sans leurs encouragements, nous n'aurions peut-être pas osé seulement commencer. Si tous ne nous ont pas suivis, il est juste de mentionner cette connivence initiale. C'est sur ces bases que nous avons commencé à nous adresser aux entreprises et à nos autres interlocuteurs.

Il est plusieurs façons d'exhorter les entreprises à assumer une initiative culturelle de mécénat. Il y a d'abord la voie civique ou éthique qui met l'accent sur la responsabilité de l'entreprise dans la cité, et parfois sur une certaine culpabilisation du profit que rachèterait un système d'« indulgences culturelles ». Il y a aussi la voie fiscale, qui consiste à présenter le mécénat comme un moyen avouable d'échapper à l'impôt. Ce n'est pas ainsi que nous avons choisi d'agir. J'ai dit plus haut que les fondateurs d'Admical, très représentatifs en cela de leur génération, avaient l'intuition de la communication, comme technique et comme état d'esprit de notre temps. Nous avons choisi de sensibiliser les entreprises à l'utilité d'un progrès dans leur stratégie de communication. Prenant acte de leur maîtrise souvent parfaite des techniques de la publicité, de la promotion et des relations publiques, nous les avons invitées à mettre en valeur l'identité même de l'entreprise, en leur montrant l'intérêt qu'elles pourraient trouver à associer leur image à des actions de prestige ou d'intérêt général. En intervenant là où on ne l'attendait pas, l'entreprise provoquerait la surprise, et peut-être la sympathie. En instaurant un partenariat avec des créateurs, des artistes, elle découvrirait de nouveaux horizons ; elle apprendrait à se regarder et à être vue autrement, notamment par les jeunes diplômés sensibles à ses performances, mais aussi à son image et à son prestige.

Nous avons présenté le mécénat aux entreprises non comme un gadget, une nouvelle lubie pour cadres gauchisants, mais comme l'une des voies de la redécouverte de l'entreprise par elle-même, l'un des champs où pourrait s'éprouver sa capacité d'invention. Il ne pouvait s'agir, pour les chefs d'entreprise, d'aller se faire inscrire, pour être bien vus, sur une liste officielle de bienfaiteurs ou d'avoir des clients culturels, comme les bonnes dames de jadis avaient leurs pauvres, mais d'ouvrir un dialogue avec les gens de culture et de découvrir ensemble des domaines de coopération et d'échange.

Acte de notoriété, brevet de prestige, preuve de vitalité, nous ne proposions pas un mécénat honteux ou héroïque, mais des initiatives discrètes ou spectaculaires, au gré de chacun, qui soient une affirmation nouvelle de l'entreprise.

De là se déduisait notre argumentation en direction des partenaires habituels de l'entreprise. Aux actionnaires il fallait démontrer que l'initiative culturelle pouvait être une sorte d'investissement, un acte de bonne gestion destiné à améliorer, en l'humanisant, l'image de l'entreprise. Au personnel et aux syndicats, nous pouvions dire que le mécénat d'entreprise ne remettait pas en cause le rôle culturel propre du comité d'entreprise et que, bien au contraire, en créant une attention et un climat propices, ces initiatives culturelles étaient de nature à favoriser le développement des pratiques culturelles dans et par l'entreprise. Cela supposait que la politique de mécénat soit bien expliquée afin que le personnel n'y voie pas un détournement de ressources destiné à financer des lubies patronales ou un moyen d'obtenir à bon compte le consensus social.

Nous avions à faire comprendre aux artistes et aux responsables culturels l'intérêt du mécénat d'entreprise. Sans être une panacée, il leur offrirait la possibilité de diversifier leurs financements, de s'affranchir des fluctuations du marché, des alternances politiques, du changement de cap des administrations. Allant plus loin, nous leur avons fait voir l'appel aux entreprises non comme une mendicité d'un nouveau genre, mais comme un partenariat dont chacun tirerait profit avec la perspective d'une découverte mutuelle de gens qui, en dépit de leurs différences de mentalités et d'intérêts, ont en commun plus qu'ils ne l'imaginaient d'abord.

A l'adresse des médias, il fallait expliquer que le mécénat d'entreprise n'était pas une forme raffinée de publicité clandestine, mais un nouveau mode d'intervention des entreprises qui méritait d'être mis en lumière. Il nous est souvent arrivé de faire observer aux journalistes qu'ils n'hésitent jamais à citer le nom d'une entreprise où se produit une grève, un accident, un scandale, ou qui se trouve en difficulté, et qu'il serait paradoxal qu'on taise son nom lorsqu'elle se trouve associée à un événement culturel ou à une cause d'intérêt général. Mais nous n'avons pas eu beaucoup de peine à susciter l'attention des médias, car ils se sont immédiatement intéressés aux cas concrets de mécénat d'entreprise. Il est vrai que ces exemples souvent spectaculaires ou savoureux avaient de quoi attirer des journalistes en quête d'éclairages nouveaux et attentifs aux faits porteurs d'avenir.

Quant à l'État, nous n'avions à son endroit aucune hostilité, mais de la réserve et une certaine vigilance. Avec l'aplomb des candides qui veulent changer le monde, nous voulions en finir avec une vie culturelle sous perfusion où l'on voyait un État essoufflé, méfiant et sans grande inspiration nouvelle, se désengager du champ culturel où il avait auparavant ensemencé l'initiative et l'espérance, tandis que les responsables culturels de toute sorte s'épuisaient à quêter partout de problématiques ressources. A vrai dire, nous n'attendions pas, alors, grand-chose de l'État, sinon une neutralité bienveillante. Il était même indispensable de ne pas faire apparaître le mécénat d'entreprise comme un mouvement de revendication par rapport à l'État, si insatisfaisant que nous parût alors le statut fiscal et juridique du mécénat. Ce n'est qu'une fois installé dans la réalité sociale qu'il serait possible de demander à l'État de le reconnaître et de le favoriser.

Cette question des relations avec l'État est capitale. Le développement du mécénat d'entreprise n'a de sens qu'à condition d'être spontané. L'idée qu'on pût le soupçonner d'être téléguidé par l'État, ou suscité par lui, nous paraissait insupportable et, au demeurant, contre-productive. Je me souviens d'être allé retirer des mains de J.-P. Lecat, alors ministre, la demande de patronage que les fondateurs d'Admical lui avaient à mon insu présentée pour nos premières Assises. J.-P. Lecat, homme d'esprit, comprit que ma démarche n'était dictée que par un souci de stricte indépendance. Bien nous en prit, car, malgré cette précaution, on nous accusa à gauche, Lecat et moi, d'être complices, l'État se déchargeant sur le « grand capital » du fardeau de la culture.

Dès nos premières Assises, tenues pour ces raisons mêmes hors de la présence de tout représentant officiel, je lançai un slogan qui a eu depuis un certain succès : « Le mécénat d'entreprise n'est pas là pour faire les fins de mois d'un État nécessiteux. » Je pressentais que, si les entreprises s'engageaient dans le financement d'initiatives culturelles, l'administration ne tarderait pas à se tourner vers elles pour leur demander de compléter ses propres subventions, voire pour financer des opérations que son budget ne lui permettait pas de réaliser. En devenant un financement supplétif de la politique culturelle de l'État, le mécénat d'entreprise aurait perdu ce qui était à nos yeux une de ses principales raisons d'être : la création de nouveaux pôles d'initiative culturelle, une chance pour des projets qui, par leur originalité, ne peuvent entrer dans les catégories inévitablement rigides de l'action publique. Cela n'empêche nullement qu'une entreprise puisse choisir librement d'être le partenaire d'un projet public et donc de mêler ses deniers à ceux de l'État : le mécénat des grandes expositions organisées par la Réunion des Musées nationaux est un des exemples les plus probants de ce partenariat entre le secteur public et l'entreprise. Ce qui importe alors pour l'entreprise, ce n'est pas que l'institution qu'elle soutient ait un statut public ; c'est le contenu culturel du projet.

Quand la Caisse des dépôts ou l'U.A.P. aident le Festival d'Avignon, quand la Société lyonnaise de banque apporte son concours au Festival d'Aix-en-Provence, ou lorsque les entreprises groupées dans le Cercle de l'Orchestre de Paris appuient cette formation, ce n'est pas pour soulager l'État ou une ville d'une part de leurs obligations, c'est pour favoriser le développement d'un projet qui les intéresse en soi. Le partenaire, pour les entreprises, ce n'est pas l'État ou une ville, c'est une institution culturelle.

À travers les médias, le dialogue singulier avec les entreprises, les colloques, les séminaires de formation, la diffusion aux adhérents de dossiers pratiques, nous nous sommes appliqués, dès 1980, à diffuser ce qu'il serait excessif d'appeler une doctrine, mais plutôt une certaine idée du mécénat d'entreprise. Cette idée s'est progressivement enrichie des témoignages et des enseignements que les entreprises pionnières en la matière nous ont apportés. Depuis les origines, Admical s'est appliquée à être non une officine où un concept s'élaborerait en vase clos, mais un creuset où viendraient se fondre les expériences les plus diverses.

*Un contexte favorable.*

Obstiné, mais prudent et pragmatique, notre discours n'avait *a priori* que peu de chances d'être entendu. Dix ans plus tôt, à coup sûr, nous n'aurions pas été très loin, car les esprits n'étaient pas mûrs. Mais, en ce début des années 80, des mutations se sont produites dans les mentalités et les comportements, qui ont donné sa chance à notre utopie.

L'arrivée de la gauche au pouvoir, en 1981, a été bénéfique pour la cause du mécénat d'entreprise. On a pu ironiser sur l'euphorie qui s'est alors emparée des nouveaux gouvernants et sur les erreurs stratégiques qu'une appréciation à la fois superficielle et idéologique de la situation économique a pu leur faire commettre. Mais, sur le moment, l'alternance politique a été un électrochoc qui a tiré le pays d'un certain engourdissement. Mal aimées, souvent accusées, les entreprises ont alors compris qu'elles devaient à la fois s'expliquer, prendre l'initiative et ne plus se limiter à cultiver l'autosatisfaction tout en gémissant sur leurs charges. Dans le même temps, la politique culturelle, quelque peu alanguie, a été vigoureusement relancée. Dans ce contexte, l'intervention des entreprises dans le domaine culturel est apparue comme porteuse d'avenir : il ne s'agissait plus de pallier les carences du secteur public, mais de faire écho à son dynamisme retrouvé et de démontrer que tout ne devait pas procéder d'un État jugé envahissant.

Jack Lang eut le mérite de reconnaître rapidement les possibilités ouvertes par le mécénat d'entreprise. A l'époque, en effet, l'entreprise était suspecte aux yeux des socialistes, l'idée dominante étant que le progrès en tout domaine ne pouvait venir que de l'État. En dépit de cet environnement, Jack Lang se montra attentif aux perspectives du mécénat et obtint de Laurent Fabius, alors chargé du Budget, une reconnaissance au moins symbolique du mécénat culturel d'entreprise sur le plan fiscal. Il pressentit qu'un État mieux pourvu en moyens et débordant d'idées avait besoin de partenaires et que la prolifération des initiatives serait un bienfait. Si, comme la suite l'a montré, l'administration de la Culture a constamment essayé de mettre le mécénat d'entreprise au service de ses propres objectifs, Jack Lang sut résister à cette tentation, mieux même que son successeur, F. Léotard, pourtant libéral de stricte observance.

On ne saurait, bien sûr, attribuer le succès du mécénat d'entreprise au seul fait de la découverte de l'économie de marché par la gauche. Mais les choses avaient été plus difficiles sous l'empire d'une majorité de droite, suspecte par principe, notamment dans les milieux intellectuels et artistiques, d'indifférence et d'avarice envers la culture et de collusion avec les milieux d'affaires. En veillant à protéger notre indépendance et notre neutralité par rapport à tous les partis politiques, nous avons tiré parti des alternances pour soustraire le mécénat d'entreprise aux clivages partisans. Sans chercher à le parer des charmes ambigus du consensus, nous avons pris soin qu'aucun parti ne puisse ni se l'approprier, ni le répudier.

C'est le parti communiste qui réagit le premier. En juillet 1981, sous l'égide de l'hebdomadaire *Révolution*, un colloque réuni à Avignon, à l'occasion du Festival, sous la présidence de Guy Hermier, nous permit de confronter franchement nos vues. En dépit de son opposition doctrinale au capitalisme, le parti communiste n'était ni insensible, ni hostile *a priori* à ce que les entreprises s'intéressent au développement culturel. Même si, depuis lors, les communistes ne semblent pas avoir été beaucoup plus loin dans leur réflexion en la matière, on n'a pas rencontré chez les élus du parti, ni chez les militants syndicaux, d'hostilité à l'égard des initiatives culturelles des entreprises, exception faite des anathèmes périodiques de Jack Ralite contre la tyrannie que l'argent prétend exercer sur la culture.

Le parti socialiste a, sans beaucoup d'imagination d'ailleurs, intégré le mécénat dans sa réflexion sur la culture. Quant aux partis de droite, toujours à la traîne sur ce terrain, ils n'ont guère réagi jusqu'à 1986 et ont alors cherché à rattraper leur retard. Le bilan que l'on peut faire des deux années de gestion de la droite est, en la matière, assez décevant et nous ramène, à certains égards, dix ans en arrière. Dans un contexte budgétaire moins favorable pour la culture, le mécénat n'a pas manqué d'apparaître comme une manne providentielle permettant de relayer les fonds publics. L'idéologie libérale proclamée des nouveaux occupants de la rue de Valois les incitait à remettre en cause, souvent de façon imprudente et légère, les fondements mêmes de l'intervention de l'État. Ceux qui étaient, en principe, le plus favorables à l'initiative privée cherchèrent à placer le mécénat culturel d'entreprise sous la coupe de l'État, en créant un inutile « Conseil supérieur du mécénat culturel » et en inventant un système de cofinancements où, dans certains domaines, l'attribution d'une subvention d'État était subordonnée à l'obtention préalable du concours d'une entreprise mécène. Nous avons émis d'expresses réserves à l'égard de ce système, au demeurant agencé sur un mode très technocratique. La droite aura ainsi manqué son rendez-vous avec le mécénat d'entreprise, même si elle a pressenti que le sujet était d'importance. Avec l'appui du Premier ministre, Édouard Balladur crut, en effet, en prenant l'intitiative d'une loi sur le mécénat, pouvoir en tirer un bénéfice politique. Cette loi du 23 juillet 1987 a pour principal mérite de marquer la reconnaissance officielle du mécénat et de donner une consécration législative à une règle fiscale que Jack Lang avait pu faire reconnaître dès 1985, au niveau plus modeste, mais déjà fort efficace, d'une circulaire de la direction générale des Impôts : l'acte de mécénat est désormais considéré comme un acte de gestion ordinaire de l'entreprise, et les dépenses exposées à l'occasion du parrainage de tout acte ou de tout événement, notamment culturel, auquel elle associe son nom ou sa marque sont considérées comme des frais généraux, déductibles comme tels. Même si, sur d'autres plans, cette loi bâclée et compliquée est décevante, elle a le mérite d'avoir institutionnalisé le mécénat d'entreprise en lui reconnaissant le caractère d'un acte de gestion ; c'est admettre que l'entreprise ne sort pas de sa vocation lorsqu'elle s'associe à une initiative culturelle. Si d'autres progrès peuvent encore être imaginés, nous avons là une conquête essentielle et certainement irréversible.

Jamais nous n'aurions osé rêver, au début des années 80, qu'avant dix ans une loi, même imparfaite, donnerait un statut au mécénat. Ce n'était pas, à vrai dire, notre objectif : nous considérions que le mécénat d'entreprise était moins freiné par le droit que par les mentalités. Il fallait le développer dans les faits avant de revendiquer un de ces statuts légaux sans lesquels les Français paraissent incapables d'agir. Si Admical a salué cette loi dans son principe et en ce qu'elle a de positif, elle n'en revendique nullement la paternité, qu'elle reconnaît aux auteurs de rapports qui, comme Alain-Dominique Perrin, président de la Fondation Cartier, ou Georges Pébereau, l'avaient préconisée.

Mais, en vérité, le mécénat n'a pas attendu cette loi de 1987 pour émerger et, deux ans après sa promulgation, on ne saurait attribuer à ce texte des effets tangibles, hormis la clarification fiscale qu'elle a apportée. Admical n'est en aucune manière hostile à l'État et encore moins à son rôle en matière culturelle. Mais j'ai tenu, depuis l'origine du mouvement, à apporter la démonstration que la société civile pouvait prendre seule l'initiative d'une réforme, d'un changement des comportements, hors de toute directive et de toute impulsion de la puissance publique. Nous n'avons jamais refusé le débat avec les représentants de l'État, ni la coopération avec des institutions publiques, mais nous avons veillé à nous protéger contre toute tentative de récupération politique ou d'embrigadement administratif. Nos entreprises adhérentes, même les plus proches de l'État, partagent cette philosophie, et aucune ne nous a marchandé son soutien.

*Esquisse d'un bilan.*

Le mécénat culturel d'entreprise a donc connu un développement autonome. En établir le bilan est malaisé, car il n'existe aucun recensement systématique des initiatives. Il n'est pas de semaine où la presse ne nous apprenne une nouvelle expérience. Ce que l'on peut dire, c'est que, si le nombre des entreprises qui pratiquent le mécénat d'entreprise demeure faible et ne représente encore qu'une minorité, du moins tous les types d'entreprise s'y consacrent, et aucune forme de la vie culturelle n'en est tenue à l'écart. Qu'il s'agisse d'entreprises publiques comme la Caisse des dépôts, Elf-Aquitaine, E.D.F. ou France-Télécom, de multinationales comme I.B.M. ou Hewlett-Packard, d'entreprises industrielles comme Peugeot ou Ricard, ou du secteur des services avec Avenir ou Casino. De nombreuses banques comme Paribas, le Crédit lyonnais, le C.I.C. ou la Société lyonnaise de banque, la plupart des grandes compagnies d'assurances, toutes les sociétés pétrolières, mais aussi de petites et moyennes entreprises, comme Monin à Lyon, pratiquent le mécénat. Beaucoup d'entreprises ont créé des fondations spécialisées comme le G.A.N. pour le cinéma, la Société générale, Total et la Sacem pour la musique, Vuitton pour l'art lyrique, Cointreau pour la danse, Cartier pour les arts plastiques, le Crédit agricole avec la Fondation des pays de France. On voit des entreprises se regrouper pour une action collective de mécénat dans des lieux précis comme les villes nouvelles de Cergy-Pontoise et d'Évry. Bref, si la majorité des entreprises se tient encore à l'écart, la liste de celles qui pratiquent le mécénat est très représentative du tissu économique dans sa diversité de taille et d'activité. On peut dire, sans exagération, que les entreprises les plus performantes, les plus ouvertes à une communication dynamique et inventive sont désormais engagées dans le mécénat culturel.

Quant aux sommes investies dans ces actions, il est encore malaisé d'en faire une évaluation sûre. Des calculs recoupés d'Admical et du ministère de la Culture, il résulte qu'elles ne sont pas inférieures à 400 millions pour 1988, mais l'absence de toute statistique exhaustive fait qu'on ne se trompe guère si l'on estime que la réalité est certainement supérieure à 600 millions. Le ministère de la Culture va même jusqu'à prévoir un milliard en 1990.

Certains en tirent argument pour affirmer que le mécénat d'entreprise n'est que peu de chose, au regard des 10 milliards du budget de la Culture. Mais ce rapprochement n'est guère significatif ; autant comparer le rendement du denier du culte à celui de l'impôt sur le revenu. On ne saurait mettre en parallèle une contribution spontanée d'entreprises à la vie culturelle et l'effort financier de l'État, qui résulte, pour une bonne part, d'obligations lourdes comme l'entretien du patrimoine monumental ou le fonctionnement des institutions de service public que sont les conservatoires, la Bibliothèque nationale, la Comédie-Française ou l'Opéra. Cela ne signifie pas qu'il faille en rester là et que les 600 millions du mécénat représentent le sommet d'une courbe. Mais il serait plus judicieux d'observer qu'il y a à peine dix ans elle était proche de zéro et qu'elle est en progression constante, que de la comparer au budget d'un État qui n'a cessé de revendiquer la conduite générale des affaires de la culture.

Cette démarche qui consiste à comparer, en termes financiers, le mécénat d'entreprise et l'effort de l'État est révélatrice de l'état d'esprit de ceux qui, dans l'administration comme dans le milieu culturel, nourrissent des réserves plus ou moins avouées à l'égard du phénomène. Faute de pouvoir en contester désormais l'existence, ils en limitent la portée ; allant plus loin parfois, ils en critiquent les mobiles et s'inquiètent de ses conséquences.

On ne saurait refuser ce débat, ni prétendre que le mécénat d'entreprise soit à l'abri de toute critique.

*Controverses.*

Première critique : « Le mécénat est marginal, et il est plus un discours qu'une réalité. »

Il faut d'abord répéter qu'on ne saurait équitablement mettre sur le même plan des contributions volontaires et des dépenses publiques, là où elles se conjuguent, c'est-à-dire en matière de culture, mais aussi de recherche scientifique, d'action humanitaire ou d'environnement. On peut cependant concéder que les sommes consacrées chaque année par les entreprises au mécénat culturel représentent, en effet, une part modeste du chiffre d'affaires total de la culture, et même de l'effort public en la matière. On observera, cependant, que cette contribution augmente d'environ 20 % par an. Mais surtout, étant donné le mode de financement de la plupart des initiatives culturelles qui fait souvent appel à diverses subventions publiques et aux recettes provenant du public, c'est souvent à la marge que se joue, en termes de financement, le sort d'un projet culturel. L'apport du mécénat peut être décisif, même s'il ne couvre qu'une faible part de la dépense. Qu'il survienne en fin de parcours pour permettre d'équilibrer un budget, ou qu'à l'inverse il intervienne au début et représente une caution propre à encourager d'autres financements, le mécénat d'entreprise peut avoir un effet d'entraînement plus que proportionnel à sa part proprement arithmétique. D'ailleurs, nombreux sont les responsables culturels qui, comme ceux du Festival d'Avignon, considèrent que la part optimale du mécénat d'entreprise est de l'ordre de 15 % du budget total d'une opération ou d'une institution. En outre, par rapport à la rigidité et à la lenteur des procédures de financement public, le mécénat d'entreprise, bien géré, est d'une très grande souplesse et assure des versements rapides et ponctuels.

Quant à la critique concernant l'impact disproportionné du mécénat par rapport à la réalité concrète de son apport, nous assumons ce grief sans aucun complexe. Le mécénat d'entreprise ne s'est jamais défendu de rechercher des retombées médiatiques. S'il a pu enregistrer, en quelques années, une progression sensible et acquérir droit de cité, c'est bien parce qu'il a su se mettre en valeur. Il m'arrive certes de penser que certaines entreprises exagèrent parfois l'exploitation médiatique de leurs initiatives culturelles. Un peu plus de discrétion ne compromettrait pas les effets d'opinion qu'elles recherchent légitimement. Mais les entreprises gèrent leur communication comme elles l'entendent. L'effet de capillarité ou de mimétisme étant l'un des principaux vecteurs de développement du mécénat, une communication vigoureuse, voire triomphante, sur une expérience de mécénat réussie, peut conduire, et a conduit en effet, d'autres entreprises à s'engager dans cette voie. Ce n'est évidemment pas en rasant les murs que le mécénat d'entreprise se développera. L'art du faire-savoir est, en ce domaine, essentiel.

Deuxième critique : « Le mécénat d'entreprise va au succès, aux valeurs consacrées ; il se détourne du risque et des formes nouvelles de la culture. »

Il est vrai que les entreprises qui axent leur mécénat sur la diffusion culturelle et non sur la création recherchent les opérations qui leur paraissent de nature à attirer un vaste public. Si des opérations de cette nature font appel au mécénat, c'est bien parce que, sans le concours des entreprises, elles ne verraient pas le jour ou seraient contraintes de limiter leurs ambitions. C'est ainsi que les grandes expositions, même les plus fréquentées, comme l'exposition Gauguin organisée par le Musée d'Orsay au Grand Palais, ne peuvent plus être montées, tout comme aux États-Unis ou dans d'autres pays européens, sans un partenariat d'entreprise. Si la Comédie-Française, l'Opéra, l'Orchestre de Paris, le Centre Pompidou, le Festival d'Aix-en-Provence, les Chorégies d'Orange recourent au mécénat d'entreprise, ce n'est pas pour céder à la mode. Si un reproche est à faire, c'est plutôt aux collectivités publiques, qui ne parviennent plus à assurer à elles seules l'équilibre financier de la grande diffusion culturelle, qu'aux entreprises qui choisissent d'y apporter leur concours. Car elles répugnent à aider ce qui pourrait se faire sans elles. Quand la B.N.P. finance le catalogue des collections permanentes du Musée national d'art moderne du Centre Pompidou, quand la Fondation Paribas édite une collection de livres sur les monuments et musées de province, elles répondent à un besoin manifeste mais non satisfait jusqu'alors. D'ailleurs, même dans des domaines qui pourraient apparaître comme classiques et sans grand risque, une entreprise peut avoir une politique de mécénat audacieuse et novatrice : ainsi la Caisse des dépôts et consignations, qui, propriétaire depuis 1970 du Théâtre des Champs-Élysées, qu'elle a d'abord géré comme un élément parmi d'autres de son patrimoine immobilier, a décidé, il y a quelques années seulement, de le restaurer et d'en faire un des pôles majeurs de la vie musicale. Le Crédit lyonnais a adopté la même attitude pour la salle Pleyel. Dans les deux cas, une entreprise a pris une initiative culturelle de grande ampleur, qui peut fort bien favoriser l'innovation artistique, et non seulement une diffusion classique présumée de tout repos.

Mais il y a plus : nombreux sont les exemples d'entreprises qui ont choisi le mécénat de création. Ainsi, la Fondation Louis Vuitton, qui s'est spécialisée dans l'art lyrique. Sous l'impulsion de son comité artistique, présidé par Rolf Liebermann, elle s'est tournée résolument vers la musique contemporaine. Lorsqu'elle apporte un concours à Luigi Nono, Olivier Messiaen ou Pierre Boulez, certains diront encore qu'il s'agit de « valeurs consacrées », bien que la diffusion de leurs œuvres ne mobilise pas les foules ; mais la Fondation commande aussi des œuvres à de jeunes compositeurs. La Fondation Société générale pour la musique, la Fondation Total et la Fondation Sacem consacrent, par principe, une part de leur budget à la musique contemporaine. Dans le domaine des arts plastiques se développent des actions en faveur de la création, sous forme de prêts de longue durée ou de dons à des musées (Monin à Lyon, Casino à Saint-Étienne), d'expositions, de concours, d'acquisitions d'œuvres de jeunes artistes, de bourses (comme le font la

Fondation du *Reader's Digest* ou la Caisse des dépôts), de participation à un grand projet urbain (Axe majeur de Cergy-Pontoise), ou encore de mise en relation d'un artiste avec la haute technologie d'une entreprise (Gilles Roussy chez Hewlett-Packard). Elf-Aquitaine a organisé un symposium remarqué de sculpture. Il y a plus d'entreprises qu'on ne croit qui acceptent ainsi les aléas de la création, souvent ésotérique ou provocante. C'est souvent au niveau du chef d'entreprise lui-même que ce risque peut et doit être pris. J'ai vu peu de cas où on le regrettait après coup, car l'entreprise aime entrer dans la modernité, avec la marge d'erreur que comporte par nature cette démarche.

La création, le risque culturel ne sont donc pas négligés par les entreprises, et le mécénat français est peut-être, sur ce point, plus dynamique que celui d'Allemagne fédérale, à qui les milieux culturels reprochent son conservatisme. Il est sain que les actions de mécénat bénéficient, à la fois, aux valeurs consacrées et à l'innovation. L'aide des collectivités publiques à la culture n'est pas davantage tournée exclusivement vers les unes ou vers les autres. Il serait même souhaitable que se généralise la pratique de quelques-unes des entreprises précitées, qui répartissent leurs actions de mécénat entre la diffusion et la création, les valeurs sûres et les initiatives nouvelles.

Au demeurant, la distinction entre les « valeurs consacrées » et celles qui ne le sont pas, ou pas encore, est moins absolue, dans la réalité de l'action culturelle, qu'elle ne l'est sur le plan de la spéculation intellectuelle. Il existe des manières audacieuses, et donc risquées, de promouvoir une valeur consacrée, qu'il s'agisse de Monteverdi ou de Messiaen, comme le montre, par exemple, l'action du Centre Acanthes, alors que certains soutiens à l'art le plus contemporain, le plus novateur, peuvent, l'effet de mode aidant, l'être beaucoup moins. Lorsque la Caisse des dépôts apporte un concours global au Festival d'Avignon, elle aide ce dernier dans l'ensemble de son action, qui concerne à la fois la présentation à un vaste public d'œuvres du répertoire classique, sur lesquels généralement une mise en scène originale apporte un éclairage neuf, et des spectacles novateurs destinés à un public plus restreint ou plus averti.

Enfin, la propagation du mécénat culturel dans le secteur des petites et moyennes entreprises, depuis deux ou trois ans, favorise des initiatives culturelles locales qui ne sont pas les moins intéressantes. Il serait donc injuste d'accuser le mécénat d'entreprise de viser exclusivement les grandes cérémonies de l'institution culturelle — comme le montrent d'ailleurs les déconvenues des organisateurs du Bicentaire de 1789 par rapport au mécénat d'entreprise.

Troisième critique : « Le mécénat est fragile et inconstant. »

On fait remarquer qu'il est étroitement dépendant de la santé économique des entreprises et de la bonne volonté de leurs dirigeants. Que les profits viennent à décliner ou qu'un responsable change, et l'action de mécénat d'une entreprise peut se trouver compromise. Cette critique n'est pas sans fondement, et les exemples de mécénat interrompu ne manquent pas. C'est parce que ce risque existe qu'Admical a tenu aux entreprises un discours pédagogique et participe aux efforts destinés à donner aux fondations d'entreprise un statut qui garantirait la continuité du mécénat.

Nous n'avons cessé d'expliquer aux entreprises que le mécénat était une démarche originale, qui requérait beaucoup de réflexion et de patience. On ne saurait en attendre des retombées immédiates et mesurables, comme celles d'une campagne publicitaire ou d'une action de promotion. Le mécénat implique la durée et doit exclure le saupoudrage. Il est conseillé de choisir un secteur — théâtre, musique, cinéma, etc. — correspondant à l'image que l'entreprise veut donner d'elle-même et de s'y tenir, quitte à diversifier l'action à l'intérieur de ce secteur. Le mécénat étant une occasion nouvelle pour l'entreprise de réfléchir sur son identité et sur son image, les initiatives qu'elle prend en ce domaine méritent d'être soigneusement pensées et intégrées dans une stratégie d'ensemble, plutôt que de rester isolées, marginales et atypiques. Mais plus important encore que le secteur — musique, peinture, etc. — est le choix d'une approche précise de la culture, quel que soit le domaine retenu : l'entreprise veut-elle favoriser la grande diffusion, la conservation du patrimoine, la création, les expériences novatrices, la formation, la promotion de la culture française à l'étranger ou le dialogue des cultures ? Selon sa philosophie du mécénat, l'entreprise choisira, parmi ces différentes approches, celle qui lui convient le mieux. Enfin, nous avons sensibilisé les entreprises à leur responsabilité envers ces partenaires qui bénéficient de leur soutien. Sans qu'il soit question de les transformer en abonnés à vie du mécénat, l'entreprise doit être consciente du fait qu'interrompre sans préavis son concours peut avoir des conséquences dramatiques. Mieux vaut un soutien modeste, mais sur plusieurs années, ou substantiel mais présenté comme non renouvelable, qu'une aide généreuse mais précaire. C'est pourquoi nous préconisons, chaque fois que cela est possible, un engagement à caractère contractuel et pluri-annuel, à l'exemple des accords entre la société Casino et le Musée d'art moderne et contemporain de Saint-Étienne pour les acquisitions d'œuvres d'art.

Il faut se garder toutefois d'être trop systématique. Si le mécénat d'entreprise doit jouer, à sa façon, ce rôle d'éclaireur qui a toujours été celui des mécènes à travers l'histoire, toute action, même ponctuelle et passagère, peut être déterminante pour le succès d'une initiative culturelle novatrice. S'il est recommandable d'inscrire le mécénat d'entreprise dans la durée, il ne faut pas pour autant l'enserrer dans des contraintes qui lui feraient perdre la spontanéité et la souplesse qui sont deux atouts majeurs au regard de la rigidité des mécanismes publics, même les mieux pensés.

Il est un autre moyen de conjurer le risque de précarité d'une trop grande soumission aux aléas de la vie des entreprises : c'est la création de fondations d'entreprise. Un statut particulier de ce type de fondations est en gestation, qui les soustrairait aux lourdeurs de la Fondation reconnue d'utilité publique sur laquelle le Conseil d'État exerce une tutelle très stricte. L'entreprise s'engagerait à affecter pendant un certain nombre d'années une somme minimum à des actions d'intérêt général, notamment culturelles, décidées par un conseil où figureraient, à côté de représentants de l'entreprise, des personnalités extérieures. Ainsi le droit consacrerait une pratique recommandable, qui consiste à détacher l'activité de mécénat de la gestion courante de l'entreprise, et notamment de ses services de communication, tout en la maintenant, avec l'appellation prestigieuse de « fondation », dans l'orbite de la société, mais avec le concours d'experts appelés à participer au choix des opérations et, par là, à aider l'entreprise à suivre une politique de mécénat cohérente et continue, reposant sur des critères et des méthodes de choix vraiment professionnels et indiscutables.

Quatrième critique : « Le discours édifiant du mécénat culturel d'entreprise marque une réalité beaucoup moins noble : le pur calcul. Le mécénat est la forme distinguée du sponsoring, un moyen de faire connaître l'entreprise et d'assurer la vente de ses produits. »

Il faut d'abord liquider une querelle sémantique au sujet du sponsoring et du mécénat. Heureuse langue anglaise qui ne connaît qu'un mot : *sponsorship*, appliqué, comme c'est souvent le cas dans cette langue, à des situations très différentes ! Le « sponsoring », ou parrainage, consiste à associer la marque d'un produit ou le sigle, le logo d'une entreprise, à un événement, généralement sportif, en recourant à des méthodes notamment visuelles, très proches de celles de la publicité par leur aspect spectaculaire et répétitif. Le mécénat, lui, a un caractère plus institutionnel et met en avant l'entreprise elle-même, non ses produits ou ses marques. Il s'apparente à une signature, non à un affichage. Il ne cherche pas à vendre, mais à faire connaître. Il peut s'attacher à des événements, mais aussi à des activités permanentes. Ces distinctions peuvent paraître subtiles, d'autant plus qu'entre le parrainage le plus direct et le mécénat le plus discret il existe une infinité de gradations : la frontière entre les deux pratiques est assez mouvante. Mais, dans la réalité des motivations et des comportements, les choses sont plus tranchées : ce ne sont ni les mêmes méthodes, ni les mêmes budget, ni, le plus souvent, les mêmes responsables, et les partenaires de l'entreprise ne s'y trompent pas.

S'agit-il pour autant d'une distinction hypocrite qui tendrait à dissimuler, derrière la noblesse apparente du mécénat, une intention aussi mercantile que celle que le parrainage avoue sans vergogne ? On entre là dans le domaine du procès d'intention, sur fond de manichéisme. Certains prétendent, en niant la spécificité du mécénat par rapport au parrainage, démasquer les intentions commerciales cachées du premier, ou exalter la modernité et l'efficacité du second. Mais il y a mieux à faire que d'entretenir ces vaines querelles. Le mécénat d'entreprise n' a jamais prétendu être désintéressé et ne se juge pas d'une essence supérieure au parrainage. Il invoque seulement d'autres critères et d'autres méthodes. Il existe des cas de parrainage sportif où l'entreprise s'implique fortement dans un projet à haut risque et où elle ne se borne pas à coller son étiquette sur un événement spectaculaire ; c'est vrai notamment pour les grandes compétitions de voile. C'est dire qu'il peut aboutir à un partenariat de haute qualité, au même titre que le mécénat. Le parrainage n'est pas nécessairement un matraquage publicitaire, et il arrive, à l'inverse, que le mécénat verse dans l'ostentatoire.

En vérité, s'il faut opérer une distinction essentielle entre les entreprises, elle doit être faite entre celles qui ont une politique de communication active et les autres. Ce sont souvent les entreprises qui pratiquent depuis longtemps le parrainage notamment dans le sport, qui se sont lancées de la façon la plus dynamique dans le mécénat, notamment culturel ; et les deux démarches, distinctes par les méthodes auxquelles elles recourent et par les résultats qu'on en attend, s'épaulent mutuellement. Elles créent une véritable dynamique de la communication d'entreprise, offrant une déclinaison très large de l'image de l'entreprise et de son message à destination des différentes cibles visées. C'est le cas d'entreprises comme Elf-Aquitaine, le Crédit lyonnais, l'U.A.P. ou Peugeot. Il existe aussi des entreprises qui, en raison des limitations légales apportées récemment au parrainage sportif, ont recentré toutes leurs nouvelles activités de communication sur le mécénat culturel : c'est la stratégie suivie par le groupe Pernod-Ricard. Ces exemples montrent bien que la distinction entre les deux modes d'intervention n'est pas une ruse éthique, un raffinement sémantique ou un exercice d'école, mais qu'elle a un fondement en termes de stratégie et de gestion.

Les amateurs de distinctions tranchées aimeraient ranger d'un côté le sponsoring ou parrainage, qui ne s'appliquerait qu'au sport, et le mécénat, qui ne concernerait que la culture (ou les actions humanitaires et de recherche scientifique). Malheureusement pour eux, si le sport recourt pour l'essentiel au parrainage et la culture au mécénat, il faut savoir qu'il existe un mécénat sportif et un parrainage culturel. Quand une entreprise aide, par divers moyens généralement discrets, la formation de sportifs de compétition ou leur procure des emplois compatibles avec les exigences de leur discipline, elle pratique le mécénat sportif. Lorsque R.T.L. parraine des concerts classiques, des spectacles lyriques ou chorégraphiques auxquels elle apporte un soutien commercial en termes de promotion et de facilités publicitaires, il ne s'agit pas de mécénat, même si la démarche et la motivation sont délibérément culturelles. Il faut donc prendre son parti d'une réalité complexe et admettre que mécénat et parrainage, soumis d'ailleurs aux mêmes règles de déduction fiscale, sont, du point de vue d'une stratégie de communication d'entreprise, des pratiques distinctes mais souvent complémentaires. Dans une entreprise bien gérée, on ne passe pas son temps à les opposer ou à les confondre, mais on s'applique à les conjuguer dans une stratégie globale de communication.

Dans l'un et l'autre cas, l'entreprise se trouve en rapport avec des partenaires, sportifs ou gens de culture principalement. En dépit de toutes les différences qui peuvent marquer leur psychologie, leurs préoccupations sont largement communes : goût du risque, passion de la réussite, désir de trouver dans l'entreprise non seulement un pourvoyeur de fonds, mais un appui moral, une collaboration, voire une connivence. Du côté de l'entreprise, on trouve dans les deux types de dialogue une commune aspiration à associer l'entreprise à une cause à laquelle elle aspire à s'identifier en raison de la noblesse, du prestige ou du risque qui s'y attachent ; les hommes d'entreprise aiment prendre fait et cause pour les opérations qu'ils soutiennent, qu'il s'agisse de sport ou de culture, de mécénat ou de parrainage. Il s'ensuit souvent de belles aventures humaines qui nous ramènent d'une certaine façon à la grande tradition historique du mécénat et à la passion que, presque toujours, il implique. Assurément, cet aspect affectif n'est pas sans danger et doit être suffisamment dominé pour ne pas engendrer des effets pervers. Mais il est vrai que les gens de culture trouvent dans le partenariat d'entreprise non seulement une souplesse et une efficacité, mais aussi une chaleur et une qualité humaines qu'on observe de plus en plus rarement du côté des administrations, même les mieux disposées et les plus ouvertes. Certes, il existe des exemples qui montrent que, si l'État est par nature un monstre froid et si les procédures administratives ont un caractère impersonnel, la conviction personnelle et le charisme d'un ministre, le rayonnement d'un grand commis peuvent ajouter au soutien financier de la puissance publique cette dimension affective que les gens de culture espèrent toujours, même sans se l'avouer, de leurs partenaires. Toutefois, en un temps qui n'est plus celui de l'improvisation chaleureuse des pionniers mais celui de la gestion technocratique, c'est plutôt du côté des entreprises que se trouvent l'enthousiasme et la convivialité.

Il est enfin une critique qui résulte des succès mêmes du mécénat culturel d'entreprise. Elle émane de ceux que l'on pourrait appeler les « laissés-pour-compte » du mécénat, ceux qui n'ont pas accepté d'y recourir ou ceux qui ont échoué dans leurs démarches. À leurs yeux, le mécénat est une sorte de prostitution, un racolage qui ne peut que compromettre l'intégrité d'un projet culturel et l'indépendance de ses promoteurs. Certains, enfermés dans un pseudo-égalitarisme d'assistés vaguement honteux, vont même jusqu'à préconiser une sorte de mécanisme de péréquation qui, par prélèvement sur les sommes recueillies au titre du mécénat, permettrait d'en faire bénéficier ceux qui n'y ont pas accès.

Cette aspiration à la justice distributive est radicalement contraire à l'esprit du mécénat d'entreprise ; si elle était prise en compte, si peu que ce soit, il s'ensuivrait une démobilisation des entreprises qui, à juste titre, tiennent à ce que nul n'interfère dans les partenariats qu'elles ont librement décidé de constituer. Elles pourraient faire valoir, en outre, que c'est dans les impôts qu'elles paient que l'État doit trouver de quoi financer les actions d'intérêt général.

On aurait tort, cependant, de négliger les raisons qui ont pu conduire une partie du milieu culturel à cette attitude de rejet. Il y entre à coup sûr de la frustration, de l'envie, une attitude d'ayant-droit qui réclame son dû, mais aussi un sursaut de dignité compréhensible de la part d'artistes qui répugnent à « se vendre » et qui considèrent que l'originalité de leur démarche, la valeur de leur projet doivent s'imposer d'elles-mêmes. L'expérience prouve que des entreprises peuvent être séduites par un projet à haut risque et sans concession ; mais encore faut-il prendre la peine de le leur expliquer, en usant d'un langage propre à être compris par des responsables économiques. Encore faut-il aussi accepter les contraintes et les aléas de la recherche de mécénat.

Les pays habitués au financement privé de la culture, comme les États-Unis ou la Grande-Bretagne, ont à cet égard une longue expérience, et la recherche de fonds (le *fundraising*) est une technique éprouvée qui a ses spécialistes. En France, on y vient peu à peu, et non sans embarras. Un certain nombre d'institutions culturelles publiques, privées ou mixtes ont compris qu'elles devaient avoir en leur sein un ou plusieurs responsables des rapports avec les entreprises. Admical organise périodiquement des séminaires destinés à faire connaître aux responsables culturels les techniques d'élaboration et de présentation des dossiers de mécénat. Certaines agences se sont constituées qui ont pour objet de rapprocher l'offre et la demande de mécénat, moyennant une commission prélevée sur les fonds recueillis et qui rémunère le service rendu — ce qu'Admical se refuse à faire, n'étant pas une affaire commerciale, mais un organisme d'intérêt général.

Le mécénat d'entreprise n'est ni une loterie ni un abonnement. Pour les responsables culturels et pour les artistes, dont un grand nombre sont habitués, depuis de longues années, à la course aux subventions publiques, il s'agit d'un exercice nouveau, plus complexe et plus aléatoire. Certains rêveraient de pouvoir déposer quelque part — à Admical par exemple — un « dossier » et d'attendre patiemment un chèque. Rien ne peut cependant remplacer le dialogue direct entre les responsables culturels et ceux de l'entreprise, qui conduit à ce partenariat sans lequel il n'est pas de véritable mécénat.

Même si le mécénat d'entreprise, qui, répétons-le, n'en est qu'à ses débuts, se développe encore, il ne couvrira jamais l'ensemble des besoins de financement de la culture que le marché et les fonds publics ne suffisent pas à satisfaire. Il sera toujours sélectif et impliquera donc une compétition, avec ce qui s'ensuit de rudesse et parfois d'injustice. En outre, le mécénat ne peut être que temporaire ou supplétif, car aucune entreprise ne saurait donner une rente à vie à chacun de ceux qui en bénéficient. Il est une chance, non une sécurité. C'est bien pourquoi il ne peut en aucune manière se substituer aux autres modes de financement de la culture, notamment aux ressources publiques. Le mécénat d'entreprise n'entend pas régenter la vie culturelle, mais seulement l'enrichir de son apport. Cette ambition volontairement limitée devrait rassurer ceux que son développement inquiète. Le mécénat ne serait dangereux que s'il était l'alibi d'un désengagement de l'État. C'est ainsi qu'il faut d'ailleurs comprendre les réserves exprimées à son sujet par certains professionnels de la culture. Ce n'est pas le mécénat en lui-même qui est redouté ; c'est la tentation que l'État peut avoir de se défausser sur lui. Mais les entreprises partagent sur ce point aussi les préoccupations des gens de culture.

Ces préoccupations ont été exprimées récemment, de façon particulièrement virulente, par un grand metteur en scène, Jean-Pierre Vincent, qui a toujours été réservé par rapport au mécénat. Son réquisitoire mérite d'être connu, car, dans son excès même, il révèle une sensibilité que les gens d'entreprise doivent connaître s'ils veulent éviter de graves malentendus.

« Pourquoi repousser *a priori* le mécénat, se demande Jean-Pierre Vincent, dans la mesure où l'argent vient des mêmes poches, finalement, que celui procuré par les subventions ? Cette extorsion de plus-values, qu'elle passe par la ponction effectuée par les impôts sur le bien des gens ou qu'elle passe par ce qui semble plus facile aujourd'hui : l'extorsion pratiquée directement par les entreprises sur leurs bénéfices et que les entreprises reversent à la collectivité pour leur bénéfice moral, sous forme de mécénat... cette extorsion de plus-values vient, dans les deux cas, des mêmes poches. Pour moi, je préfère que cela passe par la République. C'est-à-dire pas seulement par l'État mais aussi par les collectivités locales, puisque collectivités locales diverses il y a aujourd'hui. Cet argent, blanchi par la République, me semble permettre une meilleure relation avec les artistes. À moyen terme et à long terme le rapport des artistes avec ceux qui sont élus par le peuple ou désignés par les élus du peuple pour gérer la culture d'un pays, me semble être plus favorable au bon exercice de la dépense improductive d'une société que le même argent passant par telle ou telle grande société pour son bénéfice moral transformé en prestige. L'argent sert apparemment aux mêmes choses, mais pas tout à fait — ne serait-ce que parce que l'argent des mécènes va d'abord aux grands et non aux petits, au succès garanti et non à la recherche. Voyez la télévision : il n'y a pratiquement pas de publicité avant et après les émissions culturelles. Le mécénat, l'audimat, c'est le même combat... de la médiocrité[1]. »

« Extorsion de plus-values », « argent blanchi », Jean-Pierre Vincent n'y va pas de main morte : ce marxisme attardé serait cocasse s'il n'exprimait pas une certaine phobie de l'argent et plus généralement de l'économie, assez répandue dans le milieu culturel : on doit avoir recours à l'État, jugé seul capable d'introduire de la pureté dans les mécanismes financiers auxquels la culture ne peut échapper. Cette conception tutélaire de l'État est partagée par de nombreux responsables, notamment ceux du

1. *Bulletin* n° 148 de la Maison de la culture d'Amiens, novembre 1989.

théâtre subventionné, et les entreprises doivent savoir à quels préjugés archaïques elles risquent de se heurter à l'occasion. En introduisant sur la scène culturelle de nouveaux acteurs, le mécénat d'entreprise aura bousculé la relation toujours un peu trouble qui s'était instituée entre subventionneurs et subventionnés. Ce serait sans doute forcer les mots que dire qu'en cela il est révolutionnaire. Mais il est quand même savoureux qu'il place certains artistes parmi les plus engagés dans la position défensive de conservateurs de leurs droits acquis.

En essayant de réfuter les objections faites au mécénat culturel d'entreprise et de répondre aux critiques parfois légitimes auxquelles son application donne lieu, on ne prétend pas le présenter comme une panacée. Le mécénat d'entreprise est sûrement perfectible ; il est encore, en France, une idée neuve, et il est normal qu'après moins de dix ans de pratique il n'ait pas encore atteint sa maturité. Comment d'ailleurs en aurait-il été autrement ? Il s'agit d'un mouvement spontané et d'esprit résolument pragmatique. Il n'y a pas de code du mécénat. Ni Admical, ni tous ceux qui s'appliquent à encourager et à orienter le mouvement n'ont l'ambition de l'enfermer dans un corps de prescriptions imposées. Il s'ensuit inévitablement une impression de flou qui, à première vue, n'est pas très satisfaisante pour l'esprit. C'est en se développant que le mécénat stabilisera ses pratiques, à la lumière des expériences et de leur rançon inévitable de malentendus et d'échecs.

*Le mécénat difficile.*

Au reste, le mécénat d'entreprise sera toujours difficile. Difficile dans ses choix, car, dans la multitude des initiatives culturelles, il n'est pas toujours aisé de discerner le projet le plus original, le plus sérieux et le plus accordé à l'idée que l'entreprise se fait d'elle-même et de son action en matière culturelle. La spécialisation croissante de responsables, au sein de l'entreprise, le concours d'experts extérieurs, une circulation plus systématique d'informations sur les projets, à travers notamment des banques de données comme celle qu'Admical s'emploie à développer, peuvent aider les entreprises et les responsables culturels à mieux se comprendre.

Difficile, le mécénat d'entreprise l'est aussi dans sa gestion. Il sera toujours marginal par rapport aux choix stratégiques qui engagent l'avenir de l'entreprise, même s'il est une des expressions les plus intéressantes de sa personnalité. Bien que les sommes en jeu soient modestes, il se trouvera toujours, dans les moments délicats que connaît une entreprise, quelqu'un pour les désigner comme un domaine prioritaire de sacrifices. Même si, comme on l'observe de plus en plus, les chefs d'entreprise s'engagent personnellement dans ces actions dont ils voient non seulement l'aspect prestigieux, mais aussi la signification stratégique, le consensus autour du mécénat, à l'intérieur de l'entreprise, ne sera jamais à l'abri d'une remise en cause. Son impact, ses retombées médiatiques ou ses effets ne se prêtant guère à une évaluation chiffrée incontestable, une voix s'élèvera toujours pour se demander si ce genre d'initiative est bien raisonnable. On a vu, au cours de ces dix années, des entreprises renoncer au mécénat à la suite d'un échec, d'une restructuration, d'un revers de fortune ou d'une alternance dans le management. C'est pour toutes ces raisons qu'il faut arrimer le mécénat au cœur même de la stratégie de l'entreprise, le consolider par un statut de fondation adapté aux réalités de l'entreprise et convaincre tous les responsables qu'il ne peut s'agir que d'une action à long terme. Il faut aussi, pour assurer sa pérennité, veiller à ce que le personnel en comprenne la signification et l'utilité, voire s'y associe. Sans cette légitimité sociale du mécénat, l'entreprise s'expose à des réactions de rejet qui risquent de faire apparaître ces initiatives d'un type nouveau pour ce qu'elles ne sont pas : un caprice de patron et une dilapidation des biens sociaux. En outre, dans les grandes entreprises, il est bon que le mécénat soit, au moins en partie, décentralisé (établissements industriels, délégations régionales ou agences) afin de s'appliquer à des événements ou à des activités de portée locale. Ainsi l'ensemble de l'entreprise se sentira engagé dans cette action, dans un esprit d'émulation.

Difficile, le mécénat l'est également dans la mesure où son succès même crée un immense appel d'air. Chaque entreprise qui s'y engage est aussitôt submergée de projets plus ou moins sérieux, entre lesquels elle a du mal à choisir, si elle n'a pas défini au préalable des critères et des méthodes de sélection. Dans certains domaines, le mécénat d'entreprise est considéré à tort, par les responsables culturels, comme allant de soi : l'exemple des grandes expositions internationales est à cet égard révélateur. I.B.M., United Technologies, Olivetti et quelques autres firmes multinationales ont été les premières à soutenir ces grandes manifestations coûteuses et qui impliquent une coopération entre les plus grands musées du monde. Le retentissement de ces événements les a encouragées à poursuivre, et les responsables des musées n'ont pas, dans ce contexte, lésiné sur leurs ambitions. Mais on atteint aujourd'hui des coûts qui font hésiter même les entreprises les plus florissantes, d'autant plus que l'opinion, s'étant elle aussi habituée au mécénat, risque de prêter moins d'attention à l'identité des entreprises qui rendent possibles ces manifestations prestigieuses. Il arrive aux conservateurs de musées de déchanter lorsque, dans ce climat de compétition, leurs projets de plus en plus coûteux ne trouvent pas preneur sur ce qu'ils croient être le marché du mécénat.

Difficile, le mécénat l'est encore parce qu'il n'existe pas de modèle unique, aisément transposable d'une entreprise à l'autre. Sous l'impulsion de François Périgot, le C.N.P.F. a compris que le mécénat était pour les entreprises un facteur de renouvellement, de dynamisme, et un atout de communication. Il s'emploie à le développer, notamment dans le secteur des petites et moyennes entreprises. Il y a là un champ d'expansion considérable, car, contrairement à une idée reçue, le mécénat n'est pas réservé aux très grandes entreprises. La vie culturelle se décentralisant, les entreprises de taille moyenne trouvent des projets et des responsables avec lesquels elles peuvent nouer un vrai partenariat. Mais ce n'est évidemment pas selon des formules identiques à celles qui s'appliquent aux grandes entreprises. Il leur faut donc inventer une autre pratique du mécénat. On ne saurait appliquer les mêmes méthodes pour le mécénat de création et pour celui qui s'attache à la diffusion ; chaque discipline artistique a son langage, ses critères, ses rythmes. En bref, chaque entreprise doit, en quelque sorte, inventer son mécénat.

Difficile, le mécénat l'est enfin par la nature des relations qu'il engendre entre partenaires. On a pu recenser de nombreux cas de partenariat heureux et fécond entre responsables culturels et dirigeants d'entreprise qui parviennent, selon la formule consacrée, à « s'enrichir de leurs mutuelles différences ». Ces aventures humaines sont peut-être une des plus belles réussites du mécénat. J'aime ce mot d'un chercheur de la société Valentine, entreprise de peinture qui avait invité des artistes à intervenir : « Je leur ai apporté une technicité ; ils m'ont apporté un détournement. » Chacun sa vérité : le partenariat est d'autant plus solide que chacun respecte son rôle. Les entreprises qui ne jouent pas aux protecteurs désintéressés de l'art et les responsables culturels qui ne se prennent pas pour les démarcheurs ou les agents publicitaires de l'entreprise forment les associations les plus solides. Que chacun assume pleinement sa propre finalité dans le simple mais total respect de l'autre : tel est le principe d'un bon partenariat. Pour parvenir à ce résultat, il faut, des deux côtés, beaucoup de patience et de générosité, tant sont grandes les différences de sensibilité, de langage, de comportement. La confrontation mondaine de deux monstres sacrés de la finance et de la musique peut être spectaculaire et savoureuse. Leur rapprochement dans la mise au point d'un projet commun est plus délicate. Et que dire lorsqu'un peintre ou le responsable d'une troupe de théâtre ou de ballet se trouve pour la première fois devant un directeur de la communication d'une entreprise ? Mais, à la longue, la proportion des succès est suffisante pour donner confiance. L'intérêt porté par les nouvelles générations au mécénat d'entreprise, comme à tout ce qui a trait à la communication et à la culture, notamment dans les écoles de gestion et de commerce, fait espérer qu'à la fin du siècle les responsables d'entreprise seront plus spontanément sensibles que leurs aînés à la dimension culturelle de l'entreprise.

Car c'est bien de cela qu'il s'agit. On sait qu'au début de notre campagne en faveur du mécénat nous avions posé en principe que celui-ci n'était qu'un moyen au service d'une fin plus large et plus ambitieuse : la prise en compte par l'entreprise de sa dimension culturelle. Déjà, certains dirigeants reconnaissent que l'un des effets du mécénat est de rendre l'ensemble de leurs collaborateurs plus ouverts, plus disponibles à toutes les demandes qu'ils ont leur mission d'écouter dans leur domaine propre d'activité, de susciter une plus grande vigilance envers la qualité des messages que l'entreprise diffuse et de l'image qu'elle donne d'elle-même. Dans les cas de partenariat réussi, on discerne au sein de l'entreprise une plus grande attention, induite par les artistes et les créateurs, aux questions de forme, d'esthétique, tant pour les produits de l'entreprise que pour sa communication externe et interne, voire l'organisation des lieux de travail. L'implication souhaitable du personnel dans les initiatives du mécénat, le fait qu'il puisse avoir un accès privilégié aux manifestations culturelles soutenues par l'entreprise, ne favorisent pas seulement le sentiment d'appartenance, mais aussi la diffusion des valeurs culturelles, dont l'entreprise ne peut que profiter, même et surtout s'il s'ensuit une rupture du conformisme qu'engendre l'entreprise, comme toute communauté humaine. Dans un climat ainsi renouvelé peuvent naître des initiatives qui, par elles-mêmes, ne relèvent pas du mécénat proprement dit, mais qui participent authentiquement d'une démarche culturelle : qu'il s'agisse de l'architecture des sièges sociaux ou des usines, de leur décor intérieur, du design des produits, des activités de recherche, du contenu de la communication de l'entreprise, des actions relatives à la formation permanente ou à la promotion sociale, ou enfin des pratiques culturelles offertes au personnel et dont le comité d'entreprise a la maîtrise, dans tous ces domaines, la conscience de sa dimension culturelle est, pour l'entreprise, un incomparable stimulant. Ainsi, la culture peut rendre à l'économie un service similaire à celui qu'elle reçoit du mécénat d'entreprise.

Il n'est guère aisé de conclure un chapitre portant sur un sujet aussi ouvert que celui des rapports entre l'entreprise et la culture. On ne peut le faire qu'en indiquant quelques pistes. En voici trois, qui semblent prometteuses.

Certaines entreprises, soit directement, soit à travers leurs fondations, ne sont plus seulement des pourvoyeuses de fonds pour la culture ; elles sont devenues des acteurs à part entière de la vie culturelle de ce pays. Sans prétendre dresser un palmarès, il est désormais évident que la Fondation G.A.N. pour le cinéma, la Fondation Cartier pour les arts plastiques, la Fondation Vuitton pour l'art lyrique, la Fondation du Crédit agricole pour l'animation culturelle du milieu rural, les Fondations E.D.F., France-Télécom, Elf-Aquitaine, la Fondation Paribas, la Caisse des dépôts, prennent une part active à la vie culturelle nationale. Au plan local, il en va de même, soit pour des entreprises agissant individuellement, soit pour des groupements de société dans une ville, un département, une région. Ayant choisi un domaine, des critères et des méthodes d'intervention, bénéficiant des conseils de professionnels des disciplines artistiques concernées, ces organismes sont de véritables centres d'initiative. Il leur arrive même d'accéder, en fait, à un statut de coproducteur, en étroite symbiose avec leurs partenaires culturels. On peut dire qu'alors on est au-delà du mécénat, et nul ne semble s'en plaindre. Même si ces cas restent limités, ils illustrent à eux seuls cette transformation du paysage culturel français que nous étions quelques-uns à rêver il y a dix ans : entre les fonds publics et le marché, il y a bien désormais un tiers secteur non seulement de financement, mais d'initiative pour la culture.

Jusqu'à présent, toutefois, ces nouveaux acteurs de la vie culturelle ne se sont pratiquement pas manifestés dans un domaine où les besoins sont pourtant criants et où les initiatives des entreprises seraient bienvenues : il s'agit de l'audiovisuel, dont les besoins en matière de programmes croissent avec la multiplication des réseaux et la diversification des attentes du public. Des règles imbéciles, qui datent de l'époque du service public triomphant et refermé sur lui-même, ont longtemps découragé l'intervention des entreprises dans un secteur où on leur interdisait même une simple mention au générique. Après quelques timides tentatives d'assouplissement, mais qui n'ont eu que peu d'effet, le mécénat culturel d'entreprise a été très efficacement découragé par l'intrusion massive du parrainage sur les chaînes privées, mais aussi — ce qui est fort discutable — dans un service public financièrement aux abois. Comme toujours, la mauvaise monnaie chasse la bonne : dès lors qu'une entreprise peut, moyennant une participation financière négociée, obtenir que sa marque et ses produits soient cités, exhibés, vantés, non dans des écrans publicitaires que l'on peut fuir, mais dans le déroulement même d'une émission de vaste audience, il lui faudrait un rare esprit de sacrifice pour se contenter de la portion congrue réservée dans l'audiovisuel au mécénat d'entreprise : une discrète mention dans le générique d'une émission culturelle programmée à une heure tardive. Quand le parrainage sera enfin supprimé sur les chaînes publiques, où il n'a que faire, le mécénat d'entreprise pourra être une des solutions au lancinant problème de la création audiovisuelle, qui donne lieu jusqu'à présent à tant de vains discours.

Troisième piste : l'Europe. Le mécénat d'entreprise se développe partout. Il a droit de cité depuis longtemps en Grande-Bretagne, en Allemagne fédérale, dans les pays du Benelux et en Suisse. Traditionnel en Italie, notamment dans le secteur bancaire, il prend avec Olivetti, les Generali et surtout Fiat, une forme particulièrement dynamique ; sous l'impulsion de Giovanni Agnelli, le Palazzo Grassi, à Venise, est devenu un foyer culturel majeur. Les trois entreprises précitées ont d'ailleurs suscité des actions de mécénat en France même, sans parler du rayonnement mondial d'expositions itinérantes organisées avec leur concours. À l'approche des grands rendez-vous de 1992 (Exposition universelle de Séville, cinquième centenaire de la découverte de l'Amérique, Jeux olympiques de Barcelone), l'Espagne envisage de stimuler un mécénat d'entreprise encore limité. La Communauté européenne encourage la concertation entre les organisations comparables à Admical qui apparaissent dans la plupart des pays. Il est réconfortant de penser qu'à l'approche du Marché unique de 1993, les plus dynamiques des entreprises européennes, loin de se replier sur une conception étroite et défensive de leur mission, comprennent simultanément, mais chacune avec sa personnalité propre, que la culture ne peut les laisser indifférentes.

# V
# La vocation culturelle des médias

*Des médias mal-aimés.*

Les moyens du communication de masse fascinent tous ceux dont le métier est de diffuser la culture. Avec la radio d'abord, puis la télévision, ils ont cru disposer de l'instrument rêvé pour nourrir l'esprit du plus grand nombre : c'était, transposé à l'ère électronique, le miracle de la multiplication des pains. Aujourd'hui, on est loin du compte ; les médias audiovisuels sont accusés de manquer à leur vocation culturelle et de n'offrir que des programmes médiocres à un public saturé d'images.

Le cinéma aura, lui, bénéficié d'un jugement plus favorable. Né au tournant du siècle comme un spectacle de curiosité, quasiment un divertissement de foire, une lanterne magique dont bougeaient les images, il a connu un succès immédiat. Il a d'abord puisé son inspiration dans l'inusable fonds de la littérature populaire, farce, feuilleton, mélodrame, engendrant des œuvres naïves que nous considérons aujourd'hui comme des merveilles. Il a haussé progressivement l'ambition de ses thèmes et de son écriture jusqu'à devenir un art à part entière, le « septième art »? Car le cinéma est bien un art, révéré en lui-même ; on ne lui reproche pas plus ses mauvais films qu'on ne fait grief au théâtre de ses pièces ratées et à la peinture de ses croûtes. L'art jouit d'un statut privilégié qui fait pardonner la médiocrité de certaines de ses expressions.

La radio et la télévision ne font pas l'objet de la même bienveillance. Nées l'une et l'autre sous l'égide de l'État, comme des prouesses d'ingénieurs des P.T.T., elles ont eu des débuts fort distingués. Les premiers « speakers » de la radio parlaient comme des sociétaires de la Comédie-Française ; les programmes qu'ils présentaient, à base de déclamations poétiques, de concerts de musique de chambre et de communiqués officiels, étaient du genre noble. La radio, qui s'est popularisée avec de la musique légère, des jeux, des feuilletons et de la « réclame », a gardé longtemps quelque chose de sa mission éducative. Il en est allé de même pour la télévision ; née plus tard et exploitée comme un service public expérimental, avant et juste après la guerre, elle est longtemps restée dans la mouvance de l'État, financée exclusivement par les fonds publics jusqu'en 1968. Conçue pour une audience restreinte et en principe avertie, servie par des équipes de pionniers passionnés et talentueux, la télévision est très vite apparue comme un divertissement de qualité. Même si le souvenir nostalgique de cette épopée déforme notre jugement, il est sûr que la télévision des débuts, tout artisanale qu'elle fût, et peut-être pour cette raison même, s'est située d'emblée à un niveau élevé. De là est né le malentendu concernant sa mission culturelle, dont nous vivons aujourd'hui le paroxysme.

J'ai encore à l'oreille le récit lyrique de Pierre Emmanuel décrivant son entrée, un soir d'orage des années 60, dans une auberge perdue des Cévennes, où des bergers médusés regardaient sur le petit écran *Les Perses* d'Eschyle dans la réalisation de Jean Prat. N'avons-nous pas tous, à l'époque, partagé, d'une façon ou d'une autre, la divine surprise du poète égaré dans la montagne, cette croyance ingénue de la culture pour tous par la télévision ? Mais nous ne prenions pas garde qu'il n'y avait alors qu'une chaîne et que, vingt ans plus tard, les mêmes bergers ou leurs neveux regarderaient de préférence le match de rugby Montauban-Béziers ou quelque « Roue de la fortune ». Nous avons tous pensé que le développement culturel passerait massivement par la télévision et que celle-ci nous libérerait du souci obsédant d'avoir à remplir chaque soir les maisons de la culture, les salles de spectacles ou de concert. C'est un peu comme si le clergé avait cru que « Le jour du Seigneur » à la télévision tiendrait lieu de pastorale.

Si l'on en juge par le procès qui, périodiquement, lui est intenté et qui prend aujourd'hui un tour aigu, la télévision serait un instrument de culture dévoyé qu'avec une obstination perverse on détournerait de cette mission originelle à laquelle il conviendrait de la ramener, fût-ce par la contrainte.

Qui tient ce discours? A peu près tout ce qui compte parmi ceux qui font l'opinion: les intellectuels relayés par la presse, les hommes politiques, les grands groupes d'influence, les églises, les syndicats, sans compter une bonne partie des professionnels de la télévision eux-mêmes ; autant dire tous ceux qui paraissent à la télévision et qui n'ont guère le temps ou le goût de la regarder. Pour paraphraser le mot de René Clair sur Laurel et Hardy, la télévision ne satisfait personne, sauf le public.

Elle est loin d'être sans défaut ; mais son procès est tellement systématique qu'il en devient suspect.

Par son emprise sur la vie quotidienne, la télévision a détraqué le jeu habituel des influences et déstabilisé la hiérarchie traditionnelle des pouvoirs. Elle est donc une accusée idéale. Que la violence progresse, que le sens moral décline, c'est la faute des médias. Quand la télévision était à peu près inattaquable sur le terrain de la qualité de ses programmes, elle était soupçonnée, non sans raison, d'être domestiquée par le pouvoir et réduite à un instrument de propagande. L'intelligentsia, alors, faisait tout pour la discréditer, en passant sous silence l'apport culturel dont on lui fait aujourd'hui grief de manquer. Quand ce procès politique a perdu ses raisons d'être, voilà quelques années déjà, le pouvoir ayant consenti à son émancipation, la télévision s'est vu reprocher la course à l'audience et la médiocrité qui s'ensuivait. Le procès culturel de la télévision a ainsi relayé le procès politique, comme s'il fallait à toute force culpabiliser l'audiovisuel. L'élite de ce pays n'aime pas sa télévision, la regarde peu et la comprend mal. Elle la traite comme ces institutrices sur qui des parents absorbés par les exigences de leur métier ou de leurs loisirs se déchargent de l'éducation de leurs enfants et s'empressent de les accuser ensuite de leurs propres carences. On affecte d'attendre beaucoup des médias, mais c'est pour mieux les accabler.

Enfermée dans ses propres contradictions, ses corporatismes et la frustration chronique de la plupart de ses personnels, y compris ceux qui sont le plus engagés dans son action créatrice, la télévision a d'ailleurs constamment nourri son propre procès. Elle donne d'elle-même une image qui est la caricature des reproches qu'on lui fait : les critiques les plus virulentes au sujet de ses programmes sont formulées en son sein.

Il est vrai qu'aucune entité sociale n'est aussi présente, n'accapare autant de temps, ne répond à davantage de besoins de tous ordres et ne délivre autant de références, de messages, de représentations facilement assimilables par la société entière. Aucun média n'intéresse autant les autres médias que la télévision ; la presse écrite, la radio, l'édition, le cinéma, en sont comme obsédés, la courtisant et la brocardant tour à tour, commentant avec fièvre tout ce qui s'y passe, jusqu'au plus anodin des incidents de plateau. L'école, l'Université, les Églises, la classe politique, les syndicats, les juges tout autant que le monde culturel ont les yeux fixés sur la télévision, où tous aspirent à se montrer et dont chaque défaillance est montée en épingle. Jalousée en raison de l'influence qu'elle exerce, aussi incontournable que vulnérable, la télévision, dont tout conspire à faire une mal-aimée, est la victime expiatoire idéale. Quand le procès de la télévision était politique, une moitié de la classe politique se sentait plus ou moins obligée, par solidarité ou par calcul, de prendre fait et cause pour elle. À partir du moment où le procès est culturel, un étrange consensus s'opère, et tout le monde semble trouver avantage à se ranger parmi les accusateurs.

Quant au public, il finit par se laisser convaincre à coup de sondages que, décidément, il n'aime pas sa télévision, laquelle s'ingénierait à lui offrir le contraire de ce qu'il demande. La seule vérité reconnue est que le public réclame une télévision avant tout culturelle et des programmes de haut niveau, bref tout ce que des diffuseurs pervers prennent un malin plaisir à repousser en fin de soirée, quand ils n'osent pas y renoncer tout à fait. Les séries, notamment américaines, les grandes émissions de variétés, les nombreux films diffusés par des chaînes trop semblables seraient le contraire de ce qu'il attend. Ainsi, à en croire ceux qui ont la redoutable mission d'exprimer l'opinion, on aurait un système audiovisuel exactement à l'opposé des vœux du public : bref, le plus bel exemple de masochisme collectif organisé. Et c'est sans doute pour faire pénitence qu'un million de téléspectateurs par mois se sont équipés en 1987 et 1988 pour recevoir les nouvelles chaînes que sont la Cinq et M 6.

En résumant ainsi un grave débat, je suis conscient d'être quelque peu polémique. J'ai moi-même, dans le passé, joint ma voix au concert des intellectuels dont la bonne conscience se nourrissait du procès des médias ; on pourrait m'opposer des textes où je donne dans les travers que je dénonce ici. J'étais alors au nombre de ces militants de la culture pure qui cédaient parfois à la tentation de tout attendre de la télévision, y compris qu'elle fît leur propre métier. Je n'ai aucune gêne à confesser que c'était voir la question de façon trop simple et unilatérale. Et il faut admettre que la télévision d'alors, celle des années 60 et même 70, dont on reconnaît après coup qu'elle fut l'apothéose d'un service public de haute qualité et de créativité heureuse, méritait moins que celle d'aujourd'hui les reproches dont on l'accablait allégrement.

Aujourd'hui, je vois les choses autrement. Tout en conservant des responsabilités sur le terrain de l'action culturelle, je suis depuis 1980 à la tête d'une entreprise privée de communication. La radio et la télévision sont désormais mon métier ; j'en assume les règles et les contraintes, dans un contexte d'âpre compétition et avec, pour corser l'affaire, les aléas de la politique qui continue d'influencer, quoi qu'on dise, la vie des médias.

C'est en fonction de cette double appartenance aux mondes de la culture et de la communication que j'entends m'exprimer ici, en assumant tous les risques de contradiction qu'implique cette situation particulière. Je ne peux jouer ni à l'homme de culture scandalisé par le niveau de la télévision, ni à l'homme de média indifférent à la culture et exclusivement préoccupé par l'audience et la recette. A tout prendre, je préfère cet inconfort à la tranquillité de la bonne conscience. Si la télévision comme système est toujours en posture d'accusée, les gens de télévision, journalistes, animateurs et jusqu'aux présidents, sont fêtés, choyés, courtisés, reconnus dans la rue, sauf à être vilipendés s'ils commettent quelque faiblesse, ou instantanément oubliés s'ils quittent le devant de la scène. Il n'est pas toujours facile de résister aux vapeurs d'encens et aux sortilèges de ces métiers où, saltimbanques et géomètres mêlés (et parfois imbriqués à l'intérieur de chacun de nous), nous pouvons échouer chaque jour, nos succès étant aussi précaires que nos carrières. Tous ceux qui nous flattent rêvent en vérité de nous soumettre. Dans ces conditions, il est imprudent de plaider coupable, et il serait sans doute plus sage de faire sans commentaire et le plus honnêtement possible son métier, en laissant les faits parler pour soi.

Je me risque pourtant à entrer dans le jeu de ceux qui font le procès des médias jusqu'à leur donner raison, mais en partie seulement, et pour des motifs qui ne sont pas nécessairement ceux qu'ils invoquent.

*Le procès culturel*
*de la télévision.*

Que les médias, et spécialement la télévision, aient une vocation et une dimension culturelles est une évidence. Pour qui en douterait, il suffit d'inverser la proposition : on voit ce qu'il y aurait de choquant à proclamer que médias et culture sont totalement étrangers l'un à l'autre.

Mais une fois cette évidence admise, reste à déterminer les voies et moyens de cette fonction culturelle. On parle volontiers de cahiers des charges, de quotas, d'obligations de production dans le domaine de la fiction, de réglementation de la diffusion des films, de l'excès de violence ou d'érotisme à l'écran. Mais nul ne s'aventure à définir en termes précis ce qui est en jeu : la fonction culturelle des médias. Il y a, dans cette attitude commode d'esquive, une manière de consensus tacite entre tous ceux qui, pour des raisons souvent opposées, se rejoignent dans la dénonciation de la carence des médias.

Si l'on passe en revue les procureurs, on s'aperçoit que la culture dont ils se disent les champions n'est pas toujours la première de leurs préoccupations.

Les hommes politiques, d'abord. Tous partis confondus, ils s'autoproclament les défenseurs patentés de la création et stigmatisent les manquements des médias à leur vocation culturelle. Dans ce domaine comme dans beaucoup d'autres, le milieu politique donne, en outre, le spectacle du manichéisme, majorité et opposition s'accusant mutuellement et alternativement des erreurs et des échecs. Cette comédie ne devrait pourtant tromper personne, et notamment les créateurs, objet de tant d'empressement. Car la classe politique porte une lourde responsabilité dans la dégradation de l'audiovisuel et s'applique à dévier le débat. Il n'y a pas un pays en Europe où les médias audiovisuels aient été et demeurent un enjeu politique, voire partisan, au même degré qu'en France. Certes, partout l'État a une responsabilité dans l'organisation générale des médias, et les dirigeants politiques ne sont jamais insensibles à l'impact des médias sur l'opinion ; il leur arrive de prendre des assurances dans ce domaine, comme en Italie ou en Allemagne, où les différentes sensibilités politiques sont représentées ouvertement dans les conseils d'administration ou les directions des chaînes. Mais nulle part ailleurs qu'en France la radio-télévision n'aura été un instrument aussi dépendant du gouvernement. Si, à partir de 1974, à l'initiative de Valéry Giscard d'Estaing, puis, après 1981, sous l'impulsion de François Mitterrand, l'emprise du pouvoir politique sur les médias et leurs dirigeants s'est progressivement desserrée, ce n'est pas sans mille hypocrisies, retours en arrière et défaillances par rapport à l'idéal proclamé. Mais, surtout, le pouvoir politique n'a cessé d'intervenir dans l'organisation et le fonctionnement des médias. Il s'en est occupé avec d'autant plus de zèle qu'il consentait à prendre ses distances sur le terrain du contrôle politique. Mais on ne saurait affirmer qu'une vision cohérente, inspirée avant tout par une conception claire et ambitieuse de la vocation culturelle et sociale des médias, ait marqué cet interventionnisme obstiné du pouvoir politique.

Bien au contraire, une grande discontinuité a régné, chaque majorité s'appliquant à défaire ce que la précédente avait fait. En évitant, pour des raisons de pure démagogie, toute augmentation substantielle de la redevance payée par les téléspectateurs, les gouvernants successifs ne pouvaient ignorer qu'ils rendaient la télévision de service public de plus en plus dépendante de la publicité, donc de la recherche de la plus grande audience. Aucune équipe gouvernementale n'a jugé prioritaire la lutte contre les pesanteurs, les rigidités, les corporatismes qui ont progressivement sclérosé le service public et ont diminué sa capacité d'innovation et de remise en cause. Aucune n'a su garantir aux sociétés de programme et à leurs équipes dirigeantes cette stabilité nécessaire aux vues à long terme, à la prise de risques, à l'élévation progressive des aspirations du public. Quand la gauche est arrivée au pouvoir en 1981, la façon sympathique, mais brouillonne et prétentieuse, avec laquelle elle a affiché ce qu'elle appelait son grand projet culturel pour la télévision s'est traduite par des initiatives maladroites ; sincères et généreuses à n'en pas douter, elles ont surtout désorienté le public par ce qu'elles avaient de pesamment didactique, d'ennuyeux ou d'ésotérique. Ces belles résolutions ont été vite abandonnées et l'on a assisté au retour en force des émissions de simple divertissement, notamment sur TF 1, à une multiplication des rediffusions et à une réduction sensible de la création. Ajoutons qu'en s'appuyant sur les syndicats pour évincer les dirigeants nommés par la droite, la gauche ne se donnait pas les moyens de libérer le service public de ses corporatismes.

Quant aux télévisions commerciales, les socialistes n'aiment guère qu'on leur rappelle les conditions d'arbitraire et de favoritisme, exclusives de toute compétition et de toute transparence, qui ont marqué leur apparition en 1984-85. Il serait cruel de leur faire relire les premiers contrats de concession de la Cinq et de TV 6, où des garanties exorbitantes étaient accordées aux exploitants, sans aucune contrepartie sérieuse exigée d'eux en matière de création.

Mais la droite, entre 1986 et 1988, ne s'est pas mieux comportée : la France, aujourd'hui volontiers prodigue de leçons, est le seul pays qui ait démantelé, par la privatisation, une part substantielle de son service public de l'audiovisuel. Et la comédie de ce que l'on a appelé sans rire, à l'époque, « le mieux-disant culturel » n'a guère fait progresser la cause de la culture à la télévision. Néanmoins, les cahiers des charges des chaînes 5 et 6 réattribuées comportaient, cette fois, des engagements tangibles en matière de création ; la Cinq s'est d'ailleurs appliquée à ne pas les respecter. De retour au pouvoir, la gauche, admettant comme irréversible la privatisation de TF 1 qu'elle avait pourtant dénoncée bruyamment, cherche à démontrer qu'elle se préoccupe avant tout d'élever le niveau culturel de la télévision. Mais, n'osant pas réformer en profondeur un service public pourtant sclérosé, ni lui assurer un financement conséquent, c'est sur les chaînes privées qu'elle entend faire peser son exigence de qualité. Elle multiplie les contraintes réglementaires et ignore délibérément les réalités économiques de l'audiovisuel, qui, il est vrai, comptent peu dans l'esprit de ceux pour qui la création se décide par décret.

On voit donc ce qui est sous-jacent dans le discours unanime de la droite et de la gauche sur la vocation culturelle des médias : un commun malaise du personnel politique, une conscience plus ou moins claire des occasions perdues et des erreurs commises, une surenchère verbale et un désir partagé de trouver des coupables sur qui faire peser la responsabilité de l'abaissement du niveau culturel des médias. Tout professionnel sensible à la nécessité de définir les bases réalistes d'une ambition culturelle pour la télévision ne peut que rejeter les anathèmes et les exhortations d'une classe politique qui, tous partis confondus, s'est discréditée sur ce chapitre.

Parmi les procureurs figurent également ceux que l'on pourrait appeler les « ayants-droit », c'est-à-dire l'ensemble des producteurs de films et de téléfilms, des réalisateurs de télévision, des artistes, écrivains, auteurs, interprètes, et les sociétés et organismes professionnels qui les représentent. Ils ont évidemment voix au chapitre : si la télévision a produit des œuvres dignes de ce nom, c'est bien à ces gens de métier que nous le devons. Nul ne peut contester la légitimité de leur prise de parole et la sincérité de leur aspiration à une télévision de qualité. Mais leur point de vue n'est pas pour autant irrécusable. Il y a d'abord, chez ces professionnels, la nostalgie de la télévision d'antan, celle d'un service public en situation de monopole et à ressources publiques garanties, où des chaînes peu nombreuses et de vaste audience s'adressaient à un public captif, fasciné par la nouveauté de l'image et prêt à tout absorber. On ne connaîtra jamais plus une situation aussi privilégiée. L'audiovisuel a vécu longtemps dans une sorte d'état d'apesanteur économique. Les moyens ne lui étaient guère comptés, et c'est le mérite de professionnels comme Santelli, Lorenzi, Moati et, avant eux, des hommes comme Prat, Drot, Tarta ou Averty, d'avoir su réaliser des œuvres qui constituent notre patrimoine audiovisuel et sont une référence durable pour des générations de créateurs. On comprend qu'ils s'émeuvent et se mobilisent en un moment où la télévision semble manquer à sa vocation créatrice. Mais il faut dire qu'en se mettant ainsi, et sincèrement, au service d'une cause qu'ils présentent à bon droit comme d'intérêt général, ils servent aussi leur intérêt corporatif, qui ne se confond pas nécessairement avec le bien commun. C'est là que le malentendu commence. Il faut répéter que l'économie de l'audiovisuel ne sera plus jamais ce qu'elle fut au temps d'un monopole de service public prospérant à l'abri des frontières nationales et partageant en deux ou trois programmes des fréquences rares et exploitées par la seule voie hertzienne.

Reconnaissons à François Mitterrand en personne le mérite d'avoir eu l'intuition que la télévision ne pouvait se développer selon ce mode ancien du monopole de service public, de la rareté des programmes et d'un espace national clos. Il a compris que seules les ressources en provenance du marché, et des télévisions commerciales destinées à les exploiter dans le contexte d'une Europe aux frontières ouvertes, pourraient nourrir le développement de l'audiovisuel, le service public devant être parallèlement consolidé, rénové et relancé. Certes, les conditions dans lesquels s'est effectuée, à son initiative, la naissance des télévisions commerciales sont peu conformes à ce que l'on pouvait attendre de la rigueur éthique et intellectuelle que les hommes de gauche revendiquent. Mais au moins une étape historique a-t-elle été franchie, et c'est une des ironies auxquelles l'histoire nous a habitués, qu'elle l'ait été sous l'impulsion d'un président socialiste dont la méfiance à l'égard de l'argent n'est tempérée que par la confiance amicale qu'il prodigue à certains de ceux qui le possèdent et par le réalisme politique de quelqu'un qui sait composer avec l'inévitable. Mais François Mitterrand est un des rares dans son camp à avoir effectué cette conversion. Il s'abstient de décourager, dans son entourage et chez ceux qui gouvernent en son nom, l'aspiration idéologique à la pureté des origines et à l'intransigeance de l'idéal. Alors qu'elle a installé les « puissances d'argent » dans l'audiovisuel, avant même la discutable privatisation de TF 1 par la droite, et admis la logique de télévisions commerciales dont la publicité est par définition la seule ressource, la gauche se comporte comme si le grand capital avait mis la main, par une nuit sans lune, sur les fréquences hertziennes. D'où chez elle des sursauts idéologiques, un prurit technocratique, une frénésie réglementaire pour conjurer les démons de l'« argent-roi » et les obsessions du profit. Dans cette entreprise de compensation psychologique et de purification morale, le soutien des professions de l'audiovisuel, plutôt proches de la gauche, est recherché, car il confère une sorte de légitimité culturelle à cette laborieuse opération d'exorcisme. On y voit fleurir quelques idées trop simples : la télévision de service public serait forcément une télévision de qualité, alors que la télévision commerciale serait synonyme de vulgarité et de recherche exclusive de l'audience ; seule la contrainte juridique et financière pourrait forcer les opérateurs privés à assumer une mission culturelle par définition contraire à leurs intérêts ; la publicité serait l'ennemie jurée de la création et de la qualité ; son insertion dans les programmes, et spécialement à l'intérieur des œuvres de fiction, serait, par essence, une agression ; la télévision de service public serait fondée sur la recherche, noble par définition, de « crédits » alors que la télévision commerciale serait obsédée par la course au « fric ». Il est à peine exagéré de traduire en ces termes le discours actuel de la gauche sur la télévision, et il paraît saugrenu de faire observer que nul ne peut échapper aux lois élémentaires de l'économie, qui, quoiqu'on en ait, s'appliquent aussi à l'audiovisuel. Une télévision qui ne vit pas de ressources publiques ne peut diffuser, produire et donc créer qu'en recourant aux ressources du marché. Il n'est au monde aucune télévision commerciale qui puisse se dispenser ou de sponsoriser ses programmes, ou bien de les interrompre, surtout quand ils sont de grande audience, par la publicité. Que cela soit regrettable pour la continuité d'une œuvre et pour son intégrité est évident. Mais nulle part on n'a encore trouvé le moyen de faire autrement. En encourageant les professionnels à s'enfermer dans une position d'apparente exigence, mais qui reflète la nostalgie d'une situation protégée à jamais révolue, on n'avance guère dans la voie d'un réalisme pourtant nécessaire. On oublie d'ailleurs, ce faisant, la dimension du temps : dans les pays qui ont su faire place à la télévision commerciale depuis longtemps (près de vingt ans en Grande-Bretagne) et la maintenir soigneusement à l'abri des variations de la politique, les chaînes privées jouent honorablement leur rôle dans la création, et nul ne conteste qu'elles aient acquis une dimension culturelle, au point que les plus étatistes de nos idéologues de gauche en viennent à les citer en exemple. Tout cela serait plaisant si, à coup d'états généraux et de communiqués syndicaux, les professionnels de l'audiovisuel ne finissaient par faire, sans le vouloir, le jeu des politiciens et des légistes. Bien incapables de définir de façon précise ce que doit être la culture à la télévision, ceux-ci se réfugient dans une vision purement formelle et juridique à base de quotas et d'interdits. Transformer la culture, qui est qualité par essence, en quantité mesurable, faire une obligation de ce qui devrait être une inspiration et inciter les diffuseurs, publics ou privés, à ruser à coup de casuistique et de formalisme avec les contraintes d'un cahier des charges, voilà à quel beau résultat conduit la conjonction de politiques qui ignorent tout ou presque de l'audiovisuel et de professionnels qui, comme toutes les corporations en France, croient trouver dans la protection de l'État le remède à leurs difficultés.

Il faut reconnaître que les responsables de la télévision fournissent, parfois sans le vouloir, des arguments à ces procureurs. Enlisés dans une gestion technocratique au jour le jour rendue presque inévitable par la modicité des ressources, la précarité de leurs fonctions et la rigidité des règles, les dirigeants des chaînes publiques ne contribuent guère à élever le service public à un niveau de référence. Et, quand ils le font, non sans panache, comme de temps à autre à FR 3 notamment, c'est d'une façon tellement élitaire qu'elle perd toute vertu d'exemplarité. Quant aux dirigeants des chaînes privées, venus souvent d'horizons industriels où l'on a l'habitude de ne pas se payer de mots, leur discours et leur pratique poussent parfois le cynisme jusqu'à la provocation. En insistant lourdement sur les contraintes de la rentabilité et la recherche de la plus grande audience, en déclarant même parfois que la préoccupation culturelle leur est totalement étrangère, en négligeant les engagements souscrits lors de l'attribution des chaînes, ou en ne les exécutant que de façon purement formelle, ils donnent des arguments inespérés à ceux qui professent que la télévision commerciale est décidément à la culture ce que les maisons de passe sont à l'amour.

Il est enfin une catégorie de procureurs dont on a déjà parlé, indirectement, qui est sans doute la plus sincère, la plus sympathique, mais qui, pour cette raison même, joue dans ce procès le rôle le plus insidieux. Il s'agit des gens de culture, ou plus précisément de ceux qui ont une responsabilité et une expérience dans le domaine de la diffusion et de l'animation culturelles. Pour tous ceux-là, qui ont la tâche difficile de remplir des salles, d'éveiller l'intérêt des masses les plus éloignées des pratiques culturelles, ce « non-public », terme cruel et dangereux auquel Vitez préfère aujourd'hui le « public virtuel », la télévision apparaît moins comme un auxiliaire que, selon les cas, comme un concurrent ou comme un recours. Un chiffre les fascine, à juste titre : un point d'audience à la télévision représente environ 400 000 téléspectateurs, soit, en un seul soir, l'équivalent de quatre cents représentations d'un théâtre comme la Comédie-Française. Comment, dans ces conditions, ne pas rêver la télévision comme une immense maison de la culture éclatée, qui apporterait enfin à chacun la possibilité d'une pratique culturelle à domicile ? Comment résister à la tentation d'imposer aux diffuseurs une programmation avant tout culturelle, puisque la technique leur donne le fabuleux avantage de pénétrer chez les gens, alors que l'ingrate mission des animateurs culturels consiste, à l'inverse, à les en faire sortir ?

On dira plus loin combien cette télévision rêvée parfois par les gens de culture est malheureusement une vision erronée qui nourrit les pires malentendus. Mais, par sa sincérité, cette conception d'une télévision pourvoyeuse de culture à domicile tient dans le débat une large place. Trop respectable pour être blâmée, elle est trop illusoire pour n'être pas remise en question.

*Deux métiers différents*
*pour un même enjeu culturel.*

Je reconnais avoir mis un peu de passion dans cette présentation des accusateurs de la télévision. Mais, efficacement relayés par les médias eux-mêmes, ces procureurs ont un réel impact sur l'opinion ; celle-ci, ne sachant pas très bien ce qu'elle veut et n'osant guère avouer ce qu'elle aime, se laisse dicter ses préférences et semble acquiescer à ces accusations. Pourtant elle regarde cette télévision avec une constance où il faudrait ne voir que lassitude et résignation, tant les programmes sont, à en croire nos procureurs, à mille lieues de ce qu'attend le public.

Ce débat ainsi faussé perd en authenticité ce qu'il gagne en vivacité. Car il est vrai que la télévision est moins bonne qu'elle ne le fut et que toutes les chaînes finissent par se ressembler. À tout prendre, il n'y a pas beaucoup de différence, dans le contenu, entre TF 1, chaîne populaire de service public, régénérée non sans brio par Hervé Bourges, mais en sacrifiant sa dimension culturelle, et TF 1 privatisée. À quelques émissions près, qui conservent, grâce à la conviction et au talent de leurs animateurs, un reste de la grande tradition, il n'y a pas davantage de différence entre Antenne 2, qui dépend de la publicité pour 70 % de son budget, et l'actuelle TF 1. La distinction entre service public et télévision privée devient purement administrative et ne recouvre plus aucune réalité éthique ou culturelle. L'engrenage de la compétition par l'audience est si puissant que les émissions de qualité sont inévitablement repoussées hors des heures de grande écoute, à l'exception de FR 3, qui ose parfois programmer une émission de qualité à 20 h 30. Dans toutes les chaînes, les ressources consacrées à la création sont décroissantes depuis les années d'incertitude et d'instabilité du paysage audiovisuel et amorcent à peine une remontée.

Le problème est donc réel. Mais on enrage de voir qu'il est si mal posé. Il restera sans issue tant qu'on laissera le pouvoir politique, le pouvoir économique et les fonctionnaires dicter leur loi ou leurs caprices aux médias ; tant que les gens de culture et les gens de communication succomberont au piège qui consiste à se laisser opposer les uns aux autres ou à ne trouver de solidarité que dans la défense crispée de leurs situations acquises. La vérité est qu'ils sont solidaires.

Les médias en général, et la télévision en particulier, ne constituent nullement un monde isolé, même si leurs pratiques, leur langage, leur image les font apparaître comme un monde clos. Ils ne sont que le reflet d'une société ; révélateurs des défaillances d'une culture, ils ne peuvent en être les seuls correcteurs.

Rien n'est plus choquant que de voir les gens de culture, ministres en tête, tomber à bras raccourcis sur les médias, en oubliant que c'est en réalité leur propre procès qu'ils instruisent. Entre la culture et ce que l'on appelle, d'un mot trop commode, la communication, il n'y a pas une ligne de démarcation qui séparerait l'innocence de la culpabilité ; il ne peut y avoir que solidarité, et nous serions bien inspirés, gens de culture et gens de médias, de réfléchir ensemble plutôt que de nous accuser mutuellement, au risque de nous neutraliser et de nous laisser dicter notre ligne de conduite et les règles mêmes de notre métier par tous ceux, commerçants cyniques, juristes étroits et politiciens démagogues, qui rêvent de nous assujettir. Nous sommes un certain nombre à penser que les médias audiovisuels, publics ou commerciaux, ne sont pas avant tout un moyen de faire fructifier la recette publicitaire, et pas davantage un champ de manœuvre pour la technocratie ou un service de propagande ou de relations publiques du pouvoir politique. Nous croyons que ces médias sont par nature un organe de médiation sociale, un moyen d'expression collective où se retrouve une communauté dans les images et les sons qui traduisent ses rêves et ses besoins, ses aspirations et ses angoisses.

Mais nous savons aussi ce qu'il y a de commun entre les métiers de la culture et de la communication et ce qui les différencie. Les uns et les autres, nous avons une seule mission simple et complexe à la fois, qui impose la même passion et le même trac au comédien et au présentateur du journal télévisé : s'exposer « en direct » au jugement d'un public à la fois familier et inconnu, et tenter de le séduire. Qu'il s'agisse de s'adresser sans concession à un public averti, ou à l'inverse d'obtenir la plus grande audience, le problème est toujours de trouver son public et de lui plaire, c'est-à-dire de l'attirer et de lui apporter ce qu'il attend et, si possible, un peu plus, un peu mieux et autrement.

Seule une création vraiment originale peut parvenir à ce résultat fatalement improbable. Cela passe toujours par la solitude de l'inspiration, le vertige de la page blanche, de la caméra immobile devant le champ — et cette histoire, ces personnages, ces silhouettes, ces couleurs, ces sons qui, peu à peu, prennent forme, s'animent et deviennent une œuvre. Entre cette inspiration initiale et le « produit fini » de la culture comme des médias, s'interpose un processus plus ou moins complexe, avec un nombre variable d'intermédiaires, d'auxiliaires, d'interprètes qui, selon les cas, laisse au créateur initial sa souveraineté ou l'écrase sans qu'on puisse jamais se passer de lui. À l'origine de tous nos produits, il y a toujours, de quelque façon, le créateur.

Mais nous savons aussi qu'il y a une différence essentielle et irréductible entre la culture et les médias : du côté de la culture, la fragilité du vivant, qui est une force ; du côté des médias, la puissance de l'artificiel, qui est une faiblesse. Ce paradoxe est sans mystère : chacun le vit en percevant la différence entre un spectacle vivant — concert, opéra, théâtre et même lecture — et l'accès au même spectacle, ou à son équivalent, par le disque ou l'écran de télévision. Quand j'entends salle Pleyel Brendel jouer Schubert, tout menace ma joie : les voisins, le bruit ambiant, une défaillance de l'artiste. Si j'écoute un disque de même pianiste ou si la télévision me le montre en train de jouer, je suis à l'abri de ces périls, et pourtant il me manque l'essentiel, ce qu'a d'unique, dans le temps et dans l'espace, la participation à quelque chose qui « arrive ». De même pour le sport : je vois mieux ce qui se passe devant mon poste de télévision qu'à Roland-Garros ou au Parc des princes, mais il manque au spectacle cet élément décisif : moi au milieu de lui. Cette différence, même impalpable, est si forte qu'il y aura toujours un fossé entre deux produits dont la fabrication pourtant se ressemble : le film de cinéma, y compris le plus modeste, sera toujours supérieur au téléfilm le plus réussi. Fabriqué et mis en boîte comme le second, le premier connaît, comme tout produit culturel, ce choc avec le public, ses incertitudes et sa sanction, alors que l'autre, payé d'avance, vit d'un coup sa carrière : son échec peut vexer le producteur, irriter le programmateur, compromettre une rediffusion ou une vente sur un second marché, mais le produit a fait son office : remplir une case de la grille des programmes.

Cette différence va plus loin encore et met en lumière le paradoxe de ce couple de la culture et de la communication : l'œuvre de culture, par essence éphémère, vise l'immortalité ; le produit médiatique, indestructible dans ses composantes d'images et de sons enregistrés, s'absorbe dans l'instantané. L'œuvre est accessible à peu d'êtres, jamais assurée de n'être pas détruite, oubliée ou défigurée ; pourtant, elle se renouvelle incessamment et conserve sa fraîcheur tant qu'il y aura un regard vivant sur ce tableau, ce livre, cette musique. Caravage, Lautréamont, Mahler ont pu être oubliés, un jour vient où on les redécouvre ; et Shakespeare, Molière, Mozart ou Wagner sont constamment réinventés par ceux qui les relisent et en proposent une nouvelle vision. Le produit audiovisuel, en revanche, trouve immédiatement son public ; conservé dans des archives, reproduit, rediffusé, inaltérable, il aura épuisé presque en une fois son sortilège ; on peut, plus tard, le redécouvrir, l'utiliser comme témoignage ; il reste figé dans une existence immuable. Dans un siècle ou deux, il renseignera peut-être sur notre sensibilité et notre culture, mais il est peu probable qu'il puisse être « recyclé » par l'alchimie de la création artistique. C'est la raison pour laquelle le produit audiovisuel n'existe guère isolément ; il est l'élément d'un programme, une pièce d'un édifice auquel il est destiné — alors que le plus modeste spectacle, le livre le plus méconnu, le tableau le plus ésotérique existent en soi. Il est des œuvres qui n'ont rencontré leur public qu'après un siècle. Cela est inconcevable pour la télévision, même dans ses produits les plus ambitieux. Car il n'est pas de télévision sans public.

La télévision, si elle est un art, est un art de l'instant. C'est une culture de l'immédiat. Elle fait des heures plus que des œuvres. Elle accapare et captive l'attention d'un peuple entier, à qui les images et les sons combinés dans un produit donné imposent un langage, un composé d'émotions immédiatement et fortement reçus. Mais, à part les commentaires de la presse et les conversations du lendemain, il n'en reste pas, sauf exception, un souvenir durable ; l'apport d'une émission, à supposer qu'elle en ait un, est immédiatement recouvert, comme par la vague le sable du rivage marin, par celui de l'émission qui suit. C'est pourquoi la télévision cherche à fidéliser son public ; son influence ne peut naître que de la répétition de ses effets. L'impact de la télévision n'opère que dans la séquence quasiment ininterrompue des produits qui composent ses programmes. Cet impact est très fort, mais rudimentaire. La télévision modèle ou conditionne les esprits et les sensibilités plus qu'elle ne les nourrit.

Il en résulte des conséquences capitales sur la mémoire. La participation à un événement culturel — lecture, spectacle, contemplation d'une œuvre d'art ou d'architecture — s'inscrit d'autant plus dans la mémoire individuelle qu'il s'agit d'un acte volontaire, exigeant souvent un effort et impliquant la conscience d'une participation unique et éphémère. Avec ses caprices et sa fragilité, la mémoire s'empare de la masse des sensations, des émotions et des idées recueillies lors de cet acte de culture ; s'exerce alors, comme pour toute nourriture, le lent travail de l'assimilation. Chacun d'entre nous sait bien que telle émotion ressentie il y a vingt ou cinquante ans en découvrant un tableau de Tintoret, un cloître roman ou un quatuor de Beethoven, fait intimement partie de notre personnalité que nous avons construite à partir de ces matériaux. Nous pourrons voir cent fois *Tartuffe* sans jamais oublier tel geste de Fernand Ledoux ou de Gérard Depardieu ; nous pouvons relire Proust vingt ans après et retrouver l'impression même légère et les images précises que telle phrase avait suscitées en nous. Qui oserait prétendre que ce que nous voyons à la télévision, même le meilleur, opère en nous un travail aussi durable et profond ? On peut garder un souvenir très vif de telle image d'actualité, parfois d'une grande émission. Mais, pour un *Dom Juan* réalisé par Bluwal avec Piccoli et Brasseur chevauchant dans la forêt ou recevant le Commandeur aux salines d'Arc-et-Senans que j'ai reçu en moi comme une véritable œuvre d'art, que d'images fortes et d'émissions captivantes complètement oubliées et dont je ne parviens pas à discerner si elles ont, si peu que ce soit, contribué à la construction de mon identité culturelle.

La télévision opère sur une mémoire en miettes et comme bloquée, car immédiatement saturée. Elle n'agit pas comme une pluie bienfaisante qui pénètre et féconde, mais comme une grêle qui frappe et s'évapore. On ne saurait donc lui demander d'être un substitut authentique de la culture, ni d'avoir des effets équivalents à ceux des pratiques culturelles actives pour la construction de nos identités. C'est dire combien est illusoire le discours de tous ceux qui voient dans la télévision une maison de la culture à domicile. Cela ne signifie pas que l'effet culturel de la télévision soit nul. Mais il n'est pas aussi simple et linéaire que le croient ceux qui attendent des médias une acculturation des masses que l'action culturelle la plus inventive obtient à grand-peine sur le public relativement restreint qu'elle s'efforce d'attirer. À moins que, sans se l'avouer, ils aient baissé les bras dans le dur combat qu'est l'action culturelle et qu'ils se résignent à vouer les masses à cet ersatz de culture que serait une télévision réduite à elle-même et coupée de toute pratique culturelle active.

*Interdépendance*
*de la culture et des médias.*

Il faut donc admettre que le monde de la culture et celui de la communication sont deux domaines distincts, non interchangeables mais interdépendants. Chacun a ses règles, son mode de production et une influence propre sur les individus et sur la société. Aucun amalgame ne saurait régler le difficile problème de la vocation culturelle des médias. Seule l'organisation raisonnée de leurs rapports mutuels peut permettre d'enrichir culturellement la communication, mais aussi de faire bénéficier la culture du soutien des médias.

Les médias peuvent agir en matière de culture à trois niveaux au moins: comme reflet de la vie culturelle, comme mode de diffusion des produits culturels et enfin comme mode de production autonome de culture.

Il est des domaines où nul ne peut nier que la télévision a joué, et parfois joue encore, son rôle de reflet de la vie culturelle. Ainsi du livre et de la littérature: s'il y a de bonnes émissions littéraires, c'est parce qu'il existe en France une édition fertile et attentive au rôle des médias et, d'autre part, d'excellents animateurs de télévision. Mais c'est aussi parce que, dans ce domaine, la mission culturelle de la télévision, comme d'ailleurs de la radio, est simple dans son principe : il s'agit de parler des livres et de donner envie de les lire. Un plateau, quelques invités, deux ou trois principes de mise en scène et surtout beaucoup de talent, et l'on a la matière d'une bonne émission, peu coûteuse et facilement renouvelable. Mais pour que la télévision assume pleinement sa fonction de reflet de l'activité ou des événements culturels, encore faut-il que la culture réagisse, comme c'est le cas en matière de livre.

Pour le cinéma, la situation est plutôt satisfaisante. Les films sont très présents dans les programmes, et les chaînes de télévision contribuent à les financer, ce qui crée des liens étroits, qui rendent la télévision attentive au septième art. Le cinéma et les films sont donc bien traités, tant dans l'information en général que dans des magazines spécialisés qui consistent essentiellement, si possible avec talent, à interroger des artistes et des réalisateurs.

Il n'en va pas de même pour les autres secteurs de la vie culturelle : théâtre, musique et art lyrique, arts plastiques, architecture, patrimoine monumental et domaine scientifique. On a connu, dans le passé, d'excellents magazines, ou des émissions de sensibilisation ou d'initiation dont le rôle a été fort utile. La plupart ont disparu, notamment des chaînes de service public. Le seul refuge de la culture reste quelques émissions à grand spectacle, le haut de gamme des émissions de variétés où des animateurs comme Chancel organisent un divertissement autour d'un musicien ou d'un acteur. La culture tient fort peu de place dans l'information générale ; il faut vraiment qu'un grand artiste meure, soit décoré par le président de la République ou arrêté pour trafic de drogue — ou qu'un ministre inaugure une statue — pour que la culture accède au Journal de 20 heures. On se prend à regretter ce qu'un Yves Mourousi, avec sa faconde, a imposé pendant des années au Journal de mi-journée de la première chaîne : la culture sous toutes ses formes était plus qu'un ingrédient, c'était la trame de l'émission même. C'est lorsqu'elle s'adresse au grand public, dans le cadre d'émissions sans étiquette culturelle particulière, que la télévision a le plus de chances de jouer son rôle le plus évident en matière culturelle. Or c'est là que son échec est aujourd'hui le plus flagrant ; mais nul ne semble s'en soucier, à commencer par les ministres les plus chatouilleux sur ce chapitre, qui, prisonniers de leur dialectique, identifient la culture à la télévision aux seules œuvres de fiction, ainsi qu'aux retransmissions d'opéras, de pièces de théâtre et de concerts.

A quoi tient cette carence de notre système audiovisuel ? Rien ne permet d'imputer aux responsables des chaînes une volonté délibérée de faire l'impasse sur l'actualité culturelle. On ne saurait même les soupçonner d'être obsédés par l'audience, puisque, même aux heures tardives où les exigences de la compétition sont moindres, ils ont quasiment renoncé, à de rares exceptions près, à programmer des émissions de cette nature. Les considérations financières ne sont pas davantage une explication, car ce ne sont pas les productions les plus coûteuses. On ne saurait invoquer le manque de sujets ou l'indifférence de l'opinion ; notre vie culturelle est foisonnante ; la presse écrite, hebdomadaire ou quotidienne, traite abondamment des grandes expositions, des grands projets d'urbanisme et d'architecture, de la vie du théâtre, de l'opéra, des arts plastiques ; et les lecteurs ne semblent pas s'en plaindre.

Pourquoi, alors, une telle pauvreté à la télévision ? Dans les milieux du théâtre, de la musique, des arts plastiques ou de l'architecture, chaque fois que l'on se plaint de l'indifférence de la télévision, on exprime le souhait de voir naître, dans chacun de ces domaines, une émission « du genre d'Apostrophes ». C'est dire l'importance décisive d'un animateur qui, maîtrisant bien le style de la télévision, sait rendre passionnante l'actualité qu'il met en scène. Ce n'est pas rabaisser le mérite de Bernard

Pivot que de dire qu'il est un journaliste ; son succès tient à son parfait naturel, à son métier, à ses qualités de présence conviviale sans complaisance ni pédantisme, et à cette capacité qui est la sienne de s'identifier, jusque dans des étonnements et des agacements malicieusement composés, au public lui-même. De ce fait, il est, au sens plein du mot, un médiateur entre la culture et le public. Avant lui, des hommes comme Max-Pol Fouchet, Pierre Desgraupes, Pierre Dumayet, Roger Stéphane, Maurice Le Roux, Alain Decaux, vrais professionnels de la télévision, mais aussi hommes de culture authentiques, ont été ces médiateurs sans lesquels la culture à la télévision, trop savante ou trop scolaire, distille l'ennui. On souffre aujourd'hui d'une carence de ces médiateurs. Le journalisme culturel ne fait guère recette, et le monde culturel, tout fasciné qu'il soit par les médias, semble pauvre en hommes de médiation, prêts à se plier aux exigences de la télévision. Qu'il en surgisse quelques-uns, avec des idées fortes, de vrais projets, et il y a gros à parier que les pesanteurs de la gestion des chaînes, les barrières des préjugés corporatifs céderont. Gens de culture et gens de médias, plutôt que de se lamenter ou d'échanger reproches et invectives, devraient se rapprocher pour agir. Mais il n'est pas sûr qu'en dépit de ses déclarations de principe le milieu culturel ait envie de sortir de son ghetto et de parler un autre langage que celui des initiés.

Il existe un second niveau où la télévision est en relation avec la culture. Il ne s'agit plus pour elle d'en être le reflet en termes d'actualité, mais de concourir à la diffusion de produits culturels en les intégrant dans les programmes. A première vue, il s'agit là d'une coopération idéale. Dans un autre domaine, le sport, la télévision a fait preuve d'une remarquable efficacité. Elle n'offre pas seulement la plus vaste audience aux grands événements sportifs. Elle a inventé un style, une mise en images de l'activité sportive, avec son rythme, ses retours en arrière, les effets de masse ou les angles particuliers ; l'art du commentaire sait rendre passionnant tout spectacle sportif, même pour les non-initiés. Bien qu'elle se borne, en principe, à transmettre une réalité préexistante, la télévision prouve là sa capacité à transposer et à recréer l'événement, pour le plus grand bonheur d'un public qui a le sentiment d'une participation authentique et confortable à une véritable fête. Le développement massif des pratiques sportives, les sports de ballon, le tennis, le ski, doit d'ailleurs beaucoup à la télévision. Mais c'est la radio qui, la première, a popularisé le sport, avec des moyens plus réduits mais faisant davantage appel à l'imagination de l'auditeur à partir de commentaires qui, littéralement, « donnent à voir ».

On rêve de transposer cette efficacité aux activités culturelles. Mais quand on les aborde successivement, on mesure les difficultés auxquelles se heurte la télévision en ce domaine, indépendamment des bonnes intentions de ses responsables.

Le cas le plus simple est celui du film cinématographique : sa nature, son format en font un produit idéal pour la télévision, qui l'utilise fréquemment. On peut discuter à l'infini des mérites comparés de la projection sur grand écran et de la diffusion par écran électronique, des mérites de la salle obscure et des perfectionnements du son (avec le Dolby notamment) qu'offrent les salles de cinéma, par opposition à la banalisation, au rétrécissement du film par la télévision. On peut regretter aussi que la télévision, en multipliant le public du cinéma et en allongeant indéfiniment la carrière des films, réduise drastiquement la fréquentation des salles de cinéma et compromette la carrière normale d'un film qui implique le risque du contact avec un « vrai » public. On peut aussi déplorer que les contraintes, réelles ou supposées, de la télévision chassent pratiquement du petit écran la présentation en version originale de la plupart des films étrangers. Il n'en demeure pas moins que, pour le plus grand nombre, la connaissance du cinéma passe par la télévision ; il est réconfortant que le public des salles soit surtout un public jeune, que la suralimentation audiovisuelle ne décourage pas de rechercher le plaisir plus vifs que comporte la découverte d'un film en salle.

Dès que l'on vient aux autres œuvres culturelles, la difficulté commence. Elle est extrême pour tout ce qui concerne les arts plastiques : le scintillement de l'image électronique met à mal les couleurs, les valeurs et leurs rapports ; même pour la sculpture, l'estampe ou l'objet d'art, qui par nature sont moins exposés à ces inconvénients, le temps et le genre de la télévision se prêtent mal à la contemplation silencieuse et longue qu'ils requièrent. Des présentations très sophistiquées essaient d'échapper à ces difficultés : mais elles succombent souvent à la tentation du bavardage, aux facilités du jeu de société, aux pièges de la surimpression musicale. Peinture et sculpture sont des arts du silence, et l'on peut tout demander à la télévision, sauf précisément ce silence dont elle a horreur comme la nature du vide. Les arts plastiques ne se laissent aborder que par la bande : qu'il s'agisse d'une approche didactique, comme les célèbres « Secrets des chefs-d'œuvre » de Madeleine Hours, ou savamment anecdotique comme « Haute curiosité » de Maurice Rheims et Claude Sérillon, récemment supprimée d'ailleurs.

La musique semble mieux convenir à la télévision. Mais les spécialistes reconnaissent qu'il n'y a pas vingt manières de filmer un orchestre symphonique ou un soliste, et que les conventions de l'opéra sont insupportables sur le petit écran. La retransmission d'un spectacle lyrique, même habilement faite, n'est guère que du reportage, sauf dans les cas où il y a une véritable re-création de la mise en scène d'opéra, telle celle de Bernard Sobel pour la *Lulu* d'Alban Berg mise en scène par Patrice Chéreau à l'Opéra de Paris, ou pour la diffusion de la *Tétralogie* qui avait été présentée à Bayreuth par Boulez et le même Chéreau. Mais, dans les cas les plus réussis, et en oubliant de spectaculaires ratages, on a affaire à un produit de substitution qui donne un très pâle reflet du spectacle vivant et ne produit que l'ombre d'une émotion. De rares tentatives ont été faites pour réaliser en tant que produit original de télévision un spectacle lyrique ; aussi, la superbe *Flûte enchantée* adaptée par Ingmar Bergman, dont beaucoup croient encore qu'il s'agissait d'un film cinématographique. Le cinéma lui-même a transposé des œuvres lyriques : *Don Giovanni*, *Carmen*, *La Traviata*, *Otello*, pour ne citer que les expériences les plus connues. Ces produits, comme ceux que commence à susciter le vidéo-disque, sont assurément utilisables par la télévision, mais celle-ci ne joue alors qu'un rôle de transmission. Quant aux autres formes de musique, elles recourent pratiquement toutes, depuis ces dernières années, à la formule ingénieuse du « clip » ; cette sorte de « prêt-à-porter » audiovisuel inventé pour la promotion commerciale des nouveautés du disque peut recouvrir aussi bien la transposition poétique d'une création musicale originale que le banal conditionnement d'un produit tout-venant.

Quant au théâtre, à part les efforts méritoires de FR 3, il est de plus en plus mal servi à la télévision. On en vient à regretter une émission comme « Au théâtre ce soir », bien qu'à l'époque la « nomenklatura » culturelle n'ait pas eu de mots assez durs envers l'excellent Pierre Sabbagh, accusé d'abêtir le peuple avec des pièces de boulevard. Ses choix étaient pourtant éclectiques, et certaines critiques post-soixante-huitardes sonnent creux vingt ans après. Certes, le simple enregistrement d'une pièce de théâtre jouée sur une scène devant un public réuni pour la circonstance est le degré zéro de l'écriture audiovisuelle ; mais du moins la télévision est-elle honnête en ne cachant pas qu'elle ne fait là que reproduire. Elle ne prétend pas inventer. Chaque fois que la télévision ne se borne pas à diffuser un spectacle préexistant, mais fait d'une pièce de théâtre la matière d'une émission originale, comme la BBC pour Shakespeare, elle donne toute la mesure de ce que l'audiovisuel peut apporter à la diffusion culturelle.

Est-ce pour de médiocres raisons financières que cette source semble tarie, ou parce que la course à l'audience fait partout préférer les séries, les téléfilms et les émissions de variétés ? La réalité n'est pas si simple, et la responsabilité n'est pas uniquement du côté des chaînes. Les exigences des artistes interprètes en matière de rediffusion rendent souvent prohibitive la diffusion de ces œuvres, comme de beaucoup d'œuvres de fiction originale. Surtout, les gens de théâtre éprouvent de plus en plus de réserves envers la télévision, pour des raisons liées à l'essence même de leur métier. Le théâtre est un art de l'éphémère ; la joie qu'il procure à ceux qui le font comme à ceux qui le voient a quelque chose d'unique ; aucune représentation ne ressemble à la suivante ; la mise en scène la plus étudiée est une œuvre vivante qui évolue sur la durée. Des metteurs en scène de théâtre ou d'opéra exigeants s'opposent d'ailleurs à toute reprise dont ils n'auraient pas le contrôle absolu. Or, quand la télévision enregistre un spectacle scénique, même lorsqu'elle opère avec discrétion, ce ne sont pas seulement les éclairages qu'il faut intensifier ; c'est toute la délicate balance du jeu théâtral qui se trouve déséquilibrée. Le sortilège du spectacle vivant non seulement s'accommode des artifices du décor, des conventions du théâtre, mais il en joue. Le théâtre doit ignorer le gros plan, les facilités du micro, l'indiscrétion de l'œil électronique. Ce dont est composée l'émotion du spectateur ne peut être exactement reconstitué pour le téléspectateur isolé, assis dans son fauteuil. On comprend que certains hommes de théâtre répugnent à l'enregistrement de leurs spectacles, sauf à titre d'archives de travail, à l'exclusion de toute diffusion. D'un point de vue de la diffusion culturelle, on peut le regretter. Mais on se doit de respecter cette exigence artistique qui va à contre-courant des facilités de ce temps. Après leur triomphe final à Bayreuth, à l'issue de l'ultime représentation du dernier cycle de la *Tétralogie*, Chéreau et Boulez se sont livrés à une étrange incantation du feu, en brûlant les décors du *Ring*. La télévision avait, il est vrai, enregistré l'intégralité du spectacle ; mais, par cette destruction voulue, ces artistes entendaient proclamer leur droit souverain sur une création qui ne pouvait plus leur échapper que par la mémoire des vivants.

Des raisons analogues conduisent beaucoup de metteurs en scène de théâtre à refuser de travailler directement pour la télévision : le produit que l'on attend d'eux est trop éloigné du spectacle vivant qui est leur vocation. La race des grands réalisateurs de la télévision conquérante des débuts, qui osaient tout, est en voie d'extinction. La nouvelle génération préférant la dramatique originale, on en vient à se demander si le couple théâtre-télévision n'est pas voué à d'éternelles fiançailles, à moins que ce ne soit au mariage forcé voulu par les faiseurs de cahiers des charges, ces Bridoison des noces de la culture et de la communication.

Dans l'euphorie des grands commencements, André Malraux avait fixé comme objectif de la politique culturelle de rendre les chefs-d'œuvre de l'humanité accessibles au plus grand nombre. La télévision qui, dans le même temps, conquérait tous les foyers, devait jouer, dans cette perspective, un rôle décisif. L'idée était généreuse, mais les faits ont prouvé ses limites. On a vu qu'il serait injuste d'incriminer exclusivement les médias ; du côté de la culture, il y a des réticences et aussi des obstacles objectifs à une collaboration avec la télévision. La responsabilité est donc partagée. Mais il serait navrant de dénier à la télévision tout rôle dans la diffusion des œuvres culturelles et de décourager ce qu'elle tente de faire en ce domaine. Toutefois, ce rôle est limité, comme l'atteste l'expérience de chacun. Quiconque a revu sur le petit écran un spectacle vivant auquel il avait assisté a pu mesurer le fossé qui sépare les deux visions : celle qui est reçue et celle qui est vécue. Cela ne signifie pas que la télévision doive s'interdire cette fonction de diffusion, mais elle n'est qu'un substitut des pratiques culturelles actives.

Plus grande est l'ambition de la télévision quand on accède au troisième niveau de sa vocation culturelle : créer des œuvres originales. Là, elle n'est plus l'écho ou le relais de la vie culturelle, elle entend s'affirmer comme créatrice. On peut, à cet égard, distinguer trois domaines.

Le premier est celui des grands documentaires : art, bien sûr, mais aussi histoire, littérature et le champ immense des sciences. Il y a d'abord la forme simple, mais brillamment illustrée par Alain Decaux ou Henri Guillemin, du conteur aux mains nues, dont le propos, sobrement soutenu par quelques illustrations, parvient à restituer un événement, une époque, un personnage. Il existe des formes plus élaborées, où la présence, visible ou non, mais toujours décisive, d'un guide fournit aux téléspectateurs non seulement une caution intellectuelle, mais ce facteur personnel qui confère à l'œuvre sa dimension humaine et fait alors de la télévision, au sens le plus noble du mot, l'institutrice d'une société. Chacun a gardé le souvenir de la série anglaise « Civilisation » de Kenneth Clarke, mais aussi de la « Méditerranée. » de Fernand Braudel, du « Moyen Âge » de Georges Duby et du « De Gaulle » de Jean Lacouture. L'image joue alors un rôle décisif : qu'elle reproduise des œuvres d'art, qu'elle introduise le public dans des lieux ou sur des sites dont la vision est indispensable pour une bonne connaissance du sujet, l'image épouse le discours. La présence des grands médiateurs comme ceux qu'on vient de citer évite à ces documentaires le côté impersonnel des encyclopédies ou l'inévitable ennui des émissions éducatives. C'est ce que l'on pourrait appeler la télévision magistrale.

Le deuxième domaine est celui des œuvres dites de fiction, qu'il s'agisse d'une transposition d'œuvres littéraires préexistantes, classiques ou modernes, ou d'œuvres originales conçues pour le petit écran. Des « Rois maudits » à « Jacques le Fataliste », de « Nana » à « Au plaisir de Dieu », de « La prise de pouvoir de Louis XIV » à « Jacquou le Croquant », nous avons tous le souvenir de ces téléfilms ou de ces séries dont les meilleurs ont conquis le statut d'œuvres au caractère durable et ayant valeur de référence. La télévision atteint là ses sommets. Qu'elle évoque un moment de l'histoire, un problème de société, une aventure individuelle ou familiale, elle sait montrer que son écriture, son rythme, sa syntaxe ne sont ceux ni du cinéma, ni du théâtre, et ont leur originalité. Loin d'éprouver l'impression souvent gênante que procure le film de cinéma réduit aux dimensions du petit écran, le téléspectateur ressent, au contraire, la sensation qu'alors l'écran s'élargit, qu'il est une fenêtre ouverte, une véritable scène. Mais l'économie de l'audiovisuel, industrie de prototypes, étant ce qu'elle est, ces œuvres ambitieuses sont fort coûteuses. Nous n'avons pas su en France, comme la B.B.C. a réussi à le faire, susciter chez les romanciers une école d'écriture pour la télévision. Rares sont les œuvres écrites pour elle. Cette pénurie suscite l'inquiétude et la colère légitimes des producteurs et réalisateurs ; mais cette réaction a des effets pervers. Le pouvoir politique et l'administration, qui aiment ramener à des catégories simples les réalités qu'ils maîtrisent mal et à s'attaquer aux effets plus qu'aux causes, tendent aujourd'hui à focaliser la vocation culturelle des médias sur les seules œuvres de fiction originales, qui se prêtent aisément à la quantification par des quotas de production ou de diffusion. On en vient à polariser sur ce point le problème pourtant beaucoup plus large de la vocation culturelle de la télévision. On finit par déprécier, pour des raisons qui ne sont pas aussi culturelles qu'on le prétend, les œuvres non européennes de même nature, et notamment américaines, présentées comme le comble de l'abrutissement des masses et la forme la plus sournoise de l'impérialisme. Enfin, à force de sacraliser la fiction originale, on fait profiter de ce statut privilégié bien des produits de complément, absolument nécessaires dans une programmation, mais réalisés à l'économie, sans prétention esthétique, telles ces comédies de situation (*sitcom*) qui envahissent nos écrans. Ce sont là des produits indispensables mais modestes, qu'aucun critère administratif ne permet de distinguer de la grande œuvre de fiction, mais qui ne méritent pas le même statut et qui, d'ailleurs, sur le marché, n'ont pas la même valeur.

Il existe enfin un troisième domaine, dont l'émergence a été saluée avec lyrisme sans que les réalisations aient atteint jusqu'ici le niveau d'excellence annoncé. Il s'agit de ce qu'on appelle l'art vidéo, fait d'images de synthèse à quoi les technologies combinées de l'informatique et de l'électronique offrent des possibilités théoriquement infinies. Parce que l'inspiration est libérée de toutes les contraintes qui, depuis les grottes de Lascaux, tyrannisent et stimulent à la fois le créateur ; parce que l'image de synthèse n'a pas encore trouvé son Rembrandt ou son Cézanne, l'art vidéo n'est guère, jusqu'ici, que l'accompagnement ingénieux d'autres formes d'expression artistique, comme la danse ou la musique, ou un procédé efficace pour génériques d'émissions ou « habillage » des chaînes. Ambition démesurée ou espérance prématurée ? On se gardera de trancher. Cet art froid, resté jusqu'ici prisonnier de sa technique, trouvera peut-être un jour les génies qui lui donneront son essor.

Reflet de la vie culturelle, mode de diffusion de la culture, création artistique originale : tels sont les trois niveaux principaux où se situe la relation entre la télévision et la culture. Cette classification, certainement arbitraire, ne suffit pas à rendre compte complètement de la vocation culturelle du média audiovisuel: où situer, par exemple, certains jeux intelligents, des émissions qui invitent à la réflexion sur ce qui vient d'être diffusé comme « Les Dossiers de l'écran », ou encore des magazines ou des séries scientifiques qui à la fois informent et éduquent? La réalité de l'audiovisuel est si foisonnante qu'il est difficile d'isoler ce qui, dans les programmes, est culturel de ce qui ne le serait pas. On voit par là, incidemment, combien tous les efforts technocratiques qui tendent à confiner la culture dans des concepts, des normes ou des produits se prêtant à une évaluation étroitement quantitative sont vains et même dangereux. Cette conception réductrice est la plus anticulturelle qui soit. C'est pourtant la seule que les légistes de la République reconnaissent, indifférents aux absurdités qui en résultent. Ainsi, une chaîne s'est vu reprocher par le Conseil supérieur de l'audiovisuel de n'avoir pas tenu son engagement de diffusion de huit heures de musique vivante. Elle invoquait pourtant, à son actif, onze heures; mais dans ce compte figuraient un certain nombre d'œuvres de musique de chambre, alors que les textes définissent comme concert une œuvre interprétée par un ensemble de huit musiciens au moins. Ainsi, diffuser le *Trio à l'archiduc* ou *La Jeune Fille et la Mort* ne compte pas pour les surveillants du cahier des charges, alors qu'une prestation de la Fanfare des Beaux-Arts ou de l'orphéon cycliste des mères chrétiennes de Champigny-sur-Marne correspond parfaitement aux critères du cahier des charges.

S'il fallait isoler un quatrième niveau de la vocation culturelle des médias, ce serait sans doute celui du partenariat. Il arrive, en effet, que la télévision, mais aussi la radio, soit un véritable partenaire culturel. C'est déjà le cas pour le cinéma, où Canal Plus, en particulier, mais aussi d'autres chaînes, apportent à de nombreux films un concours financier décisif. Il existe aussi des cas, notamment dans les festivals, où la présence de la télévision n'est pas seulement un appui en termes de promotion, mais un élément important du budget de l'opération. Il arrive même que le média prenne l'initiative d'un événement culturel. Menée avec discernement, une politique de partenariat peut faire jouer à la télévision un rôle culturel d'importance, qui va même, dans certains cas, jusqu'à un véritable mécénat. La radio, dont on a peu parlé jusqu'ici, joue depuis longtemps ce rôle de partenaire culturel : on songe évidemment à Radio-France, qui a notamment suscité le festival de Montpellier et dont les orchestres ont une place majeure dans la vie musicale française, tout comme ceux de la B.B.C. en Grande-Bretagne. Certains médias privés ont leur orchestre, comme l'orchestre symphonique de la N.B.C. ou de R.T.L. On ne saurait négliger le soutien que la radio apporte à la vie culturelle — soit de façon désintéressée, soit dans le cadre de formules commerciales de parrainage ou de promotion — en s'associant à des manifestations culturelles de toute nature. Ce genre de partenariat, pratiqué depuis longtemps par les radios commerciales dans le domaine des variétés, a été étendu par R.T.L., depuis dix ans, à la musique classique et, dans certains cas, à la danse et au théâtre, indépendamment d'actions spécifiques, sous forme de prix, en faveur du roman, de la poésie et de la bande dessinée. En assurant, sous des formes variées, la promotion d'événements ou d'œuvres, une radio qui sait entretenir des rapports de confiance avec son public parvient à l'apprivoiser et à faire tomber ces barrières invisibles qui, trop souvent, le tiennent encore éloigné de la culture. C'est certainement par ce genre d'initiatives qu'un grand média assume le mieux sa vocation culturelle.

*La vraie mission*
*culturelle des médias.*

Exalter la vocation culturelle des médias audiovisuels et flétrir leurs manquements est une chose. Définir en termes pratiques cette vocation et la mettre en œuvre en est une autre. La télévision a ses contraintes et ses limites, aggravées par les modes de gestion lourds et complexes du service public. De plus, les contraintes commerciales des télévisions privées et les rigidités corporatives des métiers de l'audiovisuel rendent difficile l'accomplissement par les chaînes de leur mission culturelle. Du côté de la culture, des exigences artistiques légitimes aussi bien qu'une méfiance et des préjugés profondément enracinés limitent les possibilités d'une coopération avec l'audiovisuel, que tout le monde affecte de vouloir plus profonde et plus étendue.

Il y a décidément beaucoup d'hypocrisie dans ce débat, qui pourtant devrait être avant tout un exercice de lucidité collective. On ne répétera jamais assez que les médias en général et la télévision en particulier ne sont ni un cours du soir, ni une maison de la culture à domicile. A vouloir leur imposer ce rôle, on les détournerait de leur vraie mission culturelle. Je garde le souvenir d'un dimanche d'été de la fin des années 60 où l'on présentait à 20 h 30, sur l'une des deux chaînes nationales, une émission d'histoire de l'art, fort estimable au demeurant, qui s'intitulait « Ribera, peintre de la souffrance » ; je ne suis pas convaincu qu'une émission de cette nature, à pareille heure, ait beaucoup fait progresser la cause de la culture. Mais on ne le reconnaît que du bout des lèvres. Chacun consent que le divertissement sous toutes ses formes, le sport, la chanson ont bien leur place à la télévision, comme l'information, les documentaires et tout ce qui contribue directement à sa mission éducative et culturelle. Mais rares sont ceux qui acceptent d'entrer dans la problématique de ce métier très spécial et méconnu qu'est la programmation audiovisuelle.

Pour une chaîne généraliste, publique ou privée, dépendant plus ou moins de la ressource publicitaire, l'objectif principal de ceux qui sont les architectes de la grille, c'est-à-dire de la structure du programme, est d'obtenir à chaque instant la plus grande audience possible. Assimiler cet objectif à la recherche vile du profit maximum ou à la forme la plus sommaire de l'esprit de compétition est faire injure aux professionnels de la télévision et leur sens de l'honneur du métier. Je ne connais pas un directeur de journal ou d'hebdomadaire, pas un éditeur de livres et de disques, pas un producteur de film ou un exploitant de salle de spectacle qui ne cherche à obtenir la diffusion ou la fréquentation maximale pour leur produit. Ceux-là mêmes qui, dans ces professions, aiment à prendre des risques, donc s'exposer à des pertes, pour des œuvres difficiles et d'audience réduite, sont les plus ardents à rechercher le succès pour des produits plus accessibles dont les revenus compenseront les risques de l'innovation. Ce genre d'arbitrages, admis dans toutes les industries culturelles, semble être refusé à la télévision, comme si chacun exigeait d'elle qu'elle lui présente à chaque instant ce qu'il veut voir. On oublie que l'unité de compte des moyens de communication de masse est le million d'auditeurs ou de téléspectateurs, et que les dix mille personnes qui « font » l'opinion ou parlent en son nom ne constituent en aucune manière un échantillon représentatif de cet immense public. Ceux-là d'ailleurs se donnent un profil avantageux et font preuve de paternalisme en préconisant une programmation ambitieuse qui ne correspond pas nécessairement à leurs goûts inavoués. Il serait intéressant de savoir ce que regardent vraiment, chez eux, les apôtres de la télévision culturelle. Tous n'ont pas l'honnêteté et l'humour de tel professeur au Collège de France qui me confiait un jour son goût « dépravé » pour telle « série B » américaine.

La radio et plus encore la télévision sont, à notre époque, ce que la presse populaire a été, à partir de la seconde moitié du XIX^e^ siècle, avec le « journal à un sou » et les périodiques illustrés. Très vite, la presse, jusqu'alors réservée au public des abonnés, des cabinets de lecture, des cercles et des cafés, est devenue objet de consommation individuelle, donc de masse. Elle a dû répondre à des besoins multiples et représenter un relais social dans tous les domaines. Personne ne s'étonne de trouver dans la presse écrite, y compris dans ses titres les plus prestigieux, des mots croisés, les résultats des courses, de la loterie ou, aujourd'hui, le tiercé, les recettes de cuisine, les bandes dessinées, les conseils pratiques et les feuilletons. La presse doit répondre à des besoins très divers, et nul ne lui conteste cette tâche. Il en va de même pour la télévision et la radio, dont le grand public attend à juste titre la satisfaction de multiples besoins, dont certains très prosaïques, modestes et répétitifs.

Les médias audiovisuels ont toutefois une particularité. Leur domaine n'est pas l'espace qui se découpe et se hiérarchise, mais le temps qui s'écoule. Comme disent les vieux routiers de nos métiers, en radio comme en télévision, « tout est en première page ». Nul ne se choque que la culture fasse rarement la « une » des journaux de presse écrite et trouve refuge dans les pages intérieures. Mais chaque lecteur fait son propre choix et organise le déroulement dans le temps de sa lecture du journal, rubrique après rubrique, et en décidant de ce qu'il lira. La presse peut, par l'emplacement, les caractères, les titres, établir une hiérarchie qui parvient à satisfaire tout le monde en donnant à chaque clientèle la possibilité d'exercer sa préférence. En radio comme en télévision, tout se déroule, et pour tout le monde, dans la même continuité. Il se trouvera toujours de bons esprits pour s'indigner qu'on leur inflige le résultat des courses, la Bourse ou la météo au moment où ils voudraient justement entendre un poème de Baudelaire ou de la harpe indienne, ou qu'un match de football leur soit imposé à l'heure rêvée pour un documentaire sur l'art roman. En donnant l'impression de s'adresser non à une foule indifférenciée, mais à chacun de nous pris individuellement, les médias de masse sont pris à leur propre piège et provoquent les frustrations individuelles dont la juste exigence amplifiée par les relais d'opinion finit par se transformer en intolérance générale. Observons d'ailleurs que ce mécontentement et ce déphasage concernent davantage la télévision que la radio, depuis que celle-ci s'est nettement diversifiée et offre un choix de programmes capable de satisfaire à peu près, au même moment, tous les publics. Malgré la multiplication des programmes, dont le nombre a doublé en moins de cinq ans, l'offre de télévision n'est pas aussi diversifiée. Elle l'est même d'autant moins que le type de compétition qui s'est instituée entre les chaînes conduit trop souvent encore à l'uniformité des programmes proposés tant par le service public que par la télévision commerciale. En vérité, il y a deux âges d'or pour la télévision : le programme unique qui place tout un peuple devant une seule émission, et la vraie pluralité des chaînes, où chacun peut choisir entre vingt programmes, dont une bonne part conçue sur le mode thématique : information, sport, musique, programme pour les enfants, programme culturel de haut niveau, etc. Notre malheur vient de ce que nous sommes aujourd'hui entre les deux situations, mais plus près de la seconde que de la première. À ses début, l'effet de nouveauté aidant, la télévision pouvait prendre tous les risques et viser haut, d'autant plus que son premier public était, par définition, très évolué et, en tout cas, très motivé, et qu'en outre un statut public l'affranchissait de la préoccupation de « l'audience à tout prix ». Même quand la télévision s'est généralisée dans les années 60, et qu'un second programme est apparu, on pouvait et on devait encore viser haut, en raison d'un émerveillement persistant du public devant ce qui restait une fabuleuse nouveauté.

À l'époque, d'ailleurs, le fait de passer d'une chaîne unique à deux, puis à trois, a été ressenti comme une sorte de prodige, un luxe que certains jugeaient presque superflu. Aujourd'hui, sans aller jusqu'à la pléthore américaine (plus de quarante programmes offerts dans la plupart des grandes agglomérations), nombreux déjà sont les pays ou les régions d'Europe où le choix de programmes est supérieur à quinze. L'audiovisuel contemporain s'installe dans la pluralité : que ce soit au niveau des modes de diffusion (relais hertziens, câbles, satellites), des modes de gestion (service public et télévisions commerciales), des financements (redevance, publicité, péage), des modes d'accès (télévisions dite « en clair », télévision cryptée, bientôt télévision dite « pay-per-view » où seule est facturée la consommation effective de programmes), des contenus (télévision généralistes et programmes thématiques), des provenances (alors que, pendant longtemps, la télévision, liée à la diffusion hertzienne de faible portée spatiale, a revêtu un caractère régional et surtout national très marqué, le câble et le satellite renversent les frontières et donnent accès aux programmes venus d'ailleurs).

En termes culturels, cette pluralité est plutôt bénéfique, non seulement parce que la culture s'épanouit, par définition, dans tout espace de liberté, mais parce que la multiplicité des programmes permet de diversifier et d'enrichir l'écriture et l'expression audiovisuelles. Il y a quelque chose de prodigieux dans cette possibilité d'offrir à chacun, de la façon la plus accessible qui soit, cette multitude de fenêtres sur le monde, ses langages, ses activités, ses songes.

Certes, nous sommes encore loin d'une authentique pluralité. Nous nous situons dans une phase intermédiaire, entre la rareté de naguère et l'abondance de demain. Nos cinq à six programmes, gérés à l'économie par des concurrents qui se surveillent, dépendant presque tous de la recette publicitaire et donc de l'audience instantanée, s'arrachent les téléspectateurs en pratiquant une concurrence sauvage encore très éloignée d'une compétition saine. Mais l'évolution ne peut qu'être positive. Même si les télévisions dites « généralistes » persistent dans une offre de produits trop homogènes, l'économie de l'audiovisuel ne permet pas de multiplier les chaînes de ce type ; les nouveaux programmes ne pourront être que thématiques, ciblés, s'adressant à un public déterminé ayant ses goûts propres et donc ses exigences. Ce serait toutefois une erreur que de rêver d'un audiovisuel composé exclusivement d'une multitude de chaînes thématiques offrant à longueur de journée, selon les cas, du sport, des recettes de cuisine, des films anciens, des émissions musicales, de voyages, de jardinage ou d'information. S'il y a place, assurément, pour un choix de cette nature, il faut souhaiter que se maintienne un nombre suffisant de chaînes à vocation générale offrant, chacune avec son style, son rythme, sa couleur propres, une gamme étendue de programmes variés capables de convenir à tous les publics. Car l'apport culturel majeur de la télévision est dans la continuité et la cohérence d'un programme varié propre à capter l'attention d'un public multiforme. Il y a dans la télévision, en tant que moyen de communication de masse, un côté « forum », une vocation de carrefour qui conduit une multitude d'hommes, de femmes et d'enfants de toutes conditions, de tous âges, de tous niveaux, à regarder simultanément les mêmes images. Si l'on a pu redouter le risque d'un conditionnement des esprits par les médias, il faut du moins créditer ceux-ci des mérites proprement culturels de ce brassage, de cette communauté d'écoute qu'ils parviennent à créer. C'est notre époque qui aura réalisé, grâce aux médias audiovisuels, un immense progrès civique et culturel : l'accès commode de tous sans exception à des images de divertissement, d'information, d'éducation et, au sens strict, de culture. Aucune société du passé n'avait pu offrir une telle palette de choix et un tel rassemblement. Ce serait un véritable cauchemar que d'imaginer, pour demain, une société où les amateurs de rock, de pêche à la ligne, de cours de bourse, de musique de chambre ou de films érotiques ne verraient d'images que dans le domaine de leur passion. On ne peut qu'adhérer à ce qu'écrit Dominique

Wolton[1] au sujet du rôle d'unification culturelle joué par la télévision de masse au plan des loisirs et de l'information. Ce rôle, remarque-t-il, « n'a rien de conservateur. Il est au contraire nécessaire dans un univers culturel sans cesse plus large et hétérogène. Contrairement à ce que l'on pense parfois, la société moderne est moins menacée par l'homogénéisation que par le simple "empilement" de mini-sociétés ».

« La télévision de masse, publique ou privée, fait partie des principes d'unité d'une société où les facteurs de division et de hiérarchie sociaux et culturels sont aujourd'hui sans doute plus forts qu'on ne le croit, en relation avec l'élévation du niveau de vie, de l'éducation et de l'ouverture sur le monde. »

Il existe, en effet, dans nos sociétés, une tendance très forte à la fragmentation des goûts, des pratiques, des échelles de valeur, des jeux de référence, qui risque d'aboutir, notamment chez les jeunes, à un enfermement dans une communauté close et à l'agressivité envers ce qui est autre, comme en témoignent certains milieux sportifs, dans de grands ensembles d'habitation ou certaines formes de la « culture rock ». Il y a même une tendance, soutenue non sans démagogie par quelques responsables politiques qui ne voient pas toujours les arrière-pensées commerciales ou idéologiques de ceux qu'ils favorisent, à proposer aux jeunes des programmes de radio ou de télévision exclusivement musicaux, qui, au-delà de la satisfaction légitime de leurs goûts, risquerait de les confiner dans une pratique culturelle exclusive et réductrice.

Une pratique professionnelle déjà longue des médias audiovisuels me convainc définitivement que l'honneur de nos métiers est d'offrir au plus grand nombre, à travers les programmes des radios et télévisions dites « généralistes », quelques-uns des

1. « Pourquoi une télévision publique ? », *Médias pouvoirs*, avril-mai 1989. Cf. également, du même auteur : « Télévision culturelle : l'apartheid distingué », *Pouvoirs*, n° 51, novembre 1989, pp. 99-113.

rares « lieux communs » qui subsistent dans nos sociétés apparemment ouvertes et homogènes, mais, en réalité, fortement fragmentées. Dans un monde où, d'une certaine façon, tout est facteur de division, voire d'incompréhension et d'intolérance, la race, la religion, le niveau d'éducation, la profession, les convictions politiques, et où les langages mêmes se fragmentent, les grands médias — radios et télévisions — figurent au nombre des rares lieux sociaux où tout le monde se retrouve et partage encore les mêmes curiosités et, en tout cas, les mêmes mots. Dès lors, ces médias doivent retenir l'attention de ce public innombrable, ne pas le heurter ou lui déplaire. Les esprits chagrins concluront à la fatalité du nivellement et à la fadeur d'un discours accommodant. On peut aussi penser que la diversité de ce grand public oblige les médias au pluralisme. Celui-ci est moins une représentation proportionnelle des opinions ou un équilibre arithmétique des points de vue qu'une attitude éthique tendant à refléter aussi authentiquement que possible la diversité des mentalités et des convictions, afin qu'aucune catégorie ne se sente ignorée, rejetée ou méprisée. En cela, les grands médias constituent l'un des ciments de la société et contribuent à donner un minimum de consistance à la valeur de tolérance sans laquelle il n'est pas de vie en commun. Bien au-delà, ou en deçà, des lettres, des arts et des sciences qui constituent, au sens courant, la culture, cette communauté minimale de langage et de valeurs que les médias s'appliquent quotidiennement à entretenir constitue peut-être l'essentiel, et en tout cas le substrat, de leur vocation culturelle.

On a vu naître, depuis 1981, bien des radios qui s'adressaient à un public minoritaire, défini par un critère ethnique, religieux, linguistique, ou se rapportant aux mœurs ; certaines d'entre elles ont résisté tant bien que mal à l'impérialisme des réseaux constitués par des radios dites musicales, en fait assez uniformes, et continuent à faire entendre une voix originale. On verra dans l'avenir se développer, grâce au câble, des programmes de télévision thématiques. Cette fragmentation de la communication correspond à un besoin social. Certains en ont tiré un peu vite la conclusion que la communication de masse était condamnée. Mais une communication segmentée, ou de proximité, n'est un progrès que si elle complète la communication de masse, non si elle la supplante. Nous entrons dans un monde où les progrès techniques permettent à la fois une sorte de miniaturisation de la communication et son extension à la dimension de la planète entière. Par la radio et par la télévision, nous avons accès à des programmes venus du monde entier, comme à ceux du continent européen et de notre pays, mais aussi à une expression régionale et locale. Le vrai problème culturel de l'avenir est moins celui du contenu de ces programmes multiples que celui du bon usage de la liberté de choix offerte à chacun. Dans cette perspective, les gens de culture, une fois de plus, feraient bien de se comporter non en censeurs ou en créanciers des médias, mais en partenaires responsables. C'est d'eux que l'on est en droit d'attendre des initiatives permettant de faire accéder le public à une vue plus critique et à des choix plus actifs et plus raisonnés par rapport à l'offre sans cesse croissante de programmes audiovisuels. Le bon usage des médias est, pour chacun de nous, un acte de culture ; celle-ci ne se trouve pas uniquement dans le contenu des programmes, mais dans la manière de les regarder et de les assimiler par un processus de sélection et de réflexion critique sans lequel il n'y a qu'une consommation passive qui conduit tout droit au conditionnement des esprits.

Un tel résultat serait à l'opposé de ce que les médias peuvent apporter au développement culturel. On aura compris, à travers tout ce qui précède, que le rapport entre culture et médias doit être traité, de part et d'autre, avec infiniment de prudence et de réalisme, ce qui n'exclut pas, loin de là, l'exigence et l'ambition. Homme de culture quand je parle de médias, et homme de médias quand je parle de culture, je suis convaincu que la responsabilité culturelle des médias est immense et qu'elle devient même, pour l'avenir, l'enjeu principal de nos métiers de la communication. C'est là, dans un contexte d'âpre compétition, que se fera en vérité la différence ; les programmes qui gagneront sont ceux qui, même dans les domaines du divertissement, auront le mieux intégré, à travers l'exigence de qualité, une certaine ambition culturelle.

Il faut d'ailleurs avoir le cœur bien accroché pour se donner une pareille ambition. Nous sommes pris sous les feux croisés des tuteurs, qui pèsent nos programmes dans leurs balances d'apothicaires, des esprits raffinés, qui nous accusent de tuer la culture ou de la prostituer en la médiatisant, et des financiers qui ne nous voient pas sans angoisse faire des embardées en dehors des sentiers battus de l'audience assurée. Il nous faut donc cheminer hardiment entre les cahiers des charges, les revues de presse et les comptes d'exploitation. Cette gymnastique est périlleuse, mais ne nous effraie pas.

Faire dans ces conditions de bons programmes est, avant tout, affaire de conscience professionnelle et d'imagination. Nous sommes convaincus que, dans la compétition des médias, c'est la culture qui, à la longue, fera la différence. Car le public n'est pas stupide, et l'on gagne toujours à le respecter. Cocteau disait qu'au théâtre il arrive que le public ait du talent. Quand, dans les médias, on a pour lui de l'ambition, il finit toujours par être au rendez-vous. Il suffit le plus souvent de le devancer de très peu, sans jamais perdre le contact avec lui, comme le guide de haute montagne fait avec sa cordée.

Cette ambition culturelle qui doit nous animer est, d'une certaine façon, très haute, puisqu'elle va à contre-courant de tous ceux qui, pour des raisons opposées, trouvent que nous en faisons trop, ou pas assez, dans ce domaine. Mais elle est aussi très humble. En effet, ce que les médias peuvent offrir, dans les meilleurs des cas, ce n'est pas la culture, mais l'éveil à la culture. Ils procurent moins une pratique culturelle qu'un mode d'accès à la culture. Jamais on ne cultivera un peuple par l'unique voie de la télévision ou de la radio. Mais on pourra, grâce aux médias, lui donner au moins envie de se cultiver et d'entretenir cette envie. Reliés aux événements, aux lieux et aux institutions de la culture, les médias, avec leurs programmes, leurs œuvres, les initiatives qui les associent à de grands événements artistiques, peuvent jouer un rôle important, à titre de relais, d'accélérateur ou d'amplificateur. Mais ils ne peuvent en aucun cas se substituer à tout ce par quoi la culture vit, crée et se diffuse.

Il ne s'agit pas d'opposer gens de culture et gens de médias ; mais on pourrait résumer le débat en paraphrasant le mot célèbre du baron Louis : « Faites-moi une bonne culture, et je vous ferai de bons médias audiovisuels. » Si la vie culturelle est féconde et parvient à attirer à elle un public plus vaste que celui des initiés, il y a toute chance pour que les médias s'en fassent l'écho, la relaient et y prennent part. Si, à l'inverse, la vie culturelle se rétrécit, devient ésotérique ou répétitive, il est fatal que les médias s'en détournent et puisent ailleurs leur inspiration. Le procès culturel des médias, tellement à la mode, est une opération de transfert. Ce dont les gens de culture accusent la télévision, c'est, en définitive, de leurs propres carences. L'audiovisuel ainsi culpabilisé réagit mal, soit par une surenchère d'autocritique, soit par une attitude provocante de recherche d'audience à tout prix, ou, à l'inverse, d'élitisme systématique. Ainsi faussé, le débat s'entretient lui-même et aboutit à deux conséquences éminemment perverses.

La première est que le pouvoir intellectuel le cède au pouvoir médiatique. Ces médias, dont les milieux intellectuels se complaisent à dire tant de mal, en réalité les fascinent et les obsèdent. On accuse volontiers l'audiovisuel d'être à la fois la cause et le reflet d'une défaite de la pensée, mais c'est dans les médias, et en termes très médiatiques, qu'on va clamer ce grand malheur. La trahison des clercs, en cette fin du XX$^{e}$ siècle, est peut-être dans cet abaissement de beaucoup d'intellectuels devant un « pouvoir médiatique » jalousé et à qui ils confèrent une autorité qu'il n'eût peut-être jamais songé à revendiquer lui-même. Il s'ensuit une véritable inversion des valeurs. L'opinion d'une vedette des médias sur les taux d'intérêt ou le désarmement finit par compter davantage que celle d'un professeur du Collège de France ou d'un prix Nobel. Il n'est pas normal qu'un présentateur de journal télévisé, un animateur d'émission, si professionnels soient-ils, aient dans l'opinion, telle que la reflètent sondages et enquêtes, non seulement une notoriété mais une autorité plus grande que les universitaires, les penseurs, les écrivains ou les artistes les plus importants. Il n'est pas davantage normal que le rayonnement de ces derniers tende à devenir exclusivement fonction de leur talent et de leur présence médiatiques — et que le « cogito » des temps modernes soit : « Je parais, donc je suis. » Sans doute, les médias s'accommodent-ils du privilège qui leur est ainsi reconnu par ceux-là mêmes qui jugent leur influence abusive et se prêtent-ils trop volontiers à la comédie qui consiste à transformer la tribune qu'ils offrent en tribunal qui les accuse, à bon compte et sans grand risque. Mais on comprend que le grand public soit désorienté par ces querelles artificielles et futiles et qu'il finisse par attribuer aux médias cette autorité que leur confèrent paradoxalement leurs accusateurs.

L'autre conséquence perverse de ce débat faussé, c'est qu'à force d'accuser les médias de manquer à leur vocation culturelle et de les sommer de l'accomplir enfin, fût-ce par les contraintes juridiques des règlements et des cahiers des charges, on risque de déstabiliser complètement l'audiovisuel. Là est peut-être l'objectif sournois de nos procureurs. On a vu que les médias étaient passés sans transition d'un banc des accusés à l'autre, du procès politique au procès culturel. Le pouvoir politique n'a pas réussi à conserver son emprise sur les médias et, faisant de nécessité vertu, s'honore aujourd'hui de l'émancipation qu'il a dû se résigner à leur accorder. Aujourd'hui, le pouvoir intellectuel et culturel prend le relais et tente d'assujettir les médias en les critiquant. Les plus cyniques de ces accusateurs pensent peut-être qu'une télévision enfin conforme à sa mission culturelle telle qu'ils la conçoivent perdrait et son audience et son influence. Le calcul est subtil, et les gens de médias feraient bien de s'en préoccuper plutôt que de se soumettre de plus ou moins bonne foi aux critiques dont ils sont l'objet. Car il est des évidences que plus personne n'ose proclamer, sauf ceux qui acceptent d'être présentés comme des commerçants cyniques à la recherche du profit maximum ; à savoir que, comme Racine avait le courage de le dire du théâtre, la première vocation de la télévision est de plaire.

Voilà le grand mot lâché. On dit qu'à la grande époque du *Temps*, Adrien Hébrard donnait à ses journalistes une seule consigne aussi claire que crue : « Faites emmerdant. » Tel est sans doute le vœu secret de tous ceux qui parlent si volontiers et si fort de la culture dans les médias. Ils ont des complices dans la place : ceux dont la vocation est davantage de s'exprimer que de communiquer, ceux qui ont la culture triste et la pensée opaque. Ce serait sans doute céder à une sorte de paranoïa que d'imaginer une « cinquième colonne de l'ennui culturel » tapie dans l'ombre propice des studios, un cheval de Troie de la subversion culturelle des médias. Il n'en demeure pas moins que, cernés de toute part et conditionnés par un discours universellement accusateur, les responsables des médias finissent par avoir mauvaise conscience et plaident coupable.

Avouons donc en leur nom, et bien haut, que la télévision de masse a pour première mission de distraire, d'informer et de rendre service. Et la culture dans tout cela ? Cinquième mission ou première avant toutes les autres? Faux débat. On aura compris que la culture est moins un secteur qu'une dimension des médias, moins une fonction parmi d'autres qu'une tonalité générale, un état d'esprit, une manière de respecter le téléspectateur en lui offrant toujours un peu plus et un peu mieux que ce qu'il attend. Si elle n'est pas partout dans un programme de télévision ou de radio, la culture risque de n'être nulle part, ou, ce qui revient au même, présente à des heures où elle est inaccessible au plus grand nombre, dans une sorte de ghetto du temps. C'est le danger des projets de « chaînes culturelles » que de fournir aux responsables des chaînes dites généralistes un argument pour démontrer qu'ils sont exonérés de toute obligation d'ordre culturel, dès lors que des programmes spécialisés se chargeraient de cette « coûteuse contrainte ». Comme l'écrit Dominique Wolton dans l'article précité de *Pouvoirs*:

« Une chaîne culturelle n'est pas faite pour ceux qui ont déjà le bagage culturel leur permettant de trouver ce qu'ils veulent, où ils veulent; elle est plutôt faite pour élargir ce public et toucher une partie du grand public qui demande autre chose que l'offre qui lui est actuellement faite par la télévision généraliste. La télévision spécialisée dans le domaine de la culture risque non seulement de ne pas mobiliser ce public, mais de créer un effet d'apartheid en renforçant les barrières qu'il s'agit justement de déplacer[1]. »

Distraire, informer, être utile: cette triple fonction sociale de divertissement, de civisme et de service suffit à fonder la légitimité des moyens de communication de masse. Il est évident que leur mission culturelle passe par l'exercice intelligent et inventif de ces trois fonctions. Un média qui les accomplirait mal ou insuffisamment et qui prétendrait donner la priorité à la culture manquerait son but. Cultiver sans divertir, sans infor-

1. Dominique Wolton, art. cit., p. 107.

mer, sans offrir, d'une manière ou d'une autre, un service est, pour un média de masse, ronronner et prêcher dans le désert. C'est même faire le désert.

Quand j'ai pris, au début des années 80, la responsabilité de R.T.L., programme radiophonique catalogué comme populaire, je me suis fixé deux objectifs en apparence contradictoires : consolider et développer l'audience, afin d'assurer à ce programme la première place dans une compétition commerciale très vive, et, en même temps, enrichir le contenu de telle manière que ce public vaste et divers se voie offrir un peu plus de possibilité de contacts avec la culture sous toutes ses formes. Dix ans après, ces deux objectifs sont en voie d'être atteints, même si rien n'est définitivement acquis et s'il y a encore bien des progrès à accomplir. R.T.L. s'est installée en tête de tous les programmes radiophoniques et, avec le concours d'équipes très motivées, la culture sous toutes ses formes a pénétré l'ensemble du programme. Certes, on y chercherait en vain des émissions à étiquette culturelle ; mais la culture est partout, dans l'information, dans la programmation musicale, dans certains jeux, dans des émissions de services, dans la façon dont est organisée l'interactivité entre la station et son public, dans les événements artistiques de tous ordres auxquels R.T.L. s'associe, invitant son public à y participer. Dans aucun de ces domaines, et encore moins que la télévision, nous ne livrons un « produit culturel fini » : un entretien avec un écrivain, un portrait d'artiste, un extrait de musique symphonique, un reportage sur une exposition, une critique théâtrale ou cinématographique sont peu de chose au regard des programmes de haut niveau qu'offrent, fort heureusement, France-Culture et France-Musique. Mais l'important est qu'un public dix fois plus important que celui de ces indispensables programmes de service public se voie proposer un minimum de contact avec l'offre de culture qui, il faut le répéter, doit s'adresser à tous et ne pas être confinée aux initiés.

C'est en fonction de cette pratique que je crois être en droit d'affirmer que la vocation culturelle des médias est d'abord une vocation d'éveil. Il n'est pas en leur pouvoir de satisfaire en profondeur le besoin de culture, mais au moins de l'éveiller, de susciter l'envie. A l'auditeur, au téléspectateur de prendre alors l'initiative. « Lève-toi et marche »: tel devrait être le message culturel des médias à leur public. Leur mission s'arrête là où le public, ayant reçu d'eux l'étincelle, en capte l'énergie et part, s'il le souhaite, à la rencontre de la culture. Si l'on vise la réconciliation, et non l'affrontement entre médias et culture, c'est en organisant la circulation entre ces deux mondes qu'on y parviendra. Les médias ne doivent pas chercher, en matière de culture, à rivaliser avec les pratiques, les lieux, les institutions dont la culture est la raison d'être, ni prétendre en être le substitut, mais seulement le prélude, la voie d'accès simple et familière.

J'appartiens à une génération et à un milieu pour qui la culture était quelque chose de très intimidant, de lointain, de quasiment inaccessible. Comme beaucoup d'autres, c'est par la radio que je me suis ouvert à elle. Je n'oublierai jamais ce que je dois à Pierre Hiegel sur Radio-Luxembourg d'après la guerre, mais aussi à la Radiodiffusion française du temps de Roland Manuel, de Jean Witold, d'Armand Panigel, ainsi qu'aux pièces de théâtre enregistrées, aux débats du samedi entre André Maurois, André Chamson, Emmanuel Berl, ou aux entretiens de Claudel, Gide, Mauriac, Léautaud, Colette avec Amrouche, Mallet et Parinaud. Il est peut-être naïf de fonder une vision des médias de demain sur les souvenirs pieux d'un adolescent timide. Mais, à toutes les exhortations plus ou moins sincères, aux objurgations technocratiques et aux procès en sorcellerie, je préfère comme boussole, si dérisoire et nostalgique qu'elle puisse paraître, cette mémoire reconnaissante du « Petit Chose » de la culture que je fus.

# VI
# Pour une Europe de la culture

*Ce chapitre a été rédigé entre mai et septembre 1989, c'est-à-dire avant les événements de l'automne qui, à Berlin et ailleurs, ont ébranlé l'Europe centrale. Il m'a paru à la fois prudent et honnête de ne pas tenter de rattraper une actualité qui chaque jour nous surprend et donc de laisser ce texte en l'état.*

*« Si c'était à refaire... »*

Un mot que Jean Monnet aurait prononcé au soir de sa vie connaît une notoriété posthume : « Si c'était à refaire, je commencerais par la culture. »

À première vue, cette réflexion du fondateur de l'Europe et de la planification à la française, en qui l'on voit souvent l'archétype du technocrate, est sympathique et en dit long sur l'évolution des esprits en une génération. Le mot de culture est absent du traité de Rome, qui évoque seulement, dans son article 36, la

« protection des trésors nationaux ayant une valeur artistique, historique ou archéologique » pour lesquels des interdictions ou des restrictions à l'exportation demeurent possibles.

Si vaste qu'ait été l'ambition des auteurs de ce traité, c'est une Europe marchande qu'ils ont voulue et qu'ils ont faite. À l'usage, elle s'est révélée prosaïque et souvent rebutante. On comprend que celui que le général de Gaulle appelait « l'inspirateur » ait rêvé sur le tard d'un plus vaste horizon. Il n'est d'ailleurs pas le seul, et bien des responsables européens se prennent aujourd'hui d'intérêt pour la culture. Tous ceux qui croient à l'Europe et à la culture ne devraient-ils pas se réjouir de cette conversion ?

Rien n'est moins sûr. Il faut plutôt se féliciter que la construction européenne ne se soit pas faite selon ce vœu tardif de Jean Monnet. Il a commencé l'Europe par le charbon et l'acier, bases de la reconstruction industrielle d'un continent ruiné par la guerre. Mais, à peine la C.E.C.A. mise en place, Jean Monnet se fixa une ambition d'une tout autre ampleur : la Communauté européenne de défense. Pour lui, l'Europe ne pouvait se construire qu'en remettant en cause la souveraineté des États. Commencer par la défense, c'était attaquer cette souveraineté au cœur. On sait que la tentative échoua et qu'on dut se rabattre sur un marché commun. En songeant après coup à la culture, qui n'engage pas la souveraineté des États mais concerne, en revanche, l'identité des peuples, Monnet n'était pas moins subversif. Sa phrase légendaire n'est pas celle d'un homme d'action surmené qui, la retraite venue, découvre les charmes des galeries de peinture et de la musique de chambre. Ce serait faire injure à la mémoire de ce grand agitateur d'idées. En renonçant à l'attaque frontale de la souveraineté nationale, il l'eût contournée dans ce domaine de la culture où, la plupart des États européens n'ayant pas de prérogatives bien établies, une autorité communautaire eût pu se déployer d'autant plus librement. On comprend mieux pourquoi la commission de Bruxelles rêve aujourd'hui d'annexer ce champ d'intervention où les administrations nationales offriraient, croit-elle, moins de résistance aux initiatives de la Communauté ; car, en Allemagne fédérale, la culture est du ressort des Länder et des villes ; en Grande-Bretagne, en Hollande, en Irlande, au Danemark, l'État intervient peu, ou fort discrètement ; en Belgique, c'est l'affaire des communautés linguistiques ; en Italie, trois ministères s'en occupent, laissant aux autorités locales et au mécénat d'entreprise l'essentiel des charges et des initiatives ; en Espagne et en Grèce, il existe bien un ministère de la Culture, mais avec de faibles moyens et, dans le premier de ces deux pays, une compétence jalousement cantonnée par les autonomies régionales. Par rapport à tant de domaines où les gouvernements et les administrations nationales luttent pied à pied pour défendre leurs prérogatives et résistent à des harmonisations qui bousculent les habitudes de pensée et les situations acquises, la culture peut apparaître comme un champ de manœuvre idéal pour une Communauté européenne désireuse d'imposer ses vues et de se donner une image plus attrayante.

Mais, jusqu'ici, en dépit d'une interprétation laborieusement extensive du traité de Rome et d'initiatives limitées, la culture reste, pour l'essentiel, hors des prérogatives de la Communauté européenne : le lourd arsenal réglementaire — directives, quotas, prélèvements, montants compensatoires, prix unique — s'adapte mal aux réalités subtiles de la culture, même dans les secteurs d'activité où celle-ci est soumise aux lois du marché. Cette carence n'afflige pas grand monde. C'est sans doute pourquoi la Commission, manquant de prise sur la culture proprement dite, cherche depuis peu à aborder ce domaine convoité par le biais de la communication audiovisuelle.

Parce que l'Europe communautaire est mal outillée pour s'occuper de culture, il ne faudrait pas conclure pour autant que notre continent n'a ni existence, ni projet en ce domaine. Toutefois, l'Europe de la culture ne se laisse pas aussi aisément appréhender que celle de l'économie ou de la politique. La culture est peut-être l'âme même de la personnalité de l'Europe. Mais elle requiert une approche, des instruments d'analyse et des modes de traitement spécifiques. Traiter de la culture comme d'un chapitre parmi d'autres de la construction européenne serait à la fois trahir la culture et manquer l'Europe.

*Une Europe introuvable.*

Toute tentative de définition ou de délimitation d'une Europe de la culture semble vaine. La culture européenne est, pour paraphraser Pascal, un univers dont le centre est partout et la circonférence nulle part. Aucun critère ne parvient à rendre compte de la prodigieuse richesse de l'Europe, ni ne permet une classification en sous-ensembles pleinement satisfaisante. Il n'est pas plus aisé de trouver un principe d'unité à la culture européenne.

Les critères géopolitiques ne sont d'aucun usage ; ils sont même trompeurs. Ni l'Europe des Six du traité de Rome (France, Allemagne, Italie et Benelux), ni son extension aux Dix, puis aux Douze, ne définissent une unité culturelle. Des pays scandinaves, seul y figure le Danemark ; ni la Suisse, ni l'Autriche, dont les cultures s'interpénètrent avec celles de leurs voisins, n'en font partie, ce qui suffirait à dénier tout sens culturel à cette Europe-là, et toute légitimité à l'intervention de la Communauté économique européenne dans le champ de la culture. Si l'on se tourne vers le Conseil de l'Europe, plus large avec ses vingt-trois membres (depuis l'adhésion de la Finlande en 1989), on rencontre une autre difficulté : pour des raisons politiques tenant à la cassure de l'Europe après la guerre, les pays d'Europe centrale en sont jusqu'à nouvel ordre exclus, et cette absence est, du point de vue de la culture, plus qu'une blessure, une infirmité. Si le mouvement actuel qui rapproche ces pays du Conseil de l'Europe se concrétisait par l'adhésion au moins de la Hongrie et de la Pologne pour commencer, la portée culturelle de cet événement serait plus grande encore que sa signification politique. L'Europe institutionnelle commencerait alors à prendre un visage culturellement crédible.

Les sous-ensembles linguistiques ont une signification culturelle qui va bien au-delà de l'usage commun d'une langue et d'un patrimoine littéraire, et définit une communauté de mœurs, de références et de valeurs. Mais les frontières linguistiques coïncident rarement avec les frontières politiques. En Belgique, en Suisse et en Espagne, elles passent à l'intérieur d'un même pays; ailleurs, elles transcendent les frontières politiques: ainsi des communautés germanophone, francophone et néerlandophone. Les parentés des langues latines ne sauraient faire oublier l'appartenance des langues anglaise et allemande à la souche commune gréco-latine. Au demeurant, si importante qu'elle soit, la langue ne suffit pas à définir une culture, ne serait-ce que parce que la musique et les expressions plastiques, y compris l'architectures, s'en affranchissent. En outre, il ne suffit pas de parler la même langue pour être culturellement à l'unisson: en ce domaine, Vienne n'est pas Berlin, pas plus que Bruxelles n'est Paris, ou Londres New York.

Le legs de l'histoire et des anciennes dominations définit aussi des patrimoines culturels communs. La plupart des États-nations qui constituent l'armature politique de l'Europe contemporaine ont moins de deux siècles; ils sont nés entre le Congrès de Vienne et le traité de Versailles. La France, l'Angleterre, l'Espagne et le Portugal sont les nations le plus anciennement constituées en États souverains, à l'abri de frontières naturelles à peu près stables; elles ont pu unifier leur culture et l'inscrire dans une continuité d'espace et de temps. Pour le reste, villes et parfois provinces sont de loin plus vieilles que les États qui les rassemblent aujourd'hui et ont une existence culturelle autonome : Liège, Amsterdam, Hambourg, Munich, Bâle, Genève ou Salzbourg, sans parler de Venise, Milan ou Florence, ont une histoire culturelle propre. Une conception de l'Europe de la culture qui ne reconnaîtrait que les États serait irréelle.

L'histoire mouvementée de l'Europe a connu de multiples tentatives d'hégémonie ou de confédération qui ont profondément marqué son tissu culturel, en y laissant des inimitiés, mais aussi des parentés qui, tout en l'enrichissant, rendent plus complexe encore le profil culturel de l'Europe. Ainsi, il y a une Europe du Saint-Empire romain germanique, dont les traces sont visibles jusqu'au Luxembourg, en Suisse, en Belgique et dans une bonne part de l'Europe centrale. La Lotharingie, et son avatar lointain, le duché de Bourgogne, reflètent bien, de l'Escaut à la Saône, de Bruges à Beaune, une certaine tonalité de l'Europe. L'Empire austro-hongrois, dont on commence à regretter l'éclatement en 1919, le vide qu'il a créé ayant favorisé tour à tour le pangermanisme nazi, puis la domination soviétique, aura été, malgré ses faiblesses et ses contradictions, une expression plausible de la diversité ethnique et culturelle de l'Europe danubienne. L'Empire napoléonien, annexant notamment des régions francophones, a laissé des traces dans le droit et les institutions de bien des pays. Toutes ces tentatives sont plutôt le reflet de rapports de force que la manifestation d'une libre adhésion. Comme l'écrit Julien Benda[1] : « Les prétentions universalistes des Hohenstaufen, plus tard de Charles Quint, ne font que précipiter la volonté de sécession de la France, de l'Autriche, des cités italiennes, des cantons suisses, des Flandres... Avec le XIX^e siècle, après la Révolution française et

1. Julien BENDA, « L'Esprit européen », in *Conférences et rencontres internationales de Genève* (1946), Neuchâtel, La Baconnière, 1957.

son grand héritier impérial qui prétendait "dénationaliser" les peuples (particulièrement l'Allemagne), la volonté de l'Europe d'être désunie et de former des nations indépendantes les unes des autres atteint son apogée... Le XX^e siècle, qui verra peut-être la formation de l'Europe, s'ouvre dans le triomphe violent de l'anti-Europe. » Au-delà de la politique et de ses conflits, on imagine les ressentiments, les rejets dont successivement les hégémonies et les affirmations nationales ont marqué la conscience culturelle de l'Europe.

L'Europe de la culture se fait mieux sentir dans les grands courants qui marquent sa civilisation, comme les grands plissements qui caractérisent son relief. De même qu'il y a une Europe hercynienne et une Europe alpine, il existe une Europe romane, avec l'axe de Compostelle, ainsi qu'une Europe gothique qui, partie de l'Ile-de-France, court de Séville à Uppsala. Il y a une Europe byzantine, une des plus glorieuses, mais sur laquelle l'Occident, et plus spécialement la France, est étrangement ignorant, comme si l'Empire romain d'Occident et notre chrétienté latine avaient entretenu dans notre mémoire collective le ressentiment du schisme et le rejet de l'Orient compliqué. Il y a une Europe de la Renaissance, où l'Italie imposa son influence, de Londres à Vienne et de Coïmbre à Prague et jusqu'à Moscou. Il y a une Europe baroque, comme il existe une Europe des lumières ou du romantisme. C'est peut-être dans cette communauté d'influences que l'Europe de la culture se ressent de la façon la plus tangible, en faisant apparaître surtout sa complexité: la façon dont ont été vécues ces influences communes fait éclater les différences de nature entre les communautés culturelles du continent.

Cette Europe des grands courants culturels aura connu, dans le passé, au moins deux apogées, moments de rayonnement de l'esprit indépendant des forces politiques. Il s'agit de l'Europe des universités médiévales et de l'Europe des lumières. Citons encore Benda : « Il ne venait à l'idée d'aucun étudiant parisien au XII^e siècle de s'étonner d'avoir pour directeur l'Allemand Albert le Grand ou l'Italien Thomas d'Aquin, ni d'aucun bachelier viennois de confier la formation de son esprit au Français Jean Gerson. » Quant à la fin du XVIII^e siècle, elle est aussi un grand moment de la conscience européenne, « avec ces hommes qui non seulement possèdent une culture cosmopolite, donnée par les jésuites, mais s'en font gloire et y voient une valeur supérieure aux cultures étroitement nationales ; ces hommes dont Voltaire écrivait en 1767 qu' "il se forme en Europe une république immense d'esprits cultivés" dont le type a été le prince de Ligne et dont on peut dire que la tradition s'est poursuivie avec Gœthe, Taine, Renan, Liszt, Nietzsche, Romain Rolland, André Gide. Ai-je besoin de dire si ce mouvement a été violemment enrayé au XIX^e siècle au nom des cultures nationales ? En Allemagne, par les Schlegel, les Lessing, les Görres, avec leurs assauts contre la littérature française et sa tendance universaliste ; en France, par un Barrès voulant ne savoir que des vérités françaises, par un Maurras jetant l'infamie, dans la personne de Romain Rolland, sur tout ce qui sert l'esprit européen. Ce nationalisme intellectuel paraît avoir aujourd'hui contaminé les meilleurs ».[1]

C'est sans doute en s'inspirant de ce double héritage et en répudiant le nationalisme intellectuel fustigé à juste titre par Benda que l'Europe de la culture pourra s'affranchir de toutes les pesanteurs de son histoire politique, qui ne lui font voir sa difficile et complexe unité culturelle qu'à travers un épais brouillard de sang et de larmes.

Car ce qui aurait dû le plus contribuer à l'unité de l'Europe a été le plus virulent facteur de ses déchirements. Si l'on voulait, en effet, retenir à tout prix un critère commun, un principe unificateur des âmes et des sensibilités de ce continent, ce serait

1. Julien BENDA, *op. cit.*

évidemment dans le christianisme qu'il les faudrait chercher. Mais qui ne voit que la tunique sans couture du Christ n'a cessé d'être lacérée par la chrétienté européenne ? Son histoire est d'un bout à l'autre remplie d'hérésies et de schismes, de luttes fratricides, d'accès d'intolérance et de massacres. L'oecuménisme de notre temps, laborieux édifice de compromis diplomatiques et de subtilités théologiques, ne peut faire oublier ce lourd passé. Du moins l'inspiration judéo-chrétienne marque-t-elle toutes les cultures de l'Europe, dont elle fut la source quasi exclusive pendant tout le Moyen Âge. C'est la Renaissance qui fit surgir des trésors de la pensée antique, pieusement conservés par les monastères ou transmis par les Arabes, d'autres sources où se sont abreuvés aussi l'humanisme, puis le rationalisme. Mais, même sur le plan artistique, les divisions religieuses altèrent l'unité européenne. Le protestantisme supprime un facteur d'unité, en rejetant l'autorité de Rome et l'emploi du latin, et instille, en créant des Églises nationales, un des ferments du nationalisme. La Réforme casse net, là où elle prévaut, l'inspiration religieuse dans les arts plastiques et l'architecture. Ainsi privé d'une de ses expressions les plus fortes, l'élan créateur semble hésiter, puis renoncer ; il se détourne vers la musique, à qui il donnera, en Allemagne notamment, une formidable impulsion. L'œuvre de Cranach illustre le moment où le protestantisme exerce ses interdits : l'artiste s'en tire d'abord en agrémentant ses tableaux de citations de textes sacrés et finit par les transformer en étranges et sublimes bandes dessinées. Puis plus rien. La peinture allemande s'éteindra ; ce ne sont pas les commandes des cours ou la prospérité bourgeoise qui, comme en Hollande, relaieront ce puissant courant d'inspiration qu'était le sacré. Il faudra attendre Friedrich et le romantisme pour la voir renaître de ses cendres.

Au reste, l'inspiration chrétienne, même si elle est commune à toutes les cultures d'Europe, souligne davantage leurs différences que leur parenté, tant les modes de traitement artistique des mêmes thèmes sont contrastés. Ainsi, entre le dolorisme espagnol, le réalisme sanglant d'un Valdès Leal, la théâtralité d'un Tintoret et la sérénité un peu froide d'un Philippe de Champaigne ou d'un La Tour, il y a toute la différence entre les trois cultures latines, pour ne pas parler de ce qui les sépare des peintres flamands ou germaniques.

On chercherait donc en vain un principe d'unité culturelle de l'Europe, ouverte à toutes les influences comme aux invasions venues d'Asie ou du monde arabe. De toutes les cultures du monde, les cultures européennes sont certainement celles qui ont le plus échangé, non seulement entre elles, mais avec l'univers entier, à toutes les phases de leur histoire. Ce que les invasions des Maures et des Turcs ont apporté à l'Espagne, à la France et plus tard à l'Europe centrale, s'ajoute à ce que l'Occident est allé chercher, des Croisades jusqu'à Champollion, dans cet Orient berceau du christianisme et source des civilisations antiques qui ont marqué nos cultures. Mais, plus récemment, l'Europe ibérique partant à la conquête des Indes occidentales et orientales, la France, la Hollande, l'Angleterre des épopées coloniales ont dominé le monde, greffé nos cultures sur de nouvelles terres et reçu en échange bien des influences, y compris, au tournant de ce siècle, avec le japonisme et la découverte des arts primitifs, notamment africain. Paradoxalement, comme l'observait Denis de Rougemont[1], c'est hors d'Europe que l'on sent parfois le mieux ce qu'est la culture européenne : devant les églises baroques du Mexique ou du Brésil, les maisons portugaises de Goa ou de Macao, ces quartiers de Buenos Aires ou de Montevideo qui s'appliquent à ressembler au XVI$^{e}$ arrondissement et aux quartiers résidentiels de Madrid et de Barcelone, je me suis senti plus européen qu'à

1. Denis DE ROUGEMONT, *Lettre ouverte aux Européens*, Paris, Albin Michel, 1970, p. 30.

Genève ou à La Haye. Ces projections de l'Europe au loin confèrent tout leur sens à ces parentés si peu ou si mal perçues quand nous sommes entre Européens. Et ce n'est pas un hasard si une certaine conscience culturelle renaît en Europe sous le coup de tensions extérieures : qu'il s'agisse de notre mauvaise conscience à l'égard du Tiers Monde, des menaces qu'ont pu faire peser sur nous, à des titres et degrés divers, les impérialismes soviétique et américain, ou de la pression que l'Orient — proche ou lointain — nous inflige en tant de domaines, du fanatisme religieux de l'un à la domination technologique et financière de l'autre. À condition qu'il ne s'ensuive pas une chaîne de réactions crispées et purement défensives, qui refermeraient l'Europe sur elle-même, lui faisant trahir sa vocation d'ouverture, de dialogue et de rayonnement, c'est peut-être dans ce partage d'inquiétude qu'un principe unificateur peut émerger à l'horizon commun et contribuer à faire prévaloir dans le monde une certaine idée de l'homme et de ses droits, qui sont une des expressions les plus hautes de la culture européenne.

Dans un livre stimulant, Edgar Morin[1] se refuse à trouver pour l'Europe un principe paradoxal d'unité dans cette diversité qui la caractérise et qui est si encombrante pour quiconque prétend parler d'une Europe de la culture. Diversité est même un mot trop faible : c'est de contrastes, de discordes, de désunions qu'il faudrait parler. Car, pour tant de preuves irréfutables d'échanges harmonieux, de conscience commune, d'influences croisées, que d'ostracismes, de refus de la différence, de haines de l'esprit ! Et pourtant, comparée à celle de tous les autres continents, l'histoire de l'Europe est globalement riche de cette diversité culturelle qui n'a jamais été vécue comme une juxtaposition d'ensembles isolés les uns des autres ou comme une histoire d'intolérances, d'exclusives ou d'extermination systé-

1. Edgar MORIN, *Penser l'Europe*, Paris, Gallimard, 1987.

matique, comme ce fut le cas en Amérique, en Asie, en Afrique et dans l'Océanie. Fratricide et cruelle, l'histoire de l'Europe est du moins, si déchirée qu'elle soit, l'histoire d'une famille. On s'est souvent battus, mal compris, haïs ou méprisés ; mais on s'est toujours parlé, et même si nous donnions aux mots des sens différents, nous autres Européens avons toujours eu en partage des valeurs communes. Comme l'écrit Edgar Morin[1] : « Nous devons rétroagir du présent sur le passé pour apprendre ce qu'il y avait de commun non seulement malgré mais aussi et surtout dans nos divisions et dans nos antagonismes. »

Le sentiment européen, comme principe d'action, ne peut aujourd'hui fructifier que s'il assume un passé culturel qu'il serait abusif de présenter comme un rêve perpétuel d'unité, démenti par la réalité historique. Cette unité n'est pas un projet ancien qui aurait tardé à s'accomplir, c'est quelque chose qui a été délibérément rejeté à maintes reprises. Il y a, de nos jours, la tentation d'une sorte d'histoire sainte de l'Europe, qui la présente comme un concept permanent ayant eu à diverses époques ses visionnaires, ses prophètes et ses occasions que seul un destin funeste aurait à chaque fois fait manquer de peu. Il existe aussi une légende dorée qui présente la culture européenne comme l'histoire tranquille d'une famille unie, un peu comme ces brochures touristiques à l'usage des Américains ou des Japonais qui proposent l'Europe en huit jours et donnent une image irénique de la culture européenne : nos cités, leurs murailles et leurs portes, nos cathédrales et nos palais sont présentés comme de paisibles musées, alors qu'ils sont souvent les témoins de conflits séculaires. En invoquant Érasme et Bach, Voltaire et Hugo, Valéry et Croce, on veut faire croire que l'Europe de la culture est une unité longtemps dissimulée qui ne demandait qu'à éclore, comme on sous-entend que d'Hérodote à Garibaldi,

1. Edgar Morin, *op. cit.*, p. 169.

en passant par Sully, Leibniz, Kant, Saint-Simon et Hugo, l'Europe politiquement unie a été constamment une volonté et une vision qui s'accompliraient enfin sous nos yeux dans une sorte de parousie. Ces images pieuses sont le contraire de la lucidité qui doit présider à toute réflexion sur la culture. On ne saurait se payer de mots. L'Europe de la culture est difficile, comme tous les chantiers de la construction européenne. Elle l'est peut-être plus encore, parce que la culture ne saurait se laisser enfermer dans un traité, dans une organisation et dans des procédures, et parce que la façon dont l'Europe culturelle existe, souvent à l'insu de ceux qui prétendent la vouloir, la rend particulièrement rebelle aux tentatives d'organisation qui, calquées sur ce que l'on fait ailleurs, correspondent si mal à son cas singulier.

### *Les points cardinaux de l'Europe culturelle.*

A défaut d'un principe d'unité ou de critères de classement bien définis grâce auxquels on pourrait au moins mettre de l'ordre dans cette diversité des cultures européennes, on peut être tenté de rechercher des lignes de force qui, à l'exemple des couples magnétiques, définissent des courants, des axes prioritaires d'échanges ou de tensions.

Est-Ouest et Nord-Sud: tels me paraissent être les axes majeurs des courants d'échange et d'influence entre ces cultures. Les secousses actuelles de l'Europe centrale nous conduisent à mettre l'accent sur les relations entre l'Est et l'Ouest, mais, dans la perspective de ce que Braudel appelait le temps long, le couple Nord-Sud est sans doute plus décisif.

Ce n'est pas que, de l'Atlantique à l'Oural, il n'y ait d'immenses différences, même si, suivant à l'inverse le chemin de tant d'invasions qui ont fait de l'Europe un creuset de races multiples, on peut, de la Bretagne à l'immensité russe, chevaucher sans grands obstacles à travers les vastes espaces de l'Europe basse, en laissant au sud Massif central, Alpes et Balkans. Qu'il s'agisse des plaines du Nord ou du Danube, il ne manque pas d'axes qui unissent l'Europe d'est en ouest, ponctués de tant de champs de bataille où, de Valmy à Leipzig, les peuples d'Europe se sont affrontés. La dernière guerre et ses suites ont imposé, à travers ce funeste « rideau de fer », le faux concept d'une Europe de l'Est qui a fini par prévaloir sur les notions classiques d'Europe centrale — la Mitteleuropa — et orientale, essentiellement balkanique et orthodoxe. Nous redécouvrons aujourd'hui que la Pologne, la Hongrie et la Tchécoslovaquie appartiennent en réalité à notre culture occidentale. Même l'apport slave dont elles bénéficient n'est pas, pour nous, une substance étrangère ; il fait aussi partie de notre patrimoine commun. Éternel malentendu qui, depuis Byzance, nous fait prendre plus de distance qu'il ne convient, surtout à nous autres Français, avec cette part orientale de notre Europe.

Dans un article mémorable de la revue *Le Débat* intitulé « Un occident kidnappé ou la tragédie de l'Europe centrale », Milan Kundera[1] rappelait dès 1983 que, pour les nations polonaise, tchèque, hongroise, enracinées dès le commencement dans la chrétienté romaine, « le mot Europe ne représente pas un phénomène géographique, mais une notion spirituelle qui est synonyme du mot Occident. » Pour lui, l'Europe centrale est « la frontière orientale de l'Occident », et rien n'est plus étranger à cette Europe et à sa passion de la diversité que « la Russie uniforme, uniformisante, centralisatrice, qui transformait avec une détermination redoutable toutes les nations de son empire en un seul peuple russe ».

Cette Europe centrale, qui, en ce siècle, a souffert de notre

1. Milan KUNDERA, in *Le Débat*, n° 27, novembre 1983, pp. 3-22.

lâcheté et de notre indifférence, se rappelle à notre mémoire. Nous commençons à nous souvenir que, culturellement, elle fait corps avec nous. C'est encore Kundera qui remarque que l'apogée culturelle de Vienne, au tournant de ce siècle, est « impensable sans l'arrière-fond des autres pays (de l'Europe centrale) et des villes qui, d'ailleurs, participaient eux-mêmes par leur propre créativité à l'ensemble de la culture centre-européenne ». Mais c'est tout l'Occident qui a vécu des apports de cette Europe centrale. Deux fils de Pologne, Chopin et Conrad, s'intègrent complètement, l'un à la musique française, l'autre à la littérature anglaise. Au XXe siècle, comme le remarque encore Kundera, « la grande trinité Gombrowicz, Schulz, Witkiewicz préfigura en Pologne le modernisme européen des années cinquante, notamment le théâtre de l'absurde, et Kantor aujourd'hui est l'une des grandes références du théâtre contemporain ». Bartok trouve dans la musique populaire hongroise une inspiration qui renouvelle une dernière fois peut-être l'aventure séculaire de la musique tonale. Kafka écrivant en allemand, Ionesco ou Cioran en français, Kundera lui-même marquent de leur influence la culture contemporaine de l'Occident tout entier. On n'en finirait pas de citer des exemples des apports de ces cultures d'Europe centrale, elles-mêmes nourries depuis des siècles des lettres et des arts de pays de l'Ouest européen.

Cette Europe de l'Occident doit chercher loin ses frontières : au nord, du côté de la Scandinavie (mais cette dernière n'en fait-elle pas partie ?) ; à l'est en Russie et au sud-est dans les Balkans. Les écrivains, les artistes, les musiciens de l'Europe des grands espaces froids ont été attirés par l'Occident de l'Europe, notamment à partir du XVIIIe siècle et plus encore du XIXe siècle, allant jusqu'à s'enraciner à l'ouest comme Stravinski, Kandinsky ou Chagall. A l'inverse, Descartes, Voltaire ont trouvé refuge au nord et à l'est de l'Europe. Notre littérature, notre musique d'Occident se sont depuis un siècle nourries des influences de Tolstoï, Dostoïevski, Tchekhov et de Moussorgski.

Mais ces courants d'échanges n'ont pas le même degré d'intensité, de force passionnelle que ceux qui, tout à la fois, unissent et opposent le Nord et le Sud. Là est, semble-t-il, la vraie tension dialectique qui définit le mieux la dynamique culturelle de l'Europe. Tout ou presque oppose ces deux rives de l'Europe : par la Scandinavie, l'Europe touche à l'interminable nuit polaire, tandis qu'au sud, par la Méditerranée, elle s'offre au scintillement de la lumière africaine. L'Argentine et le Chili s'étirent bien des tropiques aux zones froides où souffle un vent éternel, mais, loin d'en recevoir un principe de dynamisme, ces pays subissent cette élongation comme une part de leur incessante difficulté d'être. Au contraire, l'Europe vit de cet écartèlement qui rend les nuits du Midi plus belles que les jours du Nord.

L'Empire romain va chercher ses limites en Angleterre et au *limes* germanique, comme s'il avait besoin de toucher au nord pour être achevé. Le Saint-Empire, à l'inverse, restera longtemps attaché à une légitimité romaine devenue chimérique. L'Église byzantine part à la conquête du Nord slave jusqu'à ce que, comme la verticale de la croix, elle soit plantée de la Baltique à la mer Égée.

L'arrêt des Arabes à Poitiers, puis, bien plus tard, leur éviction de la péninsule ibérique par les Rois Catholiques seront des moments constitutifs de la culture européenne. Fécondée, à l'égal d'une crue, par le monde arabe et musulman, l'Europe latine semble avoir eu besoin de se nourrir d'une civilisation plus méridionale encore, puis de la rejeter pour devenir elle-même.

Marqués inégalement d'opprobre, les deux délires de l'Europe moderne — celui de Napoléon et celui de Hitler — ont eu la même prétention : unifier l'Europe du nord au sud, et soumettre également Rome et Amsterdam, Paris et Belgrade.

Ce couple Nord-Sud définit presque toutes les grandes aventures littéraires et artistiques de la culture européenne, avec peut-être une dominante de l'influence méridionale sur les créateurs du Nord, comme si la puissance, l'ordre du Nord avaient besoin de ce pollen, de cette lumière venus du Midi. Que seraient Shakespeare, Gœthe, Byron, Shelley, Chateaubriand, Stendhal, Nietzsche, Rilke, sans l'héritage romain et le rêve italien ou grec qui hantent leur œuvre ? Ce que Bach doit à Vivaldi, ce que l'Italie a enseigné à Haendel et à Mozart, ce que les peintres flamands, puis français, de Poussin à Corot et Degas, ont reçu d'elle n'est pas un ingrédient, un apport exotique, mais une part de la substance même de leur œuvre. A ce titre, Mozart est peut-être le plus européen des Européens. Homme du milieu de l'Europe, né à Salzbourg, mort à Vienne, voyageant du sud au nord à l'affût de toutes influences, mais profondément germanique, fondateur de l'opéra allemand, il a mêlé plus qu'aucun autre, par la grâce de son génie, l'ordre sombre du Nord et le charme chantant du Midi. Tous ceux qui peuvent se réclamer directement de lui ; Beethoven et Schubert, Cimarosa et Rossini, sont bien ses fils authentiques, mais chacun résolument du Nord ou du Sud, aucun d'eux ne parvenant à l'égaler dans la synthèse des deux.

On se saurait réduire à la seule Italie le pôle d'influence méridionale. L'Espagne y a sa part avec les chemins de Compostelle, l'un des axes majeurs de la chrétienté médiévale, puis, à partir du XVIe siècle, avec la littérature mystique de saint Jean de la Croix, de Thérèse d'Avila, puis de Loyola, ainsi qu'avec Cervantès et tous les dramaturges qui inspirent Corneille et Le Sage. Au XIXe siècle, Gautier, Mérimée et Bizet, puis Barrès et Ravel, tireront beaucoup de l'Espagne. Les grands créateurs de notre siècle — Picasso, Miró, Gris, Dali — fuiront ce pays pour chercher en France refuge et inspiration.

La Grèce aussi a sa part d'influence, qu'on ne saurait réduire au legs antique dont son sol est dépositaire et qui a nourri tout l'Occident au cours des siècles. Mais la Grèce que découvrent les romantiques comme Chateaubriand et Byron et, après eux, Flaubert et Renan, n'est pas seulement un musée; c'est une lumière, un principe exemplaire de rapport entre l'homme et la nature. C'est aussi — comme la Pologne — l'expression héroïque d'une vraie culture populaire. L'identité grecque qui a forgé la nation, en dépit ou à cause d'un joug sans pitié (la Turquie ici, comme la Russie pour la Pologne), repose sur une foi, sur une langue et sur une culture: c'est le mélange des trois, dont tout un peuple s'est nourri, qui a maintenu en vie pendant quatre siècles la nation asservie. Et si la Grèce contemporaine, exténuée par tant de luttes et par ses propres contradictions, paraît d'un apport bien mince à la conscience culturelle européenne, nous devons lui être reconnaissant non seulement de ses écrivains modernes — les Cavafy, Séféris et autres — mais aussi d'avoir procuré à tant d'artistes et d'écrivains la découverte d'un autre Sud, tout proche, lui, de l'Orient. C'est par elle que notre filiation byzantine se fait le mieux sentir, en dépit de toutes nos préventions.

L'Europe de la culture est faite de ces échanges individuels ou collectifs entre des créateurs, entre des civilisations plus vieilles que les nations et, à plus forte raison, que les États. Quiconque étudierait l'histoire des cultures européennes d'un point de vue purement statique, en prenant les créateurs aux lieux où ils sont nés et morts, et leurs œuvres en elles-mêmes, sans tenir compte des voyages, des exils, des influences croisées, manquerait autant son but qu'un géographe qui prétendrait expliquer l'Europe en faisant abstraction de son relief.

Quand Dominique Fernandez, dans un beau roman[1], évoque la longue équipée de jeunes gens de Lübeck partant vers le sud à

1. Dominique FERNANDEZ, *L'Amour*, Paris, Grasset, 1985.

la découverte de l'Italie, de la lumière, de l'amour et donc de la vie, c'est toute l'aventure de la culture européenne qu'il décrit. Mais ce qui est peut-être le plus caractéristique dans ce livre, comme dans toutes les itinérances qu'il symbolise, c'est le caractère spontané de ces traversées de l'Europe. Certes, il est arrivé aux rois et aux empereurs d'emmener dans leurs fourgons peintres, architectes et écrivains en service commandé, et ce dialogue culturel Nord-Sud n'est pas resté à l'abri des conflits et des dominations. Mais, du Moyen Âge au début du présent siècle, ce furent le plus souvent de libres démarches, des aventures individuelles. La fantaisie de ces errances et le jeu subtil de ces tropismes croisés rendaient l'Europe de la culture plus réelle et plus vivante que nos pauvres concepts de liberté d'établissement, d'équivalences de diplômes et nos échanges culturels tarifés et homologués par des accords diplomatiques.

Ce rapport Nord-Sud définit la tension majeure, la plus chargée de dynamisme, de la culture européenne. Cela est si vrai que, dans chacun des pays européens, l'opposition Nord-Sud est plus sensible, plus affichée que l'opposition Est-Ouest. Division politique mise à part, il y a avant tout une Allemagne du Nord et une Allemagne du Sud ; il en va de même en Italie et en Espagne, comme en Grande-Bretagne. Les Wallons se considèrent comme plus méridionaux que les Flamands. En Suisse, Bâle se réclame du Nord autant que Lugano du Sud. Mais la France jouit à cet égard d'une position très spéciale ; car, hormis la Russie, elle est la seule nation qui touche aux deux rives de l'Europe. Horizons, climats, mœurs la font participer pleinement aux deux Europes. Sans passer la frontière, la Provence suffit à Renoir et à Seurat, comme le Languedoc à Molière et à Racine, pour goûter l'ivresse méridionale, comme Daudet remonte le Rhône et s'installe à Paris pour découvrir, ainsi que Jammes et Mauriac après lui, le Nord et ses brumes. Par les légendes celtiques, les kermesses flamandes, les vallées lorraines et la parenté rhénane de l'Alsace, la France est culturellement du Nord, tandis que, par ses provinces romaines, son pays basque, sa Catalogne, ses terres reprises au Piémont, elle est tout aussi authentiquement du Sud. Pour toute l'Europe du Nord, le Sud est d'abord un obstacle à franchir, un monde aux abords difficiles. Pour la France, il est simple passage, transition douce, sensible dès les tuiles rondes du Poitou et les premiers oliviers ou les cyprès de la vallée du Rhône.

En cela, la France a une vocation culturelle singulière en Europe. Sans être à elle seule la synthèse achevée du Nord et du Sud, elle en est du moins l'approche la plus complète au sein d'un même territoire et d'une nation depuis longtemps unifiée. Cela ne justifie de notre part aucune arrogance, en dépit de notre propension à faire la leçon à l'univers. Mais il n'est pas illégitime de revendiquer pour nous une familiarité en quelque sorte naturelle avec cette constante et féconde opposition du Nord et du Sud qui, pour chacun de nous, est une donnée vécue.

*L'Europe intime.*

Faute de critères irréfutables et de catégories bien cernées, il ne faut pas hésiter à considérer l'Europe de la culture de façon subjective. L'Europe de la culture est-elle autre chose que la somme de toutes les notions que chacun de nous se fait de la culture européenne, si divergentes, contradictoires même qu'elles puissent être ? Au reste, cette Europe-là ne se décrète pas. Ce n'est pas vraiment un hasard si le traité de Rome est muet à son sujet ; ses auteurs n'y songeaient pas, non qu'ils fussent des barbares, des diplomates incultes ou des technocrates amoureux des taux de croissance. Mais, en un temps où, même en France, la culture n'était pas au nombre des priorités gouvernementales, ces hommes politiques épris de réconciliation et d'entente entre les peuples ne pouvaient pas ignorer la dimension culturelle de tout projet européen ; peut-être savaient-ils assez d'histoire pour comprendre qu'en ce domaine le pouvoir politique ne commande pas et que, précédant ici, suivant là, la culture contribuerait *de facto* à l'édification de l'Europe. Il faut donc voir de la sagesse dans leur mutisme au sujet de la culture et considérer plutôt avec méfiance le zèle culturel, tout verbal qu'il soit, des dirigeants actuels de l'Europe. À ceux-là, il faut plutôt expliquer que l'Europe de la culture est déjà faite, se fait chaque jour et existe, sans directives ni quotas, dans les consciences et la réalité de la vie culturelle. Cela ne signifie pas que des actions publiques volontaires, des programmes ordonnés ne puissent contribuer à lui donner plus de dynamisme. Mais commençons par la revendiquer et par la faire vivre dans nos destins individuels et collectifs.

La richesse, mais aussi les tensions de l'Europe, la difficulté à appréhender ses cultures d'un seul regard, je les connais intimement. Issu d'une double souche nivernaise et gasconne, fils réconcilié des Armagnacs et des Bourguignons en quelque sorte, je sens en moi la double attraction du Nord et du Sud. Les hautes futaies de la forêt de Compiègne, les campagnes nervaliennes et les modestes églises du Valois, berceau de l'art gothique, où j'ai trouvé voilà plus de vingt ans un contrepoids à l'excitation parisienne, équilibrent dans ma sensibilité les pins des Landes et les chapiteaux romans de l'Agenais. Monteverdi, Vivaldi et l'opéra italien me sont aussi nécessaires que l'air que je respire, mais que serait-je sans les masses chorales de Bach et l'orgue de Haendel, sans les plongées dans l'obscur de Beethoven, Brahms et Wagner ? Deux tons, deux couleurs, deux mondes aussi complémentaires qu'en musique le majeur et le mineur constituent mes repères.

Je dois sans doute à mon hérédité de me sentir familier non seulement au Nord et au Sud de la Loire, mais dans les deux Europes. Bruxelles et Luxembourg, Londres et Hambourg,

Amsterdam et Genève me sont lieux d'accueil fraternels, mais aussi Bordeaux et Milan, Madrid et Rome, Barcelone et Gênes. J'aime notamment y sentir ces correspondances, ces parentés, ces échos, cet air italien que se donne Munich, cette ressemblance entre Toulouse et Florence, cette empreinte romaine qui court de Ségovie et de Bordeaux jusqu'à Trèves, ces ravins en pleine ville qui, à Edimbourg, rappellent Luxembourg, ce rapport de la ville à son fleuve qui apparente Bordeaux encore à Anvers et à Hambourg. Pour qui traverse cent fois par an les frontières intra-européennes, la personnalité de ces villes, leurs parentés plus ou moins secrètes sont plus importantes que leur appartenance à des États différents. Il en va de même, à un plus haut degré, de leurs musées, de leurs théâtres et de leurs opéras. Ces lieux de culture transcendent leur nationalité. C'est ainsi que, comme beaucoup d'autres, je me sens davantage européen de la culture que citoyen de l'Europe.

*L'Europe accomplie.*

Dans des domaines comme la monnaie, la défense, la politique sociale, l'Europe est un laborieux projet. En termes de culture, elle est une évidence. Pour chacun de nous, la culture européenne n'est pas une découverte tardive ou accidentelle, une excursion lointaine hors des sentiers tout tracés de la formation, mais une dimension de notre identité.

Ceux de ma génération ont, comme Pascal Jardin, vécu « la guerre à neuf ans », la France humiliée et le continent en ruines livré à l'affrontement des Russes et des Américains, à la guerre froide et aux défis du Tiers Monde en voie d'émancipation. L'Europe, alors, ne s'enseignait pas à l'école, et le « chacun pour soi » de la reconstruction laissait peu de place au rêve. C'est pourtant dans cette Europe exsangue et déchirée que nous sommes devenus Européens sans le savoir. Le choc de la peinture, c'est en Hollande que je l'ai éprouvé, à dix-neuf ans, en 1951, après avoir connu en Italie, l'année précédente, l'éblouissement des formes, de la sculpture et, plus encore, de l'architecture. Au début des années 50, notre génération a découvert en même temps que le cinéma français, celui d'Amérique et, tout autant, les films anglais et italiens. Dans ma boulimie de lecture, j'ai aimé Graham Greene autant que Mauriac, Malaparte, Moravia et Buzzati autant que Montherlant, Malraux et Camus, T.S. Eliot à l'égal de Valéry. Et que dire de la musique !

Jusqu'à la guerre, cette éducation européenne était peut-être le privilège de jeunes bourgeois que des familles d'esprit cosmopolite faisaient voyager — ou un exercice imposé aux fils des déracinés qui, comme Joseph Kessel ou Romain Gary, devaient s'inventer un passé dans une terre d'exil. Mais, sitôt après 1945, la facilité des voyages en groupe, les moyens de communication de masse, les progrès spontanés de la conscience collective, tout nous a conduits à nous imprégner des cultures européennes. Pour cette génération et plus encore pour les suivantes, nul n'a pu faire l'impasse sur l'Europe dans la construction de nos personnalités. Le brassage intellectuel et artistique de notre époque nous conduit d'ailleurs à relativiser les cloisonnements nationaux qui ont marqué l'Europe des États entre 1815 et 1945. Nous découvrions combien était vaine la question de savoir à quelle nationalité appartenait tant de grandes figures : bien sûr, Cervantès était espagnol, Camoëns portugais, Molière français et Goethe allemand. Mais saint Dominique, Érasme, Rubens, M^me^ de Staël et le prince de Ligne, quelle était donc leur nationalité dans une Europe sans passeports ? Les cours, les églises, les universités, une certaine aristocratie de la pensée ont illustré pendant des siècles un cosmopolitisme qui fut une des formes les plus achevées de l'esprit européen.

Denis de Rougemont écrit, dans sa *Lettre ouverte aux Euro-*

*péens*[1] : « Roland de Lassus n'appartient ni à la Belgique, ni à la France, ni à l'Italie actuelles, de même que Grünewald n'est pas devenu un peintre français du fait de l'annexion de Colmar à la France près de trois siècles après sa mort. Qu'il s'agisse de musique, de peinture, d'architecture, de philosophie ou de science, pour ne rien dire de la religion qui les inspira toutes au départ, il n'est pas une seule des branches de notre culture qui ne résulte de mille échanges, tissant l'œuvre commune des Européens ; il n'en est pas une seule que l'on puisse étudier d'une manière sérieuse ou intelligible dans le champ limité par les frontières d'une seule de nos nations actuelles. Il n'y a pas plus de "peinture française" que de "chimie allemande" ou de "mathématiques soviétiques", car, avant tous ces découpages arbitraires, il y a la grande communauté de création et d'influences mutuelles qui s'appellera toujours l'Europe dans l'histoire de l'esprit humain. »

Notre époque connaît des croisements similaires qui font fi des frontières. Incompris, voire rejetés un temps dans leur propre pays, des Français comme Boulez et Béjart ont prospéré l'un en Allemagne et en Angleterre, l'autre en Belgique puis en Suisse. C'est en France que, depuis vingt ans, travaille Peter Brook, et c'est de là qu'il rayonne sur l'Europe, l'Afrique et l'Asie. Des hommes d'opéra ou de théâtre comme Prêtre, Ponnelle, Bondy sont davantage reconnus dans les pays germaniques. Le Zurichois Rolf Liebermann s'est imposé à Hambourg, puis à Paris. On s'étonne davantage de lire des noms d'étrangers sur telle liste italienne aux élections européennes que de voir Massimo Bogiankino quitter la direction de l'Opéra de Paris pour devenir maire de Florence, ou Claudio Abbado passer de la Scala de Milan à l'Opéra de Vienne, puis à la Philharmonique de Berlin. Giorgio Strehler, Pontus Hulten

1. *Op. cit.*, p. 63.

exercent des responsabilités officielles en France, tout comme Georg Solti et Alfred Brendel sont chez eux à Londres. Milan Kundera et Jorge Semprun appartiennent à la société littéraire parisienne, ce qui n'a pas empêché le second de devenir ministre de la Culture à Madrid. Il en va de même, dans le domaine des arts, avec Balthus, Hartung, Xenakis, Candilis. Au-delà des cousinages classiques de la francophonie qui nous font oublier que Michel Simon et son fils François étaient suisses comme Jean-Luc Godard et que les Simenon, Félicien Marceau, Mallet-Joris et tant d'autres sont nés belges, l'entrelacs européen des carrières littéraires et artistiques n'a pas d'équivalent dans la vie économique et sociale. Ce n'est pas faire preuve de chauvinisme que d'attribuer à la France une vocation particulière d'accueil. Se prêtant aussi bien à l'assimilation intégrale qu'au respect des identités d'origine, la France joue souvent un rôle décisif dans le progrès d'une carrière, dans l'amplification d'une renommée, comme on l'a vu avec Gae Aulenti, Klasen ou Riccardo Bofill ; cette ouverture s'étend d'ailleurs bien au-delà de l'Europe : on ne compte pas les Arméniens qui se sont fondus dans le paysage culturel français où des Asiatiques comme Zao Wou Ki, des Marocains comme Tahar ben Jelloun, des Africains comme Senghor, des Américains comme Julien Green, Bob Wilson ou Carolyn Carlson occupent une place de choix.

Mais, culturellement, l'Europe vécue ne se limite pas à ces aventures individuelles. Leur nombre et leur apparente facilité à notre époque ne suffisent pas à prouver que l'Europe existe ; en d'autres temps moins propices, car plus marqués par l'esprit national, des étrangers comme Cherubini, Offenbach, Chopin, César Frank, Maeterlinck, Verhaeren ont joué un rôle éminent dans la vie artistique et littéraire française. Caractéristique de notre époque est le fait qu'un certain nombre de projets culturels ne peuvent plus être conçus qu'au plan européen ; certains événements ne peuvent s'organiser qu'en dépassant frontières et nationalités, ou ne prennent tout leur sens qu'en s'inscrivant dans une perspective européenne ; souvent le rapport avec les autres cultures ne peut s'établir qu'à partir d'une coopération européenne. C'est le cas des grandes expositions de peinture, des principaux festivals de musique, de cinéma comme Cannes, Venise ou Berlin, de théâtre comme Avignon. Pour bien des metteurs en scène ou des interprètes de théâtre, d'art lyrique ou chorégraphique, de cinéma, il n'est de carrière qu'européenne ; ce n'est pas une ultime consécration qu'ils vont chercher hors des frontières de leur pays d'origine ; l'Europe est présente aux phases successives de leur épanouissement professionnel, et leur travail ne se conçoit qu'au sein d'équipes européennes complètement intégrées. La vie culturelle, même enserrée dans un cadre institutionnel assez rigide, s'est prêtée assez aisément à ces mélanges et offre l'exemple d'une souplesse dont d'autres secteurs sont encore fort éloignés. Le système des coproductions cinématographiques ou l'Union européenne de radiodiffusion[1], ont été inventés bien avant les traités et les institutions de l'Europe unie. Depuis longtemps, il est plus facile pour un étranger, et notamment pour un Européen, de diriger un orchestre, un théâtre, un festival, voire un musée que d'apprendre ou d'enseigner dans une université, de plaider devant un tribunal, d'exercer une profession libérale, de diriger une entreprise et, *a fortiori*, d'entrer dans la fonction publique d'un autre pays. Dans le domaine des échanges universitaires, les progrès difficiles dans la voie de l'équivalence des diplômes et le caractère encore marginal et confidentiel des centres universitaires européens, qu'il s'agisse de Bruges ou de Florence, montrent bien la résistance de l'institution académique, qui

1. Qui inclut la télévision pratiquement depuis sa naissance et est le cadre obligé des échanges de sons et d'images entre les médias audiovisuels de toute l'Europe et le support des coopérations et des échanges avec le reste du monde, de l'Eurovision à la Mondovision.

contraste fort avec la souplesse et l'ouverture du milieu culturel, même quand il prend la forme d'institutions officielles.

Si la culture est absente des traités, elle n'en a guère subi, jusqu'ici, de préjudice. Bien au contraire, elle chemine allégrement et à son rythme sur la voie de la construction européenne, souvent à l'insu des gouvernements et à l'abri des barrages, péages, échangeurs et autres fantaisies technocratico-diplomatiques dont la construction européenne est prodigue en tant de domaines. Ce serait à peine forcer le trait que de dire qu'en matière de culture nous sommes déjà en 1993 et peut-être même au-delà... Cette Europe de la culture ne se limite pas au cadre artificiel et réducteur des Douze de la Communauté, mais inclut, à part entière, la Suisse, l'Autriche et la Scandinavie, et s'ouvre déjà à cette Europe centrale et orientale sans laquelle elle serait aussi peu l'Europe qu'une France dont la frontière de l'Est courrait de Charleville à Avignon ne serait la France.

*L'Europe de la culture*
*encore à faire.*

En présence de cette réalité si vivante de l'Europe de la culture, on pourrait conclure qu'il n'y a pas d'autre initiative à prendre que de lui laisser suivre son cours naturel d'échanges et de coopérations. Ce serait ignorer les obstacles qui entravent encore ces flux et l'urgence qu'il y a à renforcer cette conscience culturelle commune sans laquelle l'Europe risque de diluer son identité et de n'être qu'un prosaïque grand marché.

Les structures varient beaucoup d'un pays à l'autre. Ce qui, en France, relève de l'État est du ressort des villes italiennes, des cantons suisses, des autonomies d'Espagne, des Länder d'Allemagne fédérale, des communautés linguistiques de Belgique. Encore le total des aides publiques à la culture est-il fort différent selon les pays. Les plus libéraux d'entre eux laissent au marché et au mécénat sous toutes ses formes une place prépondérante. Certains ont des objections de nature quasi philosophique au principe même d'une intervention de l'État dans les affaires de la culture. La culture souffre paradoxalement d'être vécue comme une donnée plutôt que comme un projet. Parce que sa dimension européenne apparaît comme évidente, elle n'a pas, jusqu'ici, mobilisé l'attention dans les lieux où l'Europe se construit, sauf lorsqu'un danger est perçu, comme on le verra à propos de l'audiovisuel ; alors les passions, génératrices de malentendus et de contradictions, se donnent libre cours.

Les initiatives d'organisation de l'Europe de la culture se heurtent à mille obstacles. Non sans mal, Jack Lang a imposé la pratique d'une réunion semestrielle des ministres en charge de la culture des États-membres de la C.E.E, ou ce qui en tient lieu, avec la difficulté particulière des États, fédéraux ou non, qui ne se reconnaissent pas de compétence en la matière. Mais ces réunions n'ont pas abouti à des résultats tangibles. L'enlisement de la Fondation européenne, décidée par l'un des premiers sommets européens, à la fin des années 70, est significatif. Créée par les États eux-mêmes en dehors de l'administration communautaire, elle devait précisément fournir aux actions culturelles communes un cadre approprié et de nature à rassurer les pays les moins empressés à intervenir directement et à reconnaître une compétence à la Communauté dans ce domaine. Des débats infinis sur la procédure, le financement, la localisation du siège ont réussi à maintenir pendant plus de dix ans ce projet dans les limbes. Quant à la Commission de Bruxelles, si son président Jacques Delors reconnaît avec honnêteté qu'elle n'a, d'après les traités, aucune compétence en ce domaine, il ne décourage pas les efforts de ses services pour susciter études, projets, initiatives dans différents domaines culturels ; mais on sent quelque embarras, et beaucoup de pesanteur, dans cette démarche. C'est en définitive dans le cadre plus large, mais aussi plus flou, du Conseil de l'Europe et de son Conseil de coopération culturelle créé dès 1961, que la dimension culturelle est le mieux reconnue. Les organismes privés actifs, en dépit de la modicité de leurs ressources, que sont la Fondation européenne de la culture d'Amsterdam et le Centre européen de la culture fondé à Genève par Denis de Rougemont jouent un rôle fondamental.

La culture n'est pas absente des relations bilatérales : conseil franco-britannique, sommets périodiques franco-allemands, franco-italiens, franco-espagnols, pour ne citer que le cas de notre pays, qui, il est vrai, est depuis longtemps le plus volontariste en ce domaine. Les accords d'Helsinki eux-mêmes, dans la fameuse « troisième corbeille », ont mis l'accent sur la libre circulation des idées, et, si minces que soient jusqu'à présent les résultats, on retiendra peut-être cette fragile initiative, datant de quinze ans, comme l'acte fondateur d'une Europe de la culture à la dimension du continent tout entier et dans un domaine décisif : la libre circulation des idées et des hommes qui les portent.

Aucune formule miracle ne fera prendre corps à l'Europe de la culture. Ni la Communauté économique européenne, ni même le Conseil de l'Europe ne sont des cadres appropriés pour englober la culture européenne ; si la première est un cadre opératoire pour certaines actions bien définies et le second est apte à proposer aux États des conventions qui les engagent ou à organiser des expositions de prestige, aucune des deux institutions ne s'adapte convenablement à la complexité de la vie culturelle européenne, indépendamment même de leur incapacité à couvrir toute l'Europe, au moins jusqu'à nouvel ordre.

Une seule fois il m'a été donné d'appréhender l'Europe tout entière : René Maheu, alors directeur général de l'Unesco, avait réuni les ministres de la Culture à Helsinki. C'était en 1972. Une conférence mondiale avait eu lieu à Venise en 1970. Il faudra attendre plus de dix ans, Mexico en 1981, pour voir une nouvelle réunion à l'échelon mondial.

De cette conférence d'Helsinki, qui fut ma première expérience diplomatique, je garde un souvenir très vif ; non que les résolutions adoptées, dans ce langage très particulier des institutions internationales, aient eu de quoi bouleverser le monde de la culture ; mais la réunion en un même lieu des responsables publics de la culture de toute l'Europe, Union soviétique comprise, avait quelque chose d'étonnant. Chaque pays, y compris les États socialistes, avait pris soin d'inclure dans sa délégation des créateurs, des écrivains, et, dans les échanges assez approfondis qui eurent lieu, on sentit bien qu'au bout d'un certain temps bien des barrières tombaient et qu'en dépit des différences de situation, de statuts, il y avait, sinon un identité dans les solutions, du moins une certaine convergence dans l'approche des problèmes. Si compromis qu'ils fussent avec des régimes de fer, on sentait, chez certains intellectuels des délégations d'Europe centrale — je pense notamment au Hongrois Boldiszar, récemment disparu —, un désir de se justifier et de prouver, par mille signes discrets, qu'ils voulaient nous apparaître plus proche, en dépit des contraintes qui pesaient sur eux. Au retour d'une promenade nocturne dans le golfe de Finlande, à la fin de la conférence, rentrant à pied depuis le port d'Helsinki jusqu'à la résidence de notre ambassadeur, dans cette étrange lumière laiteuse de fin juin, je me pris à rêver d'une Europe réconciliée, riche à nouveau de ses différences librement confrontées. Pensant à cette chape de plomb sur une moitié de l'Europe, à tous les crimes contre la liberté de l'esprit qu'il faudrait subir, à tous les empêchements dont, en dépit de notre bonne volonté et de notre mauvaise conscience, les créateurs demeuraient victimes à l'est de l'Europe, je me récitais, comme halluciné par cette fausse nuit sans sommeil, la fin de l'*Électre* de Giraudoux :

« Comment cela s'appelle-t-il, quand le jour se lève, comme aujourd'hui, et que tout est gâché, que tout est saccagé, et que l'air pourtant se respire, et qu'on a tout perdu, que la ville brûle, que les innocents s'entre-tuent, mais que les coupables agonisent, dans un coin du jour qui se lève ?...

— Cela a un très beau nom, femme Narsès. Cela s'appelle l'aurore. »

Aurore de pureté ou d'apocalypse ? L'ambiguïté du poète aura nourri pendant près de vingt ans dans mon esprit un doute qui n'est point encore levé aujourd'hui. Mais cette clarté confuse dans le ciel de Finlande m'a conduit, trois ans plus tard, à l'Unesco, où je connaîtrai bien des déceptions, sans jamais renoncer à l'idée de cette Europe réconciliée dont aujourd'hui enfin la promesse semble moins inaccessible.

La disparité des modes d'intervention des autorités publiques et les différences d'approche de la culture rendent particulièrement difficile toute action commune ; toutefois le réalisme commande de prendre acte de ces obstacles et de chercher non à les abattre, mais à les contourner. Si l'on veut que l'Europe ne se réduise pas à un grand marché ou à un cénacle diplomatique, c'est maintenant qu'il faut prendre des initiatives pour l'Europe de la culture, que ce soit dans la perspective de 1992 pour la Communauté ou dans celle du Conseil de l'Europe en raison de cette évolution dont on perçoit les frémissements dans certains pays d'Europe centrale. Il faut trouver des vecteurs, des thèmes concrets propres à activer la culture européenne et à porter les coopérations à un niveau supérieur à celui des échanges spontanés, si encourageants soient-ils. Il ne s'agit pas de nier le rôle des États ou de prôner ce spontanéisme où les écologistes excellent. Les États peuvent être associés à ces démarches ou les favoriser ; mais il serait peu efficace et même dangereux de s'en remettre à leur seule initiative en ce domaine, car la culture est décidément une affaire qui échappe aux catégories habituelles. Quand il s'agit de prérogatives de souveraineté comme le pouvoir de légiférer, la défense, la justice, la monnaie, voire l'éducation, on sait à quoi s'en tenir ; de même lorsqu'il est question d'harmoniser des activités régies par le marché. Mais la culture est tout cela à la fois, et bien autre chose encore. Elle demande donc plus d'imagination, dans chaque pays mais aussi au plan européen.

Un certain nombre de manifestations artistiques ne se conçoivent plus sans une dimension européenne, non pas celle d'une Europe refermée sur elle-même mais ouverte sur le reste du monde. C'est l'évidence pour les grands festivals de musique et de cinéma ou pour les grandes expositions de peinture ; mais ce n'est pas moins vrai pour le théâtre, à Avignon notamment. Les grandes foires d'art contemporain, comme Dokumenta à Kassel, la F.I.A.C. à Paris, A.R.C.O. à Madrid, les foires de Bâle ou de Cologne sont par nature des manifestations européennes et sont organisées à ce niveau, quelle que soit la puissance invitante — ville ou structure professionnelle. L'Europe s'impose comme le cadre de tout projet culturel d'envergure. J'en ai eu une preuve, parmi cent autres, en étant associé depuis l'origine à la vie de la Fondation Louis Vuitton pour l'art lyrique ; créée à l'initiative d'Henry Racamier, président de la société Louis Vuitton, cette fondation française s'est dotée d'un comité artistique présidé par Rolf Liebermann et composé de personnalités qui, de Bogiankino à Peter Ustinov, de Strehler à Gall, de lord Harewood à Eva Wagner-Pasquier, ont toutes un rayonnement européen ; à chacune des séances de ce comité, qui se réunit à Londres, à Hambourg, à Florence ou à Paris, les projets qui nous sont soumis proviennent de tous les pays d'Europe ; le critère de nationalité n'influe en rien sur nos choix, et notre préférence va plutôt aux initiatives propres à symboliser une coopération européenne, quelle qu'en soit la provenance géographique.

Ce n'est pas seulement en France, mais partout en Europe que la vie artistique s'organise autour de lieux de culture, monuments, musées, centres d'art, théâtres, espaces polyvalents.

Quand Messiaen, Boulez, Nono viennent enseigner à la Chartreuse de Villeneuve-lès-Avignon, on n'admettrait pas que leur auditoire soit exclusivement français ; il en va de même dans tous ces lieux de formation et de perfectionnement qui prolifèrent et qui, bénéficiant généralement de statuts d'une grande souplesse, renouent, plus aisément que les grandes machines de l'enseignement supérieur, avec la tradition cosmopolite de l'Université médiévale.

C'est dans cet esprit que, sous l'impulsion de Serge Antoine et avec les encouragements du Conseil de l'Europe, l'association des centres culturels de rencontre propose de créer des liens avec des institutions comparables qui existent chez nos voisins, en vue de constituer un réseau européen d'action culturelle : ce seraient de véritables « ports francs » de l'Europe culturelle, à l'image de ces villes libres et de ces abbayes médiévales qui, « lieux du hasard, de la foi ou de la nécessité, ont rendu possible l'éclosion de la pensée et de la conscience européenne », comme l'a écrit Serge Antoine. Tous ces centres, installés dans des monuments qui les ancrent dans un sol et dans une culture, doivent s'ouvrir, comme certains le font déjà, à l'échange international et au dialogue des cultures européennes. En renonçant à une animation trop polyvalente qui les exposerait au risque de la dispersion, ils doivent se concentrer sur des actions bien ciblées et devenir, pour la culture, notamment en matière de création et de formation, des « lieux d'excellence ».

C'est, pour reprendre une expression chère à Denis de Rougemont, une voie biologique de la construction européenne en matière de culture. Mais elle peut avoir d'autres applications. Ainsi, les villes et les régions, grâce aux jumelages, deviennent des acteurs de plein exercice d'une communauté culturelle européenne de fait. Si les responsabilités des États dans le domaine de la culture sont très variables, celles des villes sont beaucoup plus homogènes. Le maire de Florence et celui de

Tolède, ceux de Bayreuth et d'Annecy, d'York et de Rouen, ont sûrement plus de choses à se dire en matière de culture que des ministres aux attributions, aux rangs et aux pouvoirs extrêmement divers. C'est là peut-être que l'on comprend le mieux que, si la construction européenne est bien, par la force des choses, l'affaire des États, grâce aux traités et aux institutions appropriées, elle ne doit pas être enfermée dans ce cadre rigide. Ayant eu souvent dans l'histoire un statut de souveraineté qui a préfiguré l'État moderne (c'est encore le cas, dans un cadre fédéral, de Brême et de Hambourg, et aussi de Berlin), les villes prennent en quelque sorte, par le rôle propre qu'elles jouent dans le concert culturel européen, leur revanche sur une évolution qui les a presque toutes assujetties, à des degrés divers, à un pouvoir central. Mais nul n'a pu retrancher de leur mémoire un passé, un patrimoine, une capacité d'être des hauts lieux culturels. Toutes les grandes villes d'Europe, à l'intérieur de la Communauté ou en dehors, ont des responsabilités à peu près équivalentes dans le domaine du patrimoine monumental, des opéras et des théâtres, de la vie musicale, des musées, des enseignements artistiques, des festivals. Il n'y a guère qu'à Paris qu'un certain nombre de grandes institutions culturelles nationales et donc d'État (comme l'Opéra, la Comédie-Française, les grands musées nationaux) échappent complètement à la responsabilité de la ville, qui ne contribue en rien à leur financement. Partout ailleurs, les villes, avec ou sans le concours de l'État et des institutions provinciales ou régionales, assument en tout ou partie la responsabilité politique et financière des grands lieux de culture. Il faut le répéter avec force: s'il est un niveau où, à travers toute l'Europe, de Lisbonne à Varsovie et d'Édimbourg à Salonique, les problèmes de la culture sont abordés et gérés de manière sinon identique, du moins comparable, c'est bien celui des villes. Des rencontres amicales, plus ou moins organisées, entre les maires de grandes métropoles, qui d'ailleurs ne se limitent pas à l'Europe, ont bien lieu, mais il faudrait aller beaucoup plus loin dans l'échange culturel. Peu importe que les États et la Communauté ne voient pas d'un très bon œil ces relations directes, surtout si elles dépassent le cadre des Douze ; c'est d'elles que dépend largement le progrès de l'Europe de la culture, d'autant plus que partout, et pas seulement en France, les élus prennent conscience de l'importance des institutions et des activités culturelles, non seulement pour la qualité de vie de leurs concitoyens, mais pour le rayonnement même de leur cité.

Le même raisonnement est valable à l'échelon régional. Mais les régions et provinces ont, d'un pays à l'autre, des dimensions, des compétences et des moyens d'action extrêmement variables, de sorte que les coopérations sont moins aisées, sauf lorsque la proximité géographique et les parentés culturelles y invitent, comme on commence à le voir sur l'axe rhénan, également entre la Lorraine, la Sarre et le Luxembourg, ou entre la Catalogne et le Languedoc-Roussillon ; mais, même là, il y a plus à attendre du dialogue déjà engagé entre Toulouse-Montpellier et Barcelone, qu'entre les régions elles-mêmes.

L'Europe de la culture ne se réduit donc pas à une coopération intergouvernementale et vit d'échanges très actifs entre des institutions, des entités de statuts très variés ; les difficultés de tous ordres qui rendent si complexe la coopération entre États sont pratiquement absentes de ces relations entre lieux de culture ou institutions culturelles. Sans doute faut-il tenir compte, dans chaque cas, des psychologies nationales ; un conservateur du Louvre sait que l'on ne parle pas avec un confrère viennois comme avec celui du Prado ou de Munich ; la mentalité collective du Concertgebouw d'Amsterdam n'est pas celle de l'Orchestre de Paris. Ce genre de différences — que l'on retrouve parfois au sein d'un même pays : Palerme n'est pas Turin, ni Strasbourg Marseille — implique sans doute des précautions et des égards mais n'entrave pas les coopérations. Au reste, les brassages croissants qui s'opèrent en Europe entre gens d'une même profession — musiciens, gens de théâtre ou d'opéra, chorégraphes, spécialistes du patrimoine, éditeurs et écrivains, plasticiens, gens de cinéma et d'audiovisuel, architectes — font qu'une communauté d'approche et de langage existe dans la plupart des disciplines, au point que l'on peut affirmer qu'il y a davantage d'interpénétration dans les professions culturelles que dans la banque, l'assurance ou l'industrie chimique.

Il ne faudrait pas conclure de ce constat très positif sur la réalité des échanges entre les cultures européennes que, tout allant bien, il n'y a qu'à laisser les choses suivre leur cours. Certes, il est bon que des Italiens comme Abbado et Riccardo Chailly soient à la tête des plus grandes institutions musicales d'Autriche et de Hollande, qu'on trouve Béjart à Lausanne, Gall à Genève et Strehler à Paris, que Gae Aulenti, après Orsay, soit chargée de concevoir un musée à Barcelone. Mais cette heureuse pratique de la liberté d'établissement n'est que le premier degré d'une vie culturelle commune. On s'échange créateurs et interprètes, on confronte les uns et les autres dans des concours, dans des festivals ou des expositions sans considération de nationalité. Mais il y a encore peu d'entreprises vraiment communes, de réalisations qui permettent non l'expression d'une illusoire culture unique, mais du moins la recherche d'une synergie entre les différentes cultures d'Europe, chacune apportant sa contribution propre à une œuvre commune. Car si c'est bien être européen que de jouer et de voir à Paris *La Tempête* de Shakespeare ou *La Cerisaie* de Tchekhov en italien dans une mise en scène de Giorgio Strehler, ou encore d'organiser à Bâle une exposition Cranach, à Paris une exposition sur Vienne ou à Bruxelles sur la Toison d'or, ou de monter *Le Voyage à Reims* de Rossini avec des chanteurs et des musiciens venus de toute l'Europe, il ne s'agit là que de faire fructifier ensemble notre patrimoine commun. Mais l'Europe qui se fait peut-elle engendrer encore des œuvres originales capables d'exprimer, au-delà de cet héritage partagé, une identité européenne créatrice? L'exemple de l'audiovisuel est, à cet égard, bien décevant : si l'on a vu des coproductions sur la vie de Mozart ou sur le patrimoine monumental, les tentatives faites jusqu'ici pour concevoir des œuvres de fiction de facture européenne n'ont guère réussi. On donne même, par dérision, le nom d'« Europuddings » à ces expériences où un scénario laborieux s'applique à donner un tour européen à l'intrigue en faisant se rencontrer un Allemand et une Anglaise à Venise, ou en racontant la villégiature de Hollandais en Périgord. Rien n'est plus artificiel ni plus décevant que cette conception superficielle du produit culturel européen. Certes, on ne reproduit pas à l'infini le miracle des *Noces de Figaro*, opéra d'un compositeur autrichien dont le livret italien est tiré d'une pièce française se passant en Espagne. Mais l'avenir de la production audiovisuelle européenne n'est certainement pas dans le genre de mixture qu'on a cru devoir composer jusqu'ici. La mise en commun de moyens provenant de plusieurs chaînes nationales, publiques ou privées, est une solution et sur ce plan tous les mélanges sont possibles et même souhaitables. Mais, en termes de création, mieux vaut que chaque pays exprime sa sensibilité, seule base d'un vrai dialogue des cultures. On peut imaginer, comme cela s'est vu, une série fondée sur un thème général commun et dont chaque épisode est confié à l'un des partenaires. Mais, même réussis, ces produits audiovisuels ne représentent pas un progrès significatif dans l'édification d'une conscience culturelle européenne. Leur plus grand mérite serait de faire prendre conscience aux téléspectateurs, dans le contexte ô combien quotidien des grands médias, que l'Europe existe, y compris dans le domaine de l'imaginaire, fût-il plus proche du roman de gare ou du feuilleton populaire que de la grande littérature romanesque.

L'Europe de la culture se cherche, plus ou moins confusément. Deux séries de forces sont à l'œuvre, qui favorisent son émergence : d'une part, les gouvernements, ou du moins certains d'entre eux, et les institutions que sont la Communauté des Douze et le Conseil de l'Europe ; d'autre part, la communauté culturelle elle-même, celle des professions artistiques et des industries culturelles.

Le bilan des premiers est mince. Ce n'est pas parce que l'on décrète chaque année qu'une ville est « capitale européenne de la culture » — Paris en 1989 : qui s'en est rendu compte ? —, que l'on fait de temps à autre une grande exposition sous les auspices du Conseil de l'Europe ou que l'on organise un de ces vastes colloques sur l'Europe et la culture, que l'on progresse. Du moins ces initiatives officielles et leurs retombées médiatiques font-elles prendre conscience à l'opinion publique que la construction de l'Europe peut avoir une autre dimension qu'économique ou politique.

Du côté des initiatives professionnelles, les perspectives sont plus encourageantes ; non que, par leur nombre et par leur ampleur, ce genre d'actions soit en mesure de donner rapidement consistance au concept de culture européenne. Mais, par leur diversité et leur spontanéité, elles marquent un tour d'esprit nouveau. A condition toutefois que les usages de la Communauté, qui suscite et flatte les groupes de pression, les « lobbies » à l'américaine, n'encouragent pas les professions culturelles à ne voir dans l'Europe qu'un mur des lamentations corporatives, une instance d'appel par rapport aux États dans les querelles indéfiniment recommencées sur les droits sacrés de la création. Heureusement, il y a des exemples encourageants d'attitudes plus constructives. Quand les architectes alsaciens décident, en 1989, de créer un prix d'architecture, ils l'inscrivent dans un cadre rhénan, et le jury comme les candidats proviennent des quatre pays d'Europe unis par le Rhin ; quand la comédie de Saint-Étienne décide d'organiser un colloque sur le théâtre, elle ne le conçoit qu'avec la participation de professionnels venus de toute l'Europe. Autant de signes tangibles d'une prise de conscience européenne ; mais cela ne saurait suffire. Même multipliées, même généralisés à l'ensemble des domaines de la culture, ces initiatives, si encourageantes soient-elles, sont impuissantes, en raison de leur dispersion même, à promouvoir la culture européenne au niveau de cohésion et d'évidence qui devrait être atteint avant l'an 2000. Il faut donc aller plus vite et plus loin, mais sans pour autant s'en remettre au bon vouloir des gouvernements ou de l'administration communautaire. La culture européenne est comme un « marteau sans maître » qui, en trouvant en lui-même ses impulsions, doit frapper très vite et très fort. Par rapport au jeu naturel des échanges économiques intra-européens et au volontarisme de la construction politique européenne, la culture doit trouver une voie différente, mêlant spontanéité et volonté.

Lieux majeurs de culture, villes et régions, festivals, fondations, entreprises mécènes fournissent les cadres et les vecteurs par lesquels artistes, créateurs, responsables culturels de toutes disciplines peuvent agir au niveau de l'Europe. Tout cela a donné jusqu'ici d'assez bons résultats. Mais les progrès sont lents et il y a urgence, péril même.

*État d'urgence.*

Urgence ? Péril ? Voilà de bien grands mots, dira-t-on, si l'Europe de la culture est déjà en 1993. Pourtant, ce n'est pas une contradiction. Il est vrai que, par la voie des échanges culturels spontanés, l'Europe existe sans avoir besoin des procédures et mécanismes complexes d'une communauté organisée, et sans être prisonnière des frontières géopolitiques de l'Europe institutionnelle. C'est l'aspect positif de la situation, et l'on pourrait penser qu'il suffit de laisser jouer librement les flux qui, de plus en plus, interpénètrent les cultures européennes.

Cependant, tout menace la culture dans cette Europe en gestation. On manifeste en Europe pour l'emploi, pour le Tiers Monde, pour les droits de l'homme, pour l'environnement, jamais pour la culture. L'environnement, notamment, expression d'une grande peur collective et enjeu électoral dont tous les gouvernements doivent tenir compte, tend de plus en plus à monopoliser l'aspiration qualitative des Européens en cette fin de siècle, au détriment de la culture, qui ne présente pas le même degré d'urgence aux yeux des gouvernements et de l'opinion publique. D'ailleurs, l'Europe institutionnelle, celle de la C.E.E. notamment, ne se mobilise vraiment que pour un petit nombre de causes, comme on l'a vu dans les années 60 pour l'agriculture et, plus récemment, pour la monnaie. Elle s'intéresse surtout au patient travail d'harmonisation des législations qui, dans le domaine qui nous occupe, à l'exception de la liberté d'établissement des professionnels de la culture ou de la fiscalité des activités culturelles ou du mécénat, n'est pas un problème majeur. L'approche fragmentaire adoptée par la Communauté, quand elle se hasarde dans ce domaine de la culture et de la communication, peut même être néfaste, comme le montrent les tentatives faite par la Commission dans le domaine audiovisuel. L'espace audiovisuel européen est un thème facile, et bien des hommes politiques, français notamment, ne se sont pas privés d'en parler avec chaleur ; mais la diversité des structures de chacun des « paysages » audiovisuels nationaux, les différences de pratiques et plus encore de philosophie entre les États membres rendent extrêmement difficile toute harmonisation. La Commission a légitimement cherché le plus grand commun dénominateur entre des systèmes aussi dissemblables en tentant de favoriser la diffusion des produits européens, ainsi que leur production. Mais elle s'est refusée à imposer des contraintes, notamment quantitatives, que n'auraient pas acceptées les pays qui ont opté pour un système libéral plaçant les télévisions commerciales sous l'empire de la loi du marché et conférant aux chaînes de service public elles-mêmes une large autonomie. Cette approche, pourtant raisonnable, a suscité les oppositions contradictoires de ceux qui la jugeaient ou excessive ou insuffisante. Le gouvernement français, qui s'était rallié à la démarche de la Commission, s'est trouvé pris à revers, y compris en son sein, par tous ceux qui en sont restés à une vision réglementaire de l'audiovisuel et à une conception corporatiste des droits des créateurs. Le débat auquel on a assisté en 1989 a tourné au psychodrame, révélateur des contradictions d'une Europe impuissante à traiter par la voie juridico-politique des problèmes culturels. Entre ceux qui croient que l'on peut sauver par des quotas la création européenne et ceux qui s'opposent à cette « ligne Maginot » de l'audiovisuel, il n'y a guère de conciliation possible. Nul ne conteste que l'Europe puisse être une chance, un stimulant pour la création audiovisuelle ; si, jusqu'à présent, les télévisions nationales de service public, prisonnières de leurs rigidités et de leurs pesanteurs, ont peu coopéré dans le domaine de la production, l'avenir peut être différent ; les groupes multimédias européens qui se constituent peuvent organiser des coproductions entre des télévisions commerciales et même, comme l'a prouvé la Compagnie luxembourgeoise de télédiffusion, avec des chaînes de service public. Des mécanismes communautaires ou nationaux d'incitation sont capables de favoriser ce genre d'initiatives. Encore faut-il partir sans a priori passionnel, comme celui qui tend à considérer de grandes séries américaines, tels « Dallas » ou « Dynasty », comme des drogues. L'attitude par rapport aux œuvres audiovisuelles américaines est d'ailleurs un des principaux signes de contradiction de l'Europe, en ce domaine. Si le public des différents pays les apprécient à peu près unanimement, l'opinion dite éclairée réagit autrement. Tantôt elle voit dans ces œuvres un élément substantiel des programmes, voire un modèle dont il y a lieu de s'inspirer, comme c'est le cas en Angleterre, aux Pays-Bas et, dans une certaine mesure, en Allemagne ; tantôt, comme en France, il est de bon ton de les rejeter en bloc comme l'expression d'un inadmissible impérialisme. On imagine que, posé en ces termes, le débat ne peut guère faire émerger une identité audiovisuelle de l'Europe.

Cet exemple montre bien la difficulté que peut avoir l'Europe à prendre des initiatives dans le domaine des créations de l'esprit, faute d'un débat préalable et approfondi sur la manière d'aborder ensemble les problèmes de la culture et de la communication. Déjà fort sensibles et délicats dans chaque pays, on imagine combien ils peuvent être explosifs pour une communauté d'États.

Ou bien l'Europe institutionnelle renonce à s'occuper des problèmes de la culture et de la communication, en prenant acte des différences de philosophie et de pratique des États qui la composent, et de l'impossibilité subséquente de mettre en place des mécanismes et des procédures capables de s'insérer dans des systèmes nationaux très différenciés, ou bien elle tente de faire prévaloir des principes et des normes propres à susciter une certaine unité de conception et d'inspiration. Dans le premier cas, les pays évolueront de façon divergente, dans un climat d'incompréhension, et les systèmes nationaux se replieront sur eux-mêmes ; la production nationale, même artificiellement soutenue, ne parviendra pas à couvrir des besoins sans cesse croissants de diffusion, ni à éviter, à plus ou moins long terme, l'envahissement de produits américains à bon marché. Dans le second cas, ce qu'il y a de légitime et de nécessaire dans la recherche d'une certaine identité européenne risque d'être compromis par l'absence d'un véritable consensus en faveur d'une approche commune.

Faut-il pour autant dénier aux institutions européennes toute légitimité en ce domaine ? En dépit du zèle technocratique de

Bruxelles, de la lourdeur des mécanismes communautaires et du caractère réducteur de ses limites géopolitiques, l'Europe institutionnelle a néanmoins sa place dans l'édification d'une conscience et d'une vie culturelles à l'échelle de notre vieux continent. Avec toute la prudence, l'humilité même qui s'imposent à tout pouvoir constitué qui se hasarde dans le domaine de l'esprit, l'institution européenne ne peut rester indifférente : la culture recouvre aussi bien l'enseignement à tous les niveaux, la recherche et la coopération scientifiques et techniques, que l'art proprement dit. Il ne s'agit pas de lui demander de se substituer aux flux spontanés d'échanges, et moins encore de les régenter, mais de les faciliter, de les stimuler, et d'agir, chaque fois que cela est possible, pour faire comprendre aux acteurs de la vie culturelle, aux autorités et aux opinions publiques que, décidément, l'Europe exige un grand dessein culturel. Chaque fois que la Communauté ou le Conseil de l'Europe ont décidé d'organiser une étude, des travaux en commun, des débats ou des événements dans le domaine culturel, le résultat a été positif en termes de contacts, de réflexions, de projets. Il en est maints exemples dans des domaines aussi différents que le patrimoine monumental, les centres culturels, le mécénat d'entreprise, le cinéma. Il ne faut pas tout attendre de ces initiatives ; il convient même d'être vigilant envers toute tentation d'activisme bureaucratique ou d'uniformisation mal pensée qu'elles pourraient comporter. Mais on ne saurait les récuser par principe.

Ce n'est pas par militantisme européen que l'on exprime ce choix, ni pour céder à une mode. C'est par raison. Si vivante qu'elle soit, la culture européenne n'a pas, en cette fin de siècle, de pôles de rayonnement ou de personnalités — phares qui suffiraient à lui conférer définitivement la stature et le niveau d'organisation qu'on peut rêver pour elle. Il est de grandes institutions culturelles classiques, dans les domaines du théâtre, de la musique et de l'art lyrique et chorégraphique, des musées qui ont une vocation européenne affirmée. Mais il y a peu d'institutions polyvalentes, axées sur l'innovation et l'expérience, sauf en France. Il y a aussi, avec des hommes comme Béjart, Boulez, Kantor, Eco, Semprun, Kundera et bien d'autres, des personnalités qui ont une indiscutable dimension européenne. Mais, sans remonter à la grande époque du cosmopolitisme intellectuel, qui va d'Érasme à Victor Hugo, nous sommes loin de la grande génération européenne des Romain Rolland, Unamuno, T.S. Eliot, Valéry, Gide, Croce, Ramuz, Thomas Mann — ou même plus récemment des Sartre, Malraux, Huxley, Rossellini, Rougemont, dont l'autorité rayonnait sur l'Europe entière.

Il convient, ici encore, d'en appeler au témoignage qualifié de Milan Kundera, qui, dans l'article précité du *Débat*[1], s'exprime ainsi :

« ... L'Europe ne ressent plus son unité comme unité culturelle. Sur quoi, en effet, repose l'unité de l'Europe ? Au Moyen Age, elle repose sur la religion commune. Dans les temps modernes... la religion céda sa place à la culture, qui devint la réalisation des valeurs suprêmes par lesquelles l'humanité se comprenait, se définissait, s'identifiait.

« Or, il me semble que dans notre siècle un autre changement arrive, aussi important que celui qui sépare l'époque médiévale des temps modernes. De même que Dieu céda, jadis, sa place à la culture, la culture à son tour cède aujourd'hui la place.

« Mais à quoi et à qui ? Quel est le domaine où se réaliseront des valeurs suprêmes susceptibles d'unir l'Europe ? Les exploits techniques ? Le marché ? Les médias (le grand poète sera-t-il remplacé par le grand journaliste ?) ? Ou bien la politique ? Mais laquelle ? Celle de droite ou celle de gauche ? Existe-t-il encore,

1. *Le Débat,* art.cit., pp. 17-18.

au-dessus de ce manichéisme aussi bête qu'insupportable, un idéal commun perceptible ? Est-ce le principe de tolérance, le respect de la croyance et de la pensée d'autrui ? Mais cette tolérance, si elle ne protège aucune création riche et aucune pensée forte, ne devient-elle pas vide et inutile ?...

« J'ai fait... un petit sondage... en demandant innocemment aux gens que j'ai rencontrés quel est leur peintre contemporain préféré. J'ai constaté que personne n'avait un peintre contemporain préféré et que la plupart n'en connaissaient même aucun.

« Voilà une situation impensable il y a encore trente ans, quand la génération de Matisse et de Picasso était en vie. Entre-temps, la peinture perdit son poids, elle devint activité marginale. Est-ce parce qu'elle n'était plus bonne ? Ou parce que nous avons perdu le goût et le sens pour elle ? Toujours est-il que l'art qui créa le style des époques, qui accompagna l'Europe pendant des siècles, nous abandonne, ou bien nous l'abandonnons.

« Et la poésie, la musique, l'architecture, la philosophie ? Elles ont perdu, elle aussi, la capacité de forger l'unité européenne, d'être sa base... »

Le constat est sévère, mais qui pourrait nier qu'il touche juste ? Là est le paradoxe, peut-être tragique, de l'Europe : tirant les leçons de l'histoire, des déchirements fratricides qui ont réduit son influence mondiale, l'Europe se décide enfin à s'unifier politiquement et économiquement ; mais cet effort se produit en un moment où les forces créatrices, dans toutes les disciplines, sont loin d'être à leur apogée. Reconnaissons que cette Europe de la culture, dont nous avons mentionné les signes de vitalité, n'est qu'une Europe de festivals, d'expositions, de commémorations — elle ressemble, par certains côtés, à ces familles nobles appauvries qui dînent, au grand couvert, d'une maigre pitance. Nous sommes prisonniers de notre patrimoine ; nous avons assez de conscience et de ressources pour mesurer sa valeur et le restaurer, nous savons même l'enrichir de quelques édifices, musées, théâtres, opéras, pour présenter autrement Rembrandt, Shakespeare et Verdi, et même Picasso, Claudel et Richard Strauss. Mais est-ce bien la vocation d'une Europe unie, économiquement prospère, de n'être qu'un conservatoire d'une culture exténuée ?

C'est cette question centrale qui définit l'urgence invoquée plus haut. A mesure même que s'opérera dans tous les domaines de la vie matérielle l'unification de nos genres de vie, de nos comportements du fait de l'intégration politique et économique de l'Europe, c'est sur le terrain de la culture que nous pourrons le mieux affirmer sans complexe notre diversité et notre pluralisme qui sont l'essence même de notre héritage. Encore faut-il que cette diversité de cultures, elle-même nourrie d'échanges sans cesse accrus et d'actions communes, s'affirme de façon dynamique par la création et seulement dans la célébration nostalgique d'un patrimoine.

*De quelques initiatives.*

Aucune solution concrète n'est aujourd'hui à la hauteur d'un aussi grave enjeu. Les initiatives possibles des institutions européennes, notamment, ne sauraient même indirectement suffire à relancer la création européenne ; du moins peuvent-elles exprimer une volonté, créer un climat, favoriser des initiatives.

Ce n'est pas dans le domaine de la diffusion de la culture que le problème est le plus aigu. Il ne manque pas de lieux, d'événements, de traditions propres à faire circuler les œuvres, les interprètes, et à faire prendre conscience de ce qui est, à travers sa diversité, l'unité culturelle fondamentale de notre continent. L'audiovisuel lui-même, en dépit de sa complexité, finira par y apporter sa contribution : une chaîne franco-allemande s'élargira bientôt à d'autres partenaires ; les images diffusées par les programmes, tant privés que publics, donneront progressivement corps à l'identité culturelle de l'Europe. Les aides publiques nationales et communautaires, le libre jeu des mécanismes du marché et le mécénat d'entreprise peuvent porter à un niveau satisfaisant la diffusion de la culture en Europe.

La véritable urgence concerne la création et la formation des créateurs et des artistes. Certes, le génie et le talent ne se décrètent pas. Aucune mesure juridique ou financière, aucune institution ne peuvent donner à la culture de l'Europe les grands créateurs et les artistes inspirés qui lui manquent. Sans adopter le systématisme d'un Taine, on peut espérer qu'une Europe unie, prospère et dynamique, réconciliée avec elle-même et retrouvant progressivement ses frontières naturelles sans se fermer aux influences extérieures, saura sécréter les forces de la création intellectuelle et artistique. Dans un cadre plus restreint, dont la constitution fut alors une formidable avancée historique, c'est ce que firent les grandes cités italiennes, flamandes, hanséatiques, l'Espagne du Siècle d'or, la France du Grand Siècle, l'Angleterre romantique, le monde germanique et la Russie au tournant de ce siècle. Aujourd'hui, l'accélération de l'histoire nous impose une réaction rapide. Dans des domaines comme l'audiovisuel et les arts plastiques, l'Amérique a pris une avance que l'on se refuse à croire définitive. Il faut donc tout faire pour donner ses chances à l'esprit créateur.

J'ai mentionné les initiatives publiques ou les fondations d'entreprise d'aide à la création ; j'ai évoqué à maintes reprises ces centres d'excellence permettant d'accueillir les créateurs de toutes disciplines, de les mettre en contact les uns avec les autres, de présenter leur œuvres. La Chartreuse de Villeneuve-lès-Avignon, à son modeste échelon, est un exemple de ce que pourraient être ces lieux d'excellence de la culture européenne, ouverts aux créateurs de toutes disciplines et, bien entendu, de toutes nationalités. Mais si je m'attarde sur la Chartreuse, ce n'est pas uniquement en raison de mon engagement personnel. C'est qu'elle est située en un lieu — ce sommet du delta rhodanien, lieu carrefour par excellence, et chargé d'histoire —, qu'elle a un voisinage, Avignon, Aix, Arles, Nîmes, dont la vitalité culturelle est manifeste, et qu'elle est une fenêtre sur la Méditerranée. C'est tout ce pôle culturel qui devrait être choisi et promu pour devenir un foyer de la culture européenne, comme il le fut de Dante à Matteo Giovanetti et à Enguerrand Quarton. Que cinq ou six autres lieux de même vocation, dans des secteurs bien choisis de l'Europe du Nord et du Sud — Barcelone, Florence, Munich, Liège, Hambourg, Brême, Lübeck, l'axe rhénan qui unit quatre pays, Glasgow ou Oxford — soient pour l'Europe de la culture, à l'aube du XXI^e siècle, des centres semblables à ce que furent les grands monastères et les principales universités de l'Europe médiévale. Alors peut-être seront créées les conditions grâce auxquelles la création intellectuelle et artistique connaîtra un nouvel âge d'or. Rien ne le garantit, mais tout ce qui peut être fait pour permettre au génie d'éclore aura été tenté.

L'Europe unie et les États qui la composent doivent aider par tous moyens à la réalisation de ces lieux d'excellence. Le besoin est évident, les vocations existent. Il n'est pas nécessaire d'imaginer un modèle unique et des structures lourdes ; il suffit, le plus souvent, de s'appuyer sur ce qui existe déjà, en respectant la diversité des systèmes nationaux d'aide à la culture. La Communauté européenne a mis en œuvre un programme « Eureka » dans le domaine de la recherche scientifique. A l'initiative de la France, elle lance un programme du même ordre dans le domaine audiovisuel. Un « Eureka de la culture » qui pourrait justement englober l'« Eureka audiovisuel » — où se pose également le problème de la création —, devrait être une priorité de la Communauté européenne.

C'est par ce type d'initiatives que les États et les institutions européennes peuvent contribuer à l'édification d'une Europe de la culture. Il serait utopique de vouloir unifier des politiques culturelles trop divergentes les unes des autres, quand elles existent. L'Europe n'avance pas en voulant nier ou supprimer les différences héritées du passé et les identités irréductibles des pays qui la composent, mais en discernant des voies d'avenir où il est possible d'agir en commun. Dans cet esprit, il faut saluer les éditeurs européens qui ont conçu ensemble et décidé de publier simultanément les livres d'une collection historique: « Faire l'Europe ».

Afin de favoriser ce genre d'initiatives privées, on pourrait imaginer non une harmonisation systématique et généralisée des régimes juridiques qui s'appliquent aux activités culturelles, mais, à tout le moins, une sorte de « clause de la nation la plus favorisée » dans les domaines qui comme la fiscalité et le statut du mécénat d'entreprise, peuvent être des points d'appui du développement culturel.

Il est enfin un domaine où l'Europe est attendue, non pour créer une impossible unité, mais pour transformer en richesse ce qui jusqu'ici apparaît comme une contrainte: sa diversité linguistique.

L'un des principaux obstacles à l'unification culturelle de l'Europe est, en effet, d'ordre linguistique. Cet obstacle n'existait pas aux époques où le concert des cultures était le privilège d'une élite, maîtrisant une langue de communication universelle, le latin d'abord, puis le français. Au reste, les diverses langues de l'Europe n'avaient pas toutes le même statut éminent que la pression de l'identité culturelle et du nationalisme a conféré, de nos jours, à toutes les langues nationales, voire régionales. Mais, aujourd'hui, l'échange culturel intéresse les masses, au travers des médias et du tourisme, notamment ; et la diversité des langues apparaît, à première vue, comme un obstacle.

Nous autres Français aspirons à une Europe qui adopterait notre langue ; mais c'est un rêve. Certains, dont Alain Minc, en ont conclu, non par défaitisme, mais par réalisme, que l'unité culturelle de l'Europe devait s'exprimer en anglais[1]. Nul ne peut contester la prédominance universelle d'une langue souple, relativement facile, cet anglais « basique » qu'Edgar Faure qualifiait drôlement de « trousse d'urgence linguistique ». Je ne suis pas de ceux qui s'insurgent contre l'emploi obligé de l'anglais pour la diffusion de la pensée, scientifique notamment : pour ne parler que de notre culture, je préfère que des travaux français ou des œuvres littéraires soient connus dans le monde entier par la médiation d'une autre langue que confinés à l'audience des seuls francophones. Le rayonnement de la pensée française est plus précieux encore que celui de notre langue, si désireux que je sois de la voir pratiquée aux quatre coins de l'univers. Mais le français est une langue savante, complexe, et l'amour même que je lui porte s'alarmerait de lui voir jouer ce rôle universel de diffusion de masse auquel son génie propre s'accommoderait moins bien que l'anglais. Le français que nous parlons est déjà fort abâtardi, et je n'ai guère envie de soumettre notre langue à de plus rudes épreuves.

Mais revenons à l'Europe. Il serait désastreux qu'elle adopte l'anglais comme sa langue, d'autant plus qu'en fait c'est l'américain qu'elle choisirait. L'Europe doit considérer sa diversité linguistique non comme un fardeau, mais comme une richesse. Ne ressentons-nous pas, au cinéma, à l'opéra et même au théâtre, la saveur d'un texte ou d'un dialogue en langue originale, même si nous n'en sommes pas familiers ? La revendication contemporaine de l'identité culturelle se polarise, et souvent avec violence, sur les langues, comme on l'observe chez nos amis Belges ; la conscience nationale luxembourgeoise a élevé ce qui

1. Alain Minc, *La Grande Illusion*, Paris, Grasset, 1989.

n'était jadis qu'un patois à la dignité de langue nationale. Les Basques et les Catalans, les Irlandais ont raison de tenir à leur langue. Tous les pays qui n'ont pas la chance de parler une langue internationale pratiquent plusieurs langues, et souvent à des niveaux de formation modeste. Les pays multilingues, comme la Suisse et la Belgique, font de même, à plus forte raison. Dans ces conditions, ce qui peut le mieux servir à la fois la cause de l'Europe et celle, légitime, de la langue française qui a quelques titres à l'universalité, c'est que les États s'engagent, chacun par les voies qui lui conviennent, à instituer dans tout le système éducatif la pluralité de l'enseignement des langues. Si une seule langue étrangère est obligatoire, ce sera inévitablement l'anglais. Si deux langues doivent être enseignées, le français retrouvera ses chances, au moins autant que l'espagnol ou l'allemand. Si l'anglais est enseigné dès l'école primaire, il y a plus de chances pour que, dans le secondaire, deux autres langues soient apprises. Je le dis d'expérience : parler trois langues couramment est à la portée d'un Luxembourgeois ou d'un Belge moyen. Ce ne serait indigne ni d'un Français, ni d'un Allemand. Et l'on pourrait sans méchanceté aucune faire honte à ces Anglo-Américains, y compris aux plus hauts niveaux de la politique, des affaires et de l'intelligentsia, qui ne pratiquent que leur propre langue, sans en éprouver de complexe, alors que, dans ce monde d'échanges intensifs, cela devrait être regardé comme une véritable infirmité.

Il s'agit, certes, d'un choix politique, et de grande ampleur, qui demande quelque courage. Mais quel crédit accorder à ceux qui prôneraient l'Europe sans mettre à sa portée ce vrai moyen de l'échange entre les peuples et entre les cultures ?

Europe rêvée, Europe possible : que de fois, au cours de ces pages, avons-nous balancé entre ces deux pôles de la réflexion ! Nul Européen ne peut se satisfaire d'une Europe marchande, et, en même temps, nous sentons bien qu'une Europe de la culture ne se construit pas comme une Europe de la monnaie ou de la défense. Si ardus que soient les chemins de la construction européenne, et si délicat que soit partout l'arbitrage entre les différents intérêts en présence, rien ne paraît aussi complexe que cette Europe de la culture, parce qu'elle est aussi facile à vivre quand elle existe que difficile à décider là où elle n'existe pas encore, ou pas assez.

*Une communauté de problèmes.*

Il n'est rien de plus stimulant que de placer le problème de la culture dans une perspective européenne. On y voit apparaître la singularité de chacune de nos cultures. Non que l'on puisse parler aujourd'hui de peinture allemande ou de peinture française, car dans chaque discipline il y a de tels échanges, de telles interpénétrations qu'au-delà même des parentés linguistiques et des influences traditionnelles, on peut dire qu'à l'exception du cinéma et, dans une certaine mesure, de la littérature romanesque, il n'y a plus d'écoles proprement nationales dans les différents domaines de l'art et de la pensée. En revanche, les cultures restent marquées par des phénomènes propres à chaque pays : la « movida » en Espagne, qui révèle la vitalité turbulente d'une culture enfin libérée de la chape de plomb du franquisme et, au-delà, de tout ce qui maintenait la péninsule en marge de la modernité européenne ; le choc libéral en Angleterre, qui soumet à de rudes assauts une vie culturelle longtemps féconde ; en Allemagne, l'éternelle question existentielle que relance l'évolution imprévisible de l'Europe du Centre et de l'Est ; en Autriche, une difficulté d'être si brutalement et pathétiquement exprimée par Thomas Bernhard ; ce « chagrin des Belges » dont parle Hugo Claus et qui dit une autre difficulté, être une nation avec deux cultures. Il n'y a guère que la France et l'Italie où aucun problème fondamental ne semble troubler le cours naturel d'une vie des arts et de l'esprit héréditairement accoutumée aux crises et aux dissonances.

Pour l'essentiel, cependant, les cultures européennes sont aujourd'hui confrontées aux mêmes questions, et si, d'un pays à l'autre, la façon dont on les perçoit varie, la problématique est largement commune.

On a déjà noté que l'Europe contemporaine ne semble pas vivre une de ses grandes périodes créatrices. Les grandes ruptures qui ont marqué successivement le début du siècle, l'entre-deux-guerres, l'après-guerre et, plus près de nous, 1968, semblent complètement intégrées ou dépassées. La génération des derniers musiciens « révolutionnaires », celle des Boulez, Stockhausen, Berio, Nono est consacrée. Là comme en peinture, en architecture, en littérature, le temps des remises en cause radicales des formes semble révolu. Les nouvelles tendances, que l'on range parfois un peu vite sous la bannière du postmodernisme, ne répugnent pas à un retour à des expressions d'apparence classique : musique tonale, art figuratif, rejet du pur fonctionnalisme en architecture. La littérature connaît une situation similaire notamment le roman, en Espagne et en Italie, avec Umberto Eco. Le théâtre lui-même semble avoir épuisé les recherches formelles qui, depuis quarante ans, ont bouleversé à la fois l'écriture théâtrale et la mise en scène. Il en va de même de la danse et de l'art lyrique. Dans tous les arts de la scène, on répète les audaces d'hier ou l'on revient aux œuvres et aux expressions classiques. A quelques exceptions près, il ne semble plus y avoir ni grands maîtres, ni écoles. L'Europe assurément ne manque pas de grands créateurs dont l'influence s'étend bien au-delà des limites de leur culture nationale. Mais il faut redire que la vie culturelle et artistique de l'Occident, et de l'Europe en particulier, n'est pas actuellement symbolisée par quelques personnalités, autorités indiscutables en matière de culture, quoique beaucoup d'esprits distingués se pressent aux tribunes des colloques. Il est vrai que la médiatisation de la vie culturelle, dans toute l'Europe, met au premier rang les artistes interprètes, chefs d'orchestre, acteurs, chanteurs, qui prennent le pas sur les créateurs et accèdent plus aisément à la gloire universelle, mais dans un olympe de supermarché où Karajan, Pavarotti et Brando côtoient Mac Cartney, Michael Jackson et Maradona.

Peut-être faut-il être plus optimiste. Le niveau général de la création en tous domaines n'est pas nécessairement inférieur à ce qu'il était en des temps plus glorieux. Les grands rendez-vous européens d'arts plastiques, les festivals de théâtre, de musique et de cinéma, les grands concours d'architecture, les manifestations littéraires ne trahissent aucune stérilité de l'esprit créateur.

La culture européenne pourrait fort bien s'accommoder d'un volontarisme tempéré conduisant, non à une intégration incompatible avec sa diversité fondamentale, mais à une organisation plus systématique des échanges et des coopérations entre ses différentes composantes. Et l'on a vu que, sur ce plan, c'est plus une affaire impliquant les gens de culture, les institutions culturelles, les professions, les villes, qu'une question de gouvernements ou de Communauté européenne.

Mais la vie culturelle n'est pas un monde clos, imperméable aux tensions économiques et politiques et aux rapports de forces qui, à chaque époque, déterminent le cours des sociétés et le sens de l'histoire. Or, sur ce plan, la fin de ce siècle va être dominée par quelques problèmes dont les conséquences culturelles seront décisives. Si ces problèmes sont posés en termes exclusivement politiques, la culture sera objet et non acteur de son propre avenir. Si, en revanche, elle parvient à imposer sa problématique, elle a une chance de rester, dans la mesure du possible, maîtresse de son propre destin ou, du moins, d'influer de façon active sur les solutions. Mais cela suppose que ceux qui ont une responsabilité culturelle acceptent de se compromettre d'une certaine façon avec la politique, cessent de s'enfermer dans une vision corporatiste de leurs problèmes ou de n'avoir avec les pouvoirs de toute sorte qu'une attitude de revendication, d'indifférence ou d'opposition systématique. En d'autres termes, la culture de l'Europe doit affronter une confrontation avec la politique, ne serait-ce que pour mieux s'en affranchir ensuite.

La politique risque de déterminer l'avenir de la culture sur plusieurs plans. Ainsi, la domination économique, scientifique et technologique des États-Unis et du Japon est perceptible dans le domaine culturel comme dans les autres. Mais, d'une manière encore plus préoccupante, les instruments et les modes d'expression de la pensée en toutes disciplines sont et seront de plus en plus tributaires, non seulement des machines, mais des systèmes de références et de valeurs et de la force économique des super-puissances d'aujourd'hui et de demain. À cet égard, si légitime qu'ait été et soit encore la vigilance des Européens en ce qui concerne la sauvegarde de leur identité culturelle par rapport à l'influence américaine, nous ferions bien de veiller à n'être pas en retard d'une guerre. Car, devant la montée de l'influence japonaise, c'est toute la culture occidentale, Amérique comprise, qui se trouve interpellée, sinon menacée. Quand les Japonais mettent la main sur les grandes firmes cinématographiques américaines et donc sur leurs fabuleux catalogues, c'est notre héritage commun qui est en question. L'intégration européenne est, dans tous les domaines, une réponse évidente aux menaces qui pèsent sur notre identité. Il apparaîtra bientôt qu'elle est insuffisante et que l'Europe enfin unie devra s'associer à des États-Unis enfin lucides pour doubler une coopération stratégique établie depuis longtemps d'une coopération culturelle dont dépend l'identité occidentale. L'affaire Rushdie a montré quelle sinistre menace un certain Islam faisait peser sur la culture occidentale tout entière. Elle devrait nous persuader que les États-Unis et, dans une large mesure, l'Amérique latine sont des provinces de l'Occident et que, dans des domaines aussi essentiels pour une identité que la culture, il est temps de se rassembler et de parler d'une seule voix.

Les cultures européennes sont confrontées à bien d'autres problèmes communs, et notamment à celui qui est sous-jacent à toute notre réflexion : celui du rapport entre culture et démocratie. Il m'arrive souvent de poser le problème de l'accès à la culture en termes moraux et presque sentimentaux ; beaucoup ne voient là que la forme dissimulée et édifiante d'un zèle technocratique ou d'une fièvre apostolique plus ou moins laïcisée. Cette approche subjective ne vaut peut-être pas mieux que l'approche janséniste de ceux qui croient à la prédestination culturelle et se consolent aisément que les élus soient en petit nombre, puisqu'ils peuvent jouir entre initiés d'un trésor d'autant plus précieux qu'il est réservé à une élite.

Mais il est sûrement plus raisonnable, bien que plus périlleux, de poser le problème de la culture en termes politiques. La démocratie est-elle complète et les individus qui composent le corps social accèdent-ils à une citoyenneté pleine et entière si l'égalité d'accès à la culture n'est pas garantie ? Alors que le spectacle du monde tel qu'il est nous montre crûment que la première préoccupation des dictatures de toute sorte est d'anéantir la liberté de l'esprit et de soumettre la culture à un joug implacable, sans, d'ailleurs, y réussir durablement, ne devrions-nous pas, à l'inverse, donner aux principes démocratiques de liberté et d'égalité une signification avant tout culturelle, à l'intérieur de nos sociétés et dans le message commun que les pays d'Europe délivrent au reste du monde ?

On répondra que cela va de soi : en dépit de leurs défaillances, l'image que les sociétés de l'Europe de l'Ouest offrent aux pays de l'Europe centrale et orientale est, au moins autant que celle de la prospérité économique, un témoignage éclatant de culture libre, pluraliste et sans cesse renouvelée. C'est ce message d'une culture libre que les pays occidentaux voulaient offrir au monde quand ils ont créé l'Unesco, mais l'on sait combien il s'est perverti et fourvoyé dans les méandres de la diplomatie et de la technocratie internationale. Il n'est pas évident que ceux qui nous regardent et portent sur nous, Européens, leur espérance soient persuadés que l'état de nos cultures est à la hauteur de nos prétentions et de notre vocation de peuples libres. Soljenitsyne et, à sa façon, Walesa nous ont rappelé, et durement, que l'héritage de l'humanisme européen était galvaudé, voire dilapidé, par nos sociétés de consommation. Même en faisant la part des excès que l'on concède aux prophètes, nous serions bien inspirés de faire notre examen de conscience et de nous interroger sur le point de savoir si l'un de nos principaux échecs, avec le chômage, la violence et la drogue, n'est pas l'exclusion culturelle, sous sa forme aiguë, dont sont victimes telle ou telle minorité, y compris celle, croissante, des illettrés, mais aussi sous la forme plus répandue d'une sous-culture de masse. Posé en ces termes, le problème de la culture dépasse celui de l'action culturelle ou de l'audiovisuel et rejoint ceux de l'éducation, de l'urbanisme, du travail. Personne ne pourrait affirmer que l'Europe propose en ce domaine un modèle convaincant, même si, par rapport aux autres formes d'organisation sociale, elle peut revendiquer une certaine réussite en termes d'égalité d'accès à la culture proprement dite.

La culture européenne est confrontée à un autre défi de caractère politique : le profond bouleversement dont l'Europe centrale et orientale est le théâtre a des répercussions dans le domaine culturel. Il dévoile des réalités masquées par le rideau de fer depuis quarante ans, et notamment la puissance de l'influence germanique au centre de l'Europe. La perspective, à la fois souhaitable et inquiétante, de la réunification allemande ne doit pas faire oublier un enjeu au moins aussi grave, celui d'une Europe centrale culturellement dominée par l'Allemagne.

La réconciliation franco-allemande a été l'un des fondements de la construction européenne, et toute régression en ce domaine serait une catastrophe pour l'Europe. Mais, en dépit de la supériorité économique de nos voisins d'outre-Rhin, le couple franco-allemand reposait sur un certain équilibre. Avec une Allemagne réunifiée et culturellement dominante à l'est, c'est tout cet équilibre qui serait rompu. On s'accorde généralement à reconnaître que c'est à l'échelle de la Communauté européenne en tant que telle, pour préserver les équilibres d'une Europe élargie, que doit être traité le problème de l'aide économique, de l'assistance technique et bientôt de la coopération politique avec les pays qui s'émancipent de la tutelle soviétique. Il faut tout autant une initiative culturelle de l'Europe en direction de ces pays ; elle aurait même dû précéder les autres.

Devant tous ces problèmes, les pays d'Europe ont sans doute des sensibilités proches. On ne saurait leur reprocher de n'avoir pas suffisamment agi ensemble. Si la circulation des idées et des influences entre nos différentes cultures est naturelle, si, sur bien des plans, elle s'accélère et s'institutionnalise de nos jours, l'approche commune des problèmes généraux de la culture est trop récente et trop embryonnaire pour qu'on puisse faire grief à l'Europe unie de carences bien antérieures au processus récent de son organisation. Il n'est d'ailleurs pas prouvé que de tels enjeux soient tous, en raison de leur nature même, à la portée de l'Europe communautaire, qui peut seulement aider à une prise de conscience et agir à la marge. Mais se pose alors la question qui sous-tend ce livre : nous avons vu à l'œuvre, en France et ailleurs, des institutions culturelles autonomes, des collectivités territoriales, des industries culturelles, des entreprises de toute nature et des médias. Dans chaque pays, le projet culturel n'est pas une affaire de lois, d'investissements ou de service public ordinaire, dicté d'en haut par la puissance publique, mais un ensemble vaste et confus d'initiatives, de métiers, d'inspirations dans des domaines et sous des formes extrêmements variés et qui ne trouvent leur unité que parce qu'au bout du compte il se produit une rencontre entre une offre et une demande de culture. On serait tenté de dire que nos sociétés fonctionnent ainsi depuis la Grèce antique et que cela ne leur a pas trop mal réussi. Mais si, de l'intérieur comme de l'extérieur, notre culture est menacée et si, à travers elle, c'est le principe même de la démocratie occidentale et l'avenir du continent qui sont en jeu, peut-on s'en remettre durablement au jeu complexe et aléatoire des mécanismes publics et privés, des institutions multiformes et des initiatives particulières qui ont, jusqu'ici, garanti vaille que vaille la fécondité de nos cultures ?

La culture doit-elle rester la floraison naturelle de sociétés libres ou devenir, au sens le plus élevé du terme, objet de politique ? Ne répondons pas trop vite que la France montre le chemin, elle qui a su, à partir d'une tradition séculaire d'État protecteur des lettres et des arts, se donner depuis trente ans les moyens d'une politique culturelle digne de ce nom. Car il n'est pas évident que ce modèle soit exemplaire et durable, ni même que la France y soit attachée autant qu'il y paraît.

# VII
# La politique culturelle a-t-elle un avenir?

## *Un modèle archaïque ou exemplaire?*

Ce parcours à travers le paysage culturel nous ramène à la question initiale : une politique inspirée et conduite par l'État est, depuis plus de trente ans, l'axe majeur du développement culturel ; l'émergence de nouveaux acteurs et la perspective européenne frappent-elles ce modèle d'archaïsme ou renforcent-elles son caractère exemplaire ?

Un fait récent orienterait plutôt la réponse dans le sens de l'archaïsme. On a déjà mentionné les débats auxquels a donné lieu l'élaboration de la directive européenne baptisée « Télévisions sans frontières », dont l'objectif était d'harmoniser le paysage audiovisuel européen sur la base du principe de libre circulation, mais en imposant un minimum de normes. Parmi celles-ci figurait l'idée que les télévisions européennes devaient, dans leurs programmes, diffuser le plus grand nombre possible de produits européens, ce qui paraissait aller de soi. Consciente de l'impossibilité d'imposer en ce domaine une obligation stricte à des télévisions publiques et privées qui, dans la plupart des pays, bénéficient d'une large autonomie par rapport aux gouvernements nationaux, la Commission européenne avait donné à cette manière de préférence communautaire une formulation délibérément souple. On a vu les professionnels français du cinéma et, dans une moindre mesure, ceux de l'audiovisuel réclamer avec vigueur un système de quotas obligatoires, conforme au type de protection auquel ils sont habitués depuis tant d'années de la part d'un État qui, pour de bonnes raisons tenant à la sauvegarde d'un cinéma français, a multiplié subventions, fonds d'aide et garanties de toute sorte. Dans un premier temps, les ministres français de la Culture et de la Communication épousèrent cette revendication, au risque de compromettre la solidarité gouvernementale. Est-il besoin de dire qu'aucun autre gouvernement, même parmi ceux qui sont les plus préoccupés de sauvegarder une production nationale ou d'éviter l'excès de produits américains, n'a adopté une position aussi rigide ? Dans aucun pays, les créateurs authentiques n'ont vu dans un système de quotas imposé aux chaînes une garantie d'avenir. En définitive, des arbitrages supérieurs et une gestion plus diplomatique du dossier ont évité à la France de se trouver isolée. La directive a été adoptée sous une forme voisine du projet de la Commission, mais assortie d'un programme d'action dit « Eureka » qui devrait encourager la création audiovisuelle en Europe. L'épisode est, en tout cas, révélateur d'un état d'esprit assez répandu en France et qui fonde sur la garantie de l'État l'avenir des professions. Le monde industriel et plus encore le monde agricole ont longtemps vécu dans cette assurance. Le monde culturel y reste viscéralement attaché, au moins dans certains secteurs. Il est vrai que la culture n'est pas une marchandise comme les autres ; s'il existe encore un cinéma français, on le doit largement à ce système d'aide publique. Mais, par ce qu'il a de confortable et d'artificiel, il nous prépare mal à l'ouverture des frontières, et son extension à l'Europe entière est inconcevable.

Un autre exemple, en revanche, inciterait plutôt à penser que le système français de politique culturelle, sans être transposable hors de nos frontières, reste, sinon exemplaire, du moins attractif. À l'initiative du Conseil de l'Europe et dans le cadre de la Convention culturelle européenne, il a été décidé, en 1989, de procéder à une évaluation de la politique culturelle des différents pays. Le choix s'est d'abord porté sur la France, dont le gouvernement (celui de M. Chirac) s'est prêté de bonne grâce aux investigations d'un groupe d'experts étrangers, composé d'un Suisse, d'un Britannique, d'un Suédois et d'un rapporteur belge, M. Robert Wangermée, ancien directeur général de la Radio-Télévision belge d'expression française. Ce regard extérieur, attentif, plutôt bienveillant mais sans complaisance, est riche d'enseignements[1].

Les experts notent que, « si la culture reste d'abord affaire d'investissements privés, le ministère de la Culture, en gérant, maîtrisant ou surveillant un grand nombre de domaines, joue un rôle essentiel dans la vie française ». Ils observent d'ailleurs que ce ministère, dont les moyens ont été multipliés par 7, en francs constants, depuis trente ans, ne supporte que le quart des dépenses publiques en faveur de la culture, les autres administrations de l'État en assumant près de 20 % ; le reste, soit 55 %, est du ressort des collectivités locales. Ils notent la place mineure du Parlement dans ce domaine et, à l'inverse, le « rôle quasi souverain » que joue le ministre de la Culture, en liaison avec le président de la République pour les grands projets, dans

1. Rapport publié sous le titre: *La Politique culturelle de la France*, Paris, La Documentation française, 1988.

la détermination des programmes destinés à concrétiser les objectifs d'une politique culturelle dont les priorités ont pu varier au cours de ces trente dernières années, mais dans une perspective générale de grande continuité. Tout en reconnaissant que le poids du ministère de la Culture (16 000 agents avec les établissements rattachés) est conforme à une tradition historique propre à la France, ils se demandent s'il est « bon pour la gestion ministérielle qu'elle ait à se préoccuper dans le détail des normes de fonctionnement des institutions, jusqu'aux plus mineures, comme de la nomination et de la gestion d'un personnel qui va des plus hauts fonctionnaires jusqu'aux gardiens de musées et aux jardiniers ». Mais ils concèdent que ce poids de l'État n'entraîne « nul interventionnisme dirigiste sur le contenu de la culture ».

Parmi les questions de fond qui suscitent des réserves de la part de ces experts, on retiendra surtout le reflux, sensible depuis plusieurs années déjà, de l'ambition du développement culturel qui visait à faire pénétrer la culture dans les publics défavorisés, en dépit des déclarations fréquentes sur la « culture au quotidien » et sur la culture des minorités. En dépit d'efforts réels pour décentraliser la vie culturelle, le ministère conserve bien des pouvoirs pour l'orienter et la contrôler et, en outre, le déséquilibre en faveur de Paris a été encore aggravé par les grandes institutions nouvelles, du Centre Pompidou à l'Opéra-Bastille, en passant par La Villette. Ils relèvent aussi que, si le soutien à la création en tout domaine est une priorité majeure de la politique culturelle, les mécanismes de commandes, d'achats, de subventions de toute nature conduisent à la création d'un « véritable marché assisté, fermé sur lui-même ». Si la politique culturelle, par les équipements, les animations, les actions de médiation qui la concrétisent, a contribué à intéresser à la culture « un public qui en avait été privé jusqu'alors par les obstacles de la géographie... les handicaps sociaux sont toujours là... Les actions de démocratisation de la “haute culture” n'ont eu que des effets mineurs sur des groupes qui, additionnés, forment la majorité sociale ».

Pour ces experts européens, le bilan de la politique culturelle est donc globalement positif ; jusque dans leurs réserves, on perçoit une certaine admiration pour ce modèle sophistiqué d'intervention à la fois extensive et intensive de l'État qui préserve largement la liberté des initiatives et sait stimuler la création. Mais les pesanteurs et les limites du système n'ont pas échappé à ces observateurs impartiaux.

Après trente ans de bons et loyaux services, le modèle français de politique culturelle d'État donne des signes d'usure et d'essoufflement. Parallèlement, de nouveaux centres d'initiative sont nés, qui n'agissent plus nécessairement comme relais ou partenaires de l'État, mais se comportent en acteurs autonomes : institutions en charge de lieux de culture ayant leur vie propre, collectivités locales, entreprises, médias, groupements et associations, industries culturelles. Sans avoir rien perdu de sa primauté et de ses compétences légales, l'État éprouve un certain malaise à devoir se situer dans le contexte d'une vie culturelle multipolaire qu'il ne maîtrise plus, au moment même où il s'active pour que l'ensemble européen se donne un projet culturel.

À défaut de pouvoir persuader nos partenaires de reproduire ce modèle français de politique culturelle, faut-il s'en remettre désormais au libre jeu des forces et des initiatives qui, partout en Europe, composent une vie culturelle assurément moins ordonnée, mais tout aussi féconde ?

Un pareil alignement serait, pour la France comme pour l'Europe, un appauvrissement. Chacun des pays qui la composent est en droit de gérer les affaires de la culture comme il l'entend, en dehors de tout modèle imposé. La diversité des structures et des politiques en matière de culture est sans doute un des facteurs de la vitalité européenne, même si elle rend plus difficiles les rapprochements et les actions communes. Rien dans le processus d'intégration européenne n'oblige la France à remettre en cause le mode d'organisation de sa politique culturelle. En revanche, rien ne nous interdit de nous interroger sur la validité d'un modèle qui, à bien des égards, semble dépassé, en dépit du consensus apparent dont il bénéficie.

Ce n'est pas faire injure aux responsables que d'émettre un tel jugement. L'actuel président de la République a prouvé, plus encore que Georges Pompidou, l'importance qu'il accordait à la culture, et son choix s'est manifesté non seulement par des chantiers spectaculaires, mais par un traitement budgétaire qui a constamment favorisé la rue de Valois plus que ne l'auraient souhaité les ministres des Finances et même les Premiers ministres[1]. Quant au ministre qui, à l'exception de la parenthèse de la cohabitation, est en charge de la Culture depuis 1981 et qui égalera bientôt le record de longévité d'André Malraux, nul ne peut nier sa sincérité, son dynamisme et son talent médiatique. Pas plus qu'au temps de la droite on ne peut dire que la politique culturelle soit ouvertement partisane. C'est précisément parce que ces atouts existent que l'on doit se demander pourquoi la politique culturelle semble marquer le pas et douter d'elle-même.

Une croissance budgétaire soutenue, une relance de la politique du patrimoine, un soutien actif à la création plastique et cinématographique sont, avec le développement des grands projets, les aspects positifs de la politique culturelle telle qu'elle est présentement gérée ; pour être complet, il faudrait ajouter une volonté récente de rééquilibrage au profit de la province, dans les domaines des musées et du patrimoine notamment, la

1. Le budget de la Culture a pratiquement doublé en francs constants depuis dix ans et franchit en 1990 la barre des dix milliards.

localisation à Paris des grands projets ayant jusqu'ici creusé l'écart entre la capitale et le reste du territoire. Aucun de ces choix n'est contesté, ni par la droite, qui ne s'intéresse vraiment à la culture que lorsqu'elle est au pouvoir, au niveau national ou local, ni par les milieux culturels eux-mêmes. C'est dans la mise en œuvre de certains d'entre eux qu'apparaissent les critiques, notamment en ce qui concerne les grands projets. Les nouveaux musées, Orsay et le Grand Louvre, ont été pris en charge sans trop de problèmes par l'administration responsable et par le corps des conservateurs. En revanche, la difficile gestation de l'Opéra-Bastille et celle, moins connue, mais tout aussi problématique, de la Cité de la musique à La Villette font apparaître la difficulté qu'a l'administration culturelle à gérer l'innovation et à l'intégrer dans les catégories existantes : le chevauchement et la dilution des responsabilités, l'absence d'idées claires, l'esprit d'intrigue, l'instabilité des orientations conduisent à se poser des questions sur la capacité actuelle d'un ministère de la Culture à piloter des opérations de cette envergure dans des domaines où il ne dispose pas de corps professionnels qui, comme dans le cas des musées, soient en mesure d'insérer l'innovation dans la tradition. Il faut espérer que, pour la Grande Bibliothèque, en dépit du caractère hâtif de la réflexion initiale et d'un calendrier calqué sur les seules échéances politiques, on saura éviter ce genre de périls. Au demeurant, ces grands projets absorbent l'essentiel de l'énergie du ministère et des moyens budgétaires nouveaux dont il dispose. À l'avenir, le poids de ces institutions, qu'il serait absurde de ne pas doter de crédits suffisants pour leur permettre de fonctionner à plein régime, risque de peser lourdement sur le tissu culturel. Naguère, la relance de l'Opéra de Paris au temps de Liebermann, celle de la Comédie-Française, de Chaillot et du T.N.P., la construction du Centre Pompidou ont trouvé leur justification : elles étaient le couronnement d'une politique d'ensemble de la musique, du théâtre et des arts plastiques. Aujourd'hui, mis à part, encore une fois, le cas des Musées et des Monuments historiques, on a quelque peine à discerner l'esprit d'une politique globale de la musique ou des bibliothèques et à y insérer de façon harmonieuse les grands projets en cours. Il est tout aussi difficile de savoir quelle est la politique suivie dans le domaine du théâtre, où les besoins sont immenses et la crise manifeste. Quant au domaine de l'action culturelle polyvalente, qui prend appui sur les maisons de la culture et les centres d'action culturelle, il semble avoir disparu des préoccupations ministérielles. On s'étonne que le milieu des animateurs culturels, naguère si exigeant et si remuant, semble courber l'échine et accepter avec passivité son propre étouffement.

Dans cet état d'incertitude et de dispersion, la politique culturelle est particulièrement vulnérable. Certains dangers chroniques auxquels elle est naturellement exposée la menacent plus que jamais. C'est ainsi qu'à certains moments, dans le domaine des arts plastiques, de la musique et du théâtre, on a vu l'administration culturelle favoriser systématiquement un clan, ou une école. Le monarchisme diffus de nos institutions et l'esprit de cour qui l'accompagne conduisent parfois à l'apparition d'artistes officiels, devant qui il est de bon ton de s'incliner. Ces excès donneraient presque envie de répudier pour l'avenir toute intervention de l'État dans le domaine culturel, tant il est insupportable d'imaginer, en cette fin du XXe siècle, que l'art et la pensée puissent dépendre du pouvoir politique, même s'il est d'essence démocratique, et surtout s'il est de gauche.

L'intervention culturelle de l'État est exposée à un autre risque, dont l'actualité la plus immédiate montre la réalité : le corporatisme souvent dénoncé dans ces pages. Les professions culturelles n'échappent pas aux pesanteurs nationales qui font que chacun attend de l'État la reconnaissance et la protection de ses droits, la sécurité statutaire, la manne des subventions. Tout gouvernement aime se concilier les grâces de ceux qui, par leur prestige, leur rayonnement médiatique, ont la capacité d'influencer l'opinion. Il s'ensuit qu'un ministre de la Culture peut insensiblement se transformer en porte-parole des professions culturelles et encourager par là leur tendance naturelle au corporatisme. Il est d'autant plus encouragé dans cette voie que la politique culturelle marque, comme on le voit actuellement, une préférence pour les actions sectorielles au détriment de l'action culturelle dans sa dimension interdisciplinaire. Il faut avoir vécu à l'intérieur de cette administration aussi étrange qu'attachante pour mesurer à quel point l'idée harmonieuse que l'honnête homme peut se faire de la culture est contredite dans l'endroit précis où elle devrait s'incarner. Comme l'Allemagne des traités de Westphalie, l'administration culturelle est constituée de principautés petites ou grandes ayant chacune ses grands électeurs, sa cour, ses chapelles. Il y a un ministère de la musique, un autre du cinéma, ou du théâtre, etc. Les Musées ignorent naturellement les Archives, qui tournent le dos aux Monuments historiques[1]. L'Archéologie se mure dans son particularisme. Chaque secteur de l'administration a sa clientèle, ses réseaux, ses relais dans le milieu professionnel considéré, dont les représentants, pour légitimes qu'ils soient, ne sont pas toujours choisis parmi les plus créatifs. Du moins cette connivence a-t-elle contribué, avec le temps, à faire accepter le ministère par des milieux peu organisés et traditionnellement animés d'une méfiance mi-frondeuse, mi-révérencieuse à l'égard

1. De récentes mesures, qu'il faut saluer, tendent à mieux coordonner l'action des trois administrations du patrimoine et à permettre une certaine formation commune. Alors que, pendant longtemps, la gestion de hauts lieux comme Versailles était partagée entre un architecte des Monuments historiques, chargé du domaine, et un conversateur chargé du musée, la désignation, en 1989, d'un conservateur des Archives nationales, Jean-Pierre Babelon, comme responsable unique de Versailles — domaine et musée — démontre qu'une nouvelle approche de la gestion des lieux de culture se dessine, qui prend en compte leur unité et prépare peut-être une plus grande autonomie.

du pouvoir. Il faut dire aussi, pour être juste, que ce morcellement du ministère, cette complaisance envers les intérêts corporatifs n'ont jamais empêché de grands directeurs et de grands ministres d'imposer des vues amples et de faire appel à ce que cette administration a de meilleur: le sens de l'État, la force d'une grande tradition et, souvent, une réelle modestie par rapport aux vrais acteurs de la vie culturelle. Mais, quand manquent de fortes personnalités et un grand dessein, l'envahissante médiocrité et la segmentation de l'action publique en une multitude de gestions sectorielles deviennent un risque réel.

La situation est paradoxale: grâce à l'implication personnelle du président de la République et à l'omniprésence médiatique d'un ministre, la politique culturelle jouit dans l'opinion d'un prestige inégalé jusqu'ici. En revanche, le rayonnement du ministère de la Culture a faibli dans l'esprit de ses ressortissants. Les gens de culture, les artistes ne sont pas toujours dupes des proclamations officielles en faveur de leurs justes causes. Sensibles aux égards dont ils sont plus que jamais l'objet, ils voient bien, dans l'ordinaire des jours, qu'ils n'ont plus en face d'eux ces militants publics, ces médiateurs de bonne volonté, ces serviteurs des enchanteurs dont je parlais au début de ce livre, mais souvent des technocrates froids et des fonctionnaires timorés. Ils ne sont pas tout à fait dupes du double langage de l'État. D'un côté, il exalte la défense des créateurs et les droits imprescriptibles de l'esprit et revendique pour la culture un statut éminent qui conférerait aux œuvres, jusqu'au plus banal des livres ou des produits audiovisuels, une dignité qui les rendrait irréductibles aux normes de l'économie de marché. Mais, en même temps, il prêche la rigueur financière, multiplie les contraintes budgétaires et les procédures administratives, sacrifie tout à ses propres projets et renvoie les solliciteurs insistants aux bonnes grâces du mécénat d'entreprise — tandis que l'administration fiscale s'emploie sournoisement à assimiler de plus en plus l'activité culturelle à une activité commerciale.

À cause de ce double langage, auquel la bonne conscience de la gauche à l'égard de la culture confère une étrange immunité, le pouvoir ne contribue pas à la maturation des esprits. Il n'est pas sain que les gens de culture n'aient le choix qu'entre le statut d'ordre mendiant d'une société marchande et celui de fonctionnaires de seconde zone. Au moment où l'esprit de gestion, la mentalité d'entrepreneur progressent dans le milieu culturel, il faut que l'État donne l'exemple et redéfinisse, hors de tout paternalisme et de toute arrière-pensée de récupération politique ou électorale, ses relations avec les gens de culture. Il faut soumettre la responsabilité de l'État en matière culturelle à l'exercice toujours salutaire du doute méthodologique.

*Un débat éludé.*

Il n'y a pas en France de vrai débat sur la légitimité de l'intervention de l'État dans le domaine de la culture. On pourrait s'en réjouir, en considérant que nous sommes en présence d'un des rares cas de consensus qu'il est prudent de laisser prospérer dans la tranquillité du non-dit. On peut, à l'inverse, s'en inquiéter, en y voyant une preuve, parmi d'autres, de notre contentement de soi et du fatalisme des Français, qui s'en remettent volontiers à un État toujours prêt à intervenir. Mais il est aisé de discerner dans les comportements des signes annonciateurs d'une interrogation de fond qu'il vaut mieux anticiper, plutôt que d'attendre qu'elle surgisse un jour ou l'autre dans un contexte de crise.

Il y a deux positions extrêmes au sujet des rapports entre l'État et la culture.

L'une est fondée sur le postulat que l'État ne doit plus se mêler d'un développement culturel qui a désormais atteint un niveau satisfaisant sous sa forme actuelle ; le ministère de la Culture n'a plus de raison d'être. Certes, on reconnaît que l'État ne saurait se dessaisir de ses responsabilités patrimoniales et de la gestion des grands services publics classiques de la culture. En conférant à ceux-ci une grande autonomie que leur maturité et leur tradition justifient, et en ne maintenant au niveau gouvernemental qu'une tutelle légère, les choses n'iraient pas plus mal qu'en Grande-Bretagne, où la vie des lettres, des arts et des spectacles se passe fort bien, apparemment, d'une administration culturelle d'État. Pour le reste, ou bien la demande de culture est solvable, en termes économiques, et le marché pourvoira, là comme ailleurs, à sa satisfaction, ou bien elle ne l'est pas, ou pas complètement, et c'est aux collectivités locales, au mécénat et à des associations regroupant les plus motivés des « pratiquants » de la culture qu'il revient de répondre à ces besoins. On peut même imaginer, comme en Grande-Bretagne toujours, qu'un organisme indépendant et de structure très légère, composé, comme l'Arts Council, de personnalités qualifiées, répartisse souverainement une ligne budgétaire globale de fonds publics entre tous les organismes culturels qui ont besoin de subventions pour assurer leur équilibre financier.

Cette position, qui n'est ouvertement défendue par personne aujourd'hui en France, se situe pourtant au point de convergence de deux courants assez forts dans les milieux de droite : l'un préconise, d'une façon générale, le désengagement de l'État et son recentrage sur ses missions fondamentales ; l'autre est l'expression chronique d'une méfiance traditionnelle à l'égard de toute intervention de l'État en matière intellectuelle et artistique, surtout quand il se pique de soutenir ouvertement les novateurs et qu'il prête le flanc aux accusations de mainmise idéologique ou de récupération politique. Ce qui, en réalité, a retenu jusqu'ici la droite de remettre en cause la responsabilité culturelle de l'État, c'est, indépendamment de sa tendance spontanée à conserver ce qui est, une fidélité de meilleur aloi envers l'héritage gaulliste et un certain attachement à la longue tradition française d'intervention de l'État dans le domaine de la culture. Mais il s'agit d'inertie plus que de volonté ; si les hommes politiques de droite n'avaient pas ressenti, à travers leur expérience d'élus locaux, l'importance qu'a prise la culture dans l'esprit public et le caractère indispensable du concours financier de l'État, il y a fort à parier que l'hypothèse d'un désengagement de l'État dans le cadre d'une formule à l'anglaise aurait tout pour les séduire. Ce sera sûrement, si jamais elle revient au pouvoir, la tentation de la droite. Elle trouverait sans mal, dans ce qui lui tient lieu de pensée, des justifications idéologiques à ce désengagement de l'État.

Déjà, dans le passé, des voix illustres ont contesté l'intervention de l'État dans ce domaine. Lors de la conférence de l'Unesco à Helsinki, en 1972, dont on a déjà parlé, Eugène Ionesco avait fortement exprimé sa méfiance envers l'intrusion de l'État et des organisations internationales en matière culturelle. La culture, écrivait-il, « a l'air, de nos jours, d'être un instrument manié par des fonctionnaires pour fabriquer des fonctionnaires qui fabriqueront des fonctionnaires... Cela est en réalité le contraire de la culture... Pour les fonctionnaires et les administrateurs, la culture est une série de traditions : donc du conservatisme chez les Occidentaux, qui sont un peu plus débonnaires, et, chez d'autres, elle est une idéologie, une religion, une contrainte, une forme de pensée ou plutôt des formules à imposer par les gouvernants à leurs gouvernés[1] ».

Si polémique qu'elle soit, cette attitude de méfiance des artistes envers tout pouvoir est une constante et pourrait servir commodément de justification ou d'alibi à une entreprise de désengagement de l'État en matière culturelle.

L'autre position consiste, à l'inverse, à recentrer l'initiative culturelle sur l'État, tout en tenant compte des compétences que

1. Eugène IONESCO, « L'Unesco ou la culture contre la culture » *Le Monde*, 12 juillet 1972.

la décentralisation a dévolues, de manière sans doute irréversible, aux collectivités territoriales — bien que, dans le domaine de la culture, le ministère ait réussi à garder en main bien des prérogatives directes. Là encore, nul ne soutient ouvertement cette position ; mais la méfiance d'une partie du milieu culturel envers le mécénat, les pressions exercées de toute part pour l'augmentation des subventions publiques, la multiplication des revendications corporatives, l'hostilité persistante de la gauche intellectuelle à l'égard de l'économie de marché, tout conspire à faire jouer à l'État un rôle accru. Il reste à démontrer qu'il soit compatible avec les grands équilibres financiers que la gauche veut assurer, non sans courage, et avec la philosophie d'un président de la République qui, s'il entend faire jouer pleinement à l'État son rôle initiateur, comme on l'a vu avec les « grands projets », répugne visiblement au dirigisme culturel et à toute forme d'interventionnisme généralisé dans les affaires de la culture. Mais il n'est pas interdit de penser que, dans les années qui viennent, une fois achevé ce règne humaniste, une forte pression s'exercera en ce sens. Faute d'avoir la légitimité culturelle d'un Mitterrand, ses successeurs seront tentés de chercher une caution dans un milieu culturel toujours avide de protection et de considération.

Il serait sans doute abusif de réduire le débat à un affrontement purement politique. Opposer une bonne gauche attachée à la mission culturelle de l'État et une droite perverse décidée à la brader est aussi manichéen que distinguer une gauche irresponsable incapable de tenir ses engagements et une droite réaliste prête à assumer l'inévitable. Quand le problème se posera, le débat ne sera pas entre la droite et la gauche, mais entre ceux qui, dans chacun des camps, auront suffisamment le sens de l'histoire et de l'État pour tenter de préserver une certaine mission de la collectivité au service de la culture et, à travers elle, de l'identité française, et ceux pour qui ces considérations seront vaines, soit parce que la culture leur apparaîtra comme secondaire, voire négligeable, soit parce que le souci de l'identité française les laissera indifférents.

Il serait tout aussi abusif de réduire le débat sur la culture à la question du plus ou moins d'État. Car s'il est vrai que, pour des raisons propres à l'histoire et au tempérament de ce pays, l'État joue un rôle central dans la vie culturelle, rien ne justifie qu'une réflexion d'avenir se fonde sur le postulat que la vie culturelle ne peut se définir que par rapport à lui, fût-ce en termes d'émancipation. La culture n'est pas une colonie à la recherche de son indépendance. Il est vrai qu'en pratique on décèle bien des symptômes qui apparentent les mentalités et les comportements aux rapports classiques du couple colonisateur-colonisé : dépendances, faveurs, rébellions, clientèles, petits chefs, dissidences. Tout le vocabulaire des luttes coloniales pourrait, avec un peu d'exagération, servir de grille de lecture des rapports existant entre l'État et le monde de la culture.

Il faut briser ce cercle magique. L'avenir de la culture, et donc de la politique culturelle, ne saurait être défini principalement par rapport à un accroissement ou un amoindrissement du rôle de l'État. Deux ordres de considérations objectives militent en ce sens : l'un est de nature budgétaire, l'autre de nature économique.

Plusieurs facteurs vont influer profondément, dans les prochaines années, sur la structure des finances publiques. Le poids des prélèvements obligatoires est souvent jugé insupportable, et si, compte tenu de leur objet et de leur mode de recouvrement, les charges relatives à la couverture des risques sociaux sont à peu près admises, il n'en va pas de même en ce qui concerne l'impôt. Parallèlement, la mise en œuvre de l'Acte unique européen va entraîner une révision en profondeur des fiscalités nationales, notamment en France, où l'État risque d'être obligé d'alléger certains impôts, au moment où il devra consacrer plus d'efforts pour satisfaire certaines demandes sociales, en matière d'équipements collectifs notamment, ou pour mieux assumer ses missions de souveraineté, principalement en matière de sécurité extérieure et intérieure. Michel Rocard a évoqué le risque d'une « paupérisation » de l'État, qui est déjà sensible dans certains domaines. Dans cette perspective, il est loin d'être assuré que le secteur de la culture continuera longtemps à figurer parmi les priorités budgétaires. D'ailleurs, à supposer même que l'on soit résolu à poursuivre cet effort, le coût de fonctionnement des grands projets réalisés pèsera très lourd sur un budget qui, jusqu'à présent, a pu répartir assez harmonieusement l'effort de l'État entre le financement des grandes institutions publiques et le concours apporté aux initiatives de toute nature qui constituent le « tissu conjonctif » de la culture. Même dans l'hypothèse où une majorité de gauche ne renoncerait à rien de ce qui, selon ses convictions et son projet, engage l'État à soutenir le développement culturel, le risque existe, réel et même proche, d'une situation de blocage où, faute de pouvoir tout faire et de maintenir toutes les priorités qu'il avait élues, l'État sera obligé de sacrifier la culture ou, au moins, de ne plus lui accorder le traitement privilégié dont elle a bénéficié jusqu'ici. Dès lors, un ministre de la Culture devra se contenter d'être le pourvoyeur de fonds des grandes institutions culturelles, en renonçant à ce rôle d'éclaireur et de soutien à l'innovation que l'État a joué brillamment depuis près de quarante ans. La pire des solutions serait, d'ailleurs, l'absence de choix ; on verrait alors les institutions culturelles publiques, y compris les plus récentes, glisser vers la paupérisation, et l'ensemble des acteurs de la « société civile culturelle » s'arracher le butin amoindri des subventions publiques, dans une atmosphère d'arbitraire et de compétition acharnée.

Une majorité de droite ne se trouverait pas dans une situation très différente, étant soumise aux mêmes contraintes financières. Mais la droite pourrait être tentée de prendre les devants. On a pu observer, entre 1986 et 1988, avec les privatisations notamment, l'amorce d'une évolution en profondeur d'une pensée politique qui, par l'effet conjugué du gaullisme et du giscardisme, avait fait de la droite française, de 1960 à 1981, la plus étatiste du monde occidental. Aujourd'hui, la pensée libérale entend recentrer l'État sur ses grandes fonctions et laisser le secteur privé et les collectivités locales gérer un certain nombre de missions qui ont incombé jusqu'ici à l'État: la protection sociale, la recherche, l'enseignement et, pourquoi pas, la culture. Édouard Balladur ne conteste pas que c'est dans cet esprit qu'il a pris l'initiative d'une loi sur le mécénat, même s'il n'est pas encore prêt à admettre que cette loi demeure très étatiste, notamment à propos des fondations, et extrêmement timide en ce qui concerne les incitations qu'elle apporte aux initiatives privées.

De quelque côté de l'horizon politique que l'on se tourne, on voit donc que ce siècle ne s'achèvera pas sans que les faits ou l'évolution logique des esprits, ou les deux à la fois, ne placent l'État devant l'obligation d'une révision déchirante de ses responsabilités dans un certain nombre de secteurs, dont la culture.

Une seconde série de considérations, d'ordre économique, imposera la clarification des rapports entre l'État et la culture. Pendant longtemps, les institutions publiques investies d'une mission de production et de diffusion de la culture ont été régies par ce que l'on pourrait appeler une économie administrative. Les impératifs budgétaires et les principes du droit public les mettaient à l'abri de toute préoccupation de rentabilité, de productivité et de compétition, et les protégeaient de la logique du marché. Mais, insensiblement, la dynamique propre à ces services publics de la culture a favorisé les interférences avec les initiatives privées ; la logique du service public et celle du marché se sont entrecroisées, engendrant parfois la confusion.

Les travaux de Raymonde Moulin[1] montrent que, dans la constitution des valeurs artistiques contemporaines, l'État, en intervenant sur le marché de l'art, introduit une complexité nouvelle. Il n'agit pas comme un simple amateur ou comme un spéculateur ordinaire, mais comme un « État-providence culturel ». Depuis plus de vingt-cinq ans, note-t-elle, « les institutions culturelles, saisies par la fièvre de l'immédiateté, ont influencé le marché, en même temps qu'elles étaient influencées par lui ». En créant des fonds régionaux d'art contemporain (F.R.A.C.), les pouvoirs publics ont souhaité intervenir pour encourager la création. Mais le marché de l'art est devenu hautement spéculatif ; la demande internationale s'est fortement accrue et les œuvres d'artistes vivants atteignent aujourd'hui des niveaux de prix qui les mettent désormais hors de portée des musées et même des commandes de l'État. La disproportion est encore plus grande par rapport à ce que d'autres créateurs – musiciens, auteurs de théâtre et écrivains – peuvent attendre des commandes publiques, voire du marché. En termes économiques, la production artistique est de plus en plus écartelée entre la logique du service public et celle du marché.

L'audiovisuel, dans le domaine de la création d'œuvres originales, notamment de fiction, connaît une évolution similaire. Des origines jusqu'aux années 80, la télévision a été protégée, dans de nombreux pays d'Europe et pas seulement en France, par le système clos du monopole public. Les considérations proprement économiques étaient secondaires par rapport aux critères nobles de « la qualité à tout prix ». Ce système a volé en éclats avant même la création, dans les années 80, de télévisions commerciales, à partir de la suppression de l'O.R.T.F. en 1974

1. Raymonde Moulin, « Le marché et le musée. La constitution des valeurs artistiques contemporaines », *Revue française de sociologie*, juillet-septembre 1986.

et de la création de sociétés de programme indépendantes les unes des autres, attentives à leur audience et aux ressources qu'elles retiraient, en proportion croissante, de la publicité. Aujourd'hui, avec la privatisation d'une grande chaîne, la concurrence de chaînes privées et la dépendance persistante du service public par rapport à la publicité, l'identité du service public est fort malaisée à définir. Il en reste un ensemble hétéroclite de privilèges et de contraintes, mais, sur de nombreux points, et notamment la création, les télévisions publiques sont dans une large mesure soumises aux lois du marché, au même titre que les télévisions privées, à qui on essaie d'ailleurs d'imposer bon nombre d'obligations de service public. La gestion de la télévision, dans son ensemble, est, pour l'instant, soumise à des normes combinant d'une manière confuse et sans logique les impératifs du service public et ceux du marché.

On pourrait en dire autant de l'économie du cinéma. Ce dernier, qui, comme disait Malraux, est « par ailleurs une industrie », obéit en principe à la seule loi du marché, y compris dans ce qu'elle a de plus spéculatif. Mais, depuis près de cinquante ans, à la faveur des annonces périodiques d'une crise du cinéma, l'accumulation des mécanismes de redistribution et de subventions cogérés par l'État et la profession à travers le Centre national du cinéma, héritier en droite ligne des « comités d'organisation » du temps de Vichy, fait du cinéma une industrie assistée. Depuis une quinzaine d'années, la part croissante des chaînes de télévision dans le financement des films a encore accru cette dépendance. Ainsi le cinéma, à sa façon, est aussi une industrie culturelle soumise à un régime d'économie mixte. Si justifié qu'il soit du point de vue culturel, ce régime d'assistance publique ne résistera pas indéfiniment à l'égalisation des conditions de la libre concurrence qu'implique l'Acte unique européen.

Du côté du théâtre, on observe une évolution à bien des

égards comparable, bien que de moindre ampleur. Pendant longtemps, la distinction entre les théâtres publics subventionnés et le théâtre privé était claire. Toute la politique dite de « décentralisation dramatique » a conduit à créer des compagnies théâtrales au statut privé, mais dépendant largement des concours publics, lesquels ont pris, dans les années 70, la forme de contrats pluriannuels. Les théâtres purement privés bénéficient également, quoique dans une moindre mesure, d'aides publiques. Tout le théâtre est plus ou moins irrigué par les subventions de l'État et des collectivités locales, qui viennent s'ajouter aux recettes commerciales.

Dans un livre pénétrant, Pierre-Michel Menger[1] a montré que la musique contemporaine bénéficiait d'un statut d'exception, résultant de ce qu'il appelle « la socialisation progressive des risques de l'activité créatrice ». De plus en plus, les créateurs dépendent de systèmes de financement public, seuls capables de soutenir des œuvres qui, en raison de leur difficulté, voire de leur ésotérisme, « précèdent sans cesse leur marché, risquent fort de ne jamais le rencontrer puisqu'elles seront continûment déclassées ou rejetées dans l'oubli par d'autres compositions nouvelles aux mêmes prétentions ». La création musicale sort ainsi de l'économie libérale qui a assuré ses succès, comme ceux de la peinture, au XIX^e^ siècle.

Au total, il est peu de secteurs des industries dites culturelles qui échappent aux mécanismes du financement public, à travers les subventions, les péréquations, les incitations fiscales, les aides à l'investissement, ou qui ne soient soumis — quand ils ne la revendiquent pas eux-mêmes — à une réglementation spécifique, souvent protectrice. Ainsi, l'édition, qui relève d'un régime de prix particulier et qui bénéficie à la marge, pour certaines éditions savantes, du concours de la Caisse nationale des lettres.

1. Pierre-Michel MENGER, *Le Paradoxe du musicien*, Paris, Flammarion, 1983, p. 334.

À l'inverse, il est peu de secteurs de la vie culturelle publique qui soient désormais complètement soustraits à la loi du marché ou, d'une façon ou d'une autre, à l'exigence d'une certaine rentabilité. On les incite à développer leurs recettes propres, comme le font les musées et parfois les monuments historiques, ou on les encourage à développer des partenariats avec le secteur privé.

De façon empirique et quelque peu désordonnée, la culture est donc, de nos jours, soumise à un système d'économie mixte qui mêle, dans des proportions variables selon les secteurs, les normes et les principes du service public et les pratiques et les critères du marché. Ce mélange n'est pas le fruit d'un choix idéologique, car on en discerne les prémices dès la fin de la dernière guerre, et ses applications sont repérables à toutes les phases du développement culturel. C'est donc une donnée de fait plus que l'expression d'une volonté. Le moment est venu de mettre un peu d'ordre dans cet empirisme. L'économie mixte, concept à la mode, peut être la meilleure ou la pire des choses ; la meilleure s'il s'agit d'ordonner de façon claire et logique la répartition des rôles entre le secteur public et l'initiative privée et leur conjugaison dans des secteurs précis de coopération ; la pire s'il s'agit de placer sournoisement l'initiative privée sous la tutelle de l'État, à coup de subventions et de protections réglementaires. L'exemple de l'audiovisuel montre bien qu'une clarification est indispensable afin que soit mieux cernée l'identité du service public, qui, à trop s'inspirer de considérations commerciales, risque de perdre son âme. Les chaînes privées, en revanche, sont condamnées à l'asphyxie si on les soumet à des obligations aussi strictes que celles du service public. Dans d'autres cas, ce sont les contraintes du service public qu'il faut alléger afin que les institutions culturelles puissent fonctionner sur le modèle des entreprises. La situation protégée de certaines industries culturelles sera, de toute façon, remise en cause en

1992 par l'effet du marché unique européen. Nos partenaires, habitués à distinguer nettement le service public de la culture et ce qui relève de la culture marchande, ne nous laisseront pas indéfiniment cultiver le jardin à la française du colbertisme culturel. Cette diversification sera d'ailleurs bénéfique sur un autre plan : en définissant ce qui, dans les activités culturelles, doit relever du financement public et des mécanismes du marché, on fera apparaître clairement ce qui ressortit à ce « tiers secteur » qu'est le mécénat d'entreprise. Partenaire de l'institution publique ou d'un opérateur privé de la culture, ou associé à des créateurs, le mécénat apparaîtra alors comme un acteur à part entière de la vie culturelle, et non plus comme une caisse de secours ou un fonds parafiscal. Son développement futur passe par cette clarification. La santé des rapports entre économie et culture aussi.

*De l'innovation culturelle.*

Ce ne sont pas seulement des considérations d'ordre financier ou économique qui conduisent à remettre en cause le mode de fonctionnement de la culture pratiqué jusqu'ici en France. Lorsque l'on réfléchit sur la façon dont s'opère l'innovation culturelle dans une société comme la nôtre, on est obligé de conclure à la nécessité d'une révision en profondeur d'un système jusqu'ici trop centré sur l'État.

C'est à la façon dont elle gère l'innovation que se jugent l'efficacité et la vitalité d'une politique culturelle. L'un des principaux mérites de la politique d'État menée depuis quarante ans est précisément d'avoir su conduire et assumer l'innovation. Mais la façon dont le problème se pose aujourd'hui fait apparaître que le modèle sur lequel nous vivons est dépassé. L'innovation culturelle mérite à ce stade un assez long développement.

On entend par innovation toute approche, toute pratique

nouvelles de la culture, ce qui peut viser aussi bien le renouveau de la musique baroque que la recherche d'une nouvelle écriture pour l'opéra. L'innovation culturelle est le produit de trois forces conjuguées : une demande sociale, une pulsion artistique, un soutien collectif, qu'il faut analyser successivement.

La pulsion artistique est primordiale, mais nous considérerons d'abord la demande sociale ; toute innovation qui ne répond pas à une aspiration, même latente, d'un public est condamnée à rester dans les limbes.

*Demande sociale :* l'expression peut paraître impropre, dans la mesure où elle évoque la revendication de type syndical. Ce n'est évidemment pas de cela qu'il s'agit. On vise ici une attente plus ou moins explicite du public — ou, à tout le moins, la réceptivité latente d'un public potentiel à l'égard du changement. Mais le public de la culture n'étant pas organisé et n'ayant aucune représentation de type officiel, il est rare que ses aspirations s'expriment directement. Il s'agit plutôt d'une disposition d'esprit qu'il faut pressentir et parfois susciter. C'est ce que j'ai personnellement éprouvé lorsque j'ai décidé, en prenant la responsabilité de R.T.L. au début des années 80, de renforcer et de rendre plus exigeante la diffusion de musique classique à l'antenne. Nulle pression de notre auditoire ne s'exerçait en ce sens ; mais notre équipe artistique sentait comme moi que les transformations du paysage musical français étaient désormais assez profondes pour qu'un grand public populaire devienne réceptif envers les différentes formes de la musique « sérieuse », mais présentées d'une manière appropriée, sans pédantisme et très progressivement. La réaction favorable de ce public a dépassé nos espérances. Autre exemple, plus frappant encore : celui de la danse. À toute époque, l'exaltation du corps, soutenu par le rythme et transformé en mode d'expression de tous les sentiments qui peuvent animer l'être humain, a été l'une des formes les plus hautes et, en même temps, les plus répandues de la culture, des danses sacrées des prêtres aux traditions populaires dont le Brésil, l'Afrique, Bali, l'Espagne ou la Grèce nous prouvent l'universelle vitalité. En Occident, et spécialement en France, la danse a connu sur la longue durée une évolution qui l'a écartelée entre deux formes depuis fort longtemps totalement étrangères l'une à l'autre : le ballet de cour et d'opéra, stylisé dans des formes rigides et marqué fortement par des significations sociales, voire mondaines, et la danse populaire, qui a suivi le sort si misérable en France d'un folklore réduit à l'état de curiosité ethnologique, de nostalgie passéiste ou de divertissement touristique. Au XX^e siècle, à partir des Ballets russes, l'art chorégraphique s'est profondément renouvelé, tandis que le besoin d'expression corporelle du public en général s'exprimait dans des formes populaires influencées, à partir du tango, par des apports exotiques. Mais cette double évolution n'a nullement conduit à des rapprochements ; le public de la danse artistique est resté élitaire, jusqu'à Béjart. La danse moderne, d'inspiration largement américaine, a trouvé en France un écho puissant et très créatif. L'art chorégraphique est ensuite allé à la rencontre d'un nouveau public, généralement jeune, très éloigné des références mondaines et classiques du ballet d'opéra, et réceptif, à partir de la danse, à des formes musicales neuves. Il est logique que les générations qui ont vécu la libération du corps et la civilisation de l'image trouvent dans la danse une expression adéquate. Il y a donc, pour la danse moderne, une véritable demande sociale, au sens défini plus haut.

Pareillement, des formes d'exposition faisant une large place à ce que l'on pourrait appeler la mise en scène, telle la mémorable exposition « Cité-cinés » à La Villette, ou le Mémorial de la Paix à Caen, conviennent à un public jeune, peu sensible aux expositions didactiques. Les nouvelles formes de la projection cinématographique, telles qu'on les présente au Futuroscope de Poitiers ou à La Villette, aiguisent l'appétit d'un public assoiffé d'images, mais inconsciemment lassé des formes étroites et rigides des écrans habituels de la salle de cinéma ou du poste de télévision.

On pourrait citer d'autres exemples, dans des domaines aussi différents que le café-théâtre ou la culture scientifique et technique telle qu'elle est présentée à la Cité des sciences de La Villette : un public très diversifié, notamment chez les jeunes, qui était indifférent, voire hostile aux pratiques culturelles établies, montre une étonnante disponibilité chaque fois que lui est proposée une approche conforme à la sensibilité d'aujourd'hui.

Telle est cette demande sociale qui soutient et accompagne l'innovation culturelle. Elle est le plus souvent diffuse, implicite, soumise parfois à des effets de mode fugaces et superficiels. Elle peut être captée, voire déviée par les mécanismes d'une société de consommation dont les aspects mercantiles sont assez antinomiques des pratiques culturelles authentiques. Mais, dans une société fortement marquée par le marché et par les médias, la diffusion des pratiques culturelles ne peut ignorer les types de comportement et les références qui dominent l'ensemble des activités collectives.

Le développement des loisirs de masse depuis le Front populaire est, d'ailleurs, un bon exemple de l'évolution des besoins. Revendication d'abord purement sociale, qui aboutit à la reconnaissance du droit aux congés payés, cette aspiration se transforme à partir des années 60 en une demande solvable pour laquelle s'organise un marché de pure inspiration capitaliste, dont le Club Méditerranée fournit, entre autres, une brillante illustration. Mais des formes plus élaborées apparaissent ensuite. Le tourisme culturel en est l'aboutissement, avec les périls qu'il entraîne, car la fréquentation de masse fait peser sur les hauts lieux de culture, comme sur les hauts lieux de nature, un danger souvent mortel. Mais cette menace même est de nature à susciter de nouvelles pratiques culturelles, dont les parcs de loisirs sont l'une des formes, dans la mesure où elles cherchent à canaliser et à satisfaire, selon des formes appropriées à la sensibilité moderne, les besoins ludiques et d'évasion d'un public innombrable ; qu'une certaine dimension culturelle imprègne ces loisirs de masse peut être regardé par les esprits raffinés comme un pauvre alibi ou une ruse mercantile. On peut, à l'inverse, y voir, comme au sujet des médias, une chance, celle de l'étincelle qui peut susciter le désir d'une pratique culturelle plus exigeante et authentique.

C'est, en tout cas, dans ce bouillonnement de la demande sociale, travaillée de toute part, pour le meilleur et pour le pire, par les médias, la publicité, les effets de mode, les fantasmes collectifs qu'il faut détecter, si ténus soient-ils, les signes de nouvelles aspirations culturelles. Sans doute peut-on préférer pour soi-même le privilège de visiter Versailles un jour de fermeture au public ou de participer à une soirée de gala à l'Opéra royal, comme il est préférable de passer une après-midi avec Rostropovitch au Festival d'Évian que de le voir sur l'écran du « Grand Échiquier ». Les amoureux d'une Italie stendhalienne peuvent encore savourer les joies d'une loge à la Scala ou passer, hors saison, des soirées exquises à Rome, Naples ou Florence. Mais ils n'ont besoin pour cela d'aucune organisation collective, même s'ils profitent, sans même s'en rendre compte, des facilités de la société moderne, de ses structures d'accueil, de communication et de détente. Si, comme certains le prétendent, le choix est entre la barbarie et la culture, la vraie question est de savoir si la culture sera le privilège de quelques sectes protégées de la barbarie ou si la barbarie sera évitée par l'insertion d'un minimum de dimension culturelle dans des pratiques de masse dont le développement est irréversible. À ce titre, il est impératif que tout soit mis en œuvre pour détecter, fût-ce aux signes les plus imperceptibles, tout ce qui, dans la société actuelle, est porteur d'une demande tant soit peu culturelle. Il en va, à cet égard, de la culture comme de l'écologie : on y voit percer confusément une aspiration à la qualité, à la différence, au refus des fatalités d'une société trop rationnelle. Signe de contradiction ou facteur de dépassement : il ne tient qu'à nous de féconder ce qui peut n'être d'abord que l'expression d'un malaise, d'une peur ou du plus ingénu des fantasmes.

Produit de la société telle qu'elle est, la demande sociale n'est pas l'expression d'un idéal ou quelque aspiration sublime au dépassement. Elle est, le plus souvent, la manifestation prosaïque d'un besoin et, parfois, l'aveu pathétique d'un manque. C'est pourquoi elle doit être auscultée avec attention, patience et même générosité, et servie avec autant d'imagination et d'audace que possible. Car il n'est pas interdit d'aller au-delà de ce qu'elle exprime, de la détourner et de la transcender. Telle qu'elle éclôt en un moment précis, elle reflète le goût de l'instant, la superficialité et même la frivolité de notre temps. Elle ne se mobilise que pour des « événements » : prenez quinze tableaux que personne n'a l'idée d'aller voir dans un musée désert et faites-en une exposition bien orchestrée par les médias : vous aurez la foule. Si l'on ne veut pas que la galerie des Glaces tombe en ruine sous la pression de hordes de touristes débraillés, peut-être faut-il « scénariser » la visite du palais, détourner une partie du flot vers des reconstitutions et des événements purement artificiels. Mais le sauvetage du chef-d'œuvre est sans doute à ce prix, comme il a fallu constituer de toutes pièces un fac-similé de la grotte de Lascaux. La demande sociale n'est vraiment culturelle qu'à la marge. Elle est principalement de l'ordre du loisir et de la détente ; elle exprime surtout une curiosité ; elle aspire à la fête. Mais un peu de culture peut être glissé dans la réponse à cette demande. L'ambition peut paraître modeste, mais, à tout prendre, elle me semble à la fois plus raisonnable et plus audacieuse que l'attitude qui consiste à s'affliger de l'inculture des masses.

Au vrai, la demande sociale tend, dans le domaine de la culture, à se différencier en deux éléments de plus en plus dissemblables : une demande de masse et ce que l'on pourrait appeler une demande éclectique, qui n'est pas nécessairement celle de l'élite organisée ; elle émane du petit nombre de ceux qui, dans tous les milieux sociaux, sont ouverts à l'innovation, à l'insolite, à l'effort de la découverte et à l'ascèse qu'exige la vraie culture. L'expérience de tous les responsables culturels atteste qu'en dehors de tout snobisme et de tout militantisme de commande, il y a, dans la classe ouvrière, chez les employés, les cadres et en milieu rural, un public motivé pour l'ascension culturelle, ou pour la redécouverte active et la réappropriation de patrimoines méconnus. S'il n'y avait pas ces publics-là, souvent peu avertis, peu argentés, mais d'une grande fraîcheur et d'une réceptivité exemplaire, la culture risquerait de se réduire à une consommation raffinée. Il faut avoir rencontré ces publics, qui n'ont rien de commun avec ceux des événements parisiens, pour comprendre qu'il existe encore une ferveur. Et le fol espoir, à la limite de l'utopie, que l'on peut nourrir, c'est que les deux demandes sociales, celle de la masse et celle de cette nouvelle élite, si l'on peut l'appeler ainsi, finissent par se rejoindre.

Le second facteur de l'innovation culturelle est ce que j'ai appelé, faute d'un terme plus approprié, la *pulsion artistique*. Elle est le fait de tous les créateurs qui, de tout temps, ont cherché à ouvrir des voies nouvelles, à répudier en tout ou en partie les usages et les traditions. Mais une pulsion du même ordre s'observe chez tous ceux qui sont les médiateurs entre la création et le public : ils recherchent des formes nouvelles de relation entre l'une et l'autre, qu'il s'agisse des lieux, des formes, des styles de la présentation ou de la représentation d'une œuvre, nouvelle ou classique. La vitalité d'une culture se mesure avant tout à cette capacité novatrice de ceux qui assurent l'offre de culture. Les tenants les plus conservateurs de la culture institutionnelle qu'effarouche aujourd'hui toute innovation ne peuvent nier que, de leur temps, les metteurs en scène du Cartel, Claudel, Giraudoux, Anouilh même, ou Balthus, Vilar, Messiaen ou, avant eux, Perret, Apollinaire ou Satie, ont été jugés par leurs devanciers comme de dangereux agitateurs. Éternel malentendu de l'ordre et du mouvement, de la culture établie et de la création déstabilisatrice, mais qui n'a jamais empêché l'innovation authentique de s'imposer et d'atteindre la consécration académique. Ce qui peut le plus pervertir ou fausser ce débat traditionnel, c'est l'intrusion de la politique, ou la captation du pouvoir esthétique par une faction. Lorsque le novateur se croit obligé, pour s'imposer, de recourir à d'autres armes que celles de son art, d'invoquer sa vérité idéologique et de mobiliser à son profit l'influence politique, voire de monopoliser les aides publiques, il y a péril pour la culture. Ce qui se passe en France autour de Pierre Boulez, dans le domaine de la musique, n'est pas loin d'illustrer cette situation, indépendamment des immenses mérites, du rayonnement international et de l'envergure exceptionnelle de l'auteur du *Marteau sans maître*. Il en va de même dans le domaine de l'architecture, où s'est substitué au mandarinat une nouvelle forme d'architecture officielle, à la fois idéologique et courtisane. Le récent concours de la Bibliothèque de France, qui a donné sa chance à un jeune créateur armé de son seul talent et dégagé de toute coterie, montre cependant que le système n'est pas aussi fermé qu'on aurait pu le craindre.

Ces excès sont imputables à des milieux où le charisme et la volonté de puissance d'un seul ou de quelques-uns l'emportent, en raison d'une médiocrité générale, d'un refus de l'engagement en faveur des intérêts collectifs d'une profession, ou de divisions internes. Au demeurant, parmi ceux dont la vocation est de créer, seul un petit nombre est généralement prêt à assumer l'inconfort et les risques de l'audace novatrice et de la remise en cause. L'installation dans le succès, l'exploitation d'une renommée ne sont nullement blâmables et requièrent, d'ailleurs, plus d'efforts, d'obstination et d'imagination qu'on ne croit. Rares sont les artistes qui acceptent de vivre dans une insatisfaction permanente et dans la recherche constante du dépassement. Ce ne sont pas nécessairement les mieux pourvus en dons et en entregent. Mais ce sont eux qui ouvrent les voies.

Ces éclaireurs se trouvent aujourd'hui dans une position paradoxale. Aucune époque antérieure n'aura connu autant de remises en cause radicales des principes, canons et traditions de tous les arts, des arts plastiques à la musique, de la littérature à l'architecture. L'art du XXe siècle est un art de rupture. Il en est résulté de nombreux chefs-d'œuvre, mais la création a aussi abouti à des impasses. Portant jusqu'à ses conséquences extrêmes une théorie, l'art finit par se nier lui-même : après le tableau monochrome, les premiers feux de l'art conceptuel, le « happening », que faire qui soit encore de l'art, si ce mot a encore un sens au terme d'une démarche qu'on ne peut s'empêcher de qualifier de désespérée ? Que reste-t-il à dire après le silence dans lequel s'achève le théâtre de Beckett ? Le seul recours est-il de mettre en scène le *Journal officiel* ou l'annuaire du téléphone ? C'est la question qui se pose, en tout domaine, aux créateurs d'aujourd'hui. Leur démarche, inévitablement, apparaît, d'une certaine façon, comme récurrente. Le retour à une certaine figuration dans la peinture, à la mélodie ou au système tonal en musique, à un certain lyrisme ou aux formes classiques dans l'architecture, à l'expression romanesque en littérature, ce que l'on qualifie parfois, de façon péjorative ou du moins condescendante, d'esprit postmoderne, caractérise la démarche artistique contemporaine. Il n'est pas jusqu'à l'art lyrique qui ne connaisse aujourd'hui de résurrection après une mort proclamée et organisée par les compositeurs sériels et les promoteurs de la musique concrète et de la musique électronique. C'est ici d'ailleurs que s'opère mystérieusement la rencontre entre ce que nous avons appelé la demande sociale et la pulsion artistique. À une époque où un public nombreux et fidèle manifeste son attachement à cet art total qu'est l'opéra, peut-on indéfiniment revenir au répertoire ancien, de Monteverdi à Poulenc ? Notre époque est-elle incapable d'inventer un art lyrique qui, sans copier les formes du passé, sache raconter une histoire, exprimer des sentiments et parler à la sensibilité ? C'est ce que tentent aujourd'hui certains jeunes compositeurs comme Dusapin. On voudrait pouvoir en dire autant du théâtre, où l'exaltation de la mise en scène, dans les cinquante dernières années, nous a valu bien des redécouvertes, des « relectures », tantôt inventives, tantôt dérisoires, du patrimoine de l'art dramatique, mais au détriment de la création proprement dite, ce que souligne également le recours fréquent des metteurs en scène à des textes littéraires anciens ou à de simples documents qui n'étaient pas faits pour le théâtre. On voudrait pouvoir saluer une nouvelle aurore de la création dramatique en France, comme celle qui s'est levée, depuis longtemps déjà, en Angleterre.

Écartelés entre la tentation d'un retour au classicisme et la fascination qu'exercent encore sur eux les grands novateurs d'hier, les créateurs n'ont pas aujourd'hui une position facile. La provocation qui parvenait naguère à séduire une élite blasée, revenue de tout, n'est sans doute plus la démarche qui convient à l'égard du public renouvelé, diversifié socialement et intellectuellement, d'un esprit parfois ingénu, qui est celui de la culture vivante d'aujourd'hui. C'est par des œuvres qui disent, chantent, montrent et ne se bornent plus à un discours critique, voire destructeur, que la création, tout en restant fondamentalement novatrice, répondra à la demande sociale de ce public disponible, mais qui veut comprendre ce qu'on lui propose.

Pour que s'opère la rencontre entre la création et le public, encore faut-il qu'intervienne ce *soutien collectif* dont j'ai dit qu'il était le troisième facteur de l'innovation culturelle. Dans le monde d'aujourd'hui, pourtant friand d'innovations technologiques, de consommation frénétique, de besoins artificiels suscités par la publicité, l'innovation culturelle est vulnérable. Car elle est par définition coûteuse, risquée, et prend à contre-pied les habitudes de consommation du public. En effet, l'innovation culturelle déconcerte, dérange parfois et, en tout cas, appelle à l'effort. Sollicité de toute part, ayant à opérer des arbitrages difficiles, le consommateur contemporain est rarement décidé à courir le risque dont elle est, par définition, porteuse. Il s'ensuit qu'entre une demande sociale qui n'est qu'exceptionnellement solvable et une pulsion artistique qui requiert toujours une mise de fonds sans aucun espoir de rentabilité immédiate, l'innovation culturelle a souvent besoin, en termes économiques, d'être artificiellement soutenue. C'est le rôle de l'État, mais aussi de l'ensemble des collectivités publiques et du mécénat sous toutes ses formes, de lui procurer les ressources qui lui sont nécessaires pour s'affirmer et aller à la rencontre du public. Dans certains cas, il suffira d'une aide initiale pour le démarrage d'œuvres ou de productions qui, trouvant leur public, accéderont à la rentabilité ; dans d'autres, c'est un soutien durable qu'il faudra assurer à des activités culturelles novatrices, qui, structurellement, ne sauraient atteindre l'équilibre financier. Il s'ensuit des arbitrages délicats entre les soutiens publics accordés à l'innovation et ceux qui vont, non moins légitimement, à tout ce qui maintient vivant le patrimoine culturel sous toutes ses formes. Ce sera d'ailleurs, à l'avenir, l'un des principaux problèmes du ministère de la Culture. On a mis l'accent sur de grandes institutions novatrices par leur architecture et parfois leur esprit, mais classiques par leur contenu et leur objet même — Orsay, Grand Louvre, Bastille, Bibliothèque de France. Le poids financier de ces énormes organismes, non rentables par définition, ajouté à celui du patrimoine et de certaines institutions nationales comme le Centre Pompidou, quelque peu sacrifiés au profit des « grands projets » risque de se révéler très lourd. La part que le ministère consacre au soutien à l'innovation, à l'expérience sous toutes leurs formes se réduira à la portion congrue. Et, comme la tendance naturelle des collectivités locales, sauf brillantes mais rares exceptions, est de soutenir des activités culturelles de type classique, le risque est grand de voir sacrifier l'innovation, laissée au bon vouloir des mécènes. On a montré dans un chapitre précédent que le mécénat d'entreprise s'orientait plus souvent qu'on ne le pense *a priori* vers la recherche, le risque, l'expérience novatrice. On ne peut que s'en féliciter, mais il serait dangereux que les collectivités publiques, investies par définition de missions d'intérêt général, laissent au seul secteur privé le soutien à ce qui détermine l'avenir d'une culture.

L'esquisse d'une théorie de l'innovation culturelle à partir de l'identification des différents facteurs qui la rendent possible vise à montrer combien les progrès de la culture, les cheminements vers de nouveaux horizons obéissent à une démarche complexe. Le processus gagnera encore en complexité et échappera de plus en plus à la volonté des hommes ou des institutions. Dans la France de 1945, ou dans celle de 1958, une volonté d'État pouvait orienter sans grande difficulté le développement culturel : revitaliser la province, relancer une politique du patrimoine, créer dans les musées, les théâtres, la musique, de grands événements exemplaires, conférer une mission culturelle à une radio-télévision nationale en situation de monopole, créer des institutions pilotes comme les maisons de la culture ou le Centre Pompidou étaient des tâches à la portée, non du premier gouvernement venu, mais d'hommes d'État conscients des hautes responsabilités incombant à la nation. Mais, aujourd'hui, l'effet même de cette politique, du fait de la vitalité nouvelle d'une culture profondément diversifiée dans ses pratiques, ses publics et ses langages, a considérablement étendu le champ culturel. Un jeu complexe d'interactions entre l'offre et la demande, une multiplication des pôles d'initiatives sont apparus, et cela dans un contexte de moins en moins hexagonal où le dialogue des cultures est devenu permanent. L'État ne peut plus être le maître du jeu, même s'il en avait la tentation, ou s'il désirait rassurer des professions inquiètes d'un avenir qu'aucune protection tutélaire ne peut plus leur procurer.

Cette demande sociale multiforme, ce bouillonnement souvent désordonné des forces créatrices, ces formes nombreuses de soutiens publics ou privés entrecroisés ou superposés, définissent une nouvelle donne de la culture, dont l'État ne peut plus être le centre, mais dont il ne saurait être absent. Saisir et comprendre les nouveaux besoins, les aider même à émerger de façon explicite de la confuse montée des aspirations latentes et des frustrations inavouées, déceler les vraies promesses de la création dans l'ensemble des tentatives qui se font jour parmi ces troupes de théâtre, ces jeunes musiciens, ces peintres qui refusent les commodités de la vie moyenne bardée de toutes ses sécurités, sociales et autres, pour tenter l'aventure, conjuguer et articuler ces différents soutiens publics et privés qui complètent ou remplacent le jeu du marché : tel est le problème de la culture d'aujourd'hui. Il n'est plus à la portée d'aucun ministre, d'aucun gouvernement de le résoudre à eux seuls. Il faut s'accommoder de cette nouvelle donne et redéfinir en conséquence le rôle de l'État : il doit remplir plus efficacement les missions que lui seul peut assumer, notamment dans l'ordre de la conservation du patrimoine et des formations artistiques, et continuer à jouer, mais non plus seul, son rôle incitateur dans l'invention de la culture de demain. L'inertie des comportements, la force des habitudes, l'obstination des administrations à persévérer dans leur être, le goût incurable des Français pour le dirigisme d'État : tout conspire à éluder cette difficile question de la redéfinition du rôle de l'État en matière de culture. Cette année 1989 est aussi celle du trentième anniversaire de la création du ministère de la Culture : belle occasion de réfléchir sur l'avenir de la politique culturelle, plutôt que de refaire un bilan cent fois dressé. Le comble est qu'il n'y a peut-être rien à retrancher des prérogatives actuelles du ministère. La remise en perspective à opérer, dans la ligne de ce qui vient d'être suggéré, risque de faire apparaître la relativité et les limites du rôle de l'État et l'importance croissante des autres pôles d'initiative. Cela suffit sans doute pour que, par l'effet d'une conspiration tacite mais générale, la question ne soit pas posée, tant elle remet en cause les situations acquises et le confort intellectuel. Du moins, l'aura-t-elle été ici.

*Le dépérissement*
*de la politique culturelle*
*d'État.*

Au risque de paraître présomptueux, je dirai que la démarche qui inspire ce livre est de nature copernicienne. On a longtemps cru qu'en France toute la culture tournait autour de l'État, qu'il en était le principe moteur, le centre à partir duquel s'ordonnaient toutes les influences. Il est vrai que, pendant une longue période, l'action et le discours de l'État, et le comportement de tous les acteurs de la vie culturelle à son égard ont donné de la consistance à cette conception.

Les investigations auxquelles on s'est livré ici conduisent à un renversement de perspective. Nous avons constaté que la vie culturelle devenait multipolaire et qu'elle obéissait désormais à plusieurs logiques. Quel que soit leur statut, public, privé ou mixte, les lieux de culture, où une offre de culture est proposée à un public de plus en plus actif, acquièrent une autonomie de droit ou de fait qui les transforme en véritables entreprises culturelles. Grâce au mécénat, les entreprises et les médias deviennent des acteurs de la vie culturelle. Les villes, les départements, les régions ont pris conscience de leurs responsabilités dans le domaine de la culture et sont désormais des acteurs de plein exercice. Le développement des échanges et des coopérations transfrontières, l'émergence de nouveaux pôles d'initiative au plan européen conduisent à l'intervention de nouveaux acteurs qui échappent plus encore à l'influence de l'État.

Parallèlement, on a vu que le financement de la culture obéit à plusieurs logiques qui se sont longtemps confondues ou superposées, mais que tout conduit à distinguer de façon plus rigoureuse : la logique du service public, celle du marché et celle du mécénat. Cela au moment même où l'État prend conscience que son intervention généralisée ne peut indéfiniment s'étendre et trouve sa limite aussi bien dans le poids des prélèvements obligatoires que dans ses engagements à l'égard de l'Europe.

Ces considérations conduisent à une conclusion très simple : l'État n'est plus et ne saurait plus être le centre de la vie culturelle. Il ne s'agit pas de l'expulser du champ de la culture, ni même de le détrôner. Prenant acte des transformations qu'il a lui-même suscitées par son action, mais dont le milieu culturel, plus conservateur qu'on ne croit, tarde à tirer les conséquences, je me borne à préconiser l'abandon d'une conception pyramidale où toute la vie culturelle procédait des impulsions de l'État et où les différents acteurs n'apparaissaient que comme des exécutants, des relais, à la rigueur comme des partenaires de l'État.

Cette conception, encore vivace dans les esprits, est dépassée dans les faits. Aujourd'hui, la vie culturelle est multipolaire, ce qui signifie en clair qu'elle est littéralement éclatée et que, sans devenir pour autant inopérantes, les initiatives d'en haut ne suffiront plus à déterminer à elles seules le cours des choses. Ainsi, l'État peut continuer de s'en remettre à Pierre Boulez pour conduire en fait la politique de l'État en matière de création musicale ; cela n'empêchera nullement la ville de Paris, le Festival Musica à Strasbourg, les rencontres de musique contemporaine de Metz, les fondations spécialisées comme celles de Total, de la Société générale ou de Louis Vuitton de soutenir d'autres écoles, de favoriser la naissance de nouveaux courants. Il en va de même pour les arts plastiques, le théâtre ou la danse. C'est pourquoi j'ai renoncé dans ce livre à traiter chapitre par chapitre les différents secteurs de la vie culturelle ; non seulement parce que je ne voulais pas écrire un précis de politique culturelle, mais parce qu'une telle approche eût conduit inévitablement à rédiger un catalogue de mesures administratives ou gouvernementales du type de celles que revendiquent les professions culturelles de la part d'un État tutélaire. Il faut rompre le cercle vicieux de cet assujettissement. Mais il est encore trop tôt pour définir une nouvelle politique de la musique, par exemple, à partir des différents pôles d'initiative, parfois contradictoires, qui se constituent sous nos yeux. Il en va de même dans la plupart des secteurs, même lorsque l'État continue à avoir une politique très active, comme dans le domaine des arts plastiques, où le système d'achats et de commandes fonctionne de façon soutenue et, dans l'ensemble, plus éclectique que naguère. En matière de théâtre, depuis plusieurs années déjà, en dépit de multiples actions ponctuelles et de choix d'hommes souvent judicieux, on ne discerne pas une politique digne de ce nom, fixant clairement ces orientations, ces priorités, ces principes. Les professionnels s'en plaignent, mais il est probable que cette absence d'une vraie politique a plutôt profité aux troupes installées, qui sont souvent l'avant-garde d'hier ou d'avant-hier, au détriment des expériences authentiquement novatrices. Il est un autre domaine où l'État a littéralement démissionné d'une responsabilité qu'il avait prise en charge avec ardeur dans les années 60 et au début des années 70 : c'est celui de l'action culturelle polyvalente, confiée aux maisons de la culture et aux centres d'action culturelle : ces institutions sont désormais livrées à elles-mêmes, et l'État ne continue à les soutenir, sans doute par inertie, que dans la mesure où leur vitalité propre et la contribution des collectivités locales concernées l'obligent à tenir des engagements auxquels il n'a pu ou voulu se soustraire ouvertement. Des structures ministérielles flottantes, animées successivement par le doute métaphysique et le zèle technocratique, ont fini par avoir raison de l'esprit militant, peut-être un peu « scout » mais efficace, qui avait présidé à la mise en place de ce réseau de l'action culturelle. Là où il subsiste, il reste vivace, enraciné dans la réalité locale, et offre un lieu d'accueil approprié pour l'innovation.

De façon inexplicable, le ministère de la Culture s'est dessaisi, en 1984, d'une responsabilité qui pourtant semblait indissociable de sa juste ambition : l'action culturelle interministérielle. Au début des années 70, sous le ministère Duhamel, avait été mis en place, sur la base des propositions de la Commission « culture » du Plan, présidée par Pierre Emmanuel, un « Fonds d'intervention culturelle » (F.I.C.) destiné à encourager, par des compléments de subvention, les initiatives culturelles « expérimentales et novatrices » des départements ministériels autres que la Culture. Pendant dix ans, les Premiers ministres ont, à l'exemple de Jacques Chaban-Delmas, soutenu l'action de ce fonds géré par le ministère de la Culture et grâce auquel l'Aménagement du territoire, l'Équipement, l'Agriculture, la Santé, la Défense nationale et même l'Éducation nationale ont pris conscience de la responsabilité qui pouvait être la leur dans le domaine culturel. Le fonds a financé en dix ans plus de 1 300 projets. A partir de 1981, sous l'autorité d'une nouvelle direction, dite du « Développement culturel », il a soutenu des actions apparemment mieux ciblées et conformes à l'air du temps: on a mis l'accent sur l'action culturelle en faveur des jeunes, des salariés des entreprises industrielles, des habitants des quartiers déshérités, des handicapés, des détenus, des minorités ethniques et linguistiques. Les objectifs étaient nobles. Mais les experts français consultés dans le cadre de la mission du Conseil de l'Europe déjà citée ont sévèrement jugé ces nouvelles orientations: « L'action conduite par la direction du Développement culturel s'est le plus souvent limitée à reprendre, avec des moyens financiers accrus, les thèmes abordés par le F.I.C. Or il n'est pas certain que l'abandon des méthodes de travail adoptées par le F.I.C. ait constitué un réel progrès... A en juger par les documents officiels, les réalisations n'ont eu, au terme de cinq années, qu'une ampleur limitée et parfois extrêmement modeste[1]. »

Ainsi, on assiste en certains domaines à un dépérissement de la politique culturelle de l'État. Ce retrait est parfois volontaire; prenant conscience de l'existence et de la vitalité de nouveaux partenaires de la vie culturelle, l'État accepte un partage de responsabilité, voire un transfert, en se contentant d'un rôle normatif et d'un soutien financier; il est parfois subi lorsque l'État, à court d'inspiration et de moyens, se désintéresse complètement des réalisations en cours.

Certaines initiatives, propres à transformer en profondeur les données de la vie culturelle, voient le jour en dehors de toute impulsion de l'État. Celui-ci se borne à suivre le mouvement et, à défaut de le récupérer, se contente de l'accompagner. C'est ce

1. « La politique culturelle de la France », *op. cit.*, p. 364.

qui s'est produit pour le mécénat d'entreprise, fort logiquement d'ailleurs, comme on l'a vu au chapitre IV de ce livre. C'est aussi le cas, dans une large mesure, pour la responsabilité culturelle des médias, où l'État se révèle impuissant à imposer par la voie de contraintes réglementaires ce que les responsables publics et privés de la communication pourraient réaliser spontanément dans ce domaine, pourvu que les conditions d'un sain développement de leur activité soient assurées.

Paradoxalement, au moment où la politique culturelle d'État apparaît moins déterminante qu'à ses heures de gloire, elle tend à s'imposer avec plus d'éclat dans deux domaines : celui du discours officiel, encore qu'il fut plus ardent et brillant avant 1986 que depuis le début du second septennat de François Mitterrand ; et celui des grands projets où, comme on l'a vu, l'État reste fidèle à la grande tradition de l'initiative monarchique et mobilise toutes ses ressources pour la réalisation d'un grand dessein. Mais cette politique des grands projets, dont on a dit les mérites, contribue aussi à relativiser le rôle du ministère de la Culture. Il est manifeste, du Centre Pompidou à la Bibliothèque de France, que l'initiative et le pilotage de ces grandes opérations dépendent du chef de l'État lui-même. Il a pris soin de mettre en place des structures de gestion soumises *de facto* à son autorité et qui ne relèvent que partiellement ou nominalement de la responsabilité du ministère de la Culture, réduit en ce domaine au rôle d'auxiliaire, d'accompagnateur et de commentateur jusqu'à ce qu'il récupère, pour les gérer, les institutions nées de ces initiatives d'en haut. Or les exemples du Centre Pompidou et de l'Opéra-Bastille révèlent que le ministère de la Culture n'est pas nécessairement bien armé pour intégrer dans sa flotte ces vaisseaux de lourd tonnage.

Parler de dépérissement de la politique culturelle d'État n'est donc pas un abus de langage ni une outrance polémique. C'est un fait. Ce n'est même pas une critique à l'encontre de ceux qui ont, depuis dix ans, la responsabilité de cette politique culturelle, puisque, dans une large mesure, ce dépérissement est un fait de société ; à certains égards, il est le fruit même du succès de la politique culturelle. Si l'État n'avait pas encouragé les collectivités territoriales à prendre conscience de leurs responsabilités culturelles et à les assumer, s'il n'avait pas suscité un renouvellement en profondeur de la vie musicale du pays, s'il n'avait pas créé, souvent de toutes pièces, ces lieux de culture, qui, progressivement, sont devenus autonomes, s'il n'avait pas, après un temps d'hésitation, voire de méfiance, encouragé le développement du mécénat d'entreprise, la vie culturelle de ce pays continuerait à être régie sur un mode colonial : un État maître du jeu, régnant à la fois sur de grands féodaux et sur des peuplades culturelles dépendantes et soumises. Si le ministère de la Culture a, dans certains cas, sacrifié les actions de fond à des opérations médiatiques et laissé s'accroître l'écart entre un discours flamboyant et une réalité plus modeste, et s'il s'est laissé pénétrer par un esprit technocratique dont il avait su pendant longtemps se préserver, au profit d'une mentalité plus militante mais non exclusive d'un esprit gestionnaire de bon aloi, le fait que le ministère n'apparaisse plus comme l'alpha et l'oméga de la culture en France est un progrès en soi. Les propos qui précèdent pourraient apparaître, bien à tort, comme une critique personnelle de l'action de Jack Lang. Je tiens à préciser qu'entre autres mérites, ce ministre aura eu celui de dépoussiérer et rendre populaire le thème de la culture. La culture dans l'État a reçu de Malraux la grandeur, de Duhamel la rigueur, et de Lang la modernité.

Mais le fait que, sous une présidence aussi attentive aux problèmes de la culture, un ministre doté d'autant d'entregent et de capacité de persuasion ne soit pas parvenu à réaliser le fameux objectif socialiste cent fois proclamé du 1 % du budget de l'État consacré à la culture, montre bien que l'intervention de la puissance publique dans ce domaine se heurte à une sorte de mur invisible et infranchissable. On ne se risque guère en prophétisant que ce qui n'a pas pu être atteint entre 1981 et 1989, dans un contexte exceptionnellement favorable à la cause de la culture, ne le sera jamais plus. Ce n'est pas échouer que de renoncer à un objectif irréalisable ou anachronique. C'en est un que de ruser avec la réalité des faits et de sembler croire encore à un but que l'on sait inaccessible.

Ce qu'avait d'utopique ou, en tout cas, d'irréaliste la revendication socialiste du 1 %, c'est la conviction dogmatique que l'effort financier de l'État serait le critère unique de la validité d'une politique culturelle. Dans ce domaine comme dans beaucoup d'autres, les socialistes ont été — et sont encore — victimes d'une vision étatique de la société. Mais il faut leur rendre cette justice qu'ils sont loin d'être les seuls à placer ainsi l'État au centre de la culture. Les professions culturelles, bien des élus, l'opinion publique tombent dans le même travers, résultat d'une tradition aussi glorieuse que pesante et qui, hors de nos frontières, paraît archaïque.

Si la France veut épouser son temps et assumer la modernité de la culture, il lui reste un dernier effort à accomplir. En dépit des tentations récurrentes du goût officiel, du favoritisme ou de la censure, la politique culturelle française satisfait depuis longtemps à l'exigence du pluralisme. Il lui faut encore se plier à celle de la pluralité.

*Pour une politique plurielle.*

Quand on jugera la décennie qui s'achève, on se demandera peut-être si, par rapport au temps de Malraux et de Duhamel, la politique culturelle des années 80 n'est pas une régression, un retour inavoué à une politique des Beaux-Arts, certes rajeunie dans ses pratiques et dans son objet, pourvue d'importants moyens, brillante dans sa présentation, mais, au fond, extrêmement classique. Une politique académique sans académie, très institutionnelle d'esprit, et d'inspiration plus ouvertement monarchique qu'elle ne le fut depuis un siècle et demi.

Je reconnais ce qu'une telle affirmation a de paradoxal, tant la modernité du style ministériel, le caractère novateur de certains choix, l'aspiration à intégrer à la politique culturelle des activités ou des divertissements de caractère anecdotique ou marginal, tranchent avec ce que le concept des Beaux-Arts comporte à nos yeux de restrictif et de suranné. Mais l'audace tapageuse de ces options ne saurait dissimuler ce qui a été abandonné en route : l'action culturelle polyvalente et une certaine vision interministérielle de la politique culturelle, qui incitait l'ensemble de l'appareil d'État à prendre en compte la dimension culturelle de toute action publique. On a mentionné à cet égard la suppression du Fonds d'intervention culturelle et le silence du Plan — du moins ce qu'il en reste — en matière de culture. À ses débuts, Jack Lang avait eu, pourtant, l'intuition d'une vision large de la politique culturelle lorsque, dans une déclaration qui a été mal comprise, il observait qu'il y avait dans le gouvernement « quarante ministres de la Culture ». Et il avait lancé un certain nombre d'actions en direction de groupes sociaux jusque-là à l'écart de toute action culturelle. Ces bonnes intentions n'ont guère abouti à des réalisations concrètes. Et l'on ne sache pas qu'elles aient été réactivées depuis 1988. Quant à l'extension de la politique culturelle proprement dite à des domaines ou des modes d'expression nouveaux, à part quelques « Zéniths », des fêtes et des déclarations sympathiques, elle n'a guère débouché que sur la création de musées — de la mode et de la bande dessinée — et sur la très discutable ouverture des Tuileries aux forains et, aux couturiers, de la Cour carrée du Louvre. Pour l'essentiel, le fleuve de la politique culturelle est rentré dans le lit ancien des Beaux-Arts

Si elle a produit des effets positifs, une politique culturelle ainsi orientée est dans l'impasse : qu'il s'agisse des catégories (musées, monuments historiques, théâtres, musique, bibliothèques) et des techniques d'intervention (subventions, commandes, bourses) sur lesquelles elle repose ou du rituel dont elle s'entoure (célébrations nationales, décorations et distinctions de tous ordres, invitations à l'Élysée, présence officielle dans toutes les manifestations culturelles), la vie culturelle publique est décidément trop classique et institutionnelle. Personne n'éclate de rire devant ces coquetteries thermidoriennes d'hommes de gauche arrivés et de révolutionnaires assagis. Plus sectorielle, discrétionnaire et éprise de spectaculaire qu'elle ne l'a jamais été, cette politique est, à terme, condamnée. La promotion de la culture, sa reconnaissance comme enjeu fondamental de la société exigent un renversement de perspective. C'est ce que j'entends par politique plurielle : toute l'action de l'État est concernée par la culture, mais la culture ne saurait être limitée à une politique d'État. Multipolaire au sein de l'État comme dans la société civile, une politique culturelle éclatée gagnerait en dynamisme et en rayonnement ce qu'elle perdrait en cohérence apparente. Elle échapperait, en tout cas, à la sclérose, voire à la marginalisation qui menacent plus qu'on ne croit le type d'actions conduites aujourd'hui.

En premier lieu, la culture doit cesser de n'être qu'un projet ministériel, confiné dans un département parmi d'autres, et devenir un projet d'État. Cela signifie que, dans la plupart des domaines de l'action gouvernementale, la dimension culturelle doit être clairement perçue et prise en charge, non pour complaire au ministre de la Culture ou au président de la République, mais parce que la culture est indissociable du plein accomplissement des missions de l'État. Il n'est guère de secteurs qui échappent à cette évidence : comment imaginer des politiques d'urbanisme et d'habitat, d'environnement, d'aménagement du territoire, de tourisme, de développement rural, de formation professionnelle et d'emploi qui ignorent la dimension culturelle ? La politique d'éducation à tous les niveaux, la politique de la recherche, la politique étrangère et celle du commerce extérieur, la coopération avec le Tiers Monde, les relations avec les départements et territoires d'outre-mer peuvent-elles davantage s'affranchir de la préoccupation culturelle ? Que ce soit sous l'angle du patrimoine dont il a la charge ou de sa responsabilité à l'égard des recrues ou de la communauté militaire dans son ensemble, le ministère de la Défense ne peut être indifférent à la donnée culturelle. Pas davantage un ministre des Affaires sociales qui a en charge les handicapés, les immigrés et les personnes âgées. Du ministère chargé de l'artisanat, qui s'occupe aussi des métiers d'art, à celui des Anciens Combattants, qui gère une part de la mémoire nationale, il n'est pas de domaine de l'action gouvernementale qui puisse ignorer la culture, fût-ce à la marge.

Il ne s'agit pas de tomber à notre tour dans le piège du « tout culturel » précédemment dénoncé. Pas plus qu'il n'est question d'imposer quelque artifice budgétaire ou administratif obligeant les administrations à consacrer tel pourcentage de leurs crédits à des dépenses de caractère culturel, comme on l'a fait, d'ailleurs utilement, pour les constructions scolaires, puis pour d'autres équipements, d'urbanisme ou d'autoroutes. Le problème se situe à un tout autre niveau ; celui d'un projet politique global. Cette prise en compte de la dimension culturelle par l'État dans son ensemble est le seul moyen de résoudre, en le dépassant, le problème du seuil apparemment inaccessible du 1 % pour la Culture ; il est en réalité largement dépassé si l'on prend en compte l'ensemble des dépenses de l'État consacrées, de fait, à la culture. Mais peu importe l'exploitation analytique du budget de l'État, qui permet toutes les présentations et toutes les interprétations. Peu importe aussi l'amour-propre des administrations, et notamment d'un ministère de la Culture qui se voudrait l'inspirateur de toute politique culturelle. Tous les ministres de la Culture ont échoué lorsqu'ils ont voulu imposer, de l'extérieur, une politique des enseignements artistiques à la citadelle de la rue de Grenelle. Depuis vingt ans, conférences de presse, projets de loi, programmes d'action se sont succédé sans que l'on perçoive un progrès substantiel en ce domaine. C'est plutôt à la base, par de multiples expériences menées en liaison avec le réseau des institutions culturelles, qu'il s'agisse des « classes-patrimoine », de l'action éducative des musées ou de l'intervention d'artistes et d'animateurs en milieu scolaire, que se sont produits de vrais changements. C'est à la longue, par une conversion intérieure, que le milieu enseignant prendra une vue plus ambitieuse de sa vocation culturelle, notamment en ce qui concerne l'éveil de la sensibilité artistique. De même, je peux témoigner, pour y avoir contribué personnellement aux côtés du ministre d'alors, Jean François-Poncet, que, si l'ensemble du personnel diplomatique a pris conscience, à partir de la fin des années 70, de l'importance de la dimension culturelle de notre rayonnement international, ce n'est pas pour sacrifier à une mode ou à une foucade présidentielle, mais par l'effet d'une réflexion d'ensemble sur la mission du Quai d'Orsay dans ce domaine. Avec des hauts et des bas, cette sorte de conversion des esprits se poursuit : si la lourde machine de la direction générale des Relations culturelles extérieures n'est pas encore l'outil performant qu'elle devrait être, du moins les échanges culturels ne sont plus désormais un appendice mondain de la diplomatie, mais un élément substantiel de la politique étrangère et de l'activité de nos ambassades.

C'est une démarche du même ordre qui fera prendre conscience aux différentes administrations de la dimension culturelle de leur mission. Elles seront d'autant plus motivées que leurs partenaires de la société civile auront eux-mêmes intégré la donnée culturelle dans leur propre démarche. Toutes les initiatives prises par les entreprises publiques et privées dans le cadre du mécénat culturel, par les organisations professionnelles, par le milieu associatif, par les collectivités locales modifient le contexte de l'action culturelle. Toute administration soucieuse de donner un sens culturel à son action trouve désormais en face d'elle des interlocuteurs préparés à entendre ce langage et à agir dans ce sens, qu'il s'agisse d'urbanisme, d'action sociale, de formation ou d'aménagement du territoire, pour ne prendre que les secteurs les plus directement concernés.

Ce n'est pas ici le lieu de définir les procédures ou les instruments qui peuvent susciter et encourager cette prise de conscience de l'appareil gouvernemental. On peut d'ailleurs être sceptique quant à l'efficacité d'une approche trop systématique, tant on a vu fleurir les missions interministérielles, les organes de coordination, les structures de concertation rattachées au Premier ministre dans de multiples domaines jugés un temps prioritaires et qui, une fois dissipé l'effet d'annonce médiatique, n'ont guère modifié le cours des choses. Il s'agit avant tout d'affirmer une volonté politique. La culture ne doit pas être considérée exclusivement comme un secteur spécialisé confié à un ministre rattaché, *de facto*, au président de la République. La Culture y gagne un statut prestigieux, mais, d'une certaine façon, marginal et en tout cas atypique. Le ministère chargé, au principal, des « Affaires culturelles », doit être, au contraire, un ministère comme les autres, banalisé en quelque sorte, et s'habituer à l'idée qu'il n'est pas seul maître de l'initiative. Ainsi, les organisations professionnelles qui se sont créées dans le secteur des industries culturelles ont compris que leur rôle ne se limitait pas à une défense corporative. Elles ont su prendre des initiatives importantes qui ont marqué la vie culturelle de ces dernières années : ainsi le Syndicat national de l'édition pour le Salon du livre et le monde des galeries pour la F.I.A.C. Pour le livre et les arts plastiques encore, mais aussi pour le cinéma, des initiatives conjointes des professions et de certaines villes ont donné lieu à des salons ou à des festivals qui contribuent à la promotion des pratiques culturelles. Cette prolifération d'événements est l'expression même de la vitalité d'une culture et doit être admise jusque dans ses débordements. Elle signifie la fin d'une époque : celle d'une conception pyramidale ou hiérarchique de la vie culturelle, où tout semblait procéder d'en haut, c'est-à-dire d'une volonté et d'un cérémonial d'État. Avec une pluralité d'acteurs, se multiplient et s'entrecroisent les flux d'information, les circuits d'influence, les rapports de coopération, les partenariats et les complémentarités. Personne ne peut plus éviter les divergences ou les doubles emplois, ni, à l'inverse, imposer un ton ou une mode. On l'a bien vu à l'occasion du Bicentenaire de la Révolution, où le ministère de la Culture a non seulement suscité mais piloté des initiatives qui se voulaient le dernier cri de la créativité « branchée » et qui ont été les fiascos que l'on sait, des Tuileries à Valmy. Le défilé de Jean-Paul Goude, qui n'avait qu'un lointain rapport avec le Bicentenaire, a été un incontestable succès populaire et un spectaculaire ratage audiovisuel. En revanche, sous l'égide discrète de la Mission du Bicentenaire, une multitude d'initiatives, provenant d'institutions comme l'Assemblée nationale, de villes grandes ou petites et du secteur privé, notamment les médias, l'édition, le cinéma et le théâtre, sont apparues. Toutes ces expositions, ces spectacles, ces livres ont davantage alimenté la réflexion collective sur la Révolution que quelques actions tapageuses du ministère de la Culture, déguisé pour la circonstance en surintendance des Menus-Plaisirs.

Il reste à souhaiter que s'élargisse encore le cercle des acteurs de la vie culturelle et que de nouveaux pôles d'initiative apparaissent. Si la Chambre de commerce de Paris ne s'était pas spontanément reconnu une responsabilité dans l'ordre de la création architecturale, lorsqu'elle a construit une école d'électronique à Marne-la-Vallée, elle n'aurait pas révélé un jeune architecte, Perrault, futur lauréat du concours de la Bibliothèque de France. On aimerait qu'à son exemple les autres chambres de commerce jouent un rôle plus actif dans le rayonnement culturel des villes et des régions. Il en va de même pour les universités et les grandes écoles, qui trouveraient là une occasion d'approfondir et d'élargir leurs relations avec leur environnement immédiat. Ce peut être aussi le cas des Églises ; l'Église catholique, sous l'impulsion du cardinal Lustiger, a créé à Paris une association « Art, culture et foi ». Elle est en train de redéfinir sa responsabilité, non seulement à l'égard du patrimoine culturel dont elle a la propriété ou la garde, mais envers la création artistique et l'animation culturelle. Le C.N.P.F., on l'a vu, a décidé d'encourager le mécénat, notamment celui des petites et moyennes entreprises. Un jour viendra peut-être où les grandes centrales syndicales découvriront qu'elles peuvent être, dans leur domaine propre, des acteurs de plein exercice du développement culturel, sans que ce rôle contrarie en rien leur vocation de défense professionnelle.

Dans cette perspective, on perçoit mieux la vanité et l'irréalité d'une démarche qui consisterait à s'interroger sur le « plus ou moins d'État » dans le domaine de la culture. Nous avons tenté de démontrer que, d'une certaine façon, il fallait plus d'État, mais que, sous un autre angle, la multiplication des acteurs de la vie culturelle relativisait, sans pour autant le rabaisser, le rôle de l'État. Si l'on admet que la culture ne relève pas seulement de la compétence d'une administration et d'un ministre, mais est une donnée qui s'impose à l'État dans son ensemble, et que de multiples acteurs sociaux ont un rôle à jouer dans ce domaine, en dehors de toute directive de l'État, on voit que le champ culturel s'organise tout autrement et que le modèle homogène et bien ordonné de la politique culturelle qui prévaut depuis trente ans est aussi dépassé que le système des Beaux-Arts auquel il avait succédé. En dehors de tout mimétisme ou de toute volonté d'alignement, l'organisation de la vie culturelle se rapproche alors de celle de nos voisins européens, habitués depuis longtemps à cette pluralité des responsabilités, des acteurs et des modes d'intervention.

Ce changement de perspective, cette redéfinition du rôle de l'État ne passent pas par une de ces réformes à la française, où de vastes débats aboutissent trop souvent à des lois ambitieuses qui restent lettre morte. C'est plutôt une conversion des esprits, une coordination d'efforts dispersés, une accélération consciente d'un mouvement qui, d'ores et déjà, s'inscrit dans les faits. Mais il y a, en France, un déficit de réflexion sur la culture ; les récents débats sur l'intégration des immigrés, sur l'inadaptation du vieux concept de laïcité, ont montré suffisamment la confusion des esprits et le caractère dépassé des clivages politiques traditionnels. Exprimés en termes exclusivement politiques, de tels débats sont sans issue, car ils sont enfermés dans une perspective réductrice. Dans la réalité, bien des expériences témoignent des réussites de l'intégration et de la compatibilité de certaines formes de cultures avec l'identité française. Des maires, de droite ou de gauche, des enseignants, des animateurs culturels ou des responsables d'association en savent sur ce point plus long que les philosophes et les partis politiques. La gauche, qui prétendait naguère « changer la vie », est prise à son propre piège. Ayant conquis, au prix du sacrifice de bien des illusions, une certaine légitimité gestionnaire, elle semble avoir perdu en route son idéal, qu'elle croit récupérer lors de soudains accès de démagogie ou de dogmatisme. La priorité culturelle affirmée par les gouvernements depuis 1981 leur offrait pourtant l'occasion d'un renouvellement de pensée, notamment en reliant politique culturelle et politique sociale et en plaçant la culture au fondement même d'un projet de société. Mais la gauche s'en est remise au gouvernement, et celui-ci à un ministre pour qui le rock et la bande dessinée étaient la pointe avancée de la culture ; pourtant il avait initialement perçu que la politique culturelle ne devait pas se borner à conquérir les marges d'une culture-spectacle. Nul ne s'est vraiment soucié, à Matignon comme à l'Élysée, et encore moins au parti socialiste, de faire de la culture, au sens large, un ferment de transformation sociale.

Cette carence de la gauche n'a pas eu que des inconvénients. C'est de la société civile qu'ont surgi, pour l'essentiel, les initiatives prenant en compte la dimension culturelle, dont ce livre a tenté l'inventaire. C'est sans doute mieux ainsi : une culture sans politique est décidément plus adaptée aux besoins de notre temps qu'une extension de la politique culturelle de l'État.

Il appartient maintenant à l'État de tirer les conséquences de ce qui s'est fait sans lui ou en dehors de lui, non pour récupérer ou embrigader ces initiatives venues de toute part, mais pour s'en faire l'écho. Puisque le Plan n'a plus beaucoup de sens dans le domaine économique et social et ressemble à un rite qui ne convainc plus personne, n'est-il pas envisageable de s'inspirer de ce qu'il y avait de meilleur dans sa méthodologie, à savoir la concertation systématique entre partenaires sociaux, et bâtir un Plan de développement culturel ? Les multiples acteurs de la vie culturelle que nous avons recensés auraient là une occasion de confronter leurs conceptions et leurs expériences et de coordonner leurs efforts entre eux et avec l'État. Cette procédure permettrait précisément aux administrations autres que celle de la culture de réfléchir à ce qu'elles peuvent faire dans ce domaine. Les professions de la culture y trouveraient, au demeurant, l'occasion de sortir du tête-à-tête étouffant avec leur ministère « de tutelle », pour reprendre une expression courante qui en dit long sur l'idée que ces professions se font de leur rapport à l'État. Dans un passé récent, les contrats de plan passés entre l'État et les régions ont permis, au moins dans certains cas, une réflexion utile sur l'aspect culturel du développement. D'heureuses initiatives sont nées de cette concertation. Circonscrite à la culture, mais étendue, au plan national, à l'ensemble des intervenants, une telle concertation libérerait la culture du cadre étroit d'un ministère spécialisé : elle serait prise en compte de façon plus systématique et plus consciente par l'ensemble des forces vives de la société.

La culture a moins besoin d'un surcroît de crédits publics que d'un développement des mécanismes d'incitation à l'initiative sous toutes ses formes. On a montré, dans un précédent chapitre, que le mécénat d'entreprise s'est développé jusqu'ici sans que l'État lui ait consenti des avantages fiscaux comparables à ceux qui existent depuis longtemps aux États-Unis. Les entreprises qui se sont engagées dans le mécénat l'ont fait pour des raisons de stratégie. Il leur a suffi que les actions de mécénat soient considérées comme des actes de gestion ordinaire, soumis au régime de déduction des frais généraux. Mais, si l'on attend davantage du mécénat, non pour se substituer à l'État dans le domaine des responsabilités qui doivent demeurer les siennes, mais pour jouer librement un rôle accru dans le développement culturel, alors il faut aller plus loin sur le plan fiscal. Puisque l'État ne peut guère augmenter son concours financier à la culture, que du moins il stimule les initiatives de tous ceux qui prennent en charge le développement culturel, chaque fois qu'un objectif d'intérêt général est visé. Il existe déjà un exemple : c'est celui des dations de paiement dont le principe avait été voté par le Parlement du temps de Malraux et dont Duhamel et Giscard d'Estaing assurèrent la mise en œuvre. Ce mécanisme des dations permet de s'exonérer de tout ou partie des droits sur une succession en remettant à l'État des œuvres d'art, après évaluation et agrément par une commission spécialisée. Ce système a parfaitement fonctionné depuis près de vingt ans, et on lui doit de substantiels enrichissements des collections de nos musées, dont il est devenu, en tout cas pour les plus grands, le principal pourvoyeur avant les donations et les acquisitions à titre onéreux. Le ministère de la Culture a lui-même proposé, il y a quelques mois, qu'il soit étendu à l'impôt sur les sociétés, qui pourrait être acquitté en partie par la dation d'œuvres d'art. De même, on étudie l'extension aux œuvres d'art de la liste des placements obligatoires des compagnies d'assurances. Toutes ces mesures seraient fort utiles pour pallier l'insuffisance des crédits publics d'acquisition d'œuvres en une époque où le marché de l'art atteint, tant pour les œuvres anciennes que pour l'art contemporain, des niveaux vertigineux et où la libéralisation des mouvements de capitaux en Europe tend à rendre le marché vraiment international. On comprend qu'un ministre de la Culture veuille mobiliser toutes les ressources publiques et privées pour sauvegarder le patrimoine national et pour continuer à enrichir les collections de nos grands musées. Et il est heureux que l'administration des Finances accepte au moins la discussion sur ce chapitre, car on l'a connue fort réticente naguère lorsqu'il s'agissait d'admettre, dans le principe, qu'un citoyen qui concourt, par sa libre initiative, à la satisfaction d'un besoin d'intérêt général, puisse en être récompensé par un allégement ou une exonération d'impôt. Avec les mécanismes envisagés, l'initiative culturelle revient aux citoyens et non plus à l'État seul : c'est, par exemple, l'entreprise qui décidera d'acheter telle œuvre puis de la conserver, de l'exposer dans les conditions qu'elle aura choisies ou de la donner à l'État. Mais, dans le passé, ce sont les ensembles constitués librement par les Moreau-Nélaton, les Chauchard, les Caillebotte, les Beistegui qui ont permis au Louvre d'être ce qu'il est. Une concertation entre les entreprises et les musées permettrait d'orienter les acquisitions, à l'exemple de ce qui se passe déjà dans certaines régions, comme Rhône-Alpes, entre la société Casino et le Musée d'art moderne de Saint-Étienne ou avec l'entreprise Monin. Ce n'est là qu'un exemple du décloisonnement de la politique culturelle et du partage nouveau de responsabilités entre l'État et la société civile.

Mais il faut aller plus loin. Il est excellent de mobiliser l'argent des entreprises pour éviter que des chefs-d'œuvre ne quittent la France. Mais, d'une façon plus générale, les mécanismes d'incitation fiscale ne doivent pas se limiter à encourager des initiatives privées qui suppléent les actions publiques. La culture n'est pas seulement une mission de service public qu'il appartient à l'État de gérer directement ; c'est une activité d'intérêt général qui, en dehors de toute intervention directe ou indirecte de la puissance publique, concourt au bien commun et qui doit, à ce titre, être encouragée même lorsqu'elle s'oriente dans des voies autres que celles définies par l'administration de la culture. Ainsi, le statut des fondations d'entreprise, actuellement en préparation, devra être complété par des dispositions fiscales qu'il ne comporte pas jusqu'ici ; la dotation que l'entreprise verse à la fondation qu'elle crée devra un jour venir en déduction, sous une forme ou sous une autre, des impôts dont l'entreprise est redevable, sous réserve des garanties que l'administration peut légitimement exiger quant à la nature des actions d'intérêt général choisies et conduites librement par la fondation.

La pluralité de la politique culturelle ne sera réelle que lorsque le droit, fiscal notamment, sera neutre par rapport au sens et au contenu des initiatives privées de toute nature qui concourent au développement culturel, même si, par conséquent, elles divergent de la politique culturelle des pouvoirs publics, voire la contredisent. Alors existeront vraiment les conditions d'une politique plurielle de la culture, foisonnante, peut-être dissonante, voire désordonnée, mais combien plus riche et prometteuse qu'une politique conduite d'en haut par un appareil d'État qui, si épris qu'il puisse être de liberté et de pluralisme, tend nécessairement à faire prévaloir ses vues.

*Un ministère en mutation.*

Reste alors à déterminer la place et le rôle d'un ministère de la Culture dans cette nouvelle perspective. On pourrait penser qu'il perd toute raison d'être et que l'heure de son démantèlement est enfin venue, comblant les vœux de ceux qui professent que rien n'est plus contradictoire que la conjugaison de ces deux termes : ministère et culture.

Ce n'est pas ce que l'on préconisera ici. Un ministère auquel il serait bon de restituer son appellation originelle, moins ambitieuse et plus exacte, de ministère des « Affaires culturelles », demeure utile et même indispensable. J'écarterai d'abord un raisonnement fréquemment invoqué pour justifier l'existence de ce ministère et auquel j'ai trop longtemps adhéré pour ne pas dire ouvertement aujourd'hui pourquoi il me paraît dépassé. On a souvent mis en lumière son rôle protecteur par rapport aux risques d'interventionnisme politique ou d'arbitraire des élus locaux, de droite ou de gauche. Il est vrai qu'une autorité centrale, dégagée des pressions locales et favorable par hypothèse aux innovations et aux audaces a pu souvent, dans le passé, corriger les abus de certains élus à l'égard des organismes et des équipes chargés, sur le terrain, de l'action culturelle sous toutes ses formes. Des ministres du centre ou de droite, comme Duhamel, Guy et Lecat, ont eu souvent fort à faire avec des maires comme Royer à Tours, Boisdé à Bourges et Pradel à Lyon, qui n'étaient pas, en matière culturelle, des modèles d'ouverture. Il est des maires de gauche qui ont donné bien de la tablature à Jack Lang. Le dialogue entre un ministre et des élus de sensibilité politique opposée a été souvent plus confiant et plus fructueux en matière culturelle que dans d'autres domaines. Ce fut le cas, avant 1981, avec des maires communistes comme ceux de Nanterre, de Saint-Denis, du Havre ou d'Arles. Il est donc vrai qu'à partir du moment où le problème culturel se pose en termes politiques, il a quelque chance d'être traité avec plus d'élévation et d'authentique pluralisme au plan national qu'au plan local. À ce titre, le ministère de la Culture a pu jouer le rôle utile d'une instance d'appel et d'arbitrage.

Il ne serait pas sain de pérenniser cette fonction qui fournit un argument classique au centralisme jacobin. Ce qui valait lorsque l'action culturelle locale commençante faisait l'apprentissage difficile du pluralisme ne se justifie plus à l'époque où la plupart des collectivités locales, et notamment les villes, assument une responsabilité culturelle où elles voient un facteur de rayonnement et de prestige. Certes, des alternances mal vécues, quelques cas de despotisme ou de népotisme municipal peuvent engendrer difficultés ou incidents divers. Mais c'est sur le plan local que, pour l'essentiel, ce genre de difficultés doit désormais se régler, en tablant sur l'opinion publique et sur la diversité des partenaires culturels. L'État ne doit pas continuer à se considérer ou à être considéré comme l'unique protecteur du pluralisme culturel, même s'il conserve un rôle décisif, en cas de crise grave : il est, en dernier ressort, le garant de la responsabilité de la République envers les arts et les artistes.

Je suis conscient d'aller à l'encontre d'une opinion fort répandue dans le milieu culturel, et spécialement parmi les grands notables du théâtre, qui s'accommodent fort bien d'une relation étroite, et même complice, avec un État qu'ils considéraient avec tant de méfiance au temps de leur jeunesse contestataire et dont le commerce leur paraît aujourd'hui tout à fait acceptable. Mais ces notables finissent par occuper tout le champ de vision de l'État, alors que celui-ci doit rester constamment attentif à la relève, aux Vitez, aux Planchon, aux Mnouchkine de demain, et pas seulement aux gloires d'aujourd'hui.

La justification durable d'un ministère chargé de la culture ne se situe pas dans l'instant, dans ce que la culture a d'immédiat et qui, de plus en plus, vit par soi-même. Il représente à la fois le ministère de la mémoire et celui de l'avenir. Pour être partout dans l'État, la culture n'en a pas moins besoin d'un centre. Ce serait une régression que de remettre en cause ou seulement d'amoindrir celui qui existe. Réservoir d'expertise, observatoire de la vie culturelle, vigile de l'innovation, un ministère des Affaires culturelles a une place particulière dans l'État. Si le gouvernement, dans son ensemble, se décide à assumer durablement la dimension culturelle d'un projet de société, il est bon qu'un département ministériel spécialisé soit chargé de réfléchir et d'être au service de toutes les administrations et de l'ensemble des acteurs de la vie culturelle. Responsable au premier chef de la « ressource » culturelle, ce ministère doit être une sorte de bureau d'études à la disposition de l'appareil d'État, un centre de conseil et de coopération destiné non à superviser les initiatives culturelles des autres ministères, encore moins à s'y substituer. Il doit les assister, si besoin est, en essayant de proposer à ceux qui font appel à lui une problématique globale, synthétique de l'action culturelle et dépasser les approches sectorielles de directions spécialisées. En outre, ce département doit assumer ce que l'on pourrait appeler les missions de souveraineté dans le domaine de la culture : la protection du patrimoine national, la législation culturelle, l'organisation des formations artistiques de haut niveau sont des missions d'État que ce ministère est seul compétent pour accomplir. Il est bon aussi que les professions et les industries culturelles aient, en dehors de tout esprit de tutelle ou de dépendance, leur répondant au niveau gouvernemental, y compris les architectes rattachés à tort depuis 1978 au ministère de l'Équipement. Enfin, le ministère doit rester en charge de ce qui, dans notre tradition française, relève d'un service public de la culture. C'est peut-être là qu'une mutation en profondeur doit s'opérer, dans le sens d'une plus grande autonomie des institutions publiques responsables des actions culturelles. Un tel changement est en train de s'opérer lentement dans les musées ; la Caisse des monuments historiques devient progressivement une entreprise culturelle, chargée non seulement de concevoir et de mettre en œuvre une politique d'accueil du public dans les monuments d'État, mais d'élaborer, en liaison avec de multiples partenaires, une politique d'animation culturelle du patrimoine et de tourisme culturel. Le ministère se trouve au centre d'une constellation d'établissements publics ou d'organismes plus ou moins autonomes, qui vont des théâtres nationaux au Centre national des lettres en passant par le Centre du cinéma, les conservatoires et la Réunion des musées nationaux. Des habitudes solidement ancrées, qui tiennent notamment au zèle des cabinets ministériels, à la faiblesse et à la transparence de bien des directions d'administration centrale du ministère ou au désir des responsables de relever directement du ministre, font que l'administration de la culture est une des plus interventionnistes qui soient ; le ministère devrait se limiter à un rôle d'impulsion générale, voire de contrôle, laissant à l'ensemble des organismes placés sous sa juridiction et à ses propres directions régionales, une plus grande marge d'action. On pourrait, à cet égard, s'inspirer de l'exemple d'une des plus anciennes administrations de la culture, mais dont le mode de fonctionnement est peut-être le plus moderne : il s'agit des Archives. Parce que la matière est très technique et semble échapper aux fluctuations de la conjoncture, mais aussi parce que les Archives ont bénéficié d'une lignée de grands directeurs particulièrement stables (pas plus de quatre en quarante ans), mais très ouverts aux techniques les plus modernes d'investigation, de conservation et de gestion, la direction générale des Archives de France a ouvert la voie. Chargée de définir et de mettre en œuvre une politique de sélection et de conservation des documents publics de toute nature, elle est la mémoire de l'État et exerce à ce titre une vraie mission de souveraineté. Elle gère directement les Archives nationales, dont elle doit permettre l'accès aux chercheurs et, pour les documents les plus illustres, au public. Elle est en relation avec l'ensemble des administrations de l'État pour traiter les versements de documents qu'elle aura ensuite à gérer. Mais elle est également le conseiller et l'interlocuteur de tous ceux qui ont en charge des archives privées, personnalités politiques, mais aussi notaires et entreprises. La direction des Archives de France a su comprendre à temps que, dans cette période de mutations économiques, de fusions et de regroupements d'entreprises, la sauvegarde des archives industrielles serait indispensable à l'histoire future. Par la voie de ses services départementaux, cette direction exerce la tutelle scientifique et juridique sur les archives des collectivités locales. D'une compétence indiscutée, très ouvert sur les nouvelles technologies et sur la coopération internationale, présent sur l'ensemble du territoire, sensible aux attentes de l'opinion, convaincu de sa mission culturelle, le corps des Archives de France est le prototype d'une administration culturelle ayant su prendre le tournant de la modernité, peut-être précisément parce qu'elle est familière de l'histoire. *Mutatis mutandis*, ce modèle pourrait être transposé aux autres grandes administrations de la culture : monuments historiques et musées notamment, mais aussi à celles qui ont la responsabilité des spectacles, de la musique, des arts plastiques. Déjà le cinéma, avec le Centre national de la cinématographie, à la gestion duquel la profession est étroitement associée, bénéficie d'une large autonomie, qui ne l'empêche pas d'être partie intégrante de l'administration de la culture.

C'est donc en se recentrant sur ses missions fondamentales de conception, d'impulsion et de coordination, et en résistant à la tentation de la gestion directe, qu'un ministère des Affaires culturelles allégé pourra jouer son rôle dans l'État. Il se mettra ainsi au service de tous ceux qui, dans la société, traitent de la culture et rendra possible cette politique plurielle qui est, dans ce domaine comme sans doute dans beaucoup d'autres, la seule voie d'avenir.

# VIII
# Les chemins de la plénitude

## *« Qu'est-ce qui se passe avec la culture ? »*

Dans une enquête réalisée en 1986 et diffusée sur Antenne 2 sans empressement excessif au cours de l'été 1989, Pierre Dumayet a posé la question: « Qu'est-ce qui se passe avec la culture ? » Des multiples entretiens qu'il a eus dans la région de Toulouse, choisie par lui comme cadre d'investigation, je retiendrai quatre visages: un cadre moyen, chez qui la culture provoque une méfiance fondée à la fois sur le souvenir de l'ennui scolaire et sur l'arrogance des guides éclairés, animateurs et gens de médias ; un éleveur modeste qui ne se rappelle plus quand il est allé au cinéma pour la dernière fois et qui avoue qu'il a « des vaches plein la tête » ; une jeune fille interrogée dans une discothèque, qui aime le rock « parce qu'il remplit beaucoup plus l'espace », tout en jugeant qu'en dépit de ce qu'elle a de

« sale », cette musique lui convient mieux que l'inaccessible beauté de la « grande » musique ; enfin un autre agriculteur, modeste lui aussi, mais qui lit chaque soir quelques pages et ajoute, comme en s'excusant : « Je vais vous faire rire ; je suis en train de lire *L'Iliade* d'Homère, que je découvre. »

Tous ceux qui ont une responsabilité en matière de culture sont confrontés aux questions que Dumayet a abordées au cours de son enquête. Ce sont, il est vrai, des interrogations de médiateurs. L'artiste, dans la solitude intransigeante de sa démarche, l'intellectuel maniant des concepts n'ont pas à se poser cette question qui nous hante : « Au nom de quoi dérangeons-nous des gens qui ne nous demandent rien et à qui nous prétendons apporter ce qui leur permettrait, croyons-nous, de vivre mieux ? »

Parce que nous sommes convaincus du bien-fondé de notre cause, nous nous croyons justifiés. Que nous soyons mus par un goût plus ou moins naïf du prosélytisme, un sens éthique, une conviction politique de justice sociale, nous sommes tous habités par la certitude que la pratique de la culture, telle que nous l'entendons, peut procurer au plus grand nombre satisfaction et plénitude. C'est notre dogme et nous n'admettons guère qu'on le conteste ! Pourtant, ce grand nombre auquel nous prétendons nous adresser ne semble pas souffrir de vivre en marge des pratiques culturelles que nous rêvons pour lui. Il nous arrive de nous comporter comme le scout qui, pour accomplir sa « B.A. » quotidienne, oblige à traverser la rue, malgré ses protestations, la vieille dame qui se trouvait fort bien sur le trottoir d'en face. La tentation de faire le bonheur des autres malgré eux nous est familière. Heureusement, nous ne pouvons ni ne voulons forcer personne à aimer ce que nous aimons et à assister aux spectacles, aux concerts, aux expositions que nous nous évertuons à leur proposer. Au pis, nous les culpabilisons s'ils s'en détournent, ce qui, reconnaissons-le, ne résout rien.

Pourtant, devant tous les défauts et les échecs de notre société, la pauvreté de tant de débats, l'impasse des idéologies, la crise des institutions, nous croyons qu'une culture mieux vécue donnerait, sinon toutes les réponses, du moins un sens aux interrogations et aux angoisses de ce temps. Nous sommes, il est vrai, confortés dans cette conviction par l'idée nouvelle que semblent se faire de la culture les responsables politiques, économiques et sociaux et dont ce livre essaie de rendre compte.

C'est du côté de ceux qui devraient le plus soutenir cette cause, les intellectuels, que viennent parfois les critiques les plus violentes. Certains se chargent de ridiculiser notre zèle apostolique, dénonçant la race des technocrates et des animateurs et la conception d'une culture de masse qui, paraît-il, revendiquerait l'anathème jeté sur l'art et la pensée par les populistes russes du XIXe siècle : « Une paire de bottes vaut mieux que Shakespeare. »

Deux auteurs, Marc Fumaroli et Alain Finkielkraut, symbolisent bien ces attaques, formulées dans un esprit et sur un ton très différents, mais inspirées d'un même élitisme de clercs soucieux de protéger leur cléricature. Je ne suis pas particulièrement troublé par cette charge savante et péremptoire. Elle me réjouit plutôt. Si j'ai hésité à lui faire un sort particulier ici, c'est de peur de lui donner plus d'importance qu'elle n'en a en réalité. Mais les débats sur la culture sont trop rares pour que l'on puisse négliger ceux qui ont lieu, si rhétoriques qu'ils apparaissent.

*Une nouvelle trahison des clercs.*

Il est dommage que la pensée de M. Marc Fumaroli ne soit guère connue au-delà des auditeurs de son cours au Collège de France et des lecteurs de l'excellente revue qu'est *Commentaire*, car on aimerait savoir s'il exprime, au sujet de la culture, une opinion répandue dans l'Université, ou s'il est un excentrique à qui l'on passe avec indulgence ses fureurs chroniques. Fondée sur une érudition qui, loin de se dissimuler, est brandie comme une profession de foi, la position de M. Fumaroli se définit par une défense de la pensée et de l'art classiques, dans lesquels il place tout cet héritage littéraire et artistique qu'il reproche à la plupart de ses contemporains d'ignorer et de mépriser : « Résolument classique » comme il aime à le proclamer[1], il donne l'image de quelqu'un pour qui la fréquentation des œuvres de l'esprit est la récompense d'un savoir dûment homologué. Ce « classique » est, en fait, un représentant du jansénisme intellectuel : la culture est cette grâce, accordée à quelques-uns, qu'il serait insupportable de gâcher au profit apparent du grand nombre. Il ne lâche la plume vengeresse du correcteur tatillon que pour l'épée du bretteur polémique. Rien ne l'arrête lorsqu'il s'agit, pour la grande cause classique, de caricaturer leur pensée. Cet universitaire distingué, qui sait traiter avec compétence et sérénité des mécènes du Grand Siècle ou d'un thème comme « Histoire de la rhétorique et destin de l'Europe », titre de sa leçon inaugurale au Collège, perd toute retenue quand il s'agit de parler de culture, mot qu'il n'écrit qu'avec des guillemets où il met tout le mépris que lui inspirent ce terme galvaudé et ceux qui en usent. L'aventure culturelle de ce temps se résume au combat que les gardiens du temple du savoir doivent mener contre les cohortes hirsutes de mai 68 et leur postérité que hante une Amérique de bande dessinée ; il ne se console pas que 1981 ait donné le pouvoir à ces héritiers indignes qui ont transformé la politique culturelle, déjà suspecte à ses yeux par son romantisme confus hérité de Malraux et par ses relents démocrates-chrétiens, en une bacchanale de supermarché où Buren et Duras, Renaud et Foucault, Genet et Lang piétinent le patrimoine classique.

1. « Résolument classique », *Commentaire*, n° 46, été 1989, pp. 237-248.

Incontestablement plus clair et plus cohérent que son collègue d'outre-Atlantique Alan Bloom, dont *L'Âme désarmée*[1] exprime de façon boursouflée et grumeleuse des thèses comparables, M. Fumaroli réserve ses flèches les plus acérées à deux catégories d'individus : les technocrates de la culture, parmi lesquels il m'assigne avec constance une place de choix, et tous ceux qui, à un titre ou à un autre, de Jack Lang au plus humble des animateurs culturels, s'obstinent à abaisser la culture en se vouant à la « promotion des ersatz ». Tous ces « éducateurs de nouveaux riches », M. Fumaroli les compare bizarrement, en recourant à une métaphore peu banale, aux « Vénus de saindoux chéries des Académies du Second Empire », séjournant « paisiblement, voluptueusement sous le ciel de lit allégorique de la Culture, du Marché, de la Modernité et de la Post-Modernité... entre le demi-sommeil du bien-être et le demi-dieu du pouvoir culturel ».

Bien que j'aie pris mes distances avec les excès du « tout culturel » et que les afféteries de la gauche intellectuelle branchée m'irritent, j'espère bien que M. Fumaroli ne me soupçonnera pas de m'être converti aux thèses qu'il soutient. Son absolution me serait, à tout prendre, plus insupportable que ses imprécations. Sans être ouvertement politiques, ses thèses fleurent à ce point le parfum réactionnaire le plus tenace que l'on finirait par se proclamer solidaire de ce que l'on aime le moins dans la gauche mondaine ou militante, plutôt que de rendre un point à cet adversaire. Il fait de nous tous des ignorants, des amnésiques, des fonctionnaires vendus au mercantilisme. Notre lubie du « dialogue des cultures » trahit notre ahurissement de touristes dépravés assez gogos pour échanger, en croyant faire une bonne affaire, un peigne de sacre carolingien contre n'importe quelle amulette du Bénin. Le « parasitage culturel » dont

1. Julliard, 1987.

il nous accuse dit mieux que tout sa rage de voir des individus qui ne sont même pas agrégés de l'Université s'emparer des trésors de la culture pour les brader. Nous sommes pourtant prévenus :

« Princes de l'exil : c'est une définition exacte quoique [*concède notre auteur*] un peu trop hautaine du *civilisé* [*c'est moi qui souligne*] de toujours. Savants, poètes, lettrés, artistes, artisans, l'honneur d'un peuple, ont une patrie parallèle que les citoyens de l'actualité [*c'est-à-dire vous et moi*] sont tenus de respecter, s'ils ne veulent pas que celle-ci devienne l'enfer selon sainte Thérèse d'Avila : un endroit qui pue et où l'on n'aime point. Nos nouveaux riches de la "culture" dresseraient, s'ils le pouvaient, une muraille de Chine entre cette patrie parallèle et le paradis douillet dont ils se veulent les pères éternels. »

Nous laisserons M. Fumaroli dans sa baroque « patrie parallèle » où il n'est pas sûr que tous les « savants, poètes, lettrés, artistes, artisans » aient envie de le suivre, à l'écart des pauvres « citoyens de l'actualité » sans mémoire que nous sommes condamnés à être. Nous nous consolerons d'être les « sophistes d'une culture truquée » si, en récompense de nos efforts, sans doute maladroits, nous parvenons à faire entrer le vulgaire, non dans cette « patrie parallèle », mais dans cette culture classique que nous connaissons un peu et que nous aimons peut-être autrement mais autant que M. Fumaroli. De Montaigne à Valéry, de Poussin à Balthus et de Josquin des Prés à Poulenc, nous avons, autant que lui, des titres à faire connaître ce que nous aimons aux autres, y compris au premier venu. Même si c'est au prix de quelques détours à travers les maisons de la culture et autres repaires gauchistes, les programmes racoleurs des médias et la fréquentation honteuse de Boulez, Béjart et Garouste.

Passion pour passion, mauvaise foi pour mauvaise foi, je me sens, quoiqu'il m'en coûte, plus solidaire de tout ce que j'ai critiqué chez Lang, ses amis et chez tous les technocrates de la culture, que je ne le suis d'une seule fulmination de M. Fumaroli, dont me sépare l'essentiel : si discutables que puissent être parfois les efforts accomplis pour étendre la pratique de la culture au-delà du cercle des initiés, je soutiens qu'ils valent mieux que ceux qui tendent à protéger ce cercle et à ne l'ouvrir qu'au petit nombre jugé digne par des professeurs titrés.

Alain Finkielkraut s'est fait, lui, une spécialité de porter un regard réprobateur et douloureux sur le monde qui l'environne. Rien ou presque, dans notre société, ne trouve grâce aux yeux de ce spectateur navré. Dans *La Défaite de la pensée*[1], il s'en prend d'abord à l'identité culturelle et au dialogue des cultures tels que les manient, souvent de façon pesante, les organisations internationales. Ces deux thèmes symboliseraient l'abaissement d'un Occident incapable de faire prévaloir ses propres valeurs, auxquelles il ne croit plus. Mais il dénonce aussi le triomphe de la « barbarie ». Et, là, le diagnostic est implacable, désespéré. Il faut citer intégralement la dernière page de *La Défaite de la pensée* :

« La barbarie a donc fini par s'emparer de la culture. À l'ombre de ce grand mot, l'intolérance croît, en même temps que l'infantilisme. Quand ce n'est pas l'identité culturelle qui enferme l'individu dans son appartenance et qui, sous peine de haute trahison, lui refuse l'accès au doute, à l'ironie, à la raison — à tout ce qui pourrait le détacher de la matrice collective, c'est l'industrie du loisir, cette création de l'âge technique, qui réduit les œuvres de l'esprit à l'état de pacotille (ou, comme on dit en Amérique, d'*entertainment*). Et la vie avec la pensée cède doucement la place au face à face terrible et dérisoire du fanatique et du zombie. »

Nous ne pensions pas vivre une pareille apocalypse. Il faut rendre grâce à M. Finkielkraut de nous décrire le paysage

1. Gallimard, 1987, p. 165.

lunaire, désolé, où nous vivons. À l'en croire, il n'y a même plus trace de cette « patrie parallèle » où M. Fumaroli avait cru pouvoir trouver refuge avec ses pairs. Si différents qu'ils soient de génération et de sensibilité, nos deux auteurs ne formulent pas des diagnostics très éloignés. L'un comme l'autre ne s'embarrassent guère de nuances dans leur dénonciation véhémente des pratiques culturelles de notre temps.

« André Malraux, *écrit Finkielkraut,* s'inscrivait explicitement dans la tradition des Lumières et voulait généraliser la connaissance des grandes œuvres humaines ; aujourd'hui, les livres de Flaubert rejoignent, dans la sphère pacifiée du loisir, les romans, les séries télévisées et les films à l'eau de rose dont s'enivrent les incarnations contemporaines d'Emma Bovary, et ce qui est élitiste (donc intolérable), ce n'est pas de refuser la culture au peuple, c'est de refuser le label culturel à quelque distraction que ce soit. Nous vivons à l'heure des feelings : il n'y a plus ni vérité, ni mensonge, ni stéréotype, ni invention, ni beauté, ni laideur, mais une palette infinie de plaisirs, différents et égaux. La démocratie qui impliquait l'accès de tous à la culture se définit désormais par le droit de chacun à la culture de son choix (ou à nommer culture sa pulsion du moment)[1]. »

Et plus loin :

« Soyons clair : cette dissolution de la culture dans le tout-culturel ne met fin ni à la pensée ni à l'art... Les œuvres existent, mais la frontière entre la culture et le divertissement s'étant estompée, il n'y a plus de lieu pour les accueillir et pour leur donner sens. Elles flottent donc absurdement dans un espace sans coordonnées ni repères. Quand la haine de la culture devient elle-même culturelle, la vie avec la pensée perd toute signification. »

La polémique a ses règles, et ses licences. De Juvénal à

1. *Op. cit.*, p. 142.

Bernanos, en passant par Pascal et Paul-Louis Courier, nous savons, en dépit de notre ignorance, qu'elle grossit le trait et ne répugne pas à l'outrance. Il reste stupéfiant de voir des universitaires rompus à la méthode critique et à la rigueur du raisonnement perdre ainsi leur sang-froid et bâtir une théorie sur une vision hallucinée, aussi peu sereine et généreuse. Le sujet « post-moderne » que nous sommes est, selon Finkielkraut : « ... muni d'une télécommande dans la vie comme devant son poste de télévision. Il compose son programme, l'esprit serein, sans plus se laisser intimider par les hiérarchies traditionnelles. Libre au sens où Nietzsche dit que ne plus rougir de soi est la marque de la liberté réalisée, il peut lâcher tout et s'abandonner avec délices à l'immédiateté de ses passions élémentaires. Rimbaud ou Renaud, Lévinas et Lavilliers — sa sélection est automatiquement culturelle. »

Ainsi, ce que nous prenions en effet pour une liberté, cet accès à la culture, non commandé par « les hiérarchies traditionnelles », la satisfaction que nous pouvions éprouver, en effet, à voir des jeunes passer avec aisance de Rimbaud à Renaud et nous-mêmes à trouver plus de sens et de poésie dans une chanson de Lavilliers ou d'Higelin que dans celles de Fréhel, de Fernandel et de Tino Rossi, tout cela n'est donc qu'abandon, aliénation, misère spirituelle.

Ce scandale du « droit de chacun à la culture de son choix » serait le produit de la « non-pensée ». A. Finkielkraut écrit :

« La non-pensée, bien sûr, a toujours coexisté avec la vie de l'esprit, mais c'est la première fois dans l'histoire européenne qu'elle habite le même vocable, qu'elle jouit du même statut, et que sont traités de racistes ou de réactionnaires ceux qui, au nom de la "haute" culture, osent encore l'appeler par son nom. »

Nous voilà donc renvoyés aux ténèbres. Je mets au défi M. Finkielkraut, qui aime à citer Herder, Steiner ou Benda, de produire un seul texte qui fonderait les accusations qu'il formule à l'encontre des tâcherons et des théoriciens de l'action culturelle que nous sommes. Hormis peut-être quelques élucubrations de mai 1968 qu'il ne doit pas se consoler d'avoir gobées à l'époque, dans la fièvre de ses dix-neuf ans. Qu'il aille au Centre Pompidou, au Festival d'Avignon, au Musée d'Orsay ou dans quelque autre lieu de la culture « post-moderne » pour nous dire par quelle aberration ou par quel conditionnement ces jeunes qui vont aussi au *Zénith* et dans les discothèques osent fréquenter, avec un naturel insolent, les produits de la « haute culture ». La « non-pensée » doit fabriquer des sortilèges qui désorientent des esprits aussi raisonnables que le sien.

On voudrait comprendre ce qui conduit à de tels excès de langage. Pourquoi deux hommes aussi différents que MM. Fumaroli et Finkielkraut se rejoignent-ils dans le même courroux? Est-ce seulement une réaction de clercs dépossédés de leur magistère par les médias et par les réseaux culturels qui se sont constitués depuis trente ans? Les facilités démagogiques du « tout culturel » et un certain laxisme intellectuel ambiant méritent de sévères mises en garde. Ils ne justifient cependant pas ces déplorations de prophètes illuminés. Opposer, comme le fait Alain Finkielkraut, la « vraie culture » aux « délices de la consommation et de la publicité », faire du « loisir » le dernier degré de la décadence, ce n'est pas seulement être simpliste, c'est renoncer aux clés qui permettent la compréhension de notre temps. Heureusement pour l'honneur de la « pensée » des hommes comme Michel Foucault, Roland Barthes, Edgar Morin, Michel Serres, Jean Duvignaud ont su porter sur notre époque un autre regard. Sinon indulgents, du moins attentifs, ils ont choisi l'analyse des avatars de la culture contemporaine plutôt que le mépris indifférencié. Les impressionnistes, après Courbet, ont aussi scandalisé l'Académie et la bourgeoisie. Leur manière de peindre, mais aussi le choix de leurs sujets, étaient honnis: ils intégraient dans le tableau la vie quotidienne et —

déjà — le loisir de masse avec les barques sur la Seine, les guinguettes et les gares. À la fin du XIX^e siècle, le mouvement « Arts and Crafts » et l'école de Glasgow, protestant contre la mécanisation industrielle, puis la Sécession viennoise brisant la hiérarchie établie entre les « Beaux-Arts » et les arts mineurs en prônant l'idéal de « L'art dans tout » ont montré que la culture pouvait réagir de façon constructive aux défis du monde industriel. Une langue serait condamnée si elle ne s'enrichissait pas de mots nouveaux, après filtrage des modes et des tics d'expression. Une culture qui se figerait dans ses références anciennes serait mortellement atteinte. Au cours de ce siècle, la langue de Céline, le sport vu par Montherlant, le cinéma de Cocteau, la musique d'Honegger et Auric, la peinture de Léger, la sculpture de Tinguely ont inclus le monde moderne, ses formes et ses rythmes, ses techniques et ses représentations, dans l'univers des œuvres. Le premier devoir des intellectuels, gardiens de la citadelle de la pensée, n'est-il pas, plutôt que de jeter des anathèmes, d'être à l'écoute du monde actuel, jusque dans ses facilités, afin d'extraire de ses contradictions ce qui, en fin de compte, peut enrichir la culture ?

Trente mois avant la chute du mur de Berlin, des milliers de jeunes Allemands de R.D.A. ont bravé la milice pour tenter d'entendre des bribes d'un concert de Genesis et de David Bowie donné à Berlin-Ouest. M. Finkielkraut — encore lui — n'a pas manqué d'y aller de son implacable commentaire : « L'idée même que ce soient les valeurs universelles du rock'n roll qu'on oppose à la division artificielle du monde est forcément une idée qui ne réjouit que les imbéciles. » Mais, en ce matin de novembre 89 où j'écris ces lignes, la radio annonce que Rostropovitch est allé jouer du violoncelle devant ce mur de Berlin éventré que traversent par centaines de milliers tous ceux qui, malgré le haut niveau culturel de la R.D.A. — avec ses musées, ses théâtres, ses illustres phalanges musicales de Dresde et de

Leipzig — aspirent, à travers « les délices de la consommation et de la publicité » à une liberté plus concrète. De David Bowie à Rostropovitch, il y a un cheminement assurément inexplicable pour notre penseur retranché derrière ses références qui sont un autre mur... Je préférerai toujours ce qui fait bouger la culture à ce qui la fige.

J'en appelle ici au témoignage de quelqu'un d'éminemment suspect, car inclassable selon les catégories d'Alain Finkielkraut. Il s'agit d'Yves Simon, chanteur rock qui ose écrire de vrais romans[1].

« Quand je parle devant un micro, à qui dois-je demander si mon discours se réfère aux valeurs nobles ? Dois-je agiter une sonnette de lépreux et crier : "Attention, ce que vous allez entendre est à vos risques et périls, je ne suis ni autorisé, ni mandaté, je suis un clandestin de la pensée" ?... Au XVI^e^ siècle, Montaigne critiquant ses contemporains qui discouraient non sur le réel, mais ses apparences, disait : "On ne fait que gloser et entregloser"... Que font d'autre ceux qui, quatre siècles plus tard, glosent sur des ennemis imaginaires, glosent sur un monopole du discours, alors que personne n'a songé une seconde à le leur voler, glosent sur cette irréalité pure que Renaud aurait remplacé Foucault, Bernard Tapie remplacé Sartre, etc. Qui peut, sans sourire, penser cela une seconde ? On a seulement envie de dire, de crier : écrivez, parlez, produisez un discours qui vaille la peine d'être entendu, où l'Être ne soit pas oublié, où le monde de la vie *(Lebenswelt)* n'ait pas disparu. Relevez les défis de l'Europe et de ce déclin de la pensée européenne annoncée déjà en 1935 par Husserl... qui voyait dans la spécialisation du discours, qu'il soit scientifique ou philosophique, des tunnels où l'homme s'était perdu, laissé disséquer, fragmenter, faute d'y retrouver son identité et de s'y reconnaître... Si vos

1. Voir notamment *Océans* et *Le Voyageur magnifique* chez Grasset.

outils de travail étaient mieux affûtés, sans archaïques discernements, si au lieu d'exclure une musique et un langage qui vous sont étrangers et que vous sachiez vous "déprendre de vous-même" comme disait Michel Foucault, vous ne seriez pas étonnés que la chanson aujourd'hui ait, dans le flux du discours, cette force et ce succès. Contrairement à votre philosophie en miettes... la musique s'adresse avec des mots, des mélodies, des sonorités et des rythmes, à l'homme tout entier, à sa tête, à son cœur, à son estomac, à son corps... Les êtres d'aujourd'hui tentent de se réapproprier petit à petit toutes leurs ressources de compréhension du monde. À l'intellect ils ajoutent — et ne confondent pas l'un avec l'autre — le sensoriel, l'ouïe surtout, et au lieu de se lamenter, il y a plutôt lieu de se réjouir de cela... Intellectuels, ne glosez plus sur un monde perdu, discourez sur un monde différent, nouveau... Cessez de geindre, d'exclure, de jeter vos anathèmes comme un vulgaire Georges Marchais qui réclame du temps d'antenne pour remonter son parti, plutôt que de s'interroger sur le pourquoi de son déclin[1]. »

Un chanteur rock qui ose citer Montaigne et Husserl a de quoi troubler la Sorbonne et le Collège de France. Ce n'est pas de jeu. Et pourtant je n'ai rien à retrancher à cette interpellation vigoureuse. Sans être — tant s'en faut — un inconditionnel du rock, je ne puis tenir pour complètement négligeable, ni exclure du champ de la culture un mouvement musical qui exprime universellement la sensibilité de plusieurs générations et qui a incarné la liberté et la modernité pour deux générations de jeunes Européens enfermés, à l'Est, dans ce système étouffant qui est en train d'éclater. Faut-il attendre cinquante ou cent ans, comme pour les feuilletons du XIXe siècle, les films de Max Linder et de Laurel et Hardy ou encore le jazz, pour donner une consécration culturelle à des expressions populaires d'abord méprisées par l'intelligentsia ?

1. Yves SIMON, « Éloge des bruiteurs », *Magazine littéraire,* n° 248, décembre 1987, pp. 44-46.

Il y a quelque pédantisme à distinguer ce qui est culture de ce qui ne l'est pas. Je serais tenté de renvoyer dos à dos ceux qui s'empressent de donner une sorte de bénédiction culturelle à des modes, à des divertissements, à des pratiques qui caractérisent la sensibilité d'un moment, et ceux qui, s'attribuant un pouvoir d'homologation culturelle, rejettent dans les ténèbres extérieures tout ce qui leur paraît indigne d'une si auguste qualification. Je ne dis pas que les uns et les autres aient tort ; ils expriment deux conceptions de la culture : l'une, anthropologique ou ethnologique, s'étend à l'ensemble des mœurs, des mentalités et des comportements d'une société ou d'une époque ; l'autre, historique, normative et, d'une certaine façon, institutionnelle, limite la culture aux activités les plus hautes de l'esprit humain. L'ambiguïté du mot « culture » fait qu'il s'applique aussi légitimement aux deux conceptions. La confusion vient de ce que chaque camp reproche à l'autre d'utiliser ses références et voudrait lui imposer les siennes. Le débat est sans issue et, à la limite, stérile ; d'autant que la passion s'en mêle et que, sous les apparences d'un langage de philosophe, de sociologue ou d'historien, c'est toute une subjectivité idéologique ou politique qui est à l'œuvre. Pour les uns, il s'agit de récupérer, pour les autres d'exclure. Une culture « attrape-tout » participe d'un calcul politique qui, succédant à l'ancienne formule « pas d'ennemis à gauche », entend se concilier à tout prix les nouvelles aspirations écologiques ou culturelles des jeunes générations. Une « haute culture » relève d'un élitisme conservateur mais aussi d'une tradition de gauche, l'élitisme républicain. On voit qu'il s'agit d'un vrai débat, révélant des attitudes qui sont des constantes de l'histoire culturelle, et que l'on aurait tort de négliger. Toutefois, dans notre optique qui privilégie l'action et la pratique, ce débat est assez stérile.

Si la culture est, pour chacun de nous, l'accès à la plénitude, au nom de quoi puis-je démontrer à un jeune que son enthousiasme au cours d'un concert de Madonna est vil ou simplement médiocre, comparé à celui que l'on peut éprouver en écoutant Raimondi ou Brendel, même si, pour moi, il s'agit de deux mondes musicaux littéralement incomparables ?

On sent tout le danger d'une phénoménologie culturelle qui, s'en tenant à l'observation des comportements, s'obstinerait à mettre sur le même plan toutes les attitudes qui se ressemblent et qui, dans une société de consommation de masse, finissent par s'identifier. Sur l'écran de la télévision, dans des lieux comme Bercy, le Palais des Congrès ou la grande halle de La Villette, ou autres, on voit se succéder un groupe rock, un orchestre symphonique, du music-hall, de l'opéra et du théâtre. En termes de fréquentation, de « marketing », il n'y a pas grande différence entre ces spectacles. Cette consommation de masse nous ramène au débat antérieur. Les uns concluent que, décidément, tout est culture ; les autres trouvent là des arguments pour démontrer que les pratiques de masse dissolvent la culture et que Verdi, Wagner ou Shakespeare ne gagnent rien à être ainsi mis à la portée des foules.

L'histoire des cultures montre la vanité de décider de ce qui est culture et de ce qui ne l'est pas, mais aussi la superficialité de l'amalgame du « tout culturel ». Il faut admettre la dynamique de la culture, ce lent processus sélectif de son enrichissement par intégration, imprégnation, renouvellement. De même que l'on ignore quels artistes contemporains accéderont à la postérité et ceux qui, même fameux aujourd'hui, plongeront dans l'oubli, nous ne savons et ne pouvons savoir ce qui, dans la création contemporaine, sera en définitive constitutif de culture. Les chansons de Béranger, les caricatures de Daumier, les clichés de Nadar, les affiches de Toulouse-Lautrec, les chansons de Bruant et Yvette Guilbert n'étaient pas nécessairement prédestinés à entrer dans le Panthéon de la culture, pas plus que les contes de Perrault et les bergeries de Fabre d'Églantine. Laissons le temps faire son œuvre. Je ne suis pas assuré que tous les courants et tous les « produits » que recense Pascal Ory dans sa récente *Aventure culturelle française: 1945-1989* passeront à la postérité, mais je ne peux lui reprocher d'avoir ouvert très largement son filet d'historien de la culture à « l'ensemble des représentations collectives propres à une société »[1]. MM. Fumaroli, Finkielkraut et quelques autres, qui prétendent, eux, dire le droit en matière de postérité, me paraissent en fin de compte plus prétentieux et moins crédibles. Ceux qui mettent trop de choses dans la culture croient peut-être plus en cette dernière que ceux qui en contingentent l'accès.

Pour compliquer encore le jeu, il faut ajouter que notre temps voit apparaître un certain nombre de « mutants » qu'on a bien du mal à classer selon les critères classiques de la haute culture et du divertissement de masse. On a rappelé, lors de la mort de Simenon, que Gide n'avait pas été le seul à considérer qu'il avait élevé le roman policier au niveau d'un genre littéraire. Brassens, Brel ou Devos pourraient, sans complaisance ou laxisme, être classés parmi les poètes. Mais Boris Vian, Yves Simon ou Jacques Higelin, certains jeunes chorégraphes, toute l'école du café-théâtre qui a essaimé dans le cinéma, le théâtre et la télévision, nous montrent que, décidément, rien n'est simple et que la culture s'enrichit constamment d'apports nouveaux, souvent insolites, provenant d'horizons inattendus.

En vérité, l'histoire des cultures nous apprend l'incessante et féconde circulation entre la culture établie, la culture populaire et toutes les formes nouvelles des mutations culturelles. Molière et Goldoni n'ont pas seulement trouvé leur inspiration dans l'héritage des anciens, mais dans la sève populaire des bateleurs et du théâtre de foire. De Schubert à Bartok, de Moussorgski à Albeniz, nous savons bien qu'il en va de même pour la musique,

1. Pascal ORY, *L'Aventure culturelle française: 1945-1989*, Paris, Flammarion, 1989.

voire pour toutes les formes de l'art et de la littérature. On hésiterait à rappeler ces banalités si l'on ne sentait, à un degré rarement atteint jusqu'ici, une tendance à figer dans des formes établies une fois pour toutes la culture et les œuvres dignes à coup sûr d'être consacrées. Une seule chose est certaine : une culture qui se fermerait à ces apports, qui se barricaderait dans les références et les formes d'un classicisme immuable, serait condamnée.

Plus important que de décider ce qui est ou n'est pas culture est de savoir qui a vocation à y accéder. Il est vrai que les deux interrogations sont liées : d'une conception réductrice, et, en tout cas, « classique » de la culture, se déduisent de façon limitative des pratiques et des modes de fréquentation des œuvres ; une conception du « tout culturel » étend, à l'inverse, la notion de pratique culturelle à la simple consommation.

On aura compris que les incorrigibles partisans du développement culturel ne se satisfont d'aucune de ces deux conceptions. Sans limiter les pratiques de la culture aux exercices consacrés par les universités, les académies et autres institutions, ils se gardent de les confondre avec les usages les plus courants du loisir et du divertissement. La pratique culturelle ne doit jamais être passive. S'ils refusent de la subordonner à la possession d'on ne sait quel passeport intellectuel ou d'un diplôme, ils admettent qu'elle implique un effort d'attention, de connaissance, de réflexion, et, à la limite, une certaine ascèse.

L'effort de plusieurs générations d'animateurs et de responsables multiplie les occasions grâce auxquelles un public plus vaste et plus différencié pourrait être soit mis en contact avec les œuvres reconnues, soit invité à porter sur lui-même un regard proprement culturel. Nous ne prétendrons pas qu'il suffit d'être placé dans une de ces situations pour devenir « cultivé ». Nous n'avons pas une conception statistique du développement culturel. Parmi tous ceux qui visitent un monument, un musée, une exposition, ou qui assistent à un spectacle, un grand nombre en sortiront ni plus ni moins transformés que d'une visite au Salon des arts ménagers ou d'un match de football. Mais nous sommes convaincus que chaque offre de culture proposée au grand public crée, chez un nombre indéterminé d'êtres, un choc, ou, en tout cas, le frémissement initial. Le chemin de la culture s'ouvre alors, chacun étant libre de le parcourir ou de le refuser. Karajan disait que, dans un concert, il y avait toujours quelqu'un, ou quelques-uns, qui entendaient la *IX^e Symphonie* pour la première fois. C'est à ceux-là que sont d'abord dédiés nos efforts.

J'ai dit, au début de ce livre, qu'en dépit de chiffres assez réconfortants sur l'évolution des pratiques culturelles, nous n'avions pas le sentiment d'avoir vraiment gagné. L'aurons-nous jamais ? Rien n'est moins sûr. Chaque fois qu'un résultat semble acquis, une autre interrogation surgit. Celle que nous posent aujourd'hui les jeunes dans leur ensemble n'est pas la moindre.

*La culture jeune.*

Une des particularités de notre époque est l'existence d'une culture des jeunes. Pendant longtemps, chaque génération passait insensiblement d'une culture enfantine à la culture adulte à travers les filtres serrés de l'école et des autres modes de l'apprentissage social organisé. La nouvelle discipline qu'est l'histoire culturelle devrait s'intéresser à cette culture enfantine qui, en tout cas dans la société bourgeoise depuis deux siècles, a été une sorte de modèle réduit de la culture des adultes, avec sa littérature, sa musique, son théâtre, ses images. Modèle aseptisé, conventionnel, moralisateur et délibérément pédagogique, mais non indifférent aux idéologies, aux rapports de force, aux angoisses du temps. Il y aurait beaucoup à dire sur ce qu'est devenue de nos jours la culture enfantine : de plus en plus perméable aux technologies les plus sophistiquées, elle initie dès le plus jeune âge les enfants à l'électronique et a au moins l'avantage de les mettre très tôt de plain-pied avec les instruments de connaissance et de communication caractéristiques de notre époque. La grâce de l'enfance étant ce qu'elle est, on peut espérer que les petits d'homme mettent dans le maniement de ces appareils autant de rêve et de poésie que nous le fîmes avec nos trains électriques et nos grand-mères avec leurs dînettes. Mais notre société va plus loin : elle transforme très tôt les enfants en consommateurs et les incite à des comportements d'adulte. À travers la presse, le cinéma et la télévision, mais aussi le sport, le tourisme, les espaces ludiques, l'enfant sort précocement d'un monde jadis protégé et accède, à l'égal de l'adulte, aux modes de la communication et de la culture de masse, avec tous ses excès.

Mais, pour la plupart, nos enfants, avant dix ans, participent à un monde culturel à part, celui de la culture des jeunes. Ce n'est pas une révélation que de dire ici que s'édifie sous nos yeux un monde culturel particulier, conçu et géré par des adultes, mais à l'usage exclusif des jeunes. Les « 15-24 ans » représentent statistiquement ces jeunes, mais la catégorie englobe leurs cadets et leurs aînés qui, devenus adultes, refusent d'abandonner cette culture qui les a éveillés à leur époque. Ce monde clos qui, dans le passé, était offert à l'enfance, s'est déplacé au profit des adolescents à qui il offre le paradis artificiel — jusque dans son terrifiant extrême qu'est la drogue — d'une protection-évasion par rapport à un environnement dur et hostile.

Cette culture jeune a ses formes et ses rites : musique, bande dessinée, vêtement, fête ; elle a son langage, sa presse, ses radios, ses lieux de rassemblement. Si déroutante soit-elle pour les aînés, elle offre des aspects très positifs. Du fait des médias et de l'élévation du niveau de vie général, elle transcende, dans une large mesure, les différences sociales. Elle ne les fait pas disparaître, mais elle les rend moins sensibles et parfois les atténue. Les nostalgiques de la lutte des classes peuvent s'en affliger. Reste qu'il est satisfaisant de penser qu'à aucune autre époque l'ensemble des jeunes d'une génération n'aura autant participé aux mêmes valeurs. Il y a, bien sûr, des loubards et des gosses de riches, mais, entre ces deux extrêmes, il y a une immense communauté qui, dans toute l'Europe comme aux États-Unis, partage des modes, des rites, un langage. Par bien des aspects, d'ailleurs, cette culture jeune est très cosmopolite, ce qui n'est pas sans inconvénient pour l'identité culturelle nationale et pour la langue, mais prépare ces générations, mieux que toutes les leçons scolaires, aux exigences d'un monde de plus en plus unifié. Elle présente d'autres avantages : un certain refus du racisme, une sensibilité à des valeurs comme l'écologie, l'authenticité et la simplicité des rapports humains, une certaine tendresse quand, sur la pelouse d'Auteuil ou dans le parc de Sceaux, des milliers de briquets s'allument dans la nuit pendant un concert rock. Les aspects mercantiles de cette culture jeune, le cynisme de ceux qui l'exploitent, les aspects rudimentaires de ses expressions artistiques, la naïveté de son appréhension du monde ne doivent pas nous la faire considérer comme une sous-culture, une pointe avancée de cette « barbarie » dont nos vigilants penseurs veulent nous préserver.

Si cette culture nous interpelle, ce n'est pas parce qu'elle nous dérange ; c'est parce qu'elle soulève la question que n'ont jamais posée auparavant les pratiques culturelles des jeunes, du temps de Baden-Powell ou de Radiguet, de Nizan et de Nimier : est-elle une culture d'exclusion, un monde de représentations qui ferme l'accès et ôte l'envie de « l'autre culture », la nôtre ? Seul le temps nous donnera la réponse en toute certitude. Si des gens de trente ans ou plus, les héritiers de 68, se cantonnent parfois dans ces pratiques et refusent notre culture, rien ne prouve que l'ensemble de la génération du rock, du jean et de la B.D. soit vouée au même enfermement.

On pourrait se rassurer en observant qu'il existe, entre cette culture jeune et la nôtre, bien des zones de contact et des passerelles, le cinéma étant la principale d'entre elles. Si la plupart des films ne sont pas conçus et réalisés à l'intention exclusive des jeunes, il est manifeste que ces derniers composent majoritairement le public des salles de cinéma. On a déjà dit que la danse moderne semblait accordée aux goûts de la jeune génération. L'analyse du public des lieux de culture donne plutôt une impression réconfortante confirmée par l'observation directe : les jeunes ne s'excluent pas des pratiques culturelles les plus institutionnelles.

Mais ce n'est pas parce que l'on voit des étudiants à Beaubourg, à l'Opéra ou au Louvre que la transmission culturelle est assurée, comme elle le fut jusqu'ici d'une génération à l'autre. La « culture jeune » crée des conditionnements dont il n'est pas sûr que le plus grand nombre puisse s'affranchir, la maturité venue. S'il s'enferme dans un comportement immature, ce grand nombre risque de glisser insensiblement vers les formes et les pratiques du divertissement de masse, à l'exclusion de toute aspiration à des pratiques culturelles plus actives. On est ainsi ramené au problème majeur qui consiste à accroître, par les moyens caractéristiques de notre temps, et notamment l'audiovisuel, l'offre de culture à destination des masses.

*Culture, mémoire et identité.*

Qu'elle essaie de rendre accessibles au plus grand nombre possible les œuvres capitales de l'humanité ou d'éveiller les capacités créatrices de chacun, la politique culturelle conduite depuis trente ans a pour objectif avoué de mettre la culture sous toutes ses formes à la portée de tous. Tous ceux qui, à un titre ou à un autre, sont des médiateurs adhèrent à cet objectif. Mais ils considèrent que les efforts à faire pour le réaliser dépassent et dépasseront toujours les limites d'une politique et impliquent des initiatives beaucoup plus larges que celles dont les collectivités publiques peuvent assumer la responsabilité ou le soutien.

Il est permis d'ironiser sur ce qui peut apparaître, dans des textes officiels, comme un vœu pieux ou une solennelle banalité à laquelle personne ne croit vraiment. On peut se moquer de ceux qui ont pris au pied de la lettre ces belles déclarations et qui, la lanterne à la main, vont à la rencontre du plus humble des manœuvres pour l'exhorter à contempler « les œuvres capitales de l'humanité » ou à « éveiller ses capacités créatrices ». Pourtant, d'André Malraux au plus jeune animateur culturel d'aujourd'hui, nous partageons cette utopie, selon laquelle la culture, sous toutes ses formes, est un bien commun à quoi chacun, quels que soient son niveau social, son origine, sa formation, doit avoir accès. Nous ne préconisons pas un « droit à la culture », comme l'on parle du droit au travail, à la santé, à la sécurité, car nous savons que ce genre de proclamation aboutit soit à des prestations obligatoires, soit à une frustration généralisée. La culture n'est ni une prestation, ni une consommation. Elle est une vocation, une attitude devant la vie.

J'ai déjà dit que, par expérience personnelle, elle nous apparaissait, à nous les médiateurs, comme le chemin de la plénitude. Plénitude individuelle, mais aussi plénitude d'une communauté, large ou étroite, qui partage une mémoire, des valeurs et un projet. Si la culture représente un jardin secret et inviolable pour chaque individu, la société a le droit et même le devoir de favoriser ce rapport à la culture, selon les principes mêmes sur lesquels reposent les sociétés démocratiques, c'est-à-dire en n'excluant *a priori* aucun des membres, aucune des communautés qui les composent. Tels sont les postulats qui fondent toute action culturelle, à quelque niveau qu'elle soit entreprise et quels que soient sa forme et son statut.

La culture n'est pas un produit qu'on absorbe comme une potion, ou une prothèse que l'on applique sur un membre. Elle est un rapport qui s'institue, un mélange qui s'opère entre un apport extérieur et une conscience, donc une identité. Toute la démarche de l'action culturelle consiste à prendre les êtres tels qu'ils sont et à leur proposer un itinéraire d'accès à la culture, une approche, voire un bon usage. La culture résulte du choc entre une identité et une altérité.

On peut concevoir ce rapport de bien des façons. André Malraux s'en faisait une idée quasi métaphysique, bien résumée par Pierre Moinot :

« Il estimait que chaque œuvre possédait une essence profonde, un suc mystérieux, et qu'elle en procédait aussi bien, de sorte que beaucoup d'entre elles avaient un caractère commun qu'il appelait "le Trésor". Ce que ces œuvres ont retenu en elles, disait-il, est de même nature que ce que ceux qui les contemplent découvrent en eux grâce à elles. Elles donnent accès au Trésor parce qu'elles révèlent que nous contenons nous-mêmes une part du Trésor. Pour lui, le Trésor de l'art semblait ainsi se fonder sur une valeur unique qu'il ne voulait pas définir très clairement, qui s'approchait du sentiment de ce qu'il appelait le "Tout-Autre". Ce "Tout-Autre", on pourrait grossièrement l'interpréter comme la part de sacré que chacun de nous porte en soi, dont il a une conscience plus ou moins aiguë, et qui en même temps le dépasse. L'Art parle du sacré : les statues qui ne sont plus religieuses, les masques qui ne sont plus magiques, les tableaux qui ne sont plus des retables ont encore un langage sacré, parlent du Tout-Autre. Devant les œuvres le Tout-Autre, le Dieu part de nous à la recherche de sa propre ressemblance[1]. »

Nul n'est obligé d'adhérer à cette mystique de la culture, soit parce que, croyant à la transcendance dans l'ordre spirituel, on

1. Pierre MOINOT, communication aux « Journées d'études sur la création du ministère des Affaires culturelles », 30 nov.-1er déc. 1989 (à paraître).

refuse de faire de l'art et de la culture un absolu de substitution, soit parce que, répudiant toute vision de transcendance, on s'en tienne à une conception purement humaine de la culture. Mais, de quelque point de vue que l'on se place, il est bien vrai que la pratique culturelle sous toutes ses formes nous conduit à un travail intérieur qui modifie plus ou moins profondément notre identité. C'est en cela que la pratique culturelle est toujours supérieure à toutes les formes, même les plus raffinées, du loisir et du simple divertissement.

Toute pratique culturelle agit sur la mémoire et signifie une découverte. Elle est à la fois retour sur soi et marche en avant. On ne découvre bien qu'à partir d'une mémoire, mais il ne faut pas que la mémoire s'appesantisse au point d'entraver ou d'empêcher la progression et d'enfermer l'esprit dans son propre passé. C'est ce péril qu'ont rencontré certaines formes de l'action culturelle, les plus directives et qui s'adressaient aux catégories les plus défavorisées. Ainsi, certains marxistes impénitents, partant du postulat selon lequel la culture du XIX^e^ siècle était une culture « bourgeoise », ont voulu lui opposer une culture ouvrière dont le contrepoids aurait été à la fois le passage obligé du monde ouvrier vers la culture et une manière de purifier la culture dite « bourgeoise » de son aliénation. Cette approche puérile a fait long feu. S'il est juste d'incorporer à notre mémoire collective ce qui procède du mouvement ouvrier, y compris ce qu'a pu occulter en son temps une culture effectivement modelée sur les goûts et les valeurs de la bourgeoisie, il est vain de prétendre créer des couloirs d'accès à la culture, classe par classe.

En revanche, on peut concevoir des actions spécifiques en vue de favoriser l'accès à la culture de certaines catégories très défavorisées, ou héritières d'une culture originale, d'une tradition singulière dont la redécouverte et la réhabilitation peuvent être un des modes d'accès à la culture

Il en va ainsi du monde rural. La redécouverte des arts et traditions populaires, la recherche des racines, l'intelligence des lois ancestrales de l'habitat, du paysage, du travail de la terre, la réappropriation du patrimoine sont autant de voies permettant au milieu rural à la fois d'approfondir son identité et de s'habituer à des pratiques culturelles authentiques. De nombreuses initiatives de collectivités locales, d'associations, souvent soutenues par la Fondation du Crédit agricole, sont apparues depuis quelques années. Spectaculaires comme l'expérience du Puy-du-Fou en Vendée, ou plus modestes, elles contribuent à consolider et à vitaliser ce que l'on pourrait appeler le « tissu conjonctif » de la culture. Elles participent de ce mouvement de fond qui est aussi important pour le développement culturel que les initiatives régaliennes. Elles contribuent au demeurant, même de façon modeste, à corriger l'une des plus graves défaillances de notre système éducatif : sans combler à elles seules la perte du sens de l'histoire, elles en facilitent du moins la reconquête en éveillant la mémoire collective.

Sans tomber dans les travers du folklore, il faut faire une part aux cultures régionales — ou du moins à ce qu'il en reste après quelques siècles de laminage centralisateur. Dans la mesure où elles demeurent vivaces ou peuvent être ranimées sans trop d'artifice, ces cultures régionales donnent un accent, une saveur particulière à la vie culturelle.

Il y a chez nous une tradition culturelle protestante et une culture juive, avec leurs lieux saints, leurs rites, leurs œuvres qui concernent la nation entière, enrichissant notre prisme culturel. Un problème d'une plus grande ampleur se pose, que le cardinal Lustiger a récemment formulé avec force :

« Aujourd'hui, la crise majeure de l'Occident vient de son incapacité à transmettre sa culture, donc son identité, aux nouvelles générations. Cette crise se confirme dans tous les pays et dans les domaines les plus variés ; elle s'exprime toujours par une perte de mémoire autant que d'imagination pour construire l'avenir.

« Cette crise reste indépendante de la sphère d'influence directe et immédiate de l'Église. Mais, me plaçant seulement au point de vue de la culture, je dis que si les jeunes générations ne sont pas mises en possession de ce qui constitue le cœur secret, le centre de gravité, le point de liaison de la culture française, alors ils ne la recevront globalement pas. Et pour moi, le point qui donne sa cohérence à la culture française (en ses dimensions historiques, philosophiques, littéraires, artistiques), c'est la conscience chrétienne, c'est-à-dire une certaine conception des fondements de la morale, du rapport de l'homme avec Dieu, donc de la société... Si donc on ne transmet pas aux jeunes — ou si on le leur transmet mal — cette part prépondérante prise par le christianisme dans l'édification de la culture française, alors notre civilisation perdra non seulement l'accès à la majeure partie de son patrimoine, mais aussi les traits et caractères qui lui confèrent son identité et sa cohérence... On a bien perdu, pendant des siècles, la clé des hiéroglyphes, et d'autres écritures appartenant à des civilisations dès lors mortes. Pourquoi les prochaines générations, soûlées d'ignorance et de performances, ne perdraient-elles pas la clé de l'Occident ? Car ce qui risque de mourir aujourd'hui, ce n'est pas le christianisme — il est bien vivant — mais c'est bel et bien la culture française et, en général, occidentale. Notre civilisation n'a pas plus que les autres la promesse de l'éternité[1]. »

Ce texte révèle les limites de toute politique culturelle et de ce qui, au-delà ou en deçà de la politique, contribue au développement culturel : à quoi sert de renouveler et de rajeunir les institutions culturelles, d'augmenter le taux de fréquentation des événements culturels et artistiques de toute nature, si, d'une

1. *Le Monde*, 5 octobre 1988, p. 14.

part, nous sommes incapables de transmettre cette culture aux nouvelles générations, et si, d'autre part, le fonds commun de cette culture, tout imprégné de chrétienté, est rejeté par des communautés présentes sur notre sol que nous prétendons accueillir et même intégrer ?

On a déjà évoqué le problème de la culture des jeunes, ainsi que l'échec répété de la politique culturelle à incorporer les actions socio-éducatives en direction de la jeunesse. On se consolerait aisément de ce qui ne serait qu'un problème de délimitation de compétences administratives si, au-delà, on ne constatait l'essoufflement et même l'échec des formules de ce que l'on appelait naguère l'éducation populaire. Il existe, bien sûr, de nombreuses associations, des foyers, des maisons de jeunes ; on a vu, ces dernières années, des initiatives intéressantes en direction d'une jeunesse particulièrement exposée, notamment dans les grands ensembles urbains, à la drogue et à la délinquance. Mais on n'a pas le sentiment que ces actions, même quand elles sont méritoires, soient portées par une volonté politique affirmée. Indépendamment de toute question de compétences administratives, il ne semble pas, à de rares exceptions près, qu'elles aient un véritable contenu culturel. Le sport et le rock sont peut-être les premières étapes, indispensables, d'un effort pour éviter à ces jeunes de se perdre ; mais ils ne sauraient suffire à les sauver. Et, devant un tel enjeu, qui peut nier que la politique culturelle telle qu'elle est conduite à tous les niveaux est un luxe pour les nantis, c'est-à-dire pour tous ceux qui, même modestement, se sentent intégrés dans la société ? Je suis peut-être une âme sensible, mais je demande si chacun de nous peut parler de plénitude, même pour soi-même, quand un nombre important de nos contemporains, surtout parmi les plus jeunes, se trouve irrémédiablement privé de toute chance d'y parvenir. Et j'en dirais autant pour ceux qui, moins défavorisés, n'auraient accès qu'à une sous-culture apatride, totalement coupée de notre identité nationale, que nous soyons français, belges, italiens ou allemands. Le problème défie la civilisation européenne dans son ensemble ; les apports d'une nouvelle culture sans frontières, véhiculée par la musique et les images anglo-saxonnes, sont parfaitement recevables, et pas seulement pour les plus jeunes, mais à condition de s'intégrer dans un héritage, et non de le nier, de l'expulser, ou de le gommer.

Quant à ceux de nos contemporains qui, vivant sur notre sol, confrontés à notre culture, se posent, avec ou sans violence, le problème de la compatibilité de cette culture avec une autre, reçue en héritage, des événements récents montrent qu'il y a là un problème majeur devant lequel nous sommes désarmés. La meilleure preuve de l'existence d'une culture européenne, en dépit des diversités des cultures de ce continent, nous est peut-être apportée par le fait que des centaines de milliers de Polonais, d'Italiens, de Portugais ont pu, sans renier un certain fonds originel, s'intégrer aisément dans la société française et dans sa culture, qu'ils ont d'ailleurs enrichie de leurs apports. Aujourd'hui, l'Islam nous met en présence d'une culture qui, bien que procédant, comme la nôtre, d'une des trois religions du Livre, apparaît, dans certaines de ses manifestations, comme incompatible avec la nôtre et parfois hostile. On peut parler doctement des relations entre Islam et Occident et disserter sur les rapports fructueux que ces deux mondes ont pu entretenir depuis le Moyen Âge en dépit des affrontements. On peut aussi prendre appui sur des exemples très réconfortants de dialogue entre croyants chrétiens et musulmans, et rêver de généraliser une cohabitation aussi fraternelle. Mais, dans l'ordinaire des jours et la banale brutalité des rapports sociaux, il est aventureux d'espérer transformer en règle l'exception. L'évolution des esprits, à travers les crises récentes, semble se faire dans la direction non de la société multiculturelle rêvée par certains, mais de l'intégration, pour ceux des musulmans qui, du moins, ne la rejettent pas *a priori*. Ce n'est, d'une certaine façon, que déplacer le problème: l'intégration ne signifie pas que l'on abjure une religion, mais qu'on accepte de se plier aux modes de comportement communs. Chacun est libre de pratiquer sa religion et de cultiver les valeurs qui y sont attachées. Qui ne voit qu'un tel choix nous conduit, nous autres, Français de souche, à offrir à ceux que nous voulons accueillir le spectacle d'une communauté consciente de ses propres valeurs et unanime à les soutenir? Exercice salutaire, mais auquel nous sommes peu préparés: il suffit de voir le débat autour d'un principe comme celui de la laïcité, qui semblait dégagé des polémiques d'antan et qui surgit à nouveau, lourd de tant de malentendus.

En cette fin de siècle, nous sommes confrontés à de multiples défis: l'Europe, les immigrés et autres exclus, l'inquiétude de la jeunesse, l'injustice et l'inégalité. Aucun de ces problèmes ne trouve sa solution dans l'ordre politique ou économique. Vient le moment où l'on comprend qu'ils relèvent de la culture. À partir de cette prise de conscience, j'ai cherché les signes d'un engagement nouveau de ceux qui, à un titre ou à un autre, ont en charge l'avenir collectif. Il faut définir les voies d'un développement culturel impliquant non seulement l'État et les autres collectivités publiques, mais aussi la société civile. J'ai également cherché à mettre en garde contre toutes les conceptions réductrices de la culture: celle des nostalgiques qui voudraient la ramener aux Beaux-Arts de jadis; celle des nouveaux snobs qui, en la repeignant aux couleurs criardes de la modernité, la dissoudraient dans le flou et l'éphémère et la couperaient de ses racines; celle des technocrates qui l'enfermeraient dans une problématique étroitement administrative, celle des marchands qui la rabaisseraient au rang d'un produit de luxe; celle enfin des politiques qui la transformeraient en instrument de clientélisme. Entre tous ces périls, la culture, et ceux qui la servent, semblent fragiles. Les moyens leur seront toujours comptés. Il y aura toujours des causes plus urgentes et des besoins apparemment plus pressants. Artistes et créateurs trouveront toujours insuffisants les efforts consentis pour la culture. Mais qu'importe ! L'engagement culturel ne doit connaître ni terme, ni repos.

# La culture en liberté

« ... Je suis de ceux qui voient une antinomie entre culture et institutions. Je ne crois pas qu'une politique culturelle puisse créer des chefs-d'œuvre. Je n'oublie naturellement ni Périclès, ni les Médicis, ni Louis XIV. Mais je pense que tout ce que peut faire l'État ou le monarque, c'est de coordonner un élan... et non de le susciter. Il y a un mot assez beau de Benjamin Constant, un peu réactionnaire, je l'avoue, mais peut-être utile à une époque où l'entraînement va dans l'autre sens: "Que l'autorité se borne à être juste; nous nous chargeons d'être heureux"... J'ai entendu Caillois, un peu rouge et bégayant, s'écrier avec véhémence: "Le seul moyen d'aider les écrivains, c'est de les mettre en prison." Je ne propose pas, pour sauver la culture, de remplacer la rue de Valois par un goulag, mais je reste persuadé que ce n'est pas en la cajolant, en lui offrant des pique-niques et en la domestiquant qu'on servira le mieux la culture. »

JEAN D'ORMESSON,
Commentaire *n° 48, janvier 1990*
*(enquête sur la politique culturelle en France).*

Tantôt lyrique ou esthétisant, tantôt idéologique ou populiste, le discours qui accompagne toute politique culturelle ne saurait faire oublier son objectif nécessairement modeste. Malraux l'a dit une fois pour toutes : « L'État n'est pas fait pour diriger l'art, mais pour le servir. » Pour modérer encore son ambition, j'ai voulu montrer que l'État ne pouvait monopoliser cette mission, et encore moins en faire le domaine exclusif d'un seul ministère : elle engage l'ensemble des collectivités publiques, mais aussi bien d'autres acteurs de la vie sociale. Le développement culturel doit imprégner de nombreuses actions entreprises au bénéfice de la collectivité tout entière. Cette responsabilité éclatée oblige l'État à redéfinir son propre rôle, qui est peut-être plus important que quand, occupant le devant de la scène, il semblait la source de toute initiative. C'est à coup sûr un rôle ingrat, modeste et discret : corriger les excès ou les défaillances du marché de l'art et de la culture, épauler des institutions autonomes, accompagner les collectivités locales dans leur engagement culturel, aider les professions de la culture à s'émanciper des tutelles et des protections auxquelles elles sont accoutumées, discerner et encourager sans dogmatisme ni ostentation les innovations propres à faire avancer la création et la diffusion. Autant de tâches complexes qui incombent à l'État dans cette vie culturelle éclatée, multiforme, conséquence de la politique très directive et ambitieuse menée depuis trente ans. Ce qu'on attend désormais de l'État ne saurait se mesurer à l'aune des effets médiatiques et de la politique courante. La culture ne s'accommode guère du temps de la politique, qui est, de plus en plus, un temps court, scandé par le rythme des médias et des échéances électorales. Les sept années d'un mandat présidentiel sont brèves ; elles peuvent imposer un calendrier pour un chantier culturel ; mais l'Opéra-Bastille et le Louvre montrent qu'un délai apparemment aussi long ne garantit pas toujours la continuité, la sérénité et l'ampleur de vues qu'imposent ces grands desseins.

De toutes les satisfactions qu'ont pu me procurer les responsabilités publiques que j'ai assumées dans le domaine de la culture, les plus réelles sont sans doute ces témoignages recueillis au hasard, dix ou quinze ans après mon séjour au ministère : des artistes, des animateurs, des élus m'ont dit que le concours qu'ils avaient reçu de l'État, au temps de Duhamel, avait été décisif pour la réussite de leur projet. Seuls des témoignages de cette nature permettent de vérifier la validité d'une politique. Mais ils viennent bien tard pour les comptes rendus de mandat et les bilans électoraux...

La culture a besoin de la politique, mais elle ne peut se plier docilement à ses lois. Elle ne peut ignorer l'économie, mais ne doit pas se réduire à une marchandise négociable sur un marché. Simple enjeu politique et économique, la culture serait subordonnée à des mécanismes qui risqueraient de la dénaturer et de l'avilir. Bien des exemples montrent ce que devient une culture instrument du pouvoir ou objet de commerce.

Il faut donc à la fois affirmer l'éminente dignité de la culture, irréductible aux autres activités de la vie sociale, et la mettre en mesure de s'imposer dans les arbitrages politiques et financiers. C'est la démarche que j'ai tentée. En traitant d'institutions, de politique, de gestion, de financement, j'ai bien conscience d'avoir abordé la culture par son aspect le plus ingrat ; j'ai conduit le lecteur dans les coulisses et dans les loges, le tenant à l'écart de la scène. C'était le principe de l'exercice, même si, au long de ces pages, courent des échos de musique et de théâtre, quelques reflets de peinture, des ombres d'architecture. J'ai voulu faire comprendre quels efforts obscurs étaient nécessaires pour parvenir au miracle, sans cesse renouvelé et toujours précaire, de la culture vivante.

Ce n'est pas seulement pour des raisons morales ou de justice sociale qu'il faut mettre la culture à la portée du plus grand nombre. Les nostalgiques de la « culture cultivée », qui redoutent qu'elle s'affadisse et soit défigurée en se popularisant, ne perçoivent pas qu'elle ne survivra, dans ce qu'elle a de plus élevé et de plus raffiné, que si elle pèse dans les grands choix de société. L'image et l'argent, omniprésents de nos jours, sont deux des dangers qui pèsent sur l'avenir de la culture. Un audiovisuel de masse incontrôlé et une économie de marché banalisant les biens et les pratiques culturelles lui seraient fatals. Si la culture parvient à pénétrer les médias et à entretenir enfin avec l'économie des rapports sains, rendus possibles par le mécénat et une gestion plus rigoureuse, elle acquerra un statut social indiscuté, surtout si l'État sait faire preuve de sagesse. Ce n'est pas en maintenant la culture sous tutelle, ou en prétendant l'imposer comme une contrainte juridique, qu'il la fera respecter et triompher. Il doit contribuer à son émancipation et l'aider à devenir une dimension nécessaire de la société.

Tout dépend, en définitive, de la façon dont la culture saura imposer sa singularité. Nous, les médiateurs, que notre fonction oblige à parler le langage courant, sommes impuissants à cet égard, si nous nous en tenons à notre simple savoir-faire. Il nous faut recourir au témoignage des créateurs et au langage des œuvres pour transmettre au public, non seulement des émotions et un plaisir, mais une idée de la culture.

Roland Schaer, chef du Service culturel du Musée d'Orsay, a bien défini la médiation culturelle :

« Amateur de philosophie et autrefois professionnel, j'étais du côté des mots. Débarqué dans un musée, me voici du côté des choses. Je n'imaginais pas à quel point, comme la majorité du public, j'étais parfois aveugle. Je n'imaginais pas à quel point notre travail consistait à lutter pied à pied contre ce qui empêche de voir... Notre regard glisse sur la surface des écrans ; notre faculté de discernement est de prime abord engourdie et demande à s'ouvrir. Les œuvres sont des choses ; or, à force de voir des signes, nous ne voyons plus les choses. Le succès des expositions ne doit pas faire illusion... L'élargissement de la fréquentation est une chance immense de démocratie, à condition de se battre pour la cause du discernement. Or voyez comment, souvent, on fréquente. On ne sait pas très bien ce qui mérite d'être vu, alors on va tout voir pour être sûr de l'avoir vu. Ce qui triomphe, c'est la "communication". C'est-à-dire la circulation d'images à grande vitesse, accélérée par les médias, l'accumulation inflationniste des écrans, interposés entre nous et les choses, qui attrapent l'œil au lieu de l'arrêter. La consommation d'images peut rendre aveugle à ces "choses" que sont les œuvres... Notre rôle n'est pas de susciter un défilement du public devant les œuvres, comparable au défilement des images vidéo devant les spectateurs. Ce que j'aimerais, c'est que nous réalisions à l'égard du visible ce que les instituteurs de la Troisième République ont à peu près réussi à l'égard du lisible. »

L'art est, en apparence, à notre portée, comme toutes les « choses » ; et, pourtant, il est d'une nature autre. Ses matériaux sont courants. Toute la littérature et la poésie s'élaborent à partir des vingt-six lettres de l'alphabet, la musique de sept notes, la peinture de sept couleurs, la sculpture et l'architecture de trois dimensions. L'artiste, avec ces éléments ordinaires, fait de l'extraordinaire. La phrase la plus banale et un vers de Verlaine, emploient les mêmes mots soumis aux règles d'une commune syntaxe ; pourtant, un monde les sépare. Un détournement de sens, un rythme, une musique, des harmoniques distinguent l'art de tout le reste. Les langages par lesquels il s'exprime, nous les comprenons plus ou moins, mais comme des langues étrangères, sans être assurés d'en saisir d'un coup et pleinement le sens.

La puissance créatrice de l'esprit humain s'exerce aussi dans l'ordre des sciences et de la technique. L'homme combine des éléments naturels, en crée d'artificiels et fabrique des machines qui décuplent sa puissance. Mais ces engins n'échappent pas à l'obsolescence ; dépassés, ils deviennent inutiles, voués à l'oubli. Seule leur transformation en objets de culture assure leur survie : quelques spécimens témoignent d'un moment de l'aventure humaine. L'œuvre d'art, en revanche, conserve indéfiniment une valeur non seulement matérielle mais spirituelle. Détournée de son usage, si elle en avait un, et de sa signification, comme ces masques qui ne sont plus magiques dont parle Malraux, elle continue d'exister. Là est le mystère de l'art.

L'artiste pose dans son œuvre des énigmes qui le dépassent. L'œuvre d'art échappe aux catégories ordinaires du temps ; chaque génération est tentée d'explorer l'héritage, d'en percer à son tour le mystère, d'y découvrir des sens nouveaux, accordés à sa sensibilité et répondant à ses interrogations.

Là encore, l'art se distingue de la science qui n'a pas pour fonction de poser des énigmes, mais de les résoudre, même si chaque étape d'élucidation fait apparaître de nouveaux problèmes. Découvreurs en leur temps, Copernic, Newton, Harvey ou Einstein sont aujourd'hui dépassés. Leur démarche originale a été une étape de progrès scientifique. Elle nous intéresse encore historiquement. Mais, sauf exception, l'œuvre de ces savants est désormais inerte et ne recèle plus de germes vivants. Shakespeare, Monteverdi, Rembrandt, en revanche, posent encore des énigmes que nul ne peut se vanter d'avoir identifiées et encore moins résolues. C'est pourquoi nous pouvons revisiter leurs œuvres et nous les approprier. Une exagération nous pousse à dire de telle interprétation musicale ou de telle mise en scène théâtrale qu'elle est « définitive ». Quelles que soient l'arrogance d'une époque, ses outrances et ses vues iconoclastes, on n'épuise jamais le trésor ; les œuvres résistent même aux mauvais traitements. Le Bach ressuscité par Mendelssohn n'est pas celui de Mengelberg, ni celui de nos modernes « baroqueux ». Le Shakespeare des romantiques n'est pas celui de Laurence Olivier ni de Chéreau, mais aucune de ces métamorphoses n'a épuisé les significations ; elles les approfondissent parfois. La pire des épreuves, pour une œuvre, c'est l'oubli. Qui de nous n'a jamais pensé à « l'autre culture », au musée non pas imaginaire mais inconcevable de toutes les œuvres disparues, que nul regard ne contemplera jamais et qui pourtant ont existé ?

On peut marquer ses distances par rapport à la conception que Malraux se faisait de l'art et qui est la réponse post-nietzschéenne à l'angoisse de la mort de Dieu. Malraux lui-même pressentait le retour du spirituel. Aujourd'hui, ce n'est plus Dieu mais l'athéisme qui semble mort. Il est devenu moins scabreux ou insolite d'invoquer ce qu'il y a de sacré dans l'art et dans la mission de l'artiste. Mais on est moins tenté de voir dans l'art le seul dépôt du sacré. Pour le croyant, la culture est une des voies d'accès à la transcendance, dont elle ne franchit pas le seuil : le reste est silence. Parce qu'ils nous aident à nous porter aux limites de l'humain et à accéder à un état de plénitude, l'artiste et l'art ont une fonction sacrée. Même, à l'extrême, lorsque, comme l'ont fait Duchamp, Picasso ou John Cage, ils se bornent à détourner un objet, une forme ou un son ordinaires. *La Cène* de Léonard et le porte-bouteilles de Duchamp ont un point commun qui les distingue de tout le reste : l'intention de l'artiste, le travail par lequel il a transfiguré la matière, et aussi le regard que nous portons sur son œuvre. « Ce sont les regardeurs qui font les tableaux », disait Duchamp. C'est en cela que, par la culture, le public participe au caractère sacré de l'art.

« Dire qu'on "voit" le monde à travers les yeux de Titien, de Caravage ou de Cézanne, *écrit Jean Clair*, c'est dire plus qu'une simple admiration pour un univers visuel singulier ; c'est avancer l'idée qu'une œuvre, chaque fois qu'elle paraît, est une école de vision ; elle éduque le regard, insensiblement, à percevoir des configurations ou des accords qui, avant elle, n'étaient pas perçus. Sortant d'une exposition d'Egon Schiele, il m'est arrivé de voir, tout un après-midi, les êtres que je rencontrais comme des créatures de ses dessins : des visages, des postures, des carnations, des cernes, le méplat d'un front, l'attitude d'un bras dressé se détachaient souvent avec une évidence aveuglante sur le fond du visible. Tel a été le pouvoir visionnaire et quasi hallucinatoire de la peinture en Occident : révéler du visible ce que nous n'avions jamais vu[1]. »

Il ne s'ensuit pas que les artistes soient des surhommes et que la société doive se prosterner devant eux. Mais elle a des devoirs singuliers à leur égard ; elle doit les aider à exercer pleinement leur fonction, irréductible à une simple utilité sociale. C'est au contraire en acceptant sans réserve la totale inutilité apparente de l'art, selon les critères habituels, qu'une société reconnaît l'éminente dignité de la culture et, par là, assure sa propre survie.

Il est capital que la culture ne soit pas un conservatoire de valeurs héritées. Les créateurs doivent être mis en mesure d'ajouter encore au « Trésor ». Mais en ont-ils encore le goût et la capacité ? On a déjà fait allusion, dans ce livre, aux errances de la création contemporaine, aux impasses dans lesquelles elle est parfois fourvoyée. Dans les arts plastiques, en musique, au théâtre, à côté d'essais prometteurs et de superbes audaces, que

1. Jean CLAIR, *Considérations sur l'état des Beaux-Arts*, Paris, Gallimard, 1983, p. 156.

de tentatives avortées, d'œuvres sans public, de vaines provocations qui ne voient le jour que grâce à une conspiration du snobisme rassemblant subventionneurs et subventionnés ? Une sorte de « culture à l'estomac », arrogante mais nourricière, qui impressionne ceux que hante la crainte d'avoir raté le dernier chef-d'œuvre et de passer pour des béjaunes. Il est vrai que nous sommes tous marqués par les débuts de ce siècle, où d'éclatantes ruptures ont été d'abord rejetées par la plupart de ceux qui détenaient le pouvoir ou l'influence dans le domaine culturel. Depuis, on préfère se tromper par excès d'admiration. C'est, d'une certaine façon, tant mieux pour les créateurs qui bénéficient d'une sorte d'indulgence plénière, mais c'est souvent au détriment du public qui n'ose pas rejeter ouvertement ce qu'on lui impose de louer et fuit dès que les médiateurs et les critiques ont le dos tourné.

Philosophiquement, nul n'a le droit de contester *a priori* la démarche novatrice du créateur, si aberrante qu'elle puisse paraître, et même si tout fait croire d'abord à sa stérilité. L'histoire des lettres et des arts montre que chaque époque a eu ses artistes incompris, dont l'enseignement a longtemps cheminé de façon souterraine avant de fructifier. La prudence, comme la générosité d'esprit commandent donc d'adopter à l'égard des créateurs une attitude raisonnée de respect et de confiance. Cela n'exclut ni l'exigence, ni la critique. D'ailleurs, les artistes en ont d'autant plus besoin qu'ils créent souvent « contre », en s'opposant au sens commun, au goût dominant, au poids de l'héritage. L'admiration inconditionnelle est encore plus dangereuse pour eux que l'incompréhension systématique. Gardons-nous seulement de tout jugement définitif.

En dépit de toutes les ruptures qui marquent son histoire, il y a une continuité de la culture, comme l'on dit que l'espace est continu. À chaque époque, la somme des œuvres héritées, que nous nous approprions et que nous revisitons, et des œuvres qui se créent sous nos yeux constitue notre espace culturel, incessamment mouvant mais assez vaste pour que chacun puisse se définir et se situer par rapport à lui.

Que le créateur puisse à chaque instant s'exprimer et que le plus modeste d'entre nous puisse accéder au partage culturel : telle est, aux extrémités de la chaîne et ramenée à l'essentiel, la tâche de ceux qui ont en charge la culture.

J'écris ces lignes un matin d'hiver, sous le froid soleil de midi qui a envahi l'esplanade du Centre Pompidou : j'ai eu le privilège d'y voir, seul et dans un complet silence, la donation Daniel Cordier, dont les quelque cinq cents pièces racontent l'histoire encore peu connue de quarante années d'aventure artistique contemporaine. Je sors du musée à l'heure où s'ouvrent les portes du Centre. En descendant, je croise le flot montant des visiteurs de tous âges et de toutes conditions. Ils vont envahir les salles et découvrir les œuvres que je quitte. Que leur diront Dado, Michaux, Dewasne et Dubuffet ? Je ne sais. Peu importe. En ce jour ordinaire, le public est là. Nous nous posons toujours la question, nous les médiateurs : « Et si le public ne venait pas ? » Aujourd'hui encore, il est venu. Et c'est cela qui compte.

*Octobre 1988-janvier 1990.*

# Annexes

## ANNEXE I

Discours d'André Malraux, ministre d'État chargé des Affaires culturelles, à l'Assemblée nationale, le 27 octobre 1966 (*extrait*)

... La liberté, mesdames, messieurs, n'a pas toujours les mains propres : mais quand elle n'a pas les mains propres, avant de la passer par la fenêtre, il faut y regarder à deux fois.

Il s'agit d'un théâtre subventionné, dites-vous. Là-dessus, je n'ai rien à dire.

Mais la lecture qui a été faite à la tribune est celle d'un fragment. Ce fragment n'est pas joué sur la scène, mais dans les coulisses. Il donne, dit-on, le sentiment qu'on est en face d'une pièce antifrançaise. Si nous étions vraiment en face d'une pièce antifrançaise, un problème assez sérieux se poserait. Or, quiconque a lu cette pièce sait très bien qu'elle n'est pas antifrançaise. Elle est antihumaine. Elle est anti-tout.

Genet n'est pas plus antifrançais que Goya anti-espagnol. Vous avez l'équivalent de la scène dont vous parlez dans les *Caprices*.

Par conséquent, le véritable problème qui se pose ici — il a d'ailleurs été posé — c'est celui, comme vous l'avez appelé, de la « pourriture ».

Mais là encore, mesdames, messieurs, allons lentement ! Car avec des citations on peut tout faire :

« Alors, ô ma beauté, dites à la vermine qui vous mangera de baisers... » c'est de la pourriture ! *Une charogne*, ce n'était pas un titre qui plaisait beaucoup au procureur général, sans parler de *Madame Bovary*.

Ce que vous appelez de la pourriture n'est pas un accident. C'est ce au nom de quoi on a toujours arrêté ceux qu'on arrêtait. Je ne prétends nullement — je n'ai d'ailleurs pas à le prétendre — que M. Genet soit Baudelaire. S'il était Baudelaire, on ne le saurait pas. La preuve c'est qu'on ne savait pas que Baudelaire était un génie. (*Rires.*)

Ce qui est certain, c'est que l'argument invoqué : « Cela blesse ma sensibilité, on doit donc l'interdire », c'est un argument déraisonnable. L'argument raisonnable est le suivant : « Cette pièce blesse votre sensibilité. N'allez pas acheter votre place au contrôle. On joue d'autres choses ailleurs. Il n'y a pas obligation. Nous ne sommes pas à la radio ou à la télévision. »

Si nous commençons à admettre le critère dont vous avez parlé, nous devons écarter la moitié de la peinture gothique française, car le grand retable de Grünewald a été peint pour les pestiférés. Nous devons aussi écarter la totalité de l'œuvre de Goya, ce qui sans doute n'est pas rien. Et je reviens à Baudelaire que j'évoquais à l'instant...

Le théâtre existe pour que les gens y retrouvent leur propre grandeur. Mais le Théâtre de France n'est pas un théâtre où l'on ne joue que *Les Paravents*.

C'est un théâtre où l'on joue *Les Paravents*, mais entre *Le Pain dur* de Claudel et les classiques, en attendant Shakespeare. Il ne s'agit plus du tout de savoir si on donne de l'argent pour jouer *Les Paravents*. Il s'agit de savoir si l'on doit ne jouer dans un théâtre de cette nature que des œuvres qui sont dans une certaine direction.

Quand on parlait de théâtre subventionné, il y a un siècle, on parlait d'un théâtre d'exception. Or aujourd'hui la subvention s'adresse à presque tous les théâtres. Je ne parle pas de théâtres privés parisiens. Je parle des centres dramatiques.

Si nous admettons une censure particulière pour le théâtre privé parisien, que nous ne subventionnons pas, nous l'aurons pour le théâtre privé de province ; si nous admettons une censure pour les théâtres subventionnés parisiens, nous l'admettrons pour tous les centres dramatiques, c'est-à-dire pour tout ce qui est le théâtre vivant en France.

C'est pourquoi on ne peut s'engager dans une telle voie qu'avec une extrême prudence et je ne supprimerai pas pour rien la liberté des théâtres subventionnés. J'insiste sur les mots « pour rien », car, si nous interdisons *Les Paravents*, ils seront rejoués demain, non pas trois fois, mais cinq cents fois. Nous aurons à la rigueur prononcé un excellent discours et prouvé que nous étions capables de prendre une mesure d'interdiction, mais en fait nous n'aurons rien interdit du tout.

L'essentiel n'est pas de savoir ce que nous pourrons faire de trois francs de subvention, mais de savoir ce qu'on interdira ou non, de savoir quelle gloire sera donnée par l'interdiction à une pièce dont on veut minimiser la portée par une opération de Gribouille. Je ne crois pas que ce soit urgent. (*Sourires.*)

En fait, nous n'autorisons pas *Les Paravents* pour ce que vous leur reprochez et qui peut être légitime : nous les autorisons malgré ce que vous leur reprochez, comme nous admirons Baudelaire pour la fin d'*Une charogne* et non pour la description du mort... (*Applaudissements sur de nombreux bancs de l'U.N.R.-U.D.T. et du groupe des Républicains indépendants.*)

# ANNEXE II

Discours prononcé à Alger par le général de Gaulle à l'occasion du 60$^{e}$ anniversaire de l'Alliance française, le 30 octobre 1943
(*extrait*)

Lorsqu'un jour l'historien, loin des tumultes où nous sommes plongés, considérera les tragiques événements qui faillirent faire rouler la France dans l'abîme d'où l'on ne revient pas, il constatera que la résistance, c'est-à-dire l'espérance nationale, s'est accrochée, sur la pente, à deux môles qui ne cédèrent point. L'un était un tronçon d'épée, l'autre, la pensée française.

Je dis bien la pensée française. Ah ! certes, il n'est que trop vrai que quelques-uns de ceux qui, dans notre pays, maniaient une plume connue, ou qui s'étaient élevés, en fait de science ou d'art, au degré de notoriété qui séduit les académies, ont pu scandaliser le monde par leurs abandons, quelquefois par leurs reniements. Il y a là un des côtés les plus douloureux de ce calvaire du bon sens et de l'honneur qu'aura été la guerre de terreur et de corruption menée par l'Allemagne d'Hitler. C'est un fait, cependant, que la dignité de l'esprit fut sauvegardée malgré toutes les épreuves. Elle le fut, d'abord, par les plus grands.

On comprendra que je m'abstienne de citer, parmi eux, les noms de ceux qui demeurent en France, à moins qu'ils n'y aient trouvé le repos certain de la mort, tels Bergson ou Louis Gillet, tel Politzer, fusillé par l'ennemi, tel Holweck, mort à force de tortures. Mais de quel poids aura pesé dans la balance où se mesure la valeur des nations le fait que d'autres, dès qu'ils eurent échappé à la tyrannie, prirent part, en toute noblesse, et je n'ai pas besoin d'ajouter en toute indépendance, aux grandes batailles spirituelles et morales de cette guerre. Ainsi des Philippe Barrès, Bernanos, Henry Bernstein, Ève Curie, Père Ducatillon, André Gide, Joseph Kessel, Maritain, Jules Romains, ainsi des Cassin, Gustave Cohen, Laugier, Focillon, Jean Perrin, ainsi des Godard, Hackin, Jouguet, William Marçais, Paul Rivet, Seyrig, ainsi des penseurs et savants de l'Institut des Hautes Études de New York, magnifique création française réalisée au moment où soufflait au plus fort la tempête du désespoir, ainsi de l'Institut français de Londres, de l'Université française de Beyrouth, de l'École de Droit du Caire, et de tant de lycées et collèges français où les membres de l'enseignement, épars dans le monde, surent demeurer fidèles, sous le signe de la croix de Lorraine, à la grandeur de la France et à la cause de la liberté...

... Mais la flamme claire de la pensée française, comment eût-elle pris et gardé son éclat si, inversement, tant d'éléments ne lui avaient été apportés par l'esprit des autres peuples ? La France a pu, de siècle en siècle et jusqu'au drame présent, maintenir à l'extérieur le rayonnement de son génie. Cela lui eût été impossible si elle n'avait eu le goût et fait l'effort de se laisser pénétrer par les courants du dehors. En pareille matière, l'autarcie mènerait vite à l'abaissement. Sans doute dans l'ordre artistique, scientifique, philosophique, l'émulation internationale est-elle un ressort dont il ne faut pas que l'Humanité soit privée, mais les hautes valeurs ne subsisteraient pas dans une psychologie outrée de nationalisme intellectuel. Nous avons, une fois pour toutes, tiré cette conclusion que c'est par de libres rapports spirituels et moraux, établis entre nous-mêmes et les autres, que notre influence culturelle peut s'étendre à l'avantage de tous et qu'inversement peut s'accroître de ce que nous valons.

## ANNEXE III

### Question concernant l'exposition « Douze ans d'art contemporain » présentée au Grand Palais (*J.O.* du 30 septembre 1972, Assemblée nationale)

— M. Poniatowski demande à M. le ministre des Affaires culturelles : 1° S'il ne lui semblerait pas plus exact de qualifier l'exposition présentée actuellement au Grand Palais de « Douze ans de canulars contemporains » et non pas de « Douze ans d'art contemporain » ; 2° Si la présentation, dans le cadre de cette exposition, d'un tube d'urine intitulé « Mon urine 1962 » comme une œuvre d'art lui paraît véritablement répondre à une définition artistique et justifier le patronage officiel donné à cette exposition ; 3° De connaître la décomposition exacte de l'ensemble des dépenses, y compris de gardiennage et de fonctionnement, afférent à cette exposition. S'il est évident, en effet, que chacun doit être libre d'exposer même ses sottises, il n'y a pas lieu de les faire patronner et financer officiellement par la collectivité ; 4° Il lui demande enfin pourquoi la plupart des grands artistes contemporains n'ont pas participé à cette exposition dite d'« art contemporain ». (*Question du 26 août 1972.*)

RÉPONSE. — 1° Le ministre des Affaires culturelles ne peut que laisser libre l'honorable parlementaire, ainsi d'ailleurs que tout visiteur de l'exposition « Douze ans d'art contemporain », d'apprécier cette dernière comme il l'entend et de résumer son impression par toute formule ; il attire cependant son attention sur le risque d'injustice ou d'erreur, auquel il sera certainement sensible, qu'il peut y avoir à qualifier de « canular » ou de « sottise » des œuvres qui, visiblement, échappent à sa compréhension, de telles appellations ayant été, de tout temps, données par certains à des œuvres ensuite consacrées, comme la peinture impressionniste qu'un critique qualifiait, en 1874, d'« effroyable spectacle de la vanité humaine s'égarant jusqu'à la démence ». Sans préjuger pour sa part du jugement de la postérité sur la valeur des œuvres exposées au Grand Palais, il a cru y voir l'expression pathétique, ironique ou provocante des recherches, des désarrois, voire des impasses de la création contemporaine. En offrant à ces œuvres la possibilité d'une confrontation avec un public plus vaste que celui des expositions ordinaires, il estime que l'État a procuré aux artistes et à l'opinion la possibilité d'un échange fructueux, où il est naturel que l'incompréhension ait sa place. Il ne peut cependant regarder la proposition de l'auteur de la question, tendant à dénommer l'exposition « Douze ans de canulars contemporains », autrement que comme constituant elle-même un canular, car si elle exprimait une intention de dénigrement, il est clair qu'elle sous-entendrait une conception fort inquiétante du rôle de l'État en matière d'art. La patience, la générosité, la mesure et l'objectivité sont, pour l'État, en ce domaine, des règles essentielles dont l'oubli conduit bientôt au dirigisme culturel, puis à la tyrannie sur les esprits. 2° Le ministre des Affaires culturelles ne peut, en tant que tel, que refuser d'entrer dans le débat qui consisterait à décider si la production qui, parmi quelques centaines d'œuvres exposées, a tout particulièrement retenu l'attention de l'honorable parlementaire est ou non une œuvre d'art. Certes, s'il s'était reconnu un pouvoir de choix des œuvres ou de censure sur la sélection opérée par les organisateurs, il aurait eu à cœur d'expliquer pourquoi ladite production se trouvait là. Mais, s'étant abstenu par principe d'intervenir dans ce choix, il ne peut que déplorer que l'usage de la liberté offerte aux artistes ait pu froisser le goût de l'auteur de la question. Il persiste à penser que retirer à l'opinion publique son droit de juger et priver le créateur d'une possibilité de faire connaître son œuvre sont des pratiques de régimes que l'honorable parlementaire a généralement coutume de condamner. Quant au patronage officiel de l'exposition, il n'est pas, comme la question le laisse supposer, une récompense ou une sanction attribuée après coup en fonction d'un jugement officiel sur la valeur des œuvres. Il est simplement la reconnaissance du fait qu'il est du rôle de l'État de développer les contacts entre la création artistique et le public, tant en ce qui concerne le patrimoine artistique et le public, tant en ce qui concerne le patrimoine culturel, comme le démontre l'actuelle exposition La Tour, à l'Orangerie, ou la présentation de l'école de Fontainebleau au XVI^e^ siècle qui prendra la suite de « Douze ans d'art contemporain » au Grand Palais, que la création vivante. Jamais le ministre n'envisagera, ni de près ni de loin, de retirer un patronage officiel à une exposition organisée sous son égide, comme semble l'y inciter l'honorable parlementaire, en se fondant sur son opinion subjective ou sur les réactions des uns et des autres.

*N.B. — Cette réponse, que j'avais rédigée personnellement et que Jacques Duhamel avait approuvée, a été soumise, en raison du sujet et sans doute de la vivacité du ton, à l'examen personnel du président de la République. Après réflexion, Georges Pompidou n'a pas fait obstacle à sa publication.*

DU MÊME AUTEUR

*Aux Éditions Gallimard*

LA CULTURE POUR VIVRE, « L'Air du Temps », 1975 ; « Idées », 1980.

*Composition Eurocomposition.*
*Impression S.E.P.C.*
*à Saint-Amand (Cher), le 6 avril 1990.*
*Dépôt légal : avril 1990.*
*Numéro d'imprimeur : 870.*

ISBN 2-07-071938-3 / Imprimé en France.

49344